JN433440

INTRODUCTION TO EDUCATION

교육과정을 중심으로 설명한

교육학개론

박휴용

정민사

불법복사는 지적 재산을 훔치는 범죄행위입니다.

저작권법 제136조(권리의 침해죄)에 따라 위반자는 5년 이하의 징역 또는 5천만 원 이하의 벌금에 처하거나 이를 병과할 수 있습니다.

교육과정이란 어린이들이나 청소년들이 행동하고 경험해야 할 일들을 나열해놓은 것인데, 그 경험들을 잘 해내는 능력을 개발함으로 인해 성인이 되어서의 생활, 혹은 성인으로서 해야만 하는 일들을 준비하게 하는 것이다(Bobbit, 1918: 11).

위의 보빗(Bobbit)의 교육과정에 대한 정의에서 '교육과정' 대신 '교육'을 대입하여도 전혀 어색하지 않다. 그 이유는 교육학에 대한 이해는 곧 교육과정에 대한 이해이고, 교육과정의 가장 중요한 역할이 교육의 내용(content)을 선정하는 일과 그 내용들의 효과적 학습을 위해 적절하게 조직하는 일이기 때문이다. 즉, 교육과정은 교육이 이루어지기 위한 뼈대의 역할을 하는 것이다. 여타 교육학의 세부적인 전공들(예 교육행정, 교육심리, 교육사회, 교육방법 등)은 행정적 보조, 학생들에 대한 이해, 교육 환경적 요인의 이해, 교육의 효과를 높이기 위한 전략 등과 같이 모두 교육과정의 성공적인 수행을 위한 보조역할을 하는 것이다.

그런 의미에서 본 저서는 교육학에 대한 전반적 내용을 교육과정을 중심으로 다루고자 한다. 본서의 구성은 다음과 같다.

제1장 '교육학의 이해'는 교육학에 대한 전반적인 개념을 소개하고자, 교육학과 교육과정에 대해 개론적으로 소개하였다. 첫째, 교육과 유사개념들에 대한 설명, 둘째, 교육학의 성격에 대한 논의, 그리고 셋째, 교사에 대한 사회적 인식과 역할 기대를 역사적 흐름에 따라 구분하여 설명하였다. 교육학에 대한 개론적 설명에 이어서 교육과정의 개념과 이론적 변천과정, 다양한 시각들, 교육과정의 성격과 구성요소, 그리고 교육과정 조직의 원리들에 대해 간단히 설명하였다.

제2장 '교육학의 역사적 발자취'에서는 서양교육사와 서양교육철학, 그리고 한국교육사에 관련한 내용을 다루었다. 첫째, 서양교육사 부분에서는 그리스·로마 시대에서 근대에 이르기까지 각 시대의 세계관과 교육관을 주요 학자들의 교육사

상을 중심으로 살펴보았다. 둘째, 근현대 교육철학의 주요 갈래와 그 특징들에 대해 간략히 소개하였다. 셋째, 우리나라 교육의 역사적 변천을 살펴보기 위해 삼국시대에서 구한말 근대적 교육이 도입되는 시점까지의 각 시대별 교육의 특징을 간단히 정리하였다.

제3장 '현대 교육의 이해'에서는 20세기 교육의 변화 양상을 정리하였다. 첫째, 20세기 전반에 걸친 교육사조의 흐름, 여러 갈래의 이론적, 철학적 계보의 차원에서 소개하였고, 둘째, 20세기에 미국을 중심으로 등장하여 많은 학문적 논의와 실천을 촉발했던 다양한 교육적 사조 및 철학적 사조들을 시대별 특징에 따라 소개하였다. 셋째, 우리나라의 교육과정의 변천을 해방을 전후로 해서 최근 '2015 개정 교육과정'에 이르기까지 그 특징들과 변화 양상을 정리하여 소개하였다.

제4장 '교육과 사회'에서는 학교, 사회, 그리고 지식 세 영역의 밀접한 관련성에 초점을 두어 교육학적 의미를 논의하였다. 첫째, 학교와 사회의 관계에서는 학교교육에 대한 사회적 기대, 학교의 역할에 대한 상반된 입장들, 교육이 사회적 평등에 기여하는 점 등을 논의하였고, 둘째, 지식과 사회에서는 지식의 성격과 본질, 지식의 구조 및 통합과 사회적 역할에 대해 논의하였다. 셋째, 이러한 학교의 사회적 역할과 지식론이 교육과정의 영역에서 어떤 상이한 입장으로 나타나는가를 다양한 이론적 관점 등을 가지고 소개함으로써 설명하였다.

제5장 '학습자에 대한 이해'는 기존 교육심리학의 영역과 관련된 내용으로써 첫째, 여러 인지발달이론 및 학습이론들을 소개하였고, 둘째, 학습의 주요 변인인 기억, 망각, 전이, 학습준비도, 동기 등의 변인에 대해 간단히 설명하였다. 셋째, 인간발달상의 여러 문제들과 논점들을 소개하였다.

제6장 '교육과정의 유형, 구성 및 개발'에서는 교육과정의 다양한 유형들을 하나씩 소개하고 있다. 첫째, 교육과정의 유형에서는 교과중심, 학문중심, 경험중심, 인간중심, 사회중심과 같은 전통적 주요 교육과정에서부터 잠재적 교육과정, 영

교육과정, 통합교육과정, 중핵교육과정, 구성주의 교육과정과 같은 특징적인 교육과정들에 대해 설명하였다. 둘째, 교육과정의 구성에서는 교육과정의 핵심 요소가 되는 목표설정, 내용선정, 내용조직, 그리고 마지막으로 내용 설계의 영역에 관해 자세히 설명하였다.

제7장 '교육의 효과를 높이기 위한 접근'에서는 교수방법 및 교수매체와 관련된 사항을 논의하였다. 첫째, 교육공학에 대한 전반적 설명과 교수설계 및 교수 모형에 관한 이론들, 그리고 교수매체에 대해 논의하였다. 둘째, 수업이론과 관련하여 교육학에서 가장 널리 알려진 수업 모형 9가지를 소개하였고, 교수학습 방법의 유형들을 정리하였다.

제8장 '학교의 운영과 관리'에서는 기존의 교육행정 분야의 내용을 정리한 것이다. 첫째, 교육행정의 개념과 교육행정이론의 발달과정, 교육행정의 조직에 대해 소개하였다. 둘째, 교육정책과 교육제도의 개념, 장학의 개념, 유형 및 방법에 대해 정리하였다. 마지막으로 셋째, 교육 재정 영역의 내용을 정리하여 소개하였다.

제9장은 '교육평가'에 관련된 내용이다. 첫째는 교육평가의 기초 개념 및 교육평가 관련 모형들을 소개하였다. 둘째, 실제 평가를 위한 문항 개발과 관련된 중요한 내용들을 선별하여 설명하였다. 셋째, 문항분석이론과 평가도구의 적합성에 대해 설명하였다.

마지막으로 제10장 '다문화교육'에서 국제화 시대를 맞이하여 갈수록 중시되고 있는 다문화적 환경 속에서의 다양한 교육적 관점의 변화를 중심으로 다문화교육을 대비하기 위한 여러 문제들을 포괄적으로 논의하였다.

본 저서의 내용은 기본적으로 교육학 여러 세부 분야의 은사님과 선배 학자들의 옥고의 내용을 바탕하고 있음을 밝힌다. 교육학 개론 전반에 걸쳐 이형행(2011), 최철용 외(2009), 김경희 외(2009)의 설명을 참조하였고, 특히 교육철학 및 교육사영역은 남궁용권 외(2010), 교육사회는 김천기(2014), 교육행정은 오만록(2015), 남궁용권 · 김남근 · 김노연(2010), 교육심리는 안영진(2009)의 설명을 기반으로 작성하였다. 교육학 전반의 방대한 내용을 본 저자 혼자만의 역량으로 작성하는 것은 거의 불가능하기 때문에 여러 선배 학자들의 학문적 업적의 도움을 많이 받았음을 밝힌다. 기초 자료 조사에 기여한 고선영 선생에게도 감사함을 전한다. 모쪼록 본 저서를 통해 교육학에 대해 전반적인 이해를 얻고, 특히 교육과정을 중심으로 교육학의 세부 영역들에 대한 유기적 이해의 폭이 넓어지기를 고대한다.

2018년 2월

저자 박휴용

차 례

CHAPTER 01

교육학의 이해

1. 교육의 이해

1) 교육의 어원

교육에 대한 이해를 위해 우선 그 어원을 영어권, 한자권, 그리고 우리말의 차원에서 살펴보기로 한다.

교육의 영어 표현은 'pedagogy' 또는 'education'이란 용어가 가장 대표적으로 쓰인다. 'pedagogy'라는 단어의 어원은 그리스어의 '어린이(paidos)'와 '이끌다(agogos)'를 의미하는 'paidagogos'에서 유래하였는데, paidagogos는 귀족 가정의 자녀들을 학교(agora)나 체육관(gymnasium)을 데리고 다니며 교육을 시키는 사람들을 의미한다. 즉, 'pedagogy'의 어원적 의미 속에는 이미 형성되어 있는 외적 문화유산들을 학습자가 습득하도록 이끌어 준다는 뜻이 담겨 있으며, 미성숙한 아동, 학생을 가치 있고 유능한 방향으로 이끌어 기른다는 의미를 나타낸다고 할 수 있다.

교육을 뜻하는 또 다른 단어인 'education'은 라틴어의 'educare'와 'educo'에서 유래되었다. 이는 'e-(밖으로)'와 'ducare, duco(꺼내다, 이끌어내다)'의 합성어로서 '밖으로 이끌어낸다'는 의미를 담고 있다. 즉, 'education'은 학습자가 지니고 있는 천부적인 소질과 잠재 가능성을 밖으로 이끌어내서 계발하고 신장시킨다는 의미를 나타낸다고 할 수 있다. 따라서 교육은 어린이나 학생의 잠재력을 끄집어내어 사회가 원하는 존재로 이끌어내는 모든 합목적적인 활동으로 이해할 수 있다.

한자 문화권에서는 '교육(教育)'이라는 말이 『맹자(孟子)』의 '진심장(盡心章)' 편에서 가장 먼저 등장하고 있다. 맹자는 이 진심장 편에서 군자의 세 가지 즐거움 가운데 세 번째 즐거움은 천하의 영재를 얻어 교육하는 것이라고 하여 교육의 중요성을 강조하였다.

한편, 교육(教育)을 어원적으로 풀어보면 '가르칠 교(教)'와 '기를 육(育)'의 합성어이다. 먼저 '교(教)'자의 구성을 살펴보면 '본받을 효(爻)', '아들 자(子)', '칠 복(攴)'으로 이루어져 있다. 이는 윗사람이 아랫사람에게 지도와 격려를 하고 솔선수범하며 아랫사람은 그것을 본받는다는 것을 뜻한다. 즉, '교(教)'자의 의미 속에는 부모나 교사가 자녀나 학생을 바람직한 방향으로 이끌어간다는 의미와 자녀들이 성인의 모범적인 모습을 본받아 학습해 나간다는 의미를 동시에 가지고 있는 것이다.

'육(育)'자의 구성을 풀어서 살펴보면 '육(育)'자는 '아들 자(子)'와 '고기 육(肉)'으로 구성되어 부모가 자식을 따듯한 젖가슴에 안는다는 의미를 나타낸다. 이는 귀중한 자식을 부모가 따뜻한 가슴으로 안아 주듯 사랑과 관심으로 기른다는 뜻이다. 즉, '육(育)'자의 의미 속에는 자녀를 대하는 부모의 마음과 같은 사랑과 관심을 가지고 미성숙자의 선천적인 능력들이 바람직하게 발휘되도록 이끌어내고 길러 준다는 의미가 들어 있다. 이처럼 한자어에서 말하는 교육이라는 것은 성숙한 인간이 부모와 같은 마음으로 한편으로는 지도와 모범을 통하여 미성숙자를 외적인 가치들로 이끌고, 다른 한편으로는 격려와 관심을 통하여 미성숙자의 능력과 잠재되어 있는 가능성들이 발현되도록 하는 의도적 과정이라 할 수 있다.

교육에 대한 우리나라 전통적인 관점도 존재한다. 먼저 '가르치다'라는 말은 '그르치다'라는 말에서 유래하였는데, '그르'는 인간이 처음부터 지니지 못했던 능력을 일러 주는 것이고, '치다'라는 말은 아직 개발되지 못한 미성숙한 인간을 단련시킴으로써 유능한 인간으로 개발해 준다는 뜻이다. 즉, '가르치다'는 외적 가치를 미성숙자가 습득하게 한다는 것으로, 교수나 수업을 의미하며, 한자의 '교(教)'에 해당된다.

또한 '기르다'는 짐승을 사육하거나 식물을 재배한다는 뜻으로, 타고난 능력이니 소질 또는 생물학적 조건들을 있는 그대로 잘 자라도록 도와주는 것이다. 즉, 기른다는 말은 외적인 가치로 미성숙자를 형성한다는 의미보다는 미성숙자의 선천적인 능력이 제대로 나타나도록 도와준다는 의미가 강조되는 것으로 학습에 해당하고, 학자의 '육(育)'에 부합된다. 결국 우리말의 교육이란 어의도 아동에게 전통적인 문화, 언어, 생활방식, 습관, 풍속 등을 외부로부터 가르쳐 주는 교도의 면과 아동이 지닌 타고난 소질과 취미 등에 착안하여 바로 순조롭게 자라나도록 길러주는 육성의 양면을 내포하고 있음을 알 수 있다.

교육에 대한 어원적 분석을 종합해보면 영어에서 교육을 의미하는 'pedagogy'는 한자어에서 '교(敎)'와 우리말에서 '가르치다'와 유사하게 미성숙한 학습자를 외적인 가치로 이끈다는 의미가 강조되는 단어이고, 'education'은 한자어 '육(育)'과 우리말의 '기르다'처럼 미성숙자의 내적인 가능성이 발현되도록 도와준다는 의미가 강조되는 단어라고 할 수 있다. 즉, '교육'이라는 말은 동·서양을 막론하고 모두 인간이 타고난 선천적 재능과 소질을 잘 이끌어 내어 계발시켜 준다는 의미로 해석될 수 있는 것이다(최철용·이병양·정선혜 외, 2009).

2) 교육의 유사 개념들

(1) 교화

주입(注入) 또는 위교(僞敎)의 개념으로도 사용되는 교화(敎化, indoctrination)는 두 가지 의미를 갖는다. 하나는 선각자가 대중을 도덕적으로 바람직하게 감화시킨다는 의미로서, 이는 목사, 신부, 승려 등이 교인들을 가르치는 종교교육에서의 일반적인 접근법이다. 정치적 권위를 가진 사람이 대중을 지도하고 선도하는 것도 교화에 해당한다. 다른 하나는 교수방법의 하나로서 주입식 교육과 같이 목표로 하는 교육내용이나 주제를 학생들의 마음속에 심어주기 위해 교사가 원하는 방향으로 학생들을 이끌어가는 것을 의미한다.

교화는 역사적으로 중세 가톨릭교회에서 종교적 교리(doctrine)나 이념(ideology)을 일방적으로 믿게 만드는 것으로, 종교적 가르침과 같이 교육의 목표나 내용이 절대적 진리라고 믿을 때 이루어지는 교육 방식이다. 따라서 교화는 교육방법 자체를 중요시하는 것도 아니고 개인차를 고려하지도 않는다. 따라서 교화의 가장 흔한 교육방법이 주입식 교육이고, 주입하고자 하는 교육내용의 원리적 타당성이나 교육방법, 학생들의 지적·정서적 준비상태나 다양성 등을 고려하지 않고 기계적인 학습을 실시한다. 교화는 또한 교사가 학생들의 생각을 자기 의도대로 바꾸어 놓는데 급급한 나머지, 자발적인 사고나 질문의 기회를 제공하지 않음으로써 학생으로 하여금 비합리적인 신념을 가지게 하거나, 비록 합리적인 신념일지라도 그 근거를 모르는 채 신봉하도록 가르치는 것을 말한다. 이때, 교화는 교사의 의도가 성공하거나 실패하거나 그 결과에 관계없이 그 의도를 실현하려는 노력 자체를 말한다.

(2) 훈련

학문적으로 교육, 훈련, 훈육의 개념은 분명히 구분된다. 훈련(training)은 가치체계와 관계없이, 적당한 신체적·지적·사회적 기능을 획득시키기 위해 프로그램화한 활동을 말한다. 즉 보통 단순 행동을 습관적 수준 또는 규칙적으로 자동화된 수준에 이르도록 되풀이하는 실천적 교육활동이다. 이에 비해 교육은 보다 가치 지향적이며, 보다 넓은 신념체계의 변화 또는 안목의 변화를 일으키는데 관심을 둔다. 교육이 전인적 변화에 비중을 두는 것이라면, 훈련은 인간 특성의 일부의 변화에 중점을 둔다. 교육이 피교육자의 지적인 참여 내지 창조적 개입이 필요한 데 비해, 훈련은 기계적 연습이 더 강조된다. 예를 들면 자전거를 타는 방법을 익혀서 행동의 변화가 일어나는 경우, 이를 교육이라고 보기보다는 훈련이라고 보는 것이 타당하다.

피터스(Peters)는 교육과 훈련을 구별하여 사용하였다. 교육은 인간의 신념체제나 안목의 변화에 관심을 두지만, 훈련은 제한된 특수기술의 연마에 더 관심을 둔다. 교육이 전인적 변화에 관심을 두고 있다면, 훈련은 인간의 일부 특성의 변화에 관심을 갖는다. 교육은 피교육자의 지적인 참여와 창조적 개입을 중요시하지만, 훈련은 기계적 연습을 더 강조한다.

(3) 훈육

훈육(discipline)은 교육과 훈련의 중간 정도의 개념으로 이해될 수 있다. 훈육에는 '기를 육'의 한자어가 쓰이기 때문에, 비교적 짧은 기간 동안 특정 기능을 신체적인 차원의 교육에 집중하는 훈련보다는 어린 시기부터 전반적인 발달 양상을 정신적인 측면도 포함하여 가르치는 것을 훈육이라고 볼 수 있다. 하지만 그 방법론에 있어서 훈육은 교육보다는 일방적으로 교사의 의도를 중심으로 특정 목적을 향해 가르치는 것을 의미한다.

또한 훈육은 의지나 감정 등의 함양을 통해 바람직한 인격형성을 주목적으로 하는 교육 작용이다. 이는 사회적 규제나 학교의 규율과 같이 사회적으로 명백하게 요청되는 행위나 습관을 형성시키고 발전시키는 데 중점을 둔다. 즉 단체생활이나 사회생활에 적응하기 위해서 요청되는 여러 가지 바람직한 습관을 형성시키거나 규율위반과 같은 바람직하지 못한 행위를 교정하는 것을 말한다. 규율이 유효하게 달성되려면 개인적 감정에 좌우되지 않는 합리성과 윤리적인 의무, 책임감이 필요하다(김정희 외, 2009).

'Discipline'은 훈육의 의미에서 더욱 확장되어 '학문'이라고도 번역되는데, 이는 학문의 본질이 '지적인 훈련'이기 때문이다. 즉, 학문의 여러 분야들은 각각 자신의 전공영역의 지식이나 이론들과 관련한 연구와 지적 사고의 결과물을 집대성해 놓은 것이고, 학문을 하는 사람들은 그 전공분야의 결과물들을 이해하고 더욱 발전시키기 위한 지적 훈련을 하는 것이다.

3) 교육의 정의

앞에서 설명한 교육의 어원에 대한 이해와는 별도로 교육의 개념이 어떻게 정의되고 있는지 살펴보자. 교육에 대한 정의는 크게 기능적 정의, 규범적 정의, 그리고 조작적 정의가 있다(이형행, 2011).

(1) 기능적(functional) 정의

교육의 기능적(機能的) 정의는 교육을 어떤 목적을 달성하기 위한 수단(手段) 혹은 도구로 규정하려는 입장이다. 이 경우의 교육의 개념은 교육이 기여(commitment)해야 할 대상이 국가냐, 사회냐, 집단이냐, 종교냐, 교육 대상 자신이냐에 따라 그 정의가 달라질 수 있다. 이 기능적 정의를 바탕으로 한 교육을 지칭하는 표현의 예를 들면, '교육은 국가 사회발전을 위한 수단이다', '교육은 경제발전에 필요한 수단이다', '교육은 사회 문화의 계승 및 발전의 수단이다', '교육은 신의 뜻을 실현하는 수단이다', '교육은 개인의 사회적 출세를 위한 수단이다' 등이 있다. 이처럼 교육의 역할에 대한 기대에 따라 다양한 기능적 정의가 내려질 수 있다. 또한 교육의 도구적 가치(價値)를 중시하는 기능적 교육관은 그 유용성이 인정된다고 해도 교육의 본래적 가치나 의미를 훼손할 가능성이 있고, 교육을 개인의 출세를 위한 수단으로 봄으로서 여러 가지 교육적 부조리 현상을 야기할 가능성도 있다.

(2) 규범적(normative) 정의

규범적(規範的) 정의는 교육을 그 궁극적 목적과 결부시켜 규정하는데, 교육의 궁극적 목적으로서 어떤 가치와 진리를 내세우느냐에 따라 그 정의가 달라질 수 있다. 규범적 정의는 '규범(norm)'이란 개념 자체가 '특정 집단 내에서 통용되는 사고나 행동의 일반적 범주'를 의미하기 때문에, 교육이 추구하고자 하는 가치나 진리의 기준을 바로 그 집단 내에서 찾는 것이다. 따라서 민주주의 사회에서 교육의 정의는 '교육은 민주적 시민이 갖추어야 할 자질을 함양하는 과정이다'가 될 수 있고, 사회주의적 교육의 정의는 '교육은 사회집단이 기대하고 그 집단에 기여하는 인재를 양성하는 과정이다'라고 정의될 수 있으며, 인본주의 사회에서의 교육의 정의는 '교육은 인간을 인간답게 형성하는 과정이다'라는 식으로 정의될 수 있다.

교육의 규범적 정의는 교육을 사회나 개인의 목표를 달성하기 위한 단순한 도구로서만 여기는 것이 아니라, 교육 자체의 역할과 의미를 존중하며, 교육을 사회가 구성되는 요소이자 개인이 자신을 완성해가는 과정의 일부로 여기는 관점이다. 그러므로 교육의 규범적 정의에서는 사회적 차원의 목표뿐만 아니라 개인의 도덕적·인격적 목표와 개인의 인격완성이나 자아실현이라는 내재적 가치의 실현을 교육의 중요한 목적으로 간주한다.

(3) 조작적(operational) 정의

교육의 기능적 정의가 교육을 도구적 개념으로 보고, 규범적 정의가 목적적 개념으로 이해하는 것과는 달리, 교육의 조작적 정의는 교육을 실제적 과정이나 현상으로 보고 이를 분석하거나 연구하려는 접근이다. 조작적(操作的) 정의란 교육을 기술(記述)하고 분석하기 위한 연구 대상으로 간주하면서, 특정 이론적 입장에 따라 교육을 임의적으로 규정하는 것이다. 그 대표적인 예가 바로 심리학의 한 이론인 행동주의가 교육을 바라보는 관점인데, 행동주의는 '교육을 인간행동 특성을 계획적으로 변화시키는 과정'이라고 정의한다. 이와 같이 관찰 가능하고 분명한 사고나 행동을 규정해야지만 그러한 행동이나 사고가 어떤 특성을 갖고 있는지를 보다 객관적으로 연구할 수 있기 때문에, 이렇게 교육을 조작적으로 정의하고, 이를 관찰하고 분석함으로써 교육적 활동과 행위들을 이해하고자 하는 것이다.

사실 교육에 대한 조작적 정의는 교육현상을 보다 명확하게 이해한 다음 그것을 원하는 목표를 향해 이끌어가려는 통제의 의도를 담고 있다. 교육이 인간의 잠재력을 이끌어내는 활동이라면 그러한 잠재력이 자연스럽게 발휘되는 것을 기다리기보다는 보다 효율적이고 효과적으로 이끌어내기 위해 교육적 활동을 조정하고 통제하려는 목표를 갖고 있는 것이다. 문제는 이러한 행동주의적 교육관이 합리적이고 과학적 접근을 택했다는 의도와는 다르게 많은 한계점을 갖고 있다는 사실이다. 즉, 인간이란 외부의 자극이나 체계적인 계획에 의해 순순히 변화될 정도로 단순하고 피동적인 존재가 아니라는 사실 때문에, 이러한 행동주의적 접근은 많은 논란과 문제를 야기한 바 있다(이형행, 2011).

2. 교육학의 성격

1) 교육의 기본 전제

교육에 대한 다양한 접근과 정의가 있지만, 공통적으로 교육은 인간에 대한 신념, 변화에 대한 신념, 그리고 계획의 필요성에 대한 신념이라는 세 가지 기본적인 믿음에 기반하고 있다.

(1) 인간에 대한 신념

교육에 대한 기본 전제들 중의 하나가 바로 인간에 대한 신념으로, 이 신념에는 인간의 존엄성, 인간의 주체성, 인간의 성장 가능성, 그리고 인간의 이해 가능성에 대한 신념이 포함된다.

첫째, 인간의 존엄성은 모든 도덕, 가치, 윤리적 판단의 기초가 되는 것으로, 인간의 존엄성을 어떻게 받아들이느냐에 따라 철학, 종교, 이념들의 성격이 규정될 수 있다. 인간의 존엄성에 대한 신념은 인간의 능력이나 지위에 초점을 두는 것이 아니고 어떤 개인이든 인간으로써 그 자체가 존엄한 가치와 목적을 지닌 것으로 간주하는 것이다. 인간이 이룩한 학문적 지식, 과학과 기술, 문명 등 모든 것들은 바로 이 인간의 존엄성을 존중하며 존엄성을 구현하는 수단으로 작용할 때에만 의미가 있는 것으로 간주된다.

둘째, 인간의 주체성은 인간이 자신의 자율적이고 독자적인 의지로 자연환경을 개조하거나 변화시킬 수 있으며, 그것에 따라서 자신의 운명을 스스로 결정할 수 있다는 믿음으로, 인간/인류의 역사는 오직 자신들의 의지와 판단으로 결정되어야만 한다는 신념이다. 인간의 주체성이 중요하기 때문에 주체적 인간을 기른다는 것이 교육의 목적이자 출발점이기도 하다. 인간의 주체성이 존중되려면, 이러한 인간 자신의 의지나 주체적 판단에 반하는 자연의 영향이나 초인적인 존재의 개입은 극복되거나 제한되어져야 한다. 먼저 인간이 자연에 도전하여 자연을 극복할 수 있는 주체라는 전제가 성립될 때 그러한 인간을 기르기 위한 교육의 필요성과 당위성이 발생한다. 그리고 인간이 자연환경에 적응해 나간다는 것은 자연에의 예속을 의미하는 것이 아니라 오히려 자연과의 조화를 이룬다는 뜻이며, 적극적으로는 자연을 극복하고 자연 위에 선 인간이라는 것을 의미한다. 신과 같은 초인적인 존재를 상정하더라도 신에게 절대적으로 굴복하는 존재가 아니라, 신 앞에서 자유의지를 지닌 존재이자 자신의 삶을 개척하고 결정할 수 있는 존재이기 때문에 신과 인간의 관계성도 성립하는 것이다.

셋째, 인간의 성장 가능성에 대한 믿음은 인간의 미래나 운명은 결정되어 있는 것이 아니며, 교육이나 노력, 경험 등을 통해서 무한한 가능성이 열려있다는 것에 대한 믿음이다. 이러한 인간의 성장 가능성을 인정하지 않는다면 교육은 그 의미가 크게 축소될 것이다. 특히 인간의 성장 가능성은 타고난 특성(지능, 건강, 환경적 제약 등)을 넘어서 의지와 노력으로 개인들에게 주어진 조건을 극복하여 자신이 원하는 삶을 개척해나갈 수 있다는 믿음에 기반하는 것이다. 이러한 성장 가능성에 대한 믿음이 있기 때문에 인간은 무한한 가능성의 존재로 인식될 수 있고, 인간은 이 무한한 가능성을 하나씩 하나씩 현실성으로 바꾸어 가면서 보다 온전한 인간을 완성해나가는 것이다. 이것이 바로 교육의 역할이자 교육의 인간에게 중요한 요소임을 보여주는 지점이다.

마지막으로, 인간에 대한 이해 가능성에 대한 믿음이다. 교육학은 단순히 인간을 가르치는 과업이 아니라, 그 이전에 인간을 이해하고자 하는 과업이 되어야 한다. 인간을 이해하기 위한 노력은 여러 가지 형태로 이루어져왔는데, 철학적 이해, 심리학적 이해, 과학적 이해가 그 대표적인 접근법들이다. 철학적 이해는 인간의 본성이나 본질에 대한 존재론적 혹은 목적론적으로 이해하는 접근으로서 인본주의적 철학, 목적론적 철학, 실존주의적 철학, 현상학적 철학 등 수많은 인간 이해의 입장들이 있다. 심리학적 이해에는 현대의학의 아버지라고 불리는 하비(Harvey, 1578~1657)가 인간 생리에 관해 이해하기 위해 해부학적 연구를 시도한 것에서부터, 심리 혹은 정신분석적 연구를 시도한 프로이트(Freud, 1856~1939)의 이론, 인간의 행동을 이해하기 위한 차원으로 1940년대에 처음 등장한 행동주의 이론, 그리고 그 이후의 수많은 심리학 이론이 생겨났다. 인간에 대한 과학적 이해는 20세기 이후 과학기술의 발달을 기반으로 인간의 사고, 행동, 감정 등을 보다 체계적이고 합리적으로 이해하고자 하는 여러 학술적 접근을 모두 포괄한다. 하지만 과학이 아무리 발달하더라도 인간의 정신이나 사고는 매우 복잡하고 오묘하기 때문에 쉽게 분석되고 이해될 수 있는 존재가 아니라는 것을 명심할 필요가 있다. 철학적이든 심리학적이든 과학적이든 인간을 올바로 이해하는 것이 교육의 출발점이 되어야 하고, 그러한 올바른 이해를 바탕으로 교육이 의도하는 목표에 온전히 도달할 수 있는 것이다.

(2) 변화에 대한 신념

인간의 성장 가능성에 대한 믿음을 바탕으로 인간의 가능성을 현실성으로 옮기는 과정이 교육이 지향하는 변화에 대한 신념이다. 초기에는 이러한 변화를 행동주의적 이론을 통해서 이해함으로써 인간의 행동뿐만 아니라 정신(사고)도 의도적이고 계획적으로 변화시키는 것이 가능하다고 믿었다. 이러한 믿음은 과학의 발전에 따라 인간이 자연과 환경을 통제할 수 있다고 믿었고, 그러한 믿음의 연장선에서 인간도 의도적인 개조가 가능하다는 신념에서 비롯된 것이다. 하지만 그러한 신념은 인간을 동물들과 별 차이가 없이 예측 가능하고 단순한 존재로 간주했기 때문이었고, 지금은 그러한 행동주의적 변화가 가능하지도 않고 바람직하지도 않다는 것을 깨닫게 되었다.

이제는 그러한 변화가 주체적이고, 능동적이며, 자기주도적으로 이루어져야 하고, 그래야만 인간의 본성과 주체성을 살리는 일이라는 것을 깨닫게 되었다. 따라서 교육을 통해 개인들이 자발적으로 변화할 수 있는 환경이나 조건을 조성해주고 스스로 자신의 삶을 변화시켜나갈 수 있는 자율성을 기르는 것을 돕는 방향으로 모든 교육이 이루어져야 할 것이다. 이것이 인간의 변화에 대한 신념을 바탕으로 한 교육의 원리이다.

(3) 계획에 대한 신념

교육이 인간의 존엄성・주체성・성장 가능성・과학적 이해 가능성에 대한 신념을 바탕으로 하고 변화를 전제로 하여 성립된다고 하더라도 이를 실천해 가는 데는 계획성(計劃性)이 필요하다. 계획성은 변화의 방향, 변화의 방법, 변화의 흐름을 보다 체계적이고 합리적으로 예측 가능하게 조정하는 모든 작업을 의미한다. 교육이 계획적이라는 말은 성숙에 의한 자연스러운 변화뿐만 아니라 의도적이고 합목적적으로 변화를 추구하는 것으로, 다음과 같은 세 가지 조건이 필요하다.

첫째, 계획적이라는 개념 속에는 교사가 기르고자 하는 인간의 행동특성에 대한 명확한 목적의식을 갖고 있다는 것이 전제되어야 한다. 즉, 교사가 어떤 행동특성을 기르려고 하고 있으며, 그것이 구체적으로 무엇을 의미하는지, 그리고 그러한 행동특성을 기르려는 명확한 의식을 갖고 교육을 하고 있는지와 같은 목적의식이 선행되어야 함을 의미한다.

둘째, 사고나 행동이 변화하기 위한 조건과 결과에 대한 명확한 이론과 경험적 준거가 뒷받침되어 있어야 한다. 이를 위해서는 교육학이 보다 과학적이고 체계적인 학문으로써 성격을 갖고 그에 따른 역할을 수행할 수 있어야 한다. 물론 교육에 관한 인식과 의지의 체계는 철저하게 합리적이고 과학적이어야 하지만, 동시에 교육의 주체인 교사와 학생이 인간이라는 사실을 참작한다면 교육적 실천은 교육 주체들의 존엄성과 개성을 고려하고, 예술적이고 직관적인 방법을 허용하며, 교육이 이루어지는 환경이나 상황적 특성을 충분히 고려해야 할 것이다.

셋째, 20세기까지를 지배했던 모더니즘적 세계관 하에서는 계획과 통제가 체계적이고 합리적이며 과학적인 사고를 대표하는 개념으로 인식되어 왔다. 하지만 21세기에 들어서면서 우리는 인간과 사회, 그리고 자연현상이 그렇게 단순히 근대적인 사유를 통해서 이해하고 통제할 수 있는 대상이 아니라는 것을 깨닫게 되었다. 이 점을 분명히 보여주는 대표적인 이론이 복잡성이론(complexity theory)과 같은 불확정성 이론이다. 불확정성 이론은 근대과학의 토대가 되었던 데카르트적 합리적 사유가 설명할 수 있는 대상이 매우 제한적이었음을 깨닫게 해주었다. 하물며 인간의 사고나 정신세계를 다루는 교육을 확실성이나 통제 가능성의 가정을 통해 수행할 수 있다고 믿는 것은 매우 왜곡된 접근이 될 수밖에 없다. 사실 교육이 계획에 대한 신념을 바탕으로 한다는 기존의 교육학 서적의 설명은 대부분 이러한 근대주의적 사유를 바탕으로 교육을 실천하는 것이 타당하다고 믿었던 1980년대까지의 교육계의 관련들이 반영된 결과이다. 따라서 오늘날의 교육은 계획성에 대한 신념도 중요하지만, 인간사회에 대한 생태적 이해와 인간의 사고와 행동의 다양성, 개별성에 대한 이해를 바탕으로 실천되어야 할 것이다. 이 부분은 차후 본 저서의 여러 주제들을 통해 논의될 것이다.

2) 교육학의 학문적 성격

교육학은 교육이라는 현상과 행위를 연구하는 학문이다. 어떤 사회든 그 사회의 구성원들을 가르치고 기르는 교육을 필요로 하는데, 그러한 교육과 관련한 모든 현상과 교육적 행위들을 연구하는 것이 바로 교육학이다. 교육을 학문적으로 연구하는 교육학은 교육현상에 대한 다양한 실천들을 관찰하고 분석하며 평가하는 일을 하고, 그러한 작업이 학문적으로 수행되어 연구결과로 나타난다. 그리고 그러한 연구결과들이 분류되고 종합되면서 다양한 이론들과 관점들, 그리고 해석들이 생겨나게 되는데, 그러한 이론들이 어떤 학문적·실천적 의미를 갖는가를 논의하는 것이 바로 교육학이다.

오늘날 교육학적 논의의 흐름은 크게 세 입장으로 정리되어 왔다. 정신과학적 또는 해석학적 교육학, 경험과학적 교육학, 그리고 사회비판적 또는 해방적 교육학이 그것이다. 이 세 관점에 대해 설명하기 전에 교육학이 학문적으로 정착되어 온 역사를 간단히 정리해 보자(김경희 외, 2009: 34-37). 교육학이 독립된 학문 영역으로 자리 잡게 된 것은 독일의 헤르바르트(Herbart) 이후의 일로서, 그 이전에는 인간생활의 전체를 논하는 철학의 한 분야로서 다루어졌다. 헤르바르트는 그의 저서 『일반교육학(Allgemeine Padagogik)』(1806)과 『교육학강의 강요(Umriss Padagogischer Vorlesungen)』(1835)를 출간하여 교육의 독자성을 주시하고, 교육학을 고유의 대상 영역, 고유의 연구방법을 가진 독립된 학문으로서의 교육학의 체계를 제시하였다. 그는 교육의 목적은 윤리학으로부터, 교육의 방법은 심리학으로부터 도출해 내고, 그 기초 위에서 교육학을 체계적으로 추구했던 것이다. 교육의 목적을 도덕적 품성 도야에 두고, 이를 달성하기 위하여 구체적인 교수와 훈육의 방법을 제시한 헤르바르트의 교육학은 규범적 교육학의 성격을 띠고 있다. 규범적 교육학은 교육학의 목적을 초시간적·초공간적인 타당성을 요구하는 가치와 규범들로부터 이끌어내려는 경향을 띠었다

앞서 언급한 교육학의 학문적 갈래 중 처음 나타난 갈래가 바로 이 독일의 규범적 교육학을 기초로 하여 생겨난 정신과학적 교육학이었다. 그 시초는 독일인 신학자이며 철학자인 슐라이어마허(Schleiermacher)였는데, 그는 『교육학강의』(1826)를 통해, 종교적 이해에 기초한 선(good)의 이념에 중심을 두고, 개인의 완성과 사회적 평등의 실현을 꾀하려 하였다. 교육을 문화적·역사적 발전과 진행과정으로 보아 전 세대와 후속 세대 간의 관계로 받아들였으며, 이는 20세기에 이르러 정신과학적 교육학으로 발전하였다. 정신과학적 교육학의 대표자로는 딜타이(Dilthey),

놀(Nohl), 리트(Litt), 슈프랑거(Spranger), 볼노(Bollnow) 등이 있고, 우리나라 학자로는 이규호(1982)를 들 수 있다.

정신과학적 교육학은 교육의 역사성, 교육학의 상대적 자율성, 교사와 학생의 교육학적 관계 등 교육 행위의 주체인 인간의 내적 경험 과정을 해석학적으로 이해하려 했다. 예를 들어, 이규호는 정신과학적 교육학의 입장을 "교육학은 사실만을 분석해서 이론만을 전개하는 다른 경험과학과는 근본적으로 다르다. 교육학이 스스로를 경험 사실의 탐구에만 제한하고 외부에서 주어지는 목적을 실현하는 수단만을 연구하는 기술에 머무른다면, 교육학은 자신의 가장 본질적인 과제를 저버리고 책임을 회피하는 것"이라고 단언하였다.

반면 경험과학적 교육학은 교육의 규범을 밝히고 교육현상을 사변적·해석학적으로 이해하려는 정신과학적 교육학이 이데올로기에 빠져 교육 실천을 위한 유용한 내용이나 실천적인 의미를 주지 못한다고 비판하면서, 자연과학적인 연구방법을 통해 교육을 경험적·분석적으로 이해하려고 하였다. 경험과학적 교육학의 대표자로는 브레진카(Brexinka), 빈네펠트(Winnefeld), 뒤르켐(Durkheim)과 한국의 경우 정범모(1968)가 있다.

경험과학적 교육학은 교육을 가치중립적인 사실로 받아들이고, 그 사실적 자료를 수집하여 거기에서 인과관계를 설명하는 법칙을 발견하려 하였다. 이러한 경향은 행동주의, 조작주의, 실증주의의 영향을 받아 실험과 가설에 대한 검증이라는 자연과학적 방법을 도입하였으며, 이로써 교육학을 경험적, 분석적, 귀납적, 설명적인 학문이라고 보는 것이다. 정범모는 "교육학은 교육의 사상을 객관적으로 기술하고 설명하고 예언하려는 것이 그 기능이며, 특히 중심적인 기능은 설명이다. 따라서 그 기초가 되는 것은 경험적 이론이며, 교육학은 과학일 수밖에 없다."고 밝혔다.

끝으로 비판적 교육학은 프랑크푸르트 학파의 비판이론(Critical theory)을 배경으로 하며, 정신과학적 교육학과 경험과학적 교육학을 변증법적으로 극복하여 계몽과 참여를 향해 인간을 교육할 수 있는 이론적 근거를 제시하고자 하였다. 따라서 비판적 교육학은 교육 실천의 장인 학교와 학교를 둘러싼 다양한 사회적 기관들 및 환경들의 관련성과 영향요인들을 이데올로기 비판의 방법으로 분석하고자 한다.

비판적 교육학에서는, 교육학과 교육 실천은 언제나 경제적 · 사회적 · 정치적인 제약 아래에 있기 때문에 비판적인 태도를 취해야만 한다고 보고, 지배 · 억압 · 사물화 · 자아 소외에 대항하면서 계몽과 참여에 관심을 갖는 등 교육을 사회문화적 맥락에서 연구하려 한다. 이 비판적 교육학의 특징으로서 클라프키(Klafki)는 이념 비판적 문제의 제시, 경험적 접근 방법과 해석학을 변증법적으로 연결하는 방법론, 그리고 해방적 인식에 대한 관심을 들고 있다.

이상에서 본 바와 같이 교육학의 학문적 성격은 인간과 교육의 본질이나 교육의 이념으로부터 출발하여 연역적인 방법으로 교육을 설명하기도 하고, 교육의 실제와 현실을 중시하여 각종 심리검사, 측정 및 평가, 각종 조사의 방법 등 과학적 · 실증적인 방법을 통하여 귀납적으로 체계화하기도 하며, 이들 방법을 비판적으로 종합하기도 한다. 교육학은 이러한 세 가지 성격이 각각의 특성과 입장을 고수하면서, 혹은 상호보완하면서, 혹은 종합하면서 끊임없이 교육현상과 행위를 체계화하게 된다.

3) 교사론

학교교육이 이루어지기 위해서는 교육을 하는 교사와 교육의 대상인 학생이 있어야 한다. 교육을 하는 교사를 교육의 주체라고 하고, 교육을 받는 학생을 교육의 객체라고 하며, 교육의 주체와 객체가 상호작용을 할 수 있도록 양자를 연계해주는 교재를 교육의 매개체라고 한다. 교육활동이 이루어지고 있는 학교에서는 반드시 이 세 가지 요소가 존재하며, 이 중 어느 것 하나라도 빠지게 되면 학교교육은 성립되지 않는다. 그러므로 교사와 학생 그리고 교재는 학교교육을 이루는 3요소가 된다. 교사의 역할에 대한 사회의 시각들이 역사적으로 어떻게 변해왔는지 간략하게 정리해 보자(김경희 외, 2009: 82-85).

(1) 고대 사회의 교사

고대 사회에서는 문자로 이루어진 지식이나 학문적 체계를 이해할 수 있는 학자나 성직자가 교사의 역할을 대신하였다. 예컨대 유대사회에서 가장 존경받아온 교사는 랍비라는 경전학자요 성직자였으며 고대 이집트에서도 성직자였다. 고대 이집트의 교사는 학생들이 가르친 내용을 제대로 숙달하지 못하면, 사형에 처할 수 있는 권한도 가지고 있었으며, 고대 인도에서 교사는 가장 고귀한 계급인 바라문에 속했고, 고대 중국에서 교사는 학자인 선비가 맡았는데 일반적으로 관리보다 더 많은 존경을 받았었다.

기원전 5세기 이후 그리스지역에서는 아테네로 모여든 많은 소피스트들이 자신들의 전문 연구영역에 따라 학생들을 가르쳤는데, 이들은 일정한 보수나 급료를 받고 지식을 제공하는 전문직업인(profession)으로서의 교육자였다. 소크라테스에 의해 궤변론자라고 평가되어 부정적인 인식을 얻게 된 것과는 달리 당시 소피스트들은 사회적으로 매우 높은 대접을 받았으며, 아테네의 청년들은 학문적 연구보다는 입신출세에 필요한 실용적 지식을 얻고자 수업료를 내고 소피스트들에게 모여들었다. 다만 소크라테스는 그러한 실용적 지식보다는 보편타당한 진리를 탐구하는 것이 참된 지식이라고 믿었던 것이다.

고대 로마에서는 아테네 학교교육 형태를 모방하여 만든 기초학교(Ludus: 초등학교), 문법학교(Grammar school: 중등학교), 수사학교(Rhetoric school: 대학교)가 있었고, 각 수준에 맞는 교사들이 있었다. 고등교육을 담당하는 교사는 전문적 지위로 높이 평가되어 보수도 높았지만, 초·중등교사의 보수는 매우 적었으며 전문적 지위를 확보하지도 못하였다.

우리나라에서 학교교육이 시작된 것은 공식적으로 고구려 소수림왕 2년(372)의 태학에서부터이며, 학교교사의 등장은 이 무렵부터라고 짐작할 수 있다. 고대 우리나라의 교사는 설총, 최치원과 같은 유학자들이었으며, 고대 아테네의 철학자들처럼 존경과 숭배의 대상이 되었다.

특히 신라의 원효는 개개인의 인격 완성과 이상 사회의 실현을 위해 민중 속에 들어가 동고동락하면서 민중교화에 힘썼다. 불심을 일깨워 민중을 교화하고 이상 사회의 주인공이 되게 하는 일, 이것이 원효의 교육적 사명이었다.

요컨대, 고대사회에서 교사들은 성직자나 제사장으로서의 역할을 수행해왔다. 성직관은 교직을 종교적인 관점에서, 특별한 소명의식을 가진 사람들이 수행할 수 있다고 보는 관점인데, 교사는 성직자와 같이 인간의 정신적인 면과 영적인 면을 다루기 때문에 세속적인 직종과는 다른 자세로 임해야 함을 강조하는 입장이라고 볼 수 있다. 따라서 교사는 성직자다운 자세를 가지고 끝없는 사랑과 헌신, 희생과 봉사 그리고 높은 이상을 추구하면서 교육활동에만 전념할 것을 강조한다. 어떤 의미에서는 이것은 전통적 교직관이라 할 수 있다.

(2) 중세 사회의 교사

서구 사회에서 교사 양성이 제도화되기 시작한 시기는 중세부터이다. 중세의 주된 교육기관은 교회였으며, 교사자격증은 주교의 인증에 의해 발급되었다. 중세의 대학은 학자들이 자유롭게 학문에 집중하고 서로 토론하기 위한 모임에서 비롯되었고, 사회적으로 그러한 역할을 인정받아 대학에 소속된 사람들은 세금이나 군역을 면제받기도 하였다. 유럽의 이러한 교육기관이 대학(university)이라는 이름을 갖게 된 것은 보편적 지식을 배우는 곳이라는 의미와 더불어 대학에 입학하는 학생들이 유럽의 전 지역에서 모여들었기 때문이었다. 이처럼 중세사회에서 대학이 등장하여 자율적인 학문공동체가 형성되기 시작하였고, 대학의 교수들은 여러 가지 특권을 누린 반면, 초등교사의 지위는 말단직으로 간주되어 우대받지 못하였다.

우리나라 중세, 즉 고려시대에는 시당에서 국자감에 이르기까지 다양한 교육기관이 있었다. 국립대학에 해당하는 국자감의 경우, 국자학·태학·사문학에서는 경학에 우수한 박사들이 교수하였고, 율학·서학·산학에서는 잡학에 능통한 박사들이 교수하였다. 국자감은 당시 교육진흥의 기틀을 닦고 유학의 발전에 기여하였으며 국자감시의 개설로 과거제도를 궤도에 오르게 하는 등 업적이 상당하였다. 한편, 고려의 대표적인 학교인 십이도는 최충이 72세에 관직에서 물러난 후에 설립한 구재학당을 모델로 하여 설립된 12개의 사립교육기관이다. 여기에서 뛰어난 학자이자 교육자인 안향, 이색, 정몽주 등이 가르침을 베풀었고 그로 인해 학문적 명성을 날렸었으나, 서민교육기관인 서당이나 향교에서 가르친 훈장과 조교의 처우는 별로 높지 않았고 사회적 지위도 높지 않았다.

중세 사회의 교사의 성격은 학자로서의 역할이 부각되기 시작했다고 볼 수 있다. 이는 특히 대학이라는 전문적인 학문탐구의 터전이자 고등지식인들을 양성하는 기관이 생겨나서 그 사회적 역할과 위상이 커지게 된 것과 깊은 관련이 있다. 중세까지만 해도 교육의 대상은 귀족이나 상류층과 같이 매우 한정된 계층이었음을 상기할 필요가 있다. 그리고 그들을 가르치는 교사들도 학문적인 탐구를 하는 일과 학생들을 가르치는 일이 서로 분리되지 않은 상태였다. 즉, 학자들이 자신의 지적 탐구의 결과를 그들의 제자였던 귀족층과 그들의 자제들에게 나누어주는 방식으로 교육이 이루어졌던 것이다.

(3) 근대 사회의 교사

서구 사회에서 초기의 교사양성체제는 대학이 아닌 사범학교에서 이루어졌다. 그 이유는 당시에 교사들은 전문적 학자라는 인정을 받기보다는 사회가 필요로 하는 교육 업무를 수행하는 단순직이라는 인식이 강했기 때문이다. 예를 들어, 영국에서는 한동안 사범학교 출신자에게 학위를 수여하지 않았을 뿐 아니라 정규대학 출신자보다 낮은 지위와 봉급을 지급하였는데, 이러한 현상은 우리나라도 마찬가지였다. 그러나 사범학교의 지위가 점차 대학수준으로 높아지면서 교사자격자에게 학사학위가 수여되었고, 더불어 교육학의 학문적 지위도 상승되었다. 그에 따라 교육학은 대학에서 독립된 학과로 개설되었고, 교사양성과정은 정규 학위과정으로 정착되었다.

우리나라에서 처음으로 설립된 초등학교 교사양성기관은 1895년 당시 정부가 세운 한성사범학교였는데, 이는 고종의 '교육조서'에 따라 세워진 최초의 현대식 공립학교였다. 일제강점기에는 유럽의 영향을 많이 받은 일제의 교육제도에 따라, 교사양성제도는 프랑스의 사범학교를 모방하고, 교육내용은 독일의 헤르바르트 교수방법을 채택하였다. 하지만 해방 이후에는 미국교육의 영향으로 교사양성제도가 재편성되었고, 중등교사를 양성하기 위해여 국·사립 사범대학들이 속속 설립되었다. 그동안 교사양성이 주로 관주도적인 국공립기관에서 이루어졌다면, 해방 이후의 폭증하는 교육적 요구(학생수 및 교사수요 증가)를 수용하기 위해 수많은 사립 사범대학이 교사양성 과정을 운영하게 된 것이다.

근대 사회의 교사는 공공 근로자의 성격을 띤다고 볼 수 있다. 이는 17세기 근대국가의 수립과 18세기 산업혁명으로 인해 도시를 중심으로 많은 인구들이 모여 대중사회가 형성되고, 그러한 많은 대중들을 위한 체계적 교육을 위해 근대적 학교체제가 수립되게 된 배경과 맥락을 같이 한다. 국가는 이러한 근대적 학교체제를 운영하기 위해 대규모의 교사 인력을 양성할 필요성이 생기고 그 결과 등장한 것이 앞서 언급한 사범학교의 설립이었다. 이러한 교사양성제도의 일차적 목표는 사회나 국가가 원하는 방향으로 새로운 세대들에 대한 가르침의 역할을 성실히 수행할 수 있는 교육근로자인 것이고, 그런 의미에서 그들에게 공무원의 역할과 신분이 주어진 것이다. 이 시점에서 근대적 교사는 새로운 지식의 창조나 학문적 연구의 역할을 수행했던 과거의 학자(예 대학 교수)들과는 달리 '지식을 후세대에 전달하는' 순수한 의미의 교육자 역할을 담당하기 시작한 것이다. 동시에 교사는 공무원이자 정신적 노동의 대가로 보수를 받는 노동자로서 처우개선과 근무 환경의 개선을 위해 노동권을 행사할 필요가 있으며, 정부나 고용주(예 사립학교)에 맞서 자신의 권리를 지키기 위해 주장하고 집단행동을 할 수 있다고 본다.

(4) 현대 사회의 교사

오늘날 교사에 대한 사회적 기대와 역할은 어떠한가? 앞서 소개한 바와 같이 성직자, 선비(학자), 공공근로자로서의 교사는 사회가 교육을 바라보는 시각을 그대로 반영한다. 즉, 사회가 교육을 인성 및 인격 형성으로 보느냐, 전문적 지식을 가르치는 것으로 보느냐, 사회적 기능을 학습하는 것으로 보느냐 등에 따라 달라지는 것이다. 그렇다면 미래 사회에는 학교와 교사의 역할을 어떻게 바라볼 것인가?

현대의 교사는 교육전문가로서의 역할을 부여받고 있다. 오늘날 교사는 더 이상 기존의 지식을 학생들에게 전달하는 단순한 역할로 제한될 수 없다. 교사는 단순히 지식을 탐구하는 학자처럼 지식전문가가 아니라, 그러한 지식을 자신이 충분히 이해하고, 스스로 연구도 수행하면서 동시에 다양한 학생들에게 잘 가르치는 선생으로서의 교육전문가가 되어야 하는 것이다. 교육전문가에게 필요한 능력과 자질은 크게 네 가지로 구성될 수 있다. ① 자기 전공분야에 대한 학식과 전문성, ② 교육의 대상이 되는 다양하고 서로 다른 수준을 가진 학생들을 파악하고 이해할 수 있는 능력, ③ 체계적으로 교육과정을 구성하고 전략적으로 효과적인 수업을 실천하며 적절히 학생들의 성취를 평가할 수 있는 능력, 그리고 ④ 여러 환경적 요소를 고려하여 학급을 효율적으로 운영할 수 있는 능력이 그것이다. 이러한 능력을 교직전문성(teacher professionality)이라고 말할 수 있다.

동시에 교사에게는 직업윤리도 요구된다. 교사에게 기대하는 교육자로서의 교직관은 지적, 정신적 활동 아래 이타적 봉사성, 고도의 자율성, 윤리성을 요구하는 직업으로 그러한 직업윤리를 교직윤리(teacher professionalism)이라고 할 수 있다. 즉, 교사는 공적 역할과 동시에 미성숙한 학생들을 대상으로 지식뿐만 아니라 인성 및 가치관을 기르는 역할을 수행해야 하기 때문에 교사로서의 자질과 도덕성, 그리고 사회적 책임감을 가져야 하는 것이다.

3. 교육과정의 이해

1) '교육과정' 용어의 정의

교육과정(教育課程)은 '가르치고 기르는 활동(教: 가르칠 교, 育: 기를 육)'을 보다 체계적으로 수행하기 위해 '단위를 매기는(課: 매길 과, 程: 단위 정)' 일이다. 즉, 교육과정은 "가르치고 기르는 일에 적절한 단위를 부여하는" 행위인 것이다. 여기에서 단위를 부여하는 일은 크게 세 가지로 나누어진다. 첫째는 교육내용을 선정하는 것(selection), 둘째는 분류하고 체계화하는 것(organization), 셋째는 가르치는 계획을 짜는 것(planning)이다. 즉 교육과정을 실천한다는 것은 어떤 내용을 가르치고 배워야 하는지를 선정하는 문제와 그 내용을 조직하고 체계화시키는 문제, 그리고 조직화된 내용을 어떻게 효과적으로 가르칠 것인가에 대한 계획을 수립하는 문제를 모두 포함하는 것이다.

교육과정을 영어로는 curriculum(*pl.* curricula)이라고 하는데, 이는 라틴어의 *currere* ('a running', 'a race', 'a course')에 어원을 둔 것으로 '행위와 경험의 과정' 혹은 '학습의 경로'를 의미한다. 고대 그리스의 사상가였던 키케로(Cicero)는 "자연이 인간의 삶을 유한한 공간에 가두어두었지만, 그 안에서의 인간의 가능성은 무한하다 (*Nature has confined out lives within a short space, but that for our glory is infinite*)."라고 강조함으로써, 인간이 경험하게 될 유한하지만 무한한 가능성을 지닌 경로라는 의미로 *currere*를 사용하였다. 이는 곧 좁은 의미에서는 학습(이수)과정을 의미하는 것이고, 보다 넓은 의미에서는 '목표를 향해 나아가는 과정에서의 경험의 총체'를 의미한다고 볼 수 있다. 오늘날에는 교육과정(curriculum)의 개념이 일반적으로 쓰이면서 특정의 목표를 달성하기 위해 고안된 학습 프로그램(과정)을 가리키는 용어로 널리 활용되고 있다. 이러한 어원을 고려한다면, 교육과정을 '흐름(過程, process)'이라는 차원에서 '가르치고 배워온 과정(教育過程)'이라고 이해하는 것도 크게 문제가 없을 것 같다.

교육과정이 학생들이 배워야 할 학습 내용(지식), 방법(교수법), 시간과 장소(환경) 등을 체계적이고 효율적으로 설계하는 일이라는 것을 감안하여 크레민(Cremin, 1976)은 교육과정이 응집성(coherence: 관련 학습내용을 적절하게 선정하여 응집시켜 놓음), 순차성(sequence: 학습내용들을 체계적 순서에 따라 기술함), 연계성(articulation: 내용들의 전후가 상호 간에 논리적으로 이어져 있음)을 갖추어야 한다고 강조한 바 있다. 이는 교육과정에 있어서의 내용조직의 원리를 강조한 것으로, 교육과정상 가르치고자 하는 내용을 적절히 선정하고, 체계적으로 나열하며, 각각의 내용들이 전후 상호 간에 논리적 연계성을 띠어야 한다는 뜻이다.

2) 교육과정의 개념의 변천

교육과정은 학교교육의 핵심 줄기로써, 교육과정이 없으면 교육 자체가 성립이 불가하다. 그 이유는 다음 세 가지 때문이다.

(1) 내용으로서의 교육과정

교육과정은 학생들이 배워야 할 '내용(content: 지식, 기술, 태도 등)'을 결정하는 역할을 한다. 초기 교육과정에 관한 관심사도 학생들에게 가르칠 교육의 내용을 선정하는 일, 즉 교육과정이 어떤 내용을 담고 있어야 하는가(What should the curriculum contain?)와 그러한 내용들을 최상으로 조직하는 방법은 무엇인가(What is the best way to organize these contents?)가 가장 중요한 일이었다. 1643년 영국의 글래스고대학(Univ. of Glasgow)의 한 문서에서 '5년간의 커리큘럼'이라는 표현이 발견됨으로써, 당시 이 대학을 졸업하기 위해서는 학생들이 5년 동안 일정한 교육내용을 필수적으로 이수해야 했다는 것을 알 수 있었다. 예를 들어, 그 교육과정의 내용(content)이 되었던 과목들은 '인간의 정신능력을 훈련하기 위해서 필요한 내용(What content should be used to exercise the Mind?)'으로 여겨졌고, 이를 위해 어떤 내용을 선정하고 조직할 것이냐가 당시 대학 교육과정의 가장 큰 관심사였을 것이다.

(2) 방법으로서의 교육과정

교육방법의 문제(How things should be taught?: 어떻게 가르칠 것인가?)가 교육과정의 핵심 사안으로 떠오르게 된 것은 18세기에 들어서면서부터였다. 그 배경에는 18세기경부터 프랑스 및 러시아 등지에 청각장애아학교가 설립되기 시작하였고, 당시 프랑스 Aveyron 지역에서 의사였던 이타드(Itard)가 숲속에서 우연히 발견된 '늑대소년'을 데려다가 인간사회에 적응하는 교육을 시켰다는 일화가 소개된 것도 그 당시였다. 이후 이타드의 제자 세강(Saguin)은 스승의 실험적 교육방법을 체계화하여 정신적 장애(mentally handicapped)를 가진 사람들을 위한 교육론으로 정리하기 시작한 것이 바로 교육에 있어서 방법론이 주목을 받게 된 계기가 되었다.

이후 이탈리아의 교육학자 몬테소리(Montessori)는 당시에 시도되었던 정신지체아를 위한 교육방법론을 응용하여 정상아를 위한 교육방법으로 변형한 것이 바로 몬테소리 방법론이었다. 이후 19세기 들어, 루소(Rousseau) 등의 낭만적 자연주의[1] 교육사상가들에 의해 인간의 선한 본성과 가능성을 일깨워줄 수 있는 수단으로서의 교육방법에 대한 관심이 더욱 확대되었던 것이다.

(3) 목적으로서의 교육과정

교육과정은 단순한 내용 선정이나 방법의 적용 차원을 넘어서 드디어 합목적적인(purposeful) 활동이라는 합의를 얻게 된다. 20세기 들어서 미국의 대표적 교육사상가였던 듀이(Dewey)는 그의 저서 『민주주의와 교육(Democracy and Education)』

1) "인간은 자유인으로 태어났지만, (교육을 받기 전에는)온 몸이 쇠사슬에 묶인 상태라고 볼 수 있다(Man is born free, but is everywhere in chains.)."라고 주장한 루소는 인간에 대한 가능성, 선함을 긍정하면서도, 인간이 선한 모습을 보이지 못하는 것은 사회적 굴레, 제약, 영향 때문이라고 주장하였다. 따라서 교육은 그러한 굴레를 벗게 도와주는 것이며, 인간은 본래 선한 존재이므로, 교육에 있어서 내용(무엇을 배울까?)이 중요한 것이 아니라 방법(어떻게 본성을 살릴까?)이 더욱 중요하다고 강조하게 된다(Rousseau, 2010).

(1916) 등에서 몬테소리(Montessori)의 교육방법론에 대해 지나치게 엄격한 학습법을 적용하고, 아동이 스스로의 경험을 통해 학습할 수 있는 능력을 무시했다고 비판하였다. 이어서 듀이(Dewey)는 교육에 있어서 방법론에 대한 관심을 학습자의 개인에 대한 관심으로 전환하면서, 교육(과정)의 진정한 목적이 무엇인지에 대해, 학습자의 흥미를 고려한 교육, 실생활 교육, 민주주의 가치관의 학습 등과 같은 본질적인 교육의 목적에 대한 통찰력을 갖게 해 주었다.

20세기 초부터 널리 소개되기 시작한 듀이의 철학은 19세기를 거치면서 급격한 세계사의 변화과정(예 20세기 들어 두 차례의 세계대전, 식민주의적 세계사의 종식, 개별국가 내부에서의 신분사회의 종식, 다민족국가의 번성 등) 속에서 미래세계에 대한 단순한 낙관론이 붕괴되고, 사회구성체에 관한 이념적 논쟁이 부활하면서, 과연 그러한 복잡다단한 사회정치적 현실 속에서 교육(학교)의 진정한 역할은 무엇인가 하는 것을 되돌아보게 해주었다. 이러한 듀이의 교육사상으로 인해 교육에 있어서 개인차의 중요성을 인식하기 시작했고, 교육과정의 내용이나 방법보다는 개별적 학생의 필요와 흥미를 토대로 교육과정 내용을 선정 및 구성하려는 다양한 접근이 시도되기 시작한 것이다.

요컨대, 20세기 초에 등장한 듀이의 진보주의 교육철학은 그 전까지 교육과정의 관심사였던 내용론(What: 무엇을 가르칠 것인가?)이나 방법론(How: 어떻게 가르칠 것인가?)보다는 목적론(What for: 교육의 진정한 목적은 무엇인가?)을 교육과정의 주된 논제로 삼게 된 촉매제 역할을 하였다.

3) 교육과정에 대한 접근들

교육과정에 대한 접근은 크게 두 가지 성격을 갖는데, 처방적(prescriptive) 혹은 규범적(normative) 접근과 기술적(descriptive) 접근으로 구분할 수 있다(최호성, 2008).

(1) 처방적/규범적 접근과 기술적 접근

처방적(處方的, Prescriptive) 접근이란 의사가 자신의 전문지식과 경험에 의해 환자의 병의 원인에 대해 진단하고 치료방법을 처방해주는 것처럼, 학교교육의 목적, 내용선정, 교수 및 평가방법 등을 전문가들의 관점과 권위에 의거 일방적으로 제시하는 것을 의미한다. 한편, 규범적(規範的, Normative) 접근이란 교육이 나아가야 할 방향에 대해 규범화(사회적으로 규정된 옳고 그름의 판단기준)하여 이를 학교교육의 교육과정을 통해 성취하려고 하는 접근방법을 의미한다. 이처럼 처방적 접근과 규범적 접근은 그 의미는 다르지만 학교교육에 대해 권위주의적이고 집단적이며, 효율성을 중시하는 하향식(top-down) 접근이라는 점에 유사성을 갖고 있다.

이러한 처방적/규범적 관점을 바탕에 둔 교육과정의 정의들의 예는 다음과 같다.

- 교육과정은 문법규칙, 읽기, 수사학, 논리학, 수학, 서구사회의 고전 등과 같은 비교적 항구적 성격의 교과들로 구성된다(Hutchins, 1936).
- 교육과정은 학교가 교육목표를 달성하기 위하여 계획하고 지도한 일체의 학습경험을 가리킨다(Tyler, 1957).
- 교육과정이란 특정 학교에 다니고 있는 학생집단을 겨냥하여 설정한 포괄적인 목표나 그에 관련된 구체적인 목표를 달성하기 위하여 적절한 학습경험을 제공하려는 학교의 계획을 말한다(M. Johnson, 1968).
- 교육과정은 교육받을 사람들에게 일련의 학습기회를 마련해 줄 목적으로 작성된 계획을 말한다(Saylor, Alexander, & Lewis, 1981).
- 교육과정은 발달과정을 통해 학생의 경험을 정점에 달할 수 있도록 활성화하는 일련의 바람직한 목표 혹은 가치체계를 말한다(Wiles & Bondi, 2006).

한편, 기술적 접근(記述的, Descriptive)이란 '있는 그대로 기술(記述)한다'라는 의미로 교육과정에 대한 이해를 시도함에 있어 학교에서 이루어지는 교육현상을 가능한 한 있는 그대로 이해하고, 설명하려고 하는 입장이다. 앞서 설명한 처방적/규범적 접근과 같은 하향식 접근으로는 교육의 실상이나 현실적 문제들을 온전히 이해할 수 없고, 학생들의 입장에서 바라보는 상향식(bottom-up) 접근에서 교육과정을 이해할 필요가 있다는 입장이다. 이러한 기술적 접근을 바탕으로 한 교육과정에 대한 정의의 예들은 다음과 같다.

- 교사의 지도 아래 아동들이 갖게 되는 모든 경험을 교육과정이라 한다(Caswell & Campbell, 1935).
- 폐쇄적인 사회에서는 엘리트의 가치가 대중들에게 강요된다. 교육이 자유의 연습이요 체험이라 한다면, 우리는 마치 학생들을 사물처럼 인식하여 그들에게 지식을 전수하고 연계하는 활동으로서 교육을 인식해서는 안 될 것이다(Freire, 1970).
- 교육과정은 각 개인 학습자가 자신이나 자신의 교육 프로그램에 대해 가지는 실제 경험의 집합 혹은 그 경험에 대한 인식(지각)을 가리킨다(Hass, 1987).
- 교육과정은 감각으로 만질 수 있는 산물이 아니다. 오히려 학생, 교사, 지식 및 환경이 매일같이 역동적으로 상호작용하는 그 자체이다(Cornbleth, 1990).
- 교사와 학생의 관계는 물론이고 교육질서에 대한 새로운 관점이 형성되면서 교육과정의 개념도 달라지고 있다. 오늘날까지 교육을 지배하고 있는 직선적, 계열적, 그리고 쉽게 계량화할 수 있는 순서체계의 접근방식은 보다 복잡하고 다원적이며 예측하기 어려운 체계 혹은 네트워크 관점으로 옮아가고 있다(Doll, 1993).

이상과 같이 학교의 교육과정을 처방적 접근(전문가적, 관료주의적, 목표 및 성과중심, 효율성 위주의 차원)으로 바라보느냐, 아니면 기술적 접근(학생중심, 현장중심적, 과정중심, 총체적 발달위주의 차원)으로 바라보느냐에 따라 교육목표, 내용, 방법 등이 달라질 수 있을 것이다.

(2) 교육과정에 대한 종합적 정의

마쉬와 윌리스(Marsh & Willis, 2007)는 지금까지 제시된 수많은 교육과정에 대한 정의들을 다음과 같은 8가지 대표적 범주로 나누었다.

① 교육과정은 문법, 읽기, 논리, 수사, 수학, 고전 등 본질적인 지식을 가장 잘 구체화하고 있는 영속적 성격의 교과목들을 가리킨다.

② 교육과정은 현재 사회를 영위하는 데 가장 유용한 교과들을 가리키는데, 이러한 교과들은 대부분이 현대사회의 문제점이나 쟁점들로 구성된다. 또한 학생 개개인이 가장 유용하다고 생각하는 교과를 선택할 수도 있다.

③ 교육과정은 학교가 책임지고 계획한 모든 학습 성과를 가리킨다. 여기서 계획된 학습 성과란 내용이나 의도한 학습 성과의 목록을 구체적으로 진술한 문서 혹은 학생들이 필히 학습해야 할 사항에 내용에 관한 교사들의 의견의 총합을 의미한다.

④ 교육과정은 학교의 지도 아래 학습자들이 겪게 되는 모든 경험인데, 학생들이 학교에서의 다양한 활동을 통해서 겪는 의미의 총합이다. 여기에는 미리 계획하지 않았어도 학교생활을 통해서 학습하게 되는 잠재적 교육과정도 포함된다.

⑤ 교육과정은 학생들로 하여금 다양한 학습사태 속에서 일반적인 기능과 지식을 획득할 수 있게끔 그들에게 제공된 학습경험의 총체를 가리킨다. 학교에 국한되지 않은 기능과 지식의 학습을 강조한다.

⑥ 교육과정은 학생들이 컴퓨터나 인터넷 등의 도구를 통하여 정보를 탐색하고 지식을 구성해가는 자신만의 의미탐색 및 타인과의 의사소통 과정을 의미한다.

⑦ 교육과정은 기존 지식이나 권위에 대해 회의를 품고 동시에 인간의 삶과 현대사회에 대한 복합적인 이해를 모색하는 것이다.

⑧ 교육과정은 삶의 과정에서 학습자가 갖는 일체의 경험을 가리킨다.

위 정의들을 비교해보면 뒤로 갈수록 교육과정에 대한 정의가 보다 총체적인 개념으로 확대되어간다는 것을 알 수 있을 것이다. 즉, 교육과정은 단순히 학생들이 학습해야 할 내용들(교과 지식들)을 선정하는 것에 그치는 것이 아니라, 학생들이 학교에서 겪는 모든 경험들의 총합이라고 폭넓게 이해할 필요가 있다.

아울러 교육과정은 다음과 같이 다양한 시각을 통해 이해할 수도 있다(최호성, 2008; 이성호, 2009).

- 교과내용 혹은 교재로서의 교육과정
- 학문적 지식(조직화된 지식의 모음)으로서의 교육과정
- 의도한 학습 성과를 계획한 프로그램으로서의 교육과정
- 측정된 수업 성과로서의 교육과정
- 학습자에게 일어난 경험(개인의 성찰적 경험)으로서의 교육과정
- 문화 재생산(cultural reproduction: 문화경험을 통한 지식의 선정과 조직)의 결과로서의 교육과정
- 문화재건(cultural reconstruction) 제안자(proposal)로서의 교육과정

즉, 교육과정은 내용(교과내용/교재), 학문적 지식체계, 교육 프로그램, 평가를 위한 성취목표, 학교에서 경험하는 모든 경험의 성격을 지니고 있을 뿐만 아니라, 문화 재생산을 위한 도구(그 사회의 모든 문화적·역사적·사회적 경험이 축적되고 학생들에게 가르쳐지기 위하여 고안된 과정)이자 궁극적으로 사회발전을 위한 수단으로서의 학교교육 자체의 역할을 지니고 있다고 이해할 수 있다.

4) 교육과정의 성격과 구성요소

(1) 교육과정의 성격

많은 학자들이 교육과정의 성격 및 적용되는 상황에 비추어 여러 가지 성격을 구분하여 설명한 바 있는데, 각각의 학자들이 구분한 교육과정의 성격들을 상호 비교하여 정리하면 다음 표와 같다.

〈표 1-1〉 교육과정의 성격 비교표

Goodlad(1984)	Cuban(1993)	Eisner(1994)*	Glatthorn, Boschee, & Whitehead(2006)
이상적(Ideal)	–		추천된(Recommended)
공식적(Official)	공식(Official)	외현적(Explicit)	문서화된(Written)
지각된(Perceived)	–	–	지원된(Supported)
적용된(Applied)	가르쳐진(Taught)	–	전달된(Delivered)
경험된(Experienced)	학습된(Learned)	잠재적(Hidden)	학습된(Learned)
–	검사된(Tested)		평가된(Tested)

* Eisner(1994)는 또한 교육과정의 내용으로 선택되지 못하고 배제되거나 등한시되는 교육과정의 내용, 지식, 교과들을 '영(null)교육과정'이라고 지칭하기도 했다.

위 표에서 보이듯이, 학자들마다 교육과정의 성격을 서로 다르게 구분하고 있지만, 그 내용을 들여다보면 서로 유사한 개념에 대해 학자들마다 서로 다른 명칭을 붙이고 있음을 알 수 있다. 위 표는 각 학자들의 교육과정 성격 구분을 각각 유사한 성격끼리 비교하여 정리한 것이다. 예를 들면, 굿라드(J. Goodlad, 1984)의 '공식적 교육과정'은 다른 학자들의 공식(Cuban), 외현적(Eisner), 문서화된(Glatthorn et al.) 교육과정과 비슷한 개념으로 생각할 수 있다. 또한 글래쏜, 보스치와 화이트헤드(Glatthorn, Boschee, & Whitehead, 2006)는 추천된, 문서화된, 지원된, 전달된, 학습한, 평가된 교육과정의 여섯 가지 유형을 제시하기도 했다. 여기서 지원된(supported) 교육과정이란 교육과정 운영에 필요한 자원(resource)을 배당시간, 교수시간, 교직원수, 학습자료량 등의 차원에서 어떻게 할당할 것인가를 규정하는 것을 의미한다. 따라서 교육과정의 편성을 이러한 자원들을 적절히 할당하여 교육과정을 지원하는 활동으로 이해하는 것이다. 요컨대, 학자들은 교육과정을 이상적인 모델로서의 교육과정, 정부나 학교기관에 의해 공식적으로 인정되고 공표된 교육과정, 교사나 행정가에 의해 인식된 혹은 지각된 교육과정, 실제로 수업에서 적용된 혹은 가르쳐진 교육과정, 학생들이 실제로 경험한 교육과정, 그리고 마지막으로 평가에 의해 확인된 교육과정으로 나누고 있음을 알 수 있다.

(2) 교육과정의 구성요소

교육과정의 구성요소는 크게 ① 교육목표, ② 교육내용, ③ 교수학습 환경, 그리고 ④ 교육평가의 네 가지로 구분할 수 있다. 위의 교육과정 유형과 마찬가지로 많은 학자들이 교육과정의 구성요소에 대해 논의하였는바, 그 논의들 속에 나타난 교육과정 구성요소에 대한 의견들을 상호 비교하여 표로 제시하면 다음과 같다.

〈표 1-2〉 **교육과정 구성요소에 대한 학자들 의견 비교표**

<table>
<tr><th>Tyler (1949)</th><th>Giles et al. (1942)</th><th>Fitzgerald (1955)</th><th>Taba (1962)</th><th>Glaser (1967)</th><th>정범모 (1956)</th><th>이영덕 (1981)</th><th>김호권 (1994)</th><th>종 합</th></tr>
<tr><td>목표</td><td>교육목표</td><td>철학</td><td>목적/목표</td><td>교수목표</td><td>목표설정</td><td>목표</td><td>목표 상세화</td><td>목표</td></tr>
<tr><td rowspan="2">학습경험 선정 및 조직</td><td>교과</td><td>교과과정</td><td>내용</td><td>출발점 행동</td><td>경험선정/조직</td><td>내용선정/조직</td><td>학습경험 선정/조직</td><td>내용선정/조직</td></tr>
<tr><td>방법/조직</td><td>배열/방법</td><td>학습경험</td><td>교수절차</td><td>학습지도</td><td>학습경험 과정</td><td>수업설계/실천</td><td>교수학습 경험/실천</td></tr>
<tr><td>평가</td><td>평가</td><td>측정/진단/교정</td><td>평가</td><td>성취도 평가</td><td>평가</td><td>평가</td><td>학습평가</td><td>평가</td></tr>
</table>

타일러(Tyler)가 교육과정을 목표, 학습경험의 선정, 학습경험의 조직, 그리고 평가로 구성된다고 주장했으나, 이후의 학자들은 학습경험의 선정과 조직을 하나의 과정으로 보고, 이를 바탕으로 한 실제적 학습경험을 보다 중요한 요소로 보아 별도의 단계로 강조하는 경향을 띠고 있다. 한편, 피츠제럴드(Fitzgerald, 1955) 같은 학자는 '평가'과정을 더욱 중요시하여 이를 세분화하는가 하면, 김호권처럼 수업설계와 실천을 별도의 과정으로 이해한 학자도 있다. 하지만, 여러 학자들의 주장을 종합해볼 때, 교육과정의 주된 구성요소는 목표, 내용선정 및 조직, 교수학습 실천, 그리고 평가라고 볼 수 있다.

CHAPTER

02 교육학의 역사적 발자취

"지나간 것(a past)은 한 번도 현존(present)하지 않았고, 앞으로도 그럴 것이다."

(Derrida, 1982: 21)

과거란 무엇인가? 사람들은 그것을 '지나간' 현재라고 생각한다. 데리다(Derrida)의 위와 같은 경구는 여러 의미로 해석될 수 있겠지만, '과거'란 실제로는 한 번도 존재하지 않은 것이고, 따라서 앞으로도 존재할 일이 없는 것이라고 여기는 듯싶다. 즉, 오늘날 사람들의 사고 속에 떠돌며 회자되는 '과거'란 '예전에 존재했던 실재'가 아니라 사람들의 생각 속에서 꾸며지고, 해석되고, 이념화된 이미지 혹은 믿음일 수 있다는 것이다. 그렇다면 우리가 '과거'를 논할 때 중요한 것은 과거의 '진실'이 어떠했는가가 중요한 것이 아니라, 과거가 어떻게 꾸며지고 전달되어 사람들이 믿게 되었으며, 그 이유가 무엇인가에 대한 '해석'과 '의미부여'가 더 중요할 것이다.

역사란 무엇인가? 역사철학(philosophy of history)의 장을 열었던 이탈리아 철학자 크로체(Croce)는 "역사란 현시대의 안목으로, 현시대의 문제를 바탕으로 과거를 바라볼 수밖에 없기 때문에, 모든 역사는 근대적(contemporary) 역사이다. … 역사가의 주된 과업은 기록(record)하는 것이 아니라, 평가(evaluate)하는 것이다."라고 일갈하였다. 같은 맥락에서 미국의 역사학자 칼 베커(Carl Becker, 1910)는 "역사적 사실들은 역사가들이 창조(create)하기 전까지는 존재하지 않는다."라고 주장한 바 있다. 즉, 우리가 배우는 역사는 과거의 사실에 대한 단순한 기록이 아니고, 역사가들에 의해 선택되고 해석된 과거에 대한 '설명'이다. 그러므로 그 역사를 되돌아보는 것은 우리가 알고자 하는 과거가 현재 우리에게 무슨 말을 해줄 것이며, 무슨 의미를 가지고 있는지를 이해하고자 하는 것이다(Carr, 1961).

교육의 역사를 되돌아보는 것도 마찬가지이다. 교육사는 과거의 선조들의 삶과 배움에 대한 기록이나 해석을 되돌아봄으로써 그 해석들이 오늘날의 교육의 문제에 어떤 메시지를 던져주는지를 이해하고 우리가 안고 있는 여러 교육의 문제를 해결할 수 있는 통찰을 얻고자 하는 것이다. (역사를)기록하지 않는 민족은 망할 수밖에 없다는 말이 있다. 하지만, 필자는 '역사를 제대로 해석하지 않는 사람(민족)은 자신의 삶의 주인이 될 수 없다'라고 말하고 싶다. 이것이 우리가 역사를 배우고 제대로 해석해야 하는 이유이다.

1. 서양교육사

교육사와 교육철학은 과거로 거슬러 올라갈수록 분리하기 힘들만큼 밀접하게 관련되어 있다. 과거의 교육 사상이나 이념, 그리고 방법론이나 실천 등이 어떠했는지를 되짚어보는 것이 교육사(history of education)라면 그러한 이론과 실천 등의 원류를 이해함으로써 오늘날 교육의 방향과 의미를 점검하는 것이 교육철학이기 때문이다. 따라서 교육사를 공부하는 것은 곧 교육철학을 공부하는 것이고, 그런 의미에서 가장 우선적으로 공부해야 할 영역이 바로 인류의 사상과 문화의 뿌리 역할을 하고 있는 고대 그리스의 철학과 문화에 대한 이해일 것이다.

1) 고대 그리스의 교육

(1) 그리스 교육의 특징

서양 고대의 그리스는 수많은 도시국가로 이루어졌다. 그 대표적 도시국가가 아테네(Athene, B. C. 800년경 형성)와 스파르타(Spaarta, B. C. 1200년경 형성)이다. 아테네는 지혜롭고 교양 있는 조화의 인간을 좋아했기 때문에, 개성의 신장, 교양의 심화, 시민다운 덕성을 조화롭게 갖춘 인간을 기르고자 하였다. 하지만 후기에 이르자 플라톤(Plato)의 대화(Dialogues) 편에서 소크라테스(Socrates)가 비판한 것으로 잘 알려진 소피스트들이 등장하였다. 소피스트들(Sophists)은 고대 그리스(1차 소피스트)에서 등장하여 로마제국(2차 소피스트)에 이르기까지 활약하였는데, 그들은 철학과 수사학(rhetoric)을 전문으로 하기도 했고, 음악이나, 수학, 체련(athletics)의 전문가이기도 했다. 그들이 어떤 과목을 가르치든 가장 중시한 것이 바로 젊은 정치가나 귀족에게 요구되는 *arete*(덕성 혹은 우수성)였다. 소피스트들에 대한 소크라테스의 비판의 골자는 그들이 교육이나 지혜를 제공한 대가로 금전적 보상을 요구했기 때문이었다. 알렉산더(Alexandros) 대왕에게 자문을 제공했던 아리스토텔레스(Aristoteles)도 소피스트였다고 볼 수 있는데, 이는 알렉산더의 아버지인 필립(Philip) 공이 아리스토텔레스에게 자문의 대가로 돈을 제공하고자 하였지만 아리스토텔레스는 그 대신 과거 필립이 파괴했던 아리스토텔레스의 고향인 Stagira를 재건해 달라고 했고 필립 공도 그 제안을 수락했다는 이야기도 있다. 이러한 소피스트에 대한 소크라테스의 비난에 대해 키케로(Cicero)는 철학의 영역에서 지혜(wisdom)와 웅변술(eloquence)을 분리하여 소피스트들을 공격한 소크라테스를 비판하기도 했는데, 키케로도 아리스토텔레스와 마찬가지로 고전적인 수사법과 작문술(composition)의 중요성을 강조했던 것이다(Herrick, 2005). 이러한 논쟁을 고려하다면, 소피스트들에 대한 부정적인 해석은 철학적 가르침에 대한 대가로 돈을 요구한 소피스트들에 대한 철학자들의 편견이 반영된 것이라고 볼 수도 있을 것이다.

근대 이전까지의 모든 철학자라고 하는 사람들은 오늘날의 철학자와 성격이 전혀 다르다. 근대 들어 학문이 분화되기 전까지는 모든 학문은 철학의 범주에 포함되어 있었다. 학문이 분화되는 예를 몇 가지 들자면, 16세기 유럽의 탐험가들에 의해 지리상의 발견이 이루어지고 나서야 '지리학'이나 연금술에서 출발한 화학이 학문적 토대를 다지기 시작했고, 17세기 데카르트(R. Descartes)에 의해 자연철학에 대한 인식론적 전환이 시작되고 나서야 근대 과학이 분화되며 발전하기 시작한 것이다. 역사학, 정치학, 법학 등의 사회과학 학문영역들은 모두 18세기 근대국가의 성립 이후에 등장한 학문들이다. 즉 중세 이전까지는 모든 학문이 철학, 신학, 의학으로만 구분되었을 뿐이었다.

고대 그리스의 소피스트들은 그리스 어원상 *sophistes*(a master of one's craft)란 의미로 자신의 기술 혹은 전공분야의 숙달자란 의미인데, 오늘날의 의미로 해석하자면 특정 전공분야의 전문가란 의미가 된다. 즉, 특정 분야의 전문가가 자신의 지식을 제공하는 대가로 돈을 받았던 것인데, 순수한 지혜와 진리를 추구해야 하는 철학자들이 정치에 입문하거나 출세를 위한 세속적인 요구에 돈을 받고 지식을 팔았다는 것을 비판한 것이다. 소크라테스(Socrates)는 지덕합일의 도덕적 인간을 교육의 목적으로 삼았고, 그것을 가르치는 것이 교육의 지상 목표여야 했는데, 실용적 지식을 가르치는 것에 분노했을 것이다. 하지만 오늘날의 관점에서 보면, 소크라테스의 이러한 비판은 철학에 대한 지극히 제한된 시각이 반영된 것이라고 볼 수 있다.

한편, 스파르타는 고대 그리스의 라코니아(Laconia) 근교 강변에 정착하며 군사적 지배력을 넓혔던 도시국가였다. 스파르타는 기원전 5세기에서 4세기 중반까지 이어졌던 페르시아 전쟁 동안 그리스 세력을 대표하는 군대로써 위용을 떨쳤고, 전쟁 후 이오니아(Ionia) 지역에 펼쳐져있던 독립적 성격의 도시국가들을 다스리기 위해 전제군주적 통치를 허용하게 되면서 스파르타식 통치가 두각을 나타내게 된 것이다. B. C. 4세기경에 발생한 펠로폰네소스 전쟁(Peloponnesian War) 동안에는 스파르타가 아테네의 주적으로 간주되었고, 룩트라 전투(the Battle of Leuctra)에서 테베스에게 패하면서 스파르타의 위상은 한풀 꺾이게 되었지만, B. C. 146년에 로마가 그리스를 정복하던 시점까지 스파르타는 정치적 독립체의 지위를 유지할 수 있었다(Cartledge, 2002).

스파르타가 고대 그리스 도시국가로서 독특한 위상을 유지했던 것은 군사적 훈련과 수월성을 중심에 둔 사회시스템과 헌법체제 때문이었다. 스파르타에는 엄격한 계급시스템이 존재했는데, 모든 권리를 누렸던 스파르타 시민계급인 Spartiates는 엄격한 아고게(agoge) 훈련(모든 남성 스파르탄 시민이 의무적으로 받았던 체력 및 전술 훈련: 충성심, 은둔술, 사냥, 노래, 인내력, 소통능력 등)과 교육을 받았고, 남녀 역할 구분이 미약하여 스파르타 여성들은 고대의 어떤 사회들보다 더 남성들과 동등한 권리를 누렸던 것으로 알려져 있다. 이러한 스파르타 사회의 특성은 당시 도시국가들 사이에서 매우 혁신적이며 매력적인 시스템으로 인정받았고, 이러한 인식은 현대 서구 사회에서 스파르타식 문화와 사회제도에 대한 향수(Laconism 혹은 Laconophilia)로 남아있다(Morris, 2005). 여하튼 스파르타의 교육이 개인적인 지적, 이성적, 심미적 능력보다는 집단적인 통일성과 신체적 능력, 군사력, 용맹심, 극기력 등을 강조했던 것은 사실이다. 하지만 과연 아테네식 교육과 스파르타식 교육 중에서 어떤 것이 더 낫다고 판단할 수 있는 근거는 무엇일까? 오늘날 스파르타식 교육과 문화에 대한 이미지는 당시 스파르타의 주적이었던 아테네의 관점이나 세계관에 의한 것이고, 그러한 아테네의 문명이 장기적으로 승리하였기 때문에 만들어진 이미지는 아닐까 생각해볼 필요가 있을 것이다.

(2) 그리스의 대표적인 철학자들

① 소크라테스(B. C. 479~399)

소크라테스(Socrates)는 철학의 아버지라고 불리울 정도로 서양철학사의 기둥과 같은 인물이다. 그의 사상은 제자인 플라톤(Plato), 크세노폰(Xenophon)의 저술들과 아리스토파네스(Aristophanes)의 희곡 등을 통해서 세상에 알려진 것으로, 수제자인 플라톤(Plato)의 대화(Dialogues) 편이 소크라테스(Socrates)의 철학을 가장 잘 드러내고 있다고 알려져 있다(Kofman, 1998). 이처럼 소크라테스의 사상은 플라톤에 의해 해석되고 소개된 것이기 때문에 이는 플라톤식 소크라테스(Platonic Socrates)라 불리기도 한다.

소크라테스식 사고의 대표적인 예가 소크라테스의 풍자법(Socratic irony: 상대방의 주장을 무력화시키기 위해 무지한 채 하면서 상대방 주장의 허점을 드러내는 방법)과 소크라테스의 대화법(Socratic method: 상대방과 질문을 주고받는 협력적 대화를 통해 상대방으로 하여금 비판적으로 사고하고 밑바탕에 깔린 전제로부터 비판적 사고를 통해 스스로 진실을 찾아갈 수 있도록 돕는 문답법으로 변증법적 방법이라고도 불리운다)이다. 여기서 풍자법은 상대방의 잘못된 논리를 무너뜨리는 전략이라면 대화법은 상대방으로 하여금 올바른 판단을 내리도록 도와주는 전략이라고 볼 수 있다. 특히 대화법은 스승이 제자를 가르치기 위한 가장 기본적인 교육법으로서 페다고지(pedagogy)의 원형적 형태이기도 하다. 즉 페다고지의 현대적 의미는 교사의 가르치기 위한 전략, 행동, 판단으로써 학습의 이론과 학생들의 사고와 욕구, 그리고 그들의 배경에 대한 충분한 이해를 바탕으로 하는 것으로 정의되지만(Shulman, 1987), 초기에는 제자들이 '진리에 도달하기까지 이끌어주기 위한 일련의 질문들'이란 의미로 사용되었다.

소크라테스 사상은 교수법 차원에서뿐 아니라 인식론(epistemology: 지식의 본질이 무엇이고, 진리는 어떻게 정당화될 수 있고, 인간의 이성의 역할은 무엇인가를 궁구하는 철학의 주요한 갈래) 차원에서도 큰 업적을 남겼다. 소크라테스의 인식론은 한마디로 지식(진리)은 보편타당성을 갖고 도덕적인 특성도 갖기 때문에, 지식을 학습하는 사람은 지혜(wisdom)로워야 함과 동시에 덕(virtue)을 갖추어야 한다고 믿었다. 따라서 소크라테스는 교육이란 지혜이자 덕을 갖춘 인간을 기르는 것으로 보았다.

문제는 지혜와 덕을 얻기 위해서는 꾸준한 반성적 학습을 통한 자기 계발의 과정을 거쳐야 하는데, 그 대표적인 방법이 바로 대화법인 것이다. 이 대화법은 소극적 대화법인 에이로니아(Greek: eironeia)와 적극적 대화법인 마유티케(maieutike)로 구분할 수 있는데, 여기서 에이로니아가 앞서 언급한 풍자법(irony)의 그리스 어원이고, 마유티케가 대화법(method)의 그리스 어원이다. 즉, 에이로니아는 학생들로 하여금 '무지를 스스로 깨닫게 만드는' 간접적인 대화법이라면, 마유티케는 학생들의 생각으로부터 올바른 사고를 끄집어내어 '스스로 진리에 도달하도록 유도하는' 적극적인 대화법으로 산파술(midwifery)이라고도 불리운다.

요컨대, 위와 같은 소크라테스(Socrates)의 사상과 교육적 접근법(pedagogy)으로서의 풍자법과 대화법은 실제로 오늘날까지 사람들 간의 대화를 통한 논쟁, 의사소통, 교수학습의 기본 토대를 제공해주고 있는 셈이다. 특히 문답법의 경우 정답을 제시해주는 것이 '직접교수법'이 아니라, '학생들이 스스로 답을 찾아가도록 하는 것'이 직접교수법의 본질이라는 사실을 깨닫게 해준다. 즉, 정답을 제시해주는 행위는 제대로 된 교수법이 될 수조차 없고, 학습의 본질 자체가 학생이 배움의 주체가 되는 발견학습이나 탐구학습이라는 것을 강조해주는 것이다.

② 플라톤(B. C. 427~347)

가. 플라톤의 위상

플라톤(Plato)은 서양 최초의 고등교육기관인 아테네 아카데미(the Academy in Athens)의 창시자이다. 플라톤의 저작은 동시대의 다른 철학자들과 다르게 거의 2400년간 고스란히 전해져왔기 때문에, 실제로는 어떤 저작이 플라톤 자신이 쓴 원서인지 판단하기 어려운 실정이다(Brumbaugh, 1991). 또한 플라톤 저작에 등장하는 주요 인물이 소크라테스였는데, 이 소크라테스의 사상은 선대의 사상가들인 헤라클리투스(Heraclitus), 파르메니데스(Parmenides), 그리고 피타고라스학파(the Pythagoreans)의 영향을 받았을 것으로 여겨진다. 결국 플라톤의 저작에 나타난 그리스 철학은 그 선대의 여러 철학자들의 사상이 플라톤의 저작으로 집대성된 것이라고 볼 수 있다. 따라서 플라톤과 그의 스승으로 등장했던 소크라테스와 그의 제자로 등장한 아리스토텔레스(Aristoteles) 세 사람은 서양철학의 토대를 다진 철학자로 간주되는데, 그런 의미에서 미국 현대철학자 화이트헤드(Whitehead)는 유럽의 철학적 전통은 대부분 플라톤(Plato) 사상에 대한 각주(footnotes)에 불과하다는 표현을 할 정도였다(Whitehead, 1978). 플라톤 사상은 이후 성 어거스틴(Saint Augustine)에게 영향을 미쳤고, 이것이 바로 기독교적 세계관(Christianity)의 근원으로 자리 잡게 되었다(Nietzsche, 1885). 반면 기독교 사상가인 누메니우스(Numenius of Apamea)는 기독교 사상의 뿌리가 플라톤이라는 주장을 수용하기 어려웠기 때문에, 플라톤을 '헬레니즘의 모세(Hellenic Moses)'라고 부르면서, 플라톤보다 전시대인인 모세의 사상을 플라톤의 헬레니즘이 계승한 것이라고 주장하기도 했다(Van Den Berg, 2005). 이것이 바로 그리스와 로마를 기반으로 한 헬레니즘(Helenism)적 세계관과 히브리민족의 기독교적 세계관을 기반으로 한 헤브라이즘(Hebraism)의 충돌이다(Kreeft, 1989). 누구의 주장이 옳은지는 독자들이 판단하면 될 것이다.

나. 이데아론

플라톤의 이데아(Idea)론은 감각적 경험으로 이루어진 현상계와 이성적 사유의 대상인 초감각적이고 영원불변적으로 존재하는 이데아계를 구분하는 이원론적 세계관에서 출발한다. 플라톤은 이데아계만이 실제(real)이며, 경험세계에 있는 모든 개체는 단순히 이데아계의 본질적 대상을 모방한 그림자에 불과하다는 것이다. 이러한 생각 때문에 플라톤의 이데아 사상은 이상주의적이고 관념적이라고 간주된다. 플라톤이 생각한 교육의 궁극적 목적은 이성의 작용을 통해 진선미의 절대적 가치를 추구하는 이데아의 실현과 그것을 위한 유능한 시민의 양성이었다.

플라톤의 교육이론 중에 주목할 만한 또 하나가 상기설(想起說)이다. 즉, 교육의 목표는 인간이 참된 지식을 획득하는 것으로 이는 이성의 작용에 의해 이데아의 세계를 상기해내는 일이라고 보았다. 플라톤은 「메논」(Meno) 편을 통해 진리는 후천적인 환경이나 노력에 의해 얻어지는 것이 아니라, 인간 속에 잠재된 이데아적 본성을 이끌어내는 것이라는 것을 강조하였고, 학습의 방법도 감각을 통한 학습은 부수적인 요인이고, 본질적인 것은 개념을 이해하는 일이라는 연역적 사고를 강조하였던 것이다.

다. 국가론(The Republic)

플라톤(Plato)은 인간은 스스로 자족할 수 없고, 집단 속에서 서로 돕고 협력하며 살아야 하는 존재이므로, 이를 위해 일정한 주거지에 모여 분업과 교환의 원칙에 입각하여 경제적 사회를 형성한 주민들의 조직체를 국가라고 보았다. 하지만 이러한 국가가 국민들의 물질적 요구를 충족해 줌과 동시에 외부의 위협으로부터 보호할 수 있을 만큼 제대로 기능을 하려면 이상적인 국가의 조건을 갖추어야 한다고 보았다. 동시에 플라톤은 국가가 선과 정의의 이데아를 실현하는 공동체가 되기 위해서는, 국가의 구조가 인간의 정신(영혼)의 구조와 마찬가지로 이성을 담당하는 통치자(왕과 귀족), 용기(勇氣)를 담당하는 수호자(군인), 그리고 감각 영역을 담당하는 생산계급(농민, 수공업자, 상인)에 비유하였다. 이 각 계급들이 자신에게 역할과 덕목을 수행함으로써 정의로운 이상적 국가가 이루어질 수 있다고 본 것이다. 통치자에게 요구되는 대표적인 덕목은 지혜와 철학적 통찰이고, 수호자에게 요구되는 덕목은 용기와 인내, 그리고 생산자들에게 요구되는 덕목은 질서 및 절제 있는 행동과 쾌락이나 욕망을 극복하는 것이다.

라. 철인 정치론

플라톤의 사상 중에 흥미로운 것이 바로 철인(哲人) 정치론인데, 국가를 통치할 수 있는 철인의 자격으로서 "일체의 지식을 탐구하며 기꺼이 배우려는 자, 배움을 끝없이 추구하여 학문과 지혜를 사랑하는 사람"으로 정의된다. 더불어 철인은 교육을 통해 도달하고자 하는 가장 이상적인 인간상으로서 아름다움의 본질 자체(미의 이데아)와 국가를 다스릴 만한 덕목(선의 이데아)을 모두 갖춘 사람이다. 플라톤은 철인이 될 만한 잠재력을 가진 사람을 발굴하여 체육, 음악, 수학, 논리학, 철학 등과 같은 교육을 10세에서부터 50세까지 교육해야 한다고 강조하였다.

철인을 위한 교육 설계(Plato's The Republic)

- 심신이 우수한 국민을 얻기 위해 국가는 결혼에서부터 관여한다. 남자는 30~50세 사이에, 여자는 20~40세 사이에만 결혼하게 한다.
- 신생아는 산모의 사사로운 개입 없이 국가의 손(유모)으로 기른다. 남녀의 차별을 두지 않고, 다음과 같은 단계로 교육해야 한다:
  - 0~6세: 동화와 신화로써 심신의 발달을 꾀한다.
  - 7~18세: 7~15세까지는 체조, 음악, 기초문해력(Reading, Writing, Arithmatics)을, 16~17세까지는 수학, 천문학을 가르친다.
  - 18~20세: 체육과 군사훈련을 주로 한다. 20세에 1차 국가시험을 치루어, 낙방자는 생산계급이 되어 탈락시킨다.
  - 20~30세: 산수, 음악, 기하, 천문학의 4과를 가르친다.
  - 30~35세: 30세에 군인계급을 탈락시키고 나머지 최우수자는 5년간 이데아계를 관찰할 수 있는 학문, 즉 변증법 · 철학 · 법학 · 정치학 · 사회학 등을 가르쳐 지도자로서의 소양을 쌓게 한다.
  - 35~50세: 동굴을 들어가는 시기라고 하여, 고급관리로서 실제 정치에 참여한다.
  - 50세 이후: 최고의 지도자로서 교대로 국정을 담당하며, 철학을 연구하고 후진의 교육을 맡는다.

위와 같은 교육을 통해 완성된 철인은 비합리적인 욕망에 얽매이지 않고, 선의 이데아에 대한 지식과 정치적 기술을 익혔으며, 권력의 유혹에 둔감하고 이기심을 버리는 도덕적 덕목도 갖춘 존재이다. 그렇기 때문에 권력이나 사익에 유혹되지 않고 합리적으로 국가를 다스려 나갈 수 있게 되는 것이다. 이를 확실히 하기 위해 통치자는 사유재산이나 개인적인 가정생활도 허용되지 않고, 은퇴 후에는 후임자에게 영향력을 미치지 않게 하기 위하여 먼 곳으로 유배생활을 하며 생을 마감해야 한다고 주장하였다. 철인 정치가의 유일한 보람은 자신의 자질을 활용하여 이상적 국가의 운영에 이바지하는 것일 뿐이다.

마. 플라톤 교육론의 특징

플라톤(Plato)의 교육론에서 주목할 만한 부분은 크게 세 가지이다. 첫째, 이상주의적이고 관념주의적인 교육관이다. 이데아 사상에서도 알 수 있듯이, 플라톤의 교육목표는 현실적 실체나 실용주의에 바탕을 두었다기보다는 영구불변의 진리를 가진 이데아의 세계를 궁극적으로 추구하는 교육으로써 향후 이상주의 교육관의 토대의 역할을 하였다. 둘째, 남녀평등적 교육관이다. 여성도 남성과 동일하게 교육의 대상이 되고, 철인교육의 후보도 될 수 있지만, 단지 군사훈련만은 예외였다. 남녀 사이의 교육기회의 균등이나 남녀 역할에 차별을 두지 않은 것은 당시 그리스의 문화 속에서도 대단히 진보적인 태도였는데, 다만 남녀가 동등한 자질을 가졌지만 모든 면에서 여성은 남성보다 조금 부족하다고 생각하는 사고의 한계를 가지고 있었다. 셋째, 소수 엘리트교육에 대한 강조이다. 플라톤의 국가론에 등장하는 3계급(정치가, 군인, 농민)론에서 오직 1, 2계급만이 교육의 대상으로 여겼다. 소크라테스가 모든 사람이 진리에 이르는 인식능력을 가지고 있다고 믿은 반면, 플라톤은 참된 지식을 통해 이데아의 세계를 인식할 수 있는 소질은 결국 소수의 사람만이 가졌다고 보았다. 따라서 그의 교육관은 개인의 자질에 따른 차별화된 교육이고, 그러한 교육을 통해 계층적으로 구분된 사회적 역할을 수행해야 한다고 믿었던 것이다.

③ 아리스토텔레스(B. C. 384~322)

가. 실재론(Realism)

아리스토텔레스(Aristoteles)는 스승인 플라톤의 이데아론을 네 가지 이유에서 비판하였다. 첫째, 이데아의 개념이 모호하고, 그것을 확인할 만한 근거나 기준이 없다는 것이다. 둘째, 플라톤의 이데아는 선(virtue)을 목표로 하고 악의 이데아를 상정하지 않는데, 이러한 생각은 지극히 절대주의적 관념이다. 절대주의적 관념은 선의 기준이 무엇이며, 악이 없는 선이 존재할 수 있는지, 선에 도달하지 못하는 상태를 무엇이라고 할 것인지에 대한 질문에 응답하기 어렵다. 셋째, 완벽한 이데아계 안에서도 이데아들 간의 서열과 위계를 설정하였다. 예를 들어, 플라톤(Plato)은 생물이나 인간이 무생물이나 동물보다 우위에 있는 이데아라고 보았는데, 그 근거에 대한 합당한 설명을 제시하지 못했다. 넷째, 현실을 넘어선 이데아의 세계만을 중시하고 현실을 등한시한 나머지, 현실의 감각과 경험이 갖는 의미에 관심을 갖지 못했다는 것이다.

아리스토텔레스(Aristoteles)는 위와 같은 플라톤의 이데아론에 반대하여, 사물의 본질이 현존하는 실체에 내재해 있다는 실재론을 내세운다. 따라서 플라톤이 이상주의적이고 신비적, 초월적인데 비해, 아리스토텔레스의 사상은 자연주의적이고 경험적, 현실적이었으며 그에 따라 관찰과 분석을 중요시하였다. 모든 사물은 질료(matter)와 형상(form)의 관계로서 단계가 지어지는데, 최하급의 것은 순수한 질료로서 물질이고, 최상급의 것은 순수한 형상으로서의 신이다. 실체는 형상과 질료의 결합이며, 질료와 형상은 서로 분리될 수 없다. 질료는 형상을 이루게 될 가능태(potentiality)이며, 형상은 질료가 목적을 삼아 실현시켜 나갈 현실태(actuality)이다.

아리스토텔레스는 모든 존재는 형상을 향해 그 가능성을 실현해 나감으로써 존재의 의의를 갖는다고 보았다. 인간을 포함한 모든 개체는 고정된 존재가 아니라 가능태에서 현실태로 발전하는 과정 중에 있다고 보았는데, 이러한 사고를 아리스토텔레스의 목적론(teleology)적 세계관이라 한다. 모든 존재는 그 내부에 자신이 실현해 나가야 할 목적 또는 고유의 형상을 간직하고 있고, 이것을 실현해 나감으로써 스스로의 존재의미를 찾아가는 것이고, 교육은 바로 이와 같은 인간의 본성을 실현시키는 자기실현의 과정인 것이다.

나. 인식론

아리스토텔레스는 학문의 아버지로 불리울 만큼 형이상학과 논리학을 비롯하여 자연철학과 생물학 등의 경험 과학, 윤리학, 정치학, 예술이론 등에 이르기까지 광범위한 분야에 걸친 학문의 체계를 세운 철학자이다. 그는 학문을 지식 자체를 탐구하는 이론적 학문, 도덕론이나 정치학과 같은 도시국가의 유지에 필요한 실천적 학문, 시학이나 수사학과 같은 제작의 학문으로 구분하였다. 그는 플라톤(Plato)이 관념적인 이데아의 세계를 상정하고 그것을 실재로 간주했던 것과는 달리 구체적이고 개별적인 것을 일차적 실체(primary substances)로 여겼다. 예를 들어, 그의 자연철학은 질료와 분리될 수 없는 실체(동물, 식물, 행성, 사물들)를 다루는 학문이고, 이 사물들 속에 내재하는 운동의 원리가 바로 자연(physis)이라고 보았기 때문에 세상의 사물들 속의 '자연'적 원리를 탐구하는 학문분야를 자연철학이라고 불렀다.

아리스토텔레스(Aristoteles)의 사상이 플라톤의 사상과 다르다고는 하지만, 플라톤의 '이데아' 개념과 비교하여 아리스토텔레스는 '목적론'을 내세웠다는 것의 차이가 있을 뿐이다. 예를 들어, 아리스토텔레스는 사물을 움직이는 원리 중의 하나인 '운동'을 어떤 대상이 그 대상 자신의 목적인 형상을 실현하는 과정을 보았다. 즉, 플라톤의 이데아 개념은 자연의 원리(진리)가 대상 밖의 이데아의 세계에 있다고 보았다면, 아리스토텔레스는 자연의 원리가 그 대상 자체 속에 내재해 있는 목적을 실현하는 과정이라고 보았다.

다. 교육사상

위와 같은 아리스토텔레스의 인식론은 그것을 실천하는 방법으로서 교육관에 그대로 투영되었고, 그의 목적론을 인간과 사회에 적용한 것이 바로 윤리학과 정치철학이나. 아리스토텔레스는 행복을 최고의 선이라고 보았기 때문에 행복한 생활을 영위할 수 있는 인간을 육성하는 것이 교육의 목적으로 보았다. 아리스토텔레스는 동물과 인간의 차이점을 '이성'의 유무라고 보았기 때문에, 이성의 훈련을 통해 이성적 생활을 영위하는 것이 인간의 행복의 필수요소이고, 동물들과 다르게 비이성적인 영역을 통제하고 절제하는 것이 최고의 덕(virtue)으로써 중용(中庸)의 덕인 것이다. 아리스토텔레스는 오랜 시간과 연습, 경험에 의한 교육을 통해 이성적 생활을 하고 덕을 기르는 것이 행복의 지름길이라고 보았고, 이를 위해 국가가 교육을 통제해야 된다고 보았다.

아리스토텔레스(Aristoteles)는 국가주의적, 귀족주의적 교육과 자유교육(liberal education)의 이념을 주창하였으며, 여성에 대한 교육은 등한시하였다. 그는 이성을 훈련하기 위해서는 지식을 추구해야 하며, 실용적인 목적을 떠나 오직 진리 자체를 추구함으로써 무지, 오류, 편견에서 해방되어 자유인이 된다고 보았다. 아리스토텔레스는 나중에 리케이온(Lykeion)이라는 대학을 설립하였는데, 이는 주로 제자들과 숲속을 거닐며 대화로 교육하였기 때문에 소요학교라고 불리웠다.

지금까지 소개한 세 명의 그리스 철학자들의 교육사상을 비교하며 정리해 보자. 소크라테스(Socrates)는 '지덕합일의 도덕적 인간'을 기르려는 교육적 목적하에 이성적 인간 본성의 지식을 개발해야 함을 강조하였고, 이를 위한 교육방법으로 대화법, 문답법, 반어법, 산파법을 강조하였다. 소크라테스의 사상은 인문주의를 대표하고 있으며, 보편적, 객관적 진리관을 대표한다고 볼 수 있다.

플라톤(Plato)은 기본적으로 '이데아실현을 위한 시민양성'을 교육적 목적으로 하고 있었고, 이상적 인간상인 철인에 의한 철인정치를 강조함으로써 이데아론, 이상주의, 관념론을 대표하고 있다. 따라서 교육도 일반 시민들은 국가의 체계적 관리에 의한 연령에 따른 단계적 교육이 필요하고 여성교육을 허용하고 있으나, 주된 교육적 관심은 엘리트나 귀족중심의 교육에 있었다.

한편, 아리스토텔레스는 '행복한 자유인의 양성'을 목적으로 '신체적, 정서적, 이성적 3단계' 교육내용을 강조하였고, 교육방법으로는 변증법, 객관적, 과학적 방법을 중시하였다. 그의 교육철학은 한마디로 실재론, 현실주의, 실학주의를 대표한다고 볼 수 있으며, 이성을 갖춘 자유인을 양성하는 것을 목표로 귀족교육을 강조하면서 평민을 위한 보통교육은 등한시하였다.

2) 고대 로마의 교육

(1) 로마교육의 특징

로마(Rome, B. C. 753년경 건국)는 그리스 문명을 이어받아 유럽사의 주류 문명으로 간주될 만큼 정치와 문화의 큰 획을 그었지만, 두 문명의 성격은 상이했다. 이상주의적이었던 그리스 문화와는 달리 로마 문화는 현실적이고 실제적인 성격을 가지고 있었기 때문에, 로마인은 그리스인을 비현실적인 몽상가로, 그리스인은 로마인을 현실적이고 호전적(好戰的)이며 미개한 민족으로 여겼었다. 소규모 도시국가들의 연합 형태로 존재했던 그리스 문명과는 달리 로마는 영토 확장을 바탕으로 대제국을 다스려야 했기 때문에 법률, 건축, 예술 분야가 발달하였고, 교육에 있어서 학교보다는 가정에서의 교육을 중시했다.

로마는 정치사적으로 크게 공화정시대(B. C. 753년경의 건국 ~ B. C. 146년 그리스 정복)와 제정시대(포에니 전쟁의 승리 지중해의 지배자가 된 이후의 시기)로 나눌 수 있다. 공화정시대의 교육의 특징을 나열하면 다음과 같다.

- 애국심 · 경건 · 복종 · 노력 · 신중 · 절제 · 용기 등의 덕을 목표
- 선량한 시민 · 군인 · 노동자, 즉 선인(善人) 양성
- 교육의 내용: 초보적인 읽기 · 쓰기 · 셈하기와 로마 기본법(12동판법) 및 체육
- 12동판법을 학습함으로써 시민권을 얻고 평민도 민법상 귀족과 평등한 권리가 보장됨
- 가정교육: 부모가 자녀의 교육에 대한 실제적인 책임
- 교육장소: 공립학교 없이 병사(兵舍) · 공회소 · 농장 등을 활용

반면 후기 제정시대 교육의 특징은 로마가 그리스를 정복함에 따라 자연스럽게 그리스 문화의 영향을 받아 로마교육의 특성이 희석되고, 개인주의 교육과 학교 교육 중심으로 변화되었다. 교육의 내용도 '국가에 봉사할 선량한 사람'을 기른다

는 명목 하에 논리적 사고 훈련, 토론, 연설 등의 교육을 바탕으로 한 웅변가의 양성이 최고의 목표가 되었다. 그 대표적인 예로 로마시대의 교육적 이상을 담고 있다고 여겨지는 키케로(Cicero, B. C. 106~43)의 웅변론을 들 수 있다. 로마 후기의 학교교육은 첫째, 12동판법을 중요한 교육내용으로 한 초등교육기관인 루두스(Ludus)의 교육, 둘째, 7자유학과(문법[Grammar], 수사학[Rhetorics], 논리학[Logics], 음악[Music], 대수[Algebra], 기하학[Geometry], 천문학[Astronomy])와 같은 기초과목을 주요 교육내용으로 한 중등교육기관인 문법학교의 교육, 그리고 셋째, 고등교육기관의 기능을 담당했던 수사학교와 철학학교의 교육 등으로 특징지어질 수 있다.

(2) 로마의 교육사상가

① 키케로의 교육사상

로마의 철학자 · 정치가 · 도덕철학적 수필가였던 키케로는 문법 · 철학 · 법률 및 웅변술을 배웠고, 정계로 진출해 시칠리아의 재무관 · 고등안찰관 · 법무관을 거쳐 집정관(執政官)에 선출되었다. 웅변가로서 키케로는 사망하기 3년 전에 세상에 내놓은 『수사학에 관하여(On Rhetoric)』에서 수사학의 다섯 원리인 Inventio(논쟁 개발 능력), Dispositio(조직/정리 능력), Elocutio(언어표현력), Memoria(기억력), 그리고 Pronuntiatio(사건회상력)를 제시하였다. 이 저서에서 키케로는 줄리어스 시저(Julius Ceasar)의 암살을 주도한 로마 후기의 정치가 브루터스(Brutus)의 요구에 따라 완벽한 웅변가란 어떤 존재인지를 설명하였고, 이러한 브루터스와 키케로 사이의 논쟁을 『웅변가(Orator)』란 저서에 담아내기도 하였다.

키케로는 인간의 선한 본성을 실현시키는 수단으로 교육을 보았고, 이를 위한 자유교육의 원칙을 강조하였다. 선한 본성의 훈련을 바탕으로 넓은 교양과 철학적 지식을 배경으로 가진 웅변가를 양성하는 것을 교육의 목표로 삼았다. 교육내용으로 훌륭한 웅변가를 기르기 위해 철학 · 국사 · 정치학을 강조하고, 환경의 중요성을 인식하여 환경의 힘에 의하여 올바른 태도와 고귀한 사상이 형성된다고 보았다. 교육방법론으로는 벌을 주지 말 것과 명예심을 존중하여 그것을 선의 본질적 동인(動因)으로 생각하고, 개성을 존중해야 한다고 강조하였다. 청년기는 성욕과 관능적 경향성을 조심해야 하며, 이를 방지하기 위해 종교가 필요하다고 보았으며, 조국과 국가에 대한 감사정신을 길러야 한다고 주장하였다.

② 퀸틸리아누스의 교육사상

퀸틸리아누스(Quintilianus, 35?~95)는 로마 제정시대의 대표적인 교육사상가이자 수사학자 및 웅변가였다. 그는 에스파냐에서 출신으로 로마에서 법률과 수사학을 공부한 후, 수사학교에서 20년간 웅변술을 강의하다가 로마 황제 베스파시아누스(Vespasianus, 9~79)의 신임을 얻어 웅변술 교수의 칭호를 받는 로마 최초의 공교사(公敎師)가 되었다. 그는 웅변술 교수직을 마친 후 그 경험을 바탕으로 2년에 걸쳐 12권에 달하는 『웅변교수론(Institutes of Oratory)』을 저술하였다. 이 책은 1~2권에서 교육원리 · 교육방법 · 교과목 관리 · 훈련을 다루었고, 3~7권에서는 문장의 창작과 구상, 8~12권에서는 웅변술과 교육 및 웅변가의 이상 등을 논의하는 방대한 내용을 포함함으로써 로마의 대표적 교육사상가로 이름을 날리게 되었다. 훗날 이러한 『웅변교수론』은 최초로 교육학을 과학적이고 체계적으로 다룬 저서라는 평가를 받기도 하였다.

퀸틸리아누스의 교육관은 이상적 웅변가의 양성이 교육의 목적이자 모델이었다. 그는 웅변가는 단지 변론 능력이 뛰어날 뿐만 아니라, 인간으로서 공사 양면에서 모범적이어야 하고, 선한 노력적 품성을 소유하고, 7자유과의 교양을 충분히 습득해야 하며, 언어표현력이 능숙해야 한다고 말한다. 훌륭한 웅변가가 되기 위해선 어릴 때부터 학문적 기초를 다져야 되므로 소년기 교육의 중요성을 강조하였고, 타인과 경쟁과 협력 속에서 역량을 길러야 하며, 학교는 공공생활 및 사회생활을 배우는 장소이자 동료학우들과 서로 배울 수 있는 기회를 갖기 때문에 가정보다 훨씬 우수한 교육장소가 된다고 주장하였다.

교사는 아동의 기억력, 모방력, 성격 등을 판별하여 각자의 개성에 따라 지도하는 역할을 수행해야 하며, 웅변교사가 되기 위해서는 대화력·시 해석력·작문 능력과 다방면의 문예작품을 읽어 내용과 어휘를 풍부히 알고 있어야 하며, 음악적 소양과 천문학 및 철학을 연구하고, 스스로도 웅변에 뛰어나야 한다고 주장했다. 요컨대, 퀸틸리아누스(Quintilianus)의 교육사상은 체벌 대신에 포상(褒賞)이 갖는 교육적 효과의 강조, 아동의 성질을 바탕으로 개인차를 고려한 교육, 조기교육의 중요성, 학습에 있어서 흥미와 유희의 필요성, 경쟁 및 협동의 중요성, 가정보다는 공동체와 동료경험을 할 수 있는 학교교육의 우위성을 강조하는 등 현대의 교육학이론에 못지 않은 교육전략을 최초로 제시한 것이라고 평가할 수 있다.

3) 중세의 교육

서양 중세의 교육사적 흐름은 중세 기독교교육의 오랜 전통이 르네상스 시기의 변화를 거쳐 그리고 종교개혁기의 큰 변모로 이어지는 것으로 정리될 수 있을 것이다.

(1) 중세 기독교 중심의 교육

로마제국은 기원후 4세기 이후 관료제의 부패와 경기 침체, 신분제의 불안, 과도한 세금으로 인해 제국의 영향력에서 탈피하려는 시민들이 증가하는 등 불안한 정세를 경험하였다. 그러다가 5세기에 이르러 고트족, 반달족, 훈족의 침입을 받아 로마인이 아닌 게르만 출신의 재상과 무장이 제국을 지키는 상태가 됨으로써 서로마제국은 멸망하였고, 동로마제국은 오리엔트 세력의 지배와 그리스도교의 확장을 바탕으로 비잔틴제국을 이룸으로써 그리스 문화의 전통을 이어가게 되었다.

이로써 시작된 중세 유럽의 교육은 크게 전기(5세기~11세기 전반)와 후기(11세기 후반~15세기 전반)로 나뉘는데, 전기는 기독교 사상을 기반으로 한 종교교육 중심의 시기이고, 후기 교육은 세속적 교육이 두각을 나타내기 시작한 시기였다. 로마

멸망 이후에는 가톨릭교회가 서유럽 문화와 학문, 교육의 전통을 잇는 거의 유일한 기관의 역할을 하였다. 교회는 성당학교(cathedral schools)를 교육의 본거지로 삼았고, 이 성당학교들 중 일부가 후일 중세 대학(medieval universities)으로 발전하였다(Blainey, 2004). 이 성당학교들 중 가장 영향력을 발휘했던 것이 11~12세기경의 Chartres 성당학교였는데, 여기서 수많은 그리스로마시대의 라틴 고전들이 타국어로 번역되면서 수도원학교(monastic schools)들과 더불어 그리스로마의 사상적 전통을 중세대학의 학문적 토대로 이어가는 역할을 수행하였다.

이처럼 가톨릭의 성당학교를 통한 학문적 토대화와 교육은 중세 대학의 발전으로 이어졌고, 나폴리대학(University of Naples: 중세 기독교의 교부로 여겨지는 Thomas Aquinas가 활동함), 옥스퍼드대학(University of Oxford: 과학적 실험의 체계적 방법론을 개척한 그로세체(Robert Grosseteste)와 생물학적 현장연구의 개척자인 성 알버트 대제(Saint Albert the Great)를 배출함), 그리고 볼로냐대학(University of Bologne: 1088년에 설립되어 지속적으로 운영된 가장 오래된 대학으로 간주됨)을 통해 수많은 학자들과 자연철학자들을 배출하였다(Sanz & Bergan, 2006).

하지만 한편에서는 중세의 교육을 전기와 후기로 성격을 나누어, 가톨릭교회를 중심으로 기독교 사상을 전파하는 성당학교와 자연을 탐구하며 세속적인 지식을 추구하였던 중세 대학의 성립을 구분하여 설명하는 입장도 있다. 이 설명에 따르면, 중세 전기의 교육을 기독교 사상에 기초하여 교회의 권위에 기초하여, 현세를 부정하고 내세를 준비하며, 기독교적인 인간을 완성시키고자 한 교육이라고 특징짓기도 한다. 따라서 이를 위한 대표적 교육기관의 형태로써 문답학교(초등교육), 문답학교의 교사양성기관인 고급문답학교(중등교육), 그리고 고등교육기관으로 교회의 지도자 양성을 위한 본산학교와 수도사 양성을 위한 수도원학교가 있었다. 그러다 중세 후기에 이르러 봉건제도가 성립되고 사회상의 변화가 일어나면서 세속적 교육이 득세하기 시작하였고, 새로운 지배자로 등장한 게르만족의 교육사상과 기독교 신앙이 결합하여 기사교육의 출현, 상공업의 발달에 따라 상공업적 자유시민교육이 나타나기 시작하였다. 이러한 사회적 변화에 따른 지식 및 학문적 요구에 부응하기 위해 발전한 것이 중세 대학들(Salerno, Paris, Wien, Oxford 등)이었다는 것이다.

중세교육의 교육과정(교과목)을 대표하는 것으로 삼과(Trivium), 즉 문법, 수사(rhetoric), 변증론(dialectic)이 있었다. 문법 교수는 초년 학생들의 중심적 학습내용이었는데, 그 내용은 고전 문학 분야라기보다는 주로 언어학(linquistics) 내용이었다. 이외에도 천문, 음악, 기하, 산수로 이루어진 4과(Quadrivium)가 있었는데, 이 두 프로그램을 바탕으로 중세 대학생들은 변증법적 논리학을 강조한 철학과 신학의 학습에 매진하였다.

(2) 문예부흥기의 교육

문예부흥기라고도 불리는 르네상스(Renaissance)는 14~17세기 사이에 중세 기독교 문명과 근대 과학 문명 사이의 가교역할을 했던 시기로서, 이탈리아의 문화운동에서 시작하여 전 유럽으로 확산되었다. 르네상스는 중세 기독교이념을 바탕에 둔 신중심주의적 세계관에서 탈피하여 다시 고전 그리스의 휴머니즘(humanism)을 회복하려는 운동에서 출발하였는데, 프로타고라스(Protagoras)의 "인간이 만물의 척도다."라는 선언을 기반으로 예술, 건축, 정치, 과학, 문학에 이르는 인문학 전 영역에서 새로운 탐구를 시도했다는 의미로 인문주의라고도 불린다.

인문주의의 특징은 인간의 선천적인 제 능력을 최대한으로 발전시켜 인간중심의 문화를 재건하고, 신 중심에서 인간 중심, 내세주의에서 현세주의로, 금욕주의에서 자연주의로 옮겨감으로써 인간을 구속하는 모든 외부적 권위를 부정하고, 인간 자신이 스스로의 주인공이 되어야 한다는 생각이다. 이 인문주의 사상을 구현하는 차원에서 몇 가지 교육론이 등장하였는데, 남부 유럽 이탈리아 중심의 개인적 인문주의, 북부 유럽 독일 중심의 사회적 인문주의, 그리고 키케로(Cicero)주의 등 세 가지 갈래로 발전하였다.

(3) 종교개혁기의 교육

종교개혁은 마틴 루터(Martin Luther, 1483~1546)에 의해 시작되어 존 칼빈(John Calvin)과 쯔빙글리(Huldrych Zwingli)에 의해 주도되었던 16세기 유럽에 칭궐했던 면죄부(Indulgence) 판매로 대표되는 가톨릭교회의 부패와 세속화에 반대한 프로테스탄트 개혁운동이다. 1517년 가톨릭교회의 개혁을 촉구했던 루터의 95개 반박문(Ninety-Five Theses)에 의해 촉발되었고, 이에 발발한 가톨릭교회 세력과 프로테스탄트 세력 간의 삼십 년 전쟁(Thirty Years' War)을 종결하기 위해 체결한 1648년 웨스트팔리아 평화협정(Peace of Westphalia)이 이루어지기까지 계속되었다.

문예부흥과 종교개혁은 가톨릭교회에 대한 반발로 나타난 것이 공통점이지만, 다른 성격도 있다. 문예부흥운동이 인간에 대한 관심의 회복을 위한 운동이라면, 종교개혁운동은 교회의 세속적 권위에서 탈피하여 오직 성서에 의해서만 구원받을 수 있다는 신앙회복 운동이라고 볼 수 있기 때문에, 전자는 개인적 인문주의, 후자는 사회적 인문주의의 성격을 띠고 있다. 또한 문예부흥이 촉발되게 된 배경은 동방과의 무역의 활성화로 성공한 상업 자본가 계급이 그동안 중세를 지배해 온 가톨릭교회가 주도한 미학이나 철학 등에 대한 가치화에 반기를 든 것이다. 반면 종교개혁은 오랜 가톨릭교회의 지배에 지친 농민, 어민, 노동자 등의 서민계급의 지지에 의해 확산된 운동이라는 점에 차이가 있다.

종교개혁을 통해 신교가 교육 개혁과 보급에 주력하면서 세력을 확장해 나가자 가톨릭교회는 로욜라(Loyola, 1491~1556)를 중심으로 교황의 신성, 교회의 전통 존중, 승려의 지속을 결의(Trient 종교회의, 1545)하는 반신운동을 통해 신교 치위의 교육운동을 벌이기도 하였다

종교개혁운동이 교육사에 남긴 업적은 모든 국민에게 사회적 · 경제적 · 종교적 · 성적 조건에 관계없이 교육이 필요하다는 평등교육사상을 뒷받침하였다는 것과 그 실천방안으로 초등보통의무교육제도의 기초가 마련되어, 전 유럽사회에 전파되었다는 점이다. 문예부흥에 이은 종교개혁운동은 결과적으로 세계관의 중심

점이 신학에서 과학으로, 초자연에서 자연으로 옮겨가게 함으로써 근대화의 길을 여는데 기여했지만, 여전히 교육의 내용과 방법은 전통적인 방식인 언어(개념) 위주, 암기 위주, 훈련 위주의 형식주의적인 교육의 굴레에서 벗어나지 못하고 있었다. 이런 형식주의 교육에서 탈피하면서, 교육의 방법 측면에서 변화가 이루어지기 시작한 것은 17세기 실학주의 교육사상이 보급된 이후부터였다.

4) 근대의 교육

(1) 실학주의 교육

실학주의 교육사상은 실용성 있는 구체적인 지식과 실제적인 직업기술, 그리고 과학적인 학문연구의 방법으로 나아가는 교육사조이다. 그런 의미에서 서양의 실학주의 교육사상은 현실주의 교육사상이라고도 할 수 있다. 왜냐하면 실학주의 교육은 관념보다는 사물을 중요시하며 현실의 실재와 관련되어야 한다는 주장이 강하기 때문이다. 17세기 실학주의 사상은 코페르니쿠스(Copernicus)와 갈릴레이(Galilei)의 지동설, 뉴턴(Newton)의 만유인력 등의 발견에 따른 자연과학과 경험주의 사상의 발달이 배경이었다.

① 코페르니쿠스

코페르니쿠스(1473~1543)는 르네상스 및 종교개혁 시기의 수학자이자 천문학자로서 기존의 지구중심 우주 모형을 대신한 태양중심설을 주창한 사람으로서, 그가 『천구의 혁명에 관하여(On the Revolutions of the Celestial Spheres)』(1543)라는 책을 통해 발표한 이 태양중심설은 손꼽을 만한 과학적 혁명이 되었다. 폴란드에서 성장한 그는 가톨릭 고위 사제였던 외삼촌 바젠로드(Watzenrode) 덕에 어릴 적부터 뛰어난 학자들과 접촉하면서 많은 것을 배웠는데, 아쉽게도 그의 어린 시절 교육에 대한 구체적인 기록은 남아있는 것이 없다(Dobrzycki & Hajdukiewicz, 1969). 다만 그가 다녔던 폴란드의 크라고프대학(University of Kraków)에서 수리천문학의 기본 토대를 배울 수 있었고, 아리스토텔레스(Aristoteles)의 철학과 자연과학에 대한 저술들을 접할 수 있었다. 여기서 그는 천문학에 대한 기존의 수많은 자료들을 접하였고, 거기에 두 가지 대립적인 학설, 즉 아리스토텔레스의 인간중심적 천구설(homocentric spheres)와 프톨레미(Ptolemy)의 이심설(eccentric)과 부순환(epicycle: 달이 태양을 도는 지구를 다시 순환하는 운동)이론이 존재한다는 것을 깨닫게 되었다.

1514년경 그는 40페이지 가량의 태양중심(heliocentric) 가설을 중심으로 한 그의 이론을 친구들에게 공개하였고, 이에 대한 보다 구체적인 자료를 수집하기 시작하였다. 그는 1532년 『천구의 혁명에 관하여』에 대한 저술을 완성하였으나, 자신의 이론이 불완전하다는 지적을 받게 될 위험을 꺼려하면서 공개적 출판은 거부하였다. 하지만 코페르니쿠스(Copernicus)의 이론을 접한 비트만스테터(Widmannstetter)가 1533년부터 로마에서 이에 관한 여러 차례 강연을 하였고, 고향 클레멘트 7세나 다른 가톨릭 추기경들도 그의 이론에 관심을 가졌으며, 마침내 1536년 카푸아의 대주교인 추기경 쇤베르크(Nikolaus von Schönberg)는 코페르니쿠스에게 그의 이론에 대한 전문을 보내달라는 요청을 하게 된다. 그 당시 코페르니쿠스는 거의 자신의 이론을 완성하였고, 그 이론은 유럽의 거의 모든 지식인들에게 알려진 상태였다. 그럼에도 여전히 코페르니쿠스는 자신의 이론이 천문학이나 과학계의 이단적 이론이 될 뿐만 아니라 신학적 이단설이 될 거라는 두려움에 공식적 출판을 미루고 있었다. 그의 출판이 미뤄진 것은 당시 가톨릭계의 가시적인 탄압이나 압바 때문이 아니라, 스스로의 두려움의 때문이었다는 것에는 별다른 이견이 없다(Rosen, 1995, Lindberg & Numbers, 1986).

② 갈릴레이

갈릴레이(Galileo Galilei, 1564~1642)는 이탈리아의 천문학, 물리학, 공학, 철학, 수학의 분야를 섭렵한, '관측천문학(observational astronomy)의 선구사'이자 '근대물리학 및 과학적 방법론'로 창시자로 불리는 학자이다. 그는 망원경 관측으로 금성의 경로를 확인하고 목성의 위성을 발견하며, 태양 흑점(sunspots)을 최초로 발견함으로써 천문학의 영역을 확장하였고, 태양중심설과 코페르니쿠스(Copernicus)주의를 확증함으로써 기존의 지구중심주의와 티코닉 천체설(Thchonic system: 16세기 후반 Tycho Brahe에 의해 주창된 태양계 모델)을 뒤짚는 데 결정적인 역할을 하여 17세기 과학적 혁명을 촉발한 학자이다(Hannam, 2011). 갈릴레이(Galilei)의 주장은 그것을 입증할만한 시차 천체(stellar parallax: 행성의 움직임을 상대적으로 비교할 만한 척도가 되는 별)를 발견하지 못했기 때문에 천문학자들로부터 비웃음을 샀다. 이 문제가 1615년 로마탐문(Roman Inquisition)을 통해 조사되었으나 결과적으로 태양중심설은 "철학적으로 우스꽝스럽고 말도 안 되며, 여러 곳에서 성경(Holy Scripture)의 가르침에 어긋나기 때문에 원초적으로 세속적이다."라는 판명을 받았다(Finocchiaro, 2010). 갈릴레이는 이 평결에 대해 '2개의 주요한 천체이론에 관한 대화(Dialogue Concerning the Two Chief World Systems)'를 통해 자신의 학설을 변론했지만, 결국 자택에 구금되어 여생을 보낼 수밖에 없었다. 자택 구금 기간 동안 갈릴레이는 자신이 그동안 연구했던 이론들 중 대표적인 운동역학(kinematics)과 물질역학(Strength of materials)을 정리한 '두 개의 신과학(Two New Sciences)'을 완성하였다(Carney, 2000).

③ 뉴턴

뉴턴(Isaac Newton, 1642~1726)은 영국의 수학자, 천문학자, 물리학자로서 '자연철학의 수학적 원리(Philosophiæ Naturalis Principia Mathematica, 1687: 약칭 프린키피아)'를 통해 근대과학의 출발을 알린 학자로 간주된다. 이 프린키피아에서 그는 이후 약 300년간 세상의 물리법칙에 대한 이론들을 대표했던 운동 법칙(laws of motion)과 만유인력(universal gravitation)을 완성하였다. 또한 케플러(Kepler)의 행성운동의 법칙(laws of planetary motion)에서 출발하여 중력이나 혜성의 경로, 조류, 춘분과 추분 등에 대한 수학적 설명과 예측을 가능하게 했으며, 지구상의 물체들의 움직임과 천구의 움직임이 동일한 법칙에 의해 작동한다는 것을 증명해 냄으로써 아직까지 남아있던 기존 천문학자들의 의심들에 대해 태양중심설이나 태양계 모델을 온전히 증명하였다. 뉴턴은 또한 최초로 실용적인 반사망원경(reflecting telescope)을 고안하였고, 흰색 광이 프리즘을 통해 여러 색깔로 분리되는 가시적 스펙트럼(visible spectrum)을 발견하여 정교한 빛에 관한 이론을 소개한 『광학(Opticks, 1704)』이란 저술로 광학이론의 선구자가 되었으며, 소리의 속도(speed of sound)를 이론적으로 계산해 내었다.

뉴턴(Newton)은 영국의 트리니티신학대(Trinity College)의 특별연구원과 캠브리지대학의 교수를 역임하면서도, 정치적으로는 휘그파(Whig Party)에 속해있으면서 정통 크리스천들과는 달리 영국교회의 헌신명령은 거부하였다. 그는 화학이나 성서연대학(biblical chronology)도 연구하였지만, 대부분의 연구결과는 그의 사후에야 세상에 알려졌다.

뉴턴은 12～17세 사이에 그랜댐의 왕립학교(The King's School, Grantham)에 다니면서 라틴어와 그리스어 그리고 수학의 기초를 배웠고, 19세에 입학한 캠브리지의 트리니티칼리지에 입학했다. 트리니티에서는 당시 아리스토텔레스(Aristoteles)의 이론을 주로 가르쳤는데, 뉴턴은 별도로 데카르트(Descartes)나 갈릴레이(Galilei), 케플러(Kepler)의 이론에 대해 공부하였고, 공부하면서 생겼던 일련의 철학적 질문들을 노트에 정리하면서 자신만의 이론을 정리해 나갔다(Westfall, 1980).

사과나무에서 사과가 떨어지는 것을 보고 만유인력의 법칙을 착안하게 되었다는 일화에 대한 여러 학설들이 있지만(Fara, 2015), 뉴턴의 지인이었던 윌리엄 스테클리(William Stukeley)는 자신의 저서인 『Memoirs of Sir Isaac Newton's Life』(1752)에서 자신이 경험한 뉴턴과의 일화(1726년 4월 15일)를 소개하고 있다(Hamblyn, 2011). "왜 사과가 나무에서 옆으로(sideways)나 위로(upwards)가 아니라 항상 지구의 중심을 향해 직각으로(perpendicularly) 떨어질까? 이유가 있다면 지구가 끌어당기는 것이고 그 힘의 원천은 지구의 중심에 있을 것이다. 결국 지구가 사과를 끌어당기는 것과 마찬가지로 사과는 지구를 끌어당기는 셈이다. 이처럼 어떤 물질이 다른 물질을 끌어당긴다면, 그 힘은 물질의 중량(quantity)에 비례할 것이다." 결국 뉴턴의 이러한 착안은 중력의 법칙을 낳게 되었고, 이는 아인슈타인(Einstein)의 상대성이론이 나오기 전까지 물리학의 가장 중요한 법칙으로 군림할 수 있었다.

이처럼 16세기에서 18세기 초반까지의 코페르니쿠스(Copernicus), 갈릴레이(Galilei), 그리고 뉴턴(Newton)으로 대표되는 인류사적의 학자들이 개척해 놓은 새로운 세계관은 기존의 신중심주의 세계관에서 탈피하여 합리주의와 과학주의에 기반한 자연관을 발달시켰고, 교육에도 영향을 미쳐서 직관교수, 실물교수, 감각적 교육을 중요시하는 새로운 변화를 18세기에 불러오게 되었다.

(2) 계몽주의 교육

18세기에는 계몽사상이 교육의 목적과 내용 및 방법을 지배하였다. 계몽(啓蒙)이란 독일어로 'Auf-Klarung', 영어로 'Enlightenment'인데 그 의미는 몽매(蒙昧: 어리석고 사리에 어두운)한 상태에서 깨어나게끔 한다는 뜻이다. 따라서 계몽사상이란 사람이 보편적으로 갖고 있는 이성을 지상원리로 하여, 자유로이 사고하고 연구함으로써 지식을 증진, 보급하여 과거의 모든 비합리적인 사회제도와 형식주의 인간관 및 비과학적인 세계관 같은 전근대적 권위를 비판한 사상이다. 이처럼 계몽사상은 사람과 사회의 몽매와 불합리성을 타파함으로써 합리적이고 완전한 사회와 인간관계를 구하려는 사상이었다. 나아가서 계몽사조는 인간 이성의 주체적 활동에 의한 인간적 진보의 가능성을 강조했다. 그들은 앙시엥 레짐(ancien regime)에 의하여 상징된 과거의 전통은 구속력을 갖는 것이 아니기 때문에 파기되어야 한다고 주장했다. 오로지 합리적인 것만을 추구하는 입장이다. 따라서 영원한 것, 보편타당한 것에 의존하려 한 것이 계몽사조의 입장이었다.

이러한 계몽사조는 교육에도 그대로 반영되어 나타났다. 그런데 계몽주의 교육사상은 인간의 작위적인 전통과 인습에서 벗어나 자연으로의 복귀를 주장한 자연주의 교육사조와 국가 관념과 국가의 구속으로부터 벗어난 범애주의(philanthropy) 교육사조를 낳았다.

(3) 신인문주의 교육

18세기를 이어받은 19세기의 교육은 신인문주의로 대표된다. 신인문주의란 19세기에 독일을 중심으로 해서 일어났던 사상운동이다. 이 운동은 15세기 인문주의가 키케로주의로 타락했던 오류를 지적하고, 17세기 실학주의의 공리성을 비판하는 동시에 18세기 계몽사상의 이성지상주의에 반발한 사상 때문에 일어난 운동이었다. 말하자면 계몽사조가 냉철한 이성과 지성을 가지고 인생 또는 사회를 해석하는 경향인 데 반하여, 신인문주의는 이성 또는 지성으로써 해명할 수 없는 인간의 신비를 감성적 · 심미적인 태도로 탐구하려는 사상이다. 그러므로 신인문주의는 계몽사조의 주지주의, 합리주의, 개인주의, 반역사주의, 반민족주의, 반국가주의에 대립되는 정의주의, 역사주의, 민족주의, 국가주의를 수상한다는 점에 특색이 있다.

신인문주의는 교육을 통하여 인간의 지 · 정 · 의(知 · 情 · 意) 등 여러 영역에 걸쳐 풍요하고 폭넓은 발달을 지향하였다. 이러한 신인문주의의 흐름에 속하는 교육사상가로서는 직관에 의한 개발주의 교육을 실천해 보였던 페스탈로치(Pestalozzi), 과학적 교육의 창시자인 헤르바르트(Herbart), 유치원을 창시한 프뢰벨(Frobel), 도덕적 국민을 중요시한 국가주의 교육사상가 피히테(Fichte) 등이 있다.

19세기의 교육사상에 많은 영향력을 가졌던 신교육학설로는 페스탈로치, 헤르바르트, 프뢰벨을 잇는 일련의 심리적 계발주의 교육설, 피히테에서 나타난 국가주의 교육설, 스펜서(Spencer)와 헉슬리(Huxley)로 대표되는 과학적 교육설 등이 있다(남궁용권 외, 2010).

(4) 근대 유명교육철학사들

① 로그

로크(Locke, 1632~1704)는 기존까시 인간의 본성에 관한 성선설이나 성악설과 같은 천부적으로 주어진 본유관념(本有觀念)이 존재하는 것이 아니라, 모든 관념은 후천적(後天的, a posteriori)인 경험을 통해서 이룩된다는 백지설(tabla lasa)을 주장하였다. 이러한 백지설은 선천적 자질보다는 후천적 경험을 더 중시함으로써 경험론의 기초가 되었고, 감각이라고 하는 외적 경험과 성찰이라고 하는 내적 경험의 조합을 통해 인간의 모든 관념과 사고가 형성되어 간다고 보았다. 즉, 경험의 단순한 소재가 감각에 의해서 주어진 후에는 우리의 관념이나 판단 등은 지성의 지각을 통해서 형성된다는 베이컨의 경험론적 철학을 수용하였다.

하지만 로크(Locke)의 교육사상은 위와 같은 경험론적 철학과는 달리, 사고의 발달은 감각적 지각의 훈련을 통해서 보다는 주로 이성의 도야를 통해서 발달될 수 있다고 강조하면서, 인간의 정신이 훈련을 위해선 습관의 형성과 반성과 숙고가 중요하다고 보았다. 그가 생각한 정신의 모든 능력을 강화시키는 훈련 내지는 도야에 관해서는 저서『인간 오성론(Easy Concerning Human Understanding)』속에 잘 드러나 있다. 로크는 교육의 측면에서 체육, 덕육, 지육의 세 측면을 모두 강조하고 있는데, 대표적인 예로 가정교육을 통해서부터 신사(gentleman)를 기르는 교육을 강조하였다. 여기서 신사는 도덕적, 신체적, 지적 완전인, 즉 전인을 의미하며 신체적 건강, 훌륭한 성격과 예의범절, 여러 학문들에 대한 일반적 지식들을 겸비함으로써, 개인의 행복뿐 아니라 국가의 복지와 번영에 기여할 수 있는 인물이다.

로크의 체, 덕, 지 세 가지를 기르기 위한 교육방법은 다음과 같다. 첫째, 로크가 체육을 강조한 것은 본인이 의사이자 일생동안 몸이 매우 허약하였기 때문에, 건강을 중시하여 건강한 신체발달이 지와 덕의 발달의 전제조건이라고 생각했다. 따라서 건강한 신체를 갖기 위한 교육방법으로 다음과 같은 구체적인 방법을 제시하기도 하였다.

- 어린이는 겨울이건 여름이건 옷을 얇게 입혀 추위와 더위에 대한 저항력을 길러야 한다.
- 의복은 외관을 중요시하지 말고, 활동하기에 편리하도록 만들어야 한다.
- 음식물은 빵과 우유가 가장 좋으며, 쓴 것이나 독한 술은 마시면 안 된다.
- 약은 되도록 적게 사용하며 가능한 안 쓰는 것이 좋다.

- 침대는 딱딱한 편이 좋다.
- 충분한 수면을 취하는 것이 좋고, 일찍 자고 아침 일찍 일어나는 습관을 기르는 것이 기장 유익하다고 하였다.

둘째, 덕육은 자신의 감각적 욕망을 억제하고 이성에 따라 행동할 수 있는 능력을 기르는 것이다. 덕육의 측면에서 로크(Locke)는 자신의 욕망을 억제하고 이성에 따라 행동하기 위해 어린 시절부터 자연으로부터 주어진 도리에 합치되는 행동을 하도록 덕성의 훈련을 강조하였다.

- 이성이 발달되기 전의 아동은 부모에게 복종하는 행동이 필요하다. 따라서 부모의 권위는 확립되어야 한다.
- 지혜롭고 유덕한 인간이 되기 위하여 자기의 욕망을 억제할 수 있는 법을 배워야 한다.
- 예법은 외형으로 갖추는 것보다 마음으로부터 친절과 겸손이 표현되었을 때 가치가 있다.
- 예법을 기르기 위하여 체벌은 삼가야 한다. 그보다 신뢰심과 존경심으로 교육해야 된다고 하였다.

로크는 덕육을 신사도에서 가장 중요한 것으로 보고, 의지의 단련을 위한 엄격한 훈련의 필요성을 강조하였다. 그에 의하면, 어려서 자기의 의지를 타인의 이성에 복종시키는 습관을 기르지 못한 자는 성장한 후에 자기의 이성에 따라 행동할 수 있는 능력을 갖지 못하기 때문에, 가정교육을 통해 덕육이 이루어져야 한다고 보았다.

셋째, 로크는 체육과 도덕교육에 의하여 마음의 단련이 이루어진 뒤에 지식교육을 주는 것이 옳다고 보았다. 지식의 교육에 있어서 경험주의자였던 로크는 고전에 편중된 지식이나 주지주의(intellectualism)적 접근, 단순한 암기는 배척하였고, 지식의 일차적 목적을 덕을 높이기 위한 수단으로 보았다. 지육의 목적은 지식을 단순히 전수하는 것이 아니고 지식을 구하고자 하는 탐구심을 기르고 사고하는 습관을 기르기 위한 것이다. 로크(Locke)의 지육교육은 백과사전식 교육으로써 지식교육의 내용으로 모국어(영어) 문해력과 프랑스어, 라틴어, 미술, 지리, 역사, 수학, 박물, 자연철학, 수사학, 의학, 논리학, 그리고 무용, 취미, 오락, 여행 등과 같은 실제적 교과목을 배울 것을 강조하였다.

요컨대, 로크의 교육사상의 핵심은 첫째, 경험주의 인식론과 백지설에 기반한 경험을 통해 어떤 학습도 가능하다는 교육만능론이다. 둘째, 인간의 심적 능력들을 훈련을 통해 단련시키고 발달시킬 수 있다는 형식도야설(型式陶冶設)인데, 이는 신체훈련을 통해 근육을 단련시키듯이 연습을 통해 지각, 기억, 변별, 추리 등과 같은 인간의 심적 능력을 단련시킬 수 있다는 이론이다. 형식도야설은 교육의 결과보다 과정을 중시하며, 학습의 전이효과를 강조한 것이다. 셋째, 덕성에 대한 가정에서의 조기 인성교육의 필요성을 강조한 점이다. 나이가 들수록 학교에서 교사에 의해 덕성을 기르는 것이 쉽지 않다는 것을 감안하면 로크의 덕육사상은 오늘날 교육에 주는 시사점이 크다고 볼 수 있다.

② 루소

루소(Rousseau, 1712~1778)의 사상은 자연주의와 합리주의, 그리고 자유주의에 바탕을 두고 있다. 그는 대표적인 저서 『에밀(Emile)』에서 자연은 인간을 착하고 자유롭고 행복하게 창조하였으나, 사회는 인간을 악하고 부자유스럽고 비참하게 만들고 있다고 봄으로써, '자연은 선하지만 사회에 의해 악하게 된다'는 성선설적 사상에 기반하고 있다. 따라서 가능하면 자연성을 회복하고 자연의 순리를 따르는 교육을 강조하는 자연주의 교육사상을 표방한다.

『에밀』에 나타난 루소의 교육사상을 정리하면 다음과 같다(Rousseau, 1979).

첫째, 개인의 자연적인 본성을 잘 보전하고 사회적 제약으로부터 벗어나 자기 자신의 삶을 살아가는 자연인의 육성이 목적이다(자연인 육성의 원리). 둘째, 이를 위해 교육은 외부적인 강제에 의해서가 아니라 자연적 성장의 과정에 맡겨져야 한다(자연적 성장의 원리). 셋째, 인간의 성장에 영향을 미치는 교육의 원리 세 가지(자연, 인간, 사물)가 어우러지도록, 인간의 힘이 아니라 자연의 원리에 맡기는 것이 중요하다(합자연의 원리). 넷째, 아동의 천부적 소질과 품성을 발견하여 그것을 신장시키는 교육을 강조한다. 교사가 외부에서 무엇을 부가하는 것이 아니라, 아동 자신의 내적 특성을 성장의 과정에서 자연스럽게 발전시키는 것이다(천부적 소질의 원리). 다섯째, 교육은 아동의 흥미와 적성에 따라 이루어져야 하며, 교사는 아동의 자연스런 성장이 방해받고 구속받지 않도록 보호하고 지켜주는 소극적인 역할만을 수행해야 한다(소극적 교육).

루소(Rousseau)의 교육방법의 원리들을 정리하면 다음과 같다.

첫째, 지식의 체계나 교과보다는 아동의 본성에서 나오는 흥미와 상황의 필요에 의해 자연스럽게 이루어지는 활동을 중심으로 교육내용이 구성되어야 한다고 주장하였다(자연적 활동의 원리). 둘째, 규범과 지식을 아동에게 일방적으로 주입하는 것에 반대하고, 아동이 스스로 생각하고 느끼고 관찰하고 판단할 수 있는 환경을 만들어 줌으로써 직접적인 체험과 활동을 통해 아동 스스로 학습할 수 있게 해야 한다고 주장하였다(직관주의적 교육). 셋째, 아동 자신의 흥미와 호기심에 바탕을 둔 자발적 활동에 의한 학습을 강조하였다(흥미위주의 자발적 교육), 넷째, 교육하는 데 있어 인위적인 강요와 훈련에 의해서가 아니라 아동의 자연적인 성장에 따라 교육을 해야 한다는 것이다(성장의 원리). 다섯째, 아동의 학습은 교사에 의해 일방적으로 주입되는 것이 아니라 아동 자신의 경험을 통해 이루어지도록 해야 한다는 것이다(아동 활동의 원리). 마지막으로 여섯째, 교육은 아동 개개인의 천성과 개별적 특성에 일치하도록 이루어져야 한다는 것이다(개별화의 원리).

요컨대, 루소의 교육사상은 교사중심의 권위적이며 지식 위주의 주입식 교육으로부터 탈피하여 아동의 흥미와 경험을 중시하는 아동중심주의 교육의 기틀을 제공하였다. 루소의 교육사상에 대해서는 긍정적인 평가와 부정적인 평가가 공존하는데, 기여점으로는 자유주의 교육, 개성, 자유, 자기활동 원리를 강조하여 주체적 활동을 강조한 것, 직관주의적 실물교수의 강조, 노작 및 수공업 교육, 그리고 감정적 도야의 중요성을 중시한 점을 들 수 있다. 결과적으로 루소의 사상은 이후 범애주의 교육, 노작교육, 자유교육, 신교육운동과 미국의 진보주의 교육이론의 형성에 큰 영향을 미쳤다. 하지만 그의 사상은 인간의 자연성을 지나치게 중시하여 자유주의 교육을 맹신한 점과, 국가나 사회의 역할을 부정적으로 파악한 점, 학교교육이나 교사의 역할을 경시하고, 가정교육에만 중요성을 둔 점들이 비판받고 있다.

③ 페스탈로치

페스탈로치(Pestalozzi, 1746~1827)는 교육의 일차적 목적을 인격의 도야라고 보았기 때문에, 인간을 도덕적 상태의 인간으로 변화시키고 각성시키는 것이 교육의 역할이라고 보았다. 페스탈로치는 인간이 태어날 때부터 지니는 자연적 본성이 지적 능력과 기술적 능력, 도덕적 능력 등 세 가지인데, 이는 인간의 머리(head), 손(hand), 가슴(heart)에 상응하는 것으로 이러한 능력을 키우기 위하여 지적교육, 노작교육, 도덕교육이 필요하다고 보았다. 즉, 지적, 신체적, 도덕적인 면을 조화 있게 발달시키는 것(3H의 조화)이 교육의 궁극적 목적이며, 이러한 교육을 통해 만들어진 인재가 사회를 바꾸어나갈 수 있다고 보았다. 그리고 페스탈로치는 모든 인간은 평등하기 때문에 신분과 귀천에 관계없이 모든 인간에게 교육이 필요하다는 평등주의 교육관을 강조하였다.

교육내용으로는 사물의 특성(사물의 수, 사물의 형태, 사물의 이름)을 명확히 이해하는 개념학습, 산수, 그리기와 쓰기, 언어 등의 기초 학습, 그리고 직관교육과 노작교육을 중시하였다. 따라서 교육방법으로써 관찰과 실물교수, 강의보다도 감각적 경험을 통한 학습, 연역적 방법(법칙이나 추상적 개념)보다는 귀납적 방법을 중시하였다. 그리고 아동은 구체적 관찰과 경험에서 얻은 자기 자신의 생각을 표현하도록 하여야 하고, 협동적인 작업과 활동을 통한 노작교육 및 생활교육의 중요성을 강조하였다(Hayward, 1904).

페스탈로치의 교육방법의 대표적인 것이 바로 노작교육(勞作教育)이다. 노작교육은 '행함으로써 학습한다'는 원리에 입각하여 학습을 확실히 하여 전인적 교육을 행함으로써 실천적 인간을 양성하는 것을 말한다. 이 교육방법에 있어서 자발성의 존중은 인간을 활동적, 의지적인 것으로 생각하는 것이므로 노작교육의 교육방법 원리로 등장한다. 노작교육의 원리는 정신활동을 중핵으로 하여 근육적 작업에 중점을 두고 공작, 미술, 원예 등의 교과뿐 아니라 전 교과를 통해 이루어지는 교육이다. 향후 이 노작교육이론이 변형되어 듀이(Dewey)의 수공작업이론, 브론스키(Bronski)의 생산학교 및 킬패트릭(Kilpatrick)의 구안법(project 학습법) 등이 개발되기도 했다.

2. 근현대 교육철학(philosophy of education)

앞서 언급한 바와 같이 서양교육사와 서양교육철학은 불가분리의 관련성이 있다. 지금까지 고대 그리스에서부터 중세에 이르기까지 교육철학사적 흐름에 더 집중하였다면, 근현대에 이르러서는 이제 철학적 사유의 흐름들이 어떻게 교육적 실천에 영향을 미칠 수 있는가를 이해하는 데 중점을 둘 필요가 있을 것이다. 그런 의미에서 본 절에서는 교육철학의 흐름과 갈래를 정리하면서 근현대 교육철학을 통합적으로 이해해 보자.

1) 교육철학의 개념과 의의

철학(philosophy)은 흔히 그리스어로 지혜(sophia)를 사랑(philia)하는 학문이라고 소개되고 있지만, 여기서 지혜란 수많은 의미를 포괄한 개념이고 당시 그리스 사상가들이 지칭한 '지혜'의 개념은 그 함의와 범주에서 서로 간에 큰 차이가 있었고, 더욱이 오늘날 우리가 생각하는 지혜의 의미와도 사뭇 다르다. 당시의 철학은

'학문의 어머니'로서 모든 지적인 사유를 포괄하는 것이었다면, 오늘날의 철학은 그 의미의 함축성이 크게 축소되었다.

교육철학은 기본적으로 실천적 역할에 더 큰 의미를 두고 있는 '교육학'의 철학적 기반과 토대를 다지는 영역이라고 볼 수 있다. 교육철학은 철학의 3대 사유 영역인 인식론(앎이란 무엇인가?), 존재론(인간은 어떤 존재인가?), 가치론(무엇이 선하고 아름다운 것인가?)이 교육적 실천의 현상과 현장에서 어떤 의미를 갖는가를 논의하는 영역이다. 즉, 지식이란 무엇이고 그것을 학습한다는 것은 어떤 것인가(인식론), 학생들은 어떤 존재이고 그들에게 배움이란 무엇인가(존재론), 그리고 배움의 목적은 무엇인가(가치론)를 논의하는 것이 바로 교육철학이다. 따라서 교육철학이란 철학의 여러 기능을 응용하여, 교육현상의 여러 기본 문제를 철학적 수준에서 체계적으로 분석·연구하는 학문이다.

정리하자면, 교육철학은 다음과 같은 역할을 하고 있다(남궁용권·김남근·김노연 외, 2010).

첫째, 교육철학은 교육현상의 본질에 관한 이해를 가능하게 한다. 그러므로 교육의 목적이나 내용, 제도나 방법적 측면에서 갈등하는 문제의 방향 모색과 목표 설정을 위해 심각하고 실제적인 질문을 던질 뿐 아니라, 그에 대한 해답까지도 찾도록 한다.

둘째, 교육철학적인 지혜를 교육적인 것뿐만 아니라 사람과 사람들의 삶에 대한 가치 선택의 기준까지도 제공해 준다. 그것은 교육 자체가 가치 있는 사람과 삶의 가치를 신장시켜주는 일이기 때문이다.

셋째, 교육철학은 교육행위에 있어서 일관성 있는 논리적 체계를 확립할 뿐만 아니라 장기적이며, 종합적인 활동이 되도록 방향을 제시해 준다.

넷째, 교육철학은 교육의 전제, 연구 및 실천에 관한 새로운 길을 모색하고 암시해 준다.

다섯째, 교육철학은 기성의 교육현상에 대하여 비판하여 의식을 갖고 문제를 제기하는 발전적 태도를 배양해 준다.

2) 철학의 갈래

철학적 논의의 갈래는 크게 형이상학, 인식론, 존재론, 가치론, 논리학 등으로 구분되어지는데, 그 각각에 대해 간단히 정리해 보자.

(1) 형이상학(Metaphysics: theory about beyond material things)

형이상학이란 존재(being)나 세계(world)의 근본적인 본질이 무엇이냐를 묻는 철학의 한 부류로써, 물질이나 형태(physics)의 틀을 넘어서서 참으로 존재하는 것은 무엇이고 그것이 어떤 방식으로 존재하는가에 관한 문제를 다룬다. 예를 들어, 형이상적 논의의 대상에는 존재(existence), 객관성, 사물의 특성(property), 공간, 시간, 인과성, 가능성 등이 포함된다. 이 형이상학은 존재론(ontology: 사물들은 어떻게 분류되어지며, 그들의 서로 간에 어떤 관계를 가지고 있는가?)과 인식론(Epistemology: 인간은 사물/세상을 어떻게 이해하고, 그것이 어떻게 지식으로 형성되어지는가?), 그리고 가치론(Axiology: 어떤 것이 좋고 어떤 행위가 옳은가?) 등으로 나누어진다.

(2) 존재론(Ontology: theory of being)

존재론은 그리스어 *ὄν*(on: ~에 관한) 혹은 ὄντος(genitive: 생성되는)에서 나온 말로 '존하는 어떤 것에 관해(of that which is)' 연구하는 학문으로써, 존재(being)의 기본 범주와 어떻게 그것들이 서로 관련되어 있는가를 이해하고자 하며, 이를 위해서 우선 존재를 구분하는 범주(categories)들이 과연 근본적인 범주인가를 묻는다. 예를 들어, 플라토닉 학파에서는 모든 명사는 존재하는 실제들(entities)을 가리키고 있다고 주장한 반면, 다른 철학사들은 어떤 명사들은 사물이나 사건들의 집합을 가리키기도 한다고 주장한다. 예를 들어, 마음(mind)이란 것은 어떤 실체를 가리키고 있다기보다는 한 인간이 경험한 정신적 사건들의 집합체라고 보는 것이다. 마찬가지로 '사회'란 어떤 특징을 공유하고 있는 사람들의 집합체를 가리키고,

'수학'이란 수와 관련된 인간의 지적 활동의 집합체라고 이해할 수 있는 것이다. 교육에 있어서 철학적 존재론이 갖는 의미는 "인간 존재(human being)로써 우리는 누구이며, 인간을 교육한다는 것은 무엇인가"와 같은 문제에 대한 질문을 하고 대답함으로써 교육의 대상인 인간 존재에 대해 이해하고자 하는 것이다.

(3) 인식론(Epistemology: theory of knowing)

인식론은 라틴어 epistēmē(knowledge, science)에서 나온 말로 지식의 성격과 범주에 대해 관심을 갖고 지식이란 무엇이고, 지식은 어떻게 습득되는지, 그리고 우리가 알고 있다는 것을 어떻게 아는지에 대해 묻는다. 따라서 지식의 본질이 무엇인지를 알기 위해서 어떤 지식이 진리(truth)인지, 아니면 신념(belief)의 결과인지, 그리고 지식이 어떻게 정당화(justification)되는지의 문제를 다루게 되고, 더 나아가 지식이 생산되거나 습득되는 과정과 지식의 진리여부를 다투는 논쟁의 문제에도 관여하고 있다. 학교교육의 문제에 있어서는 어떤 지식이 학교에서 선정되어 가르쳐지는가, 학생들은 그러한 지식을 어떻게 학습할 것인가, 그리고 학생들이 자신의 지식을 어떻게 사용할 것인가의 문제들에 관심을 갖고 있다. 결국, 학교교육 관련자들이 이러한 '앎/지식'의 문제들을 어떻게 간주하느냐에 따라 교육과정의 성격이 달라지게 될 것이다.

(4) 가치론(Axiology: theory of value)

가치론은 라틴어 axiā(value, worth)에서 온 것으로 가치(value)에 대한 견해에 따라 객관주의(가치란 객관적으로 존재한다)와 주관주의(가치란 사람에 따라 달라질 수 있다)로 구분된다. 가치론에 있어서 객관주의(절대론)는 참다운 진리 또는 지식에 도달할 수 있다고 보는 입장인데, 명백하고 확실한 진리 또는 지식을 어떻게 알 수 있느냐에 따라 직관론(확실한 지식은 직관에 의해 획득된다), 합리론(지식은 이성의 사유에 의해 발견된다), 경험론(감각을 통해 확인될 수 있는 것만이 확실한 지식이다)

으로 나눌 수 있다. 한편, 주관주의(상대론)는 진리 또는 지식은 불변하고 절대적이며 확실한 것이 아니라 변화가능하며 상대적이고 확률적이라고 보는 입장이다. 그러므로 어떤 절대적인 가치에 의존하거나 그것을 추종하기보다는 그 가치가 유래한 역사적 · 사회적 · 문화적 맥락이 무엇이며, 그 가치가 현재 학생들에게 어떤 의미가 있는지를 우선 비판적으로 검토하게 된다. 한편, 회의론(Skepticism)과 같이 참다운 앎에 결코 도달할 수 없거나, 자명하고 확실한 지식이 아니라, 단지 소수의 일시적인 현상에 불과하다고 생각하는 입장도 있다. 교육과정을 개발, 운영, 평가할 때는 어떤 내용에 가치를 부여하느냐와 수많은 가치 있는 내용(지식) 중에 어떤 것을 선택할 것이냐의 결정을 내려야 한다.

(5) 논리학(Logics: theory of argument)

논리학(Greek, logikē)은 이치에 맞도록 논의를 펴나가는 논쟁(argument)의 방법을 연구하는 학문이다. 올바른 사고와 불합리한 사고(fallacies: 오류)를 구분하는 규칙과 설득력 있는 논쟁의 형식, 혹은 사고하는 바른 방법을 제시해 준다. 교육과정 관련 연구자들은 교육목적, 내용, 방법, 평가들의 활동들이 논리적인 일관성을 유지하도록 노력한다. 논리적 사고의 가장 일반적인 두 가지 방법으로서, 보편적인 원리나 법칙으로부터 구체적인 사실에 대한 지식을 도출하는 추리과정인 연역법(演繹法, Deduction)과 개개의 구체적인 사실들에 대한 관찰을 통하여 어떤 보편적인 원리나 법칙을 도출하는 추리과정인 귀납법(歸納法, Induction)이 있다.

3) 교육사상의 철학적 이해

형이상학, 인식론, 가치론, 논리학과 관련된 질문은 관념론, 실재론, 실용주의, 실존주의 등 다양한 철학사조를 만들어 냈다. 사물의 본질적 실체는 정신 혹은 영혼이라고 보는 입장(관념론), 혹은 실체를 물질 또는 객관적으로 파악될 수 있다고 보는 입장(실재론) 등이 있으며, 한편으론 본질은 따로 있는 것이 아니라, 계속되는 변화와 발전 그 자체라고 보는 입장(실용주의) 등이 있다.

(1) 관념론(Idealism: 이상주의)

궁극적인 실재는 인간의 감각을 통하여 직접적으로 알 수 없고 오로지 정신을 통해서만 알 수 있다고 보는 사조로 도덕과 정신적 실재를 강조한다. 이상주의의 교육원리는 인간성 안에 깃든 가장 좋은 것, 그 사회가 지니고 있는 가장 소중한 것, 교육이 진행해야 할 가장 아름다운 것을 교육에 적극적으로 반영시켜야 한다는 것이다. 안다는 것은 마음에 이미 나타난 잠재된 관념을 재음미하는 것으로 교사는 잠재된 지식을 의식의 세계로 이끌어내는 역할을 한다고 본다.

관념론은 철학 영역에 다음과 같은 기여를 하였다고 볼 수 있다.

- 현실을 초월한 가치를 지향함으로써 자연주의의 한계를 극복하려 하였다.
- 유일의 궁극적 실재를 찾아가는 과정에서 회의주의와 상대주의를 극복했다.
- 인간의 자력에 의한 노력을 중시하여 결정론을 배격했다.
- 완전한 것, 절대적으로 가치가 있는 것은 현실로는 존재하지 않더라도, 그러한 바람직한 방향을 지향하는 노력을 통해서 유물론(唯物論)과 공리주의 극복에 기여하였다.

동시에 관념론은 다음과 같은 인식론적인 한계도 가지고 있다.

- 너무 유토피아적이며, 현실의 세계에 회의적이다.
- 사회현실과 단절된 채 이상을 추구하기 쉽다.
- 이상주의적 철인(哲人)에 의해 교육이 주도되므로 지나치게 권위적이며 일방적인 교육이 되기 쉽다.

철학사의 흐름 속에서 관념론은 대표하는 학자들로는 고대 그리스 철학을 대표하는 플라톤(Plato), 근대 철학의 토대를 다진 칸트(Kant)와 변증법적 유물론의 기초를 다진 헤겔(Hegel)을 들 수 있다.

(2) 실재론(Realism: 사실주의)

불변의 법칙과 진리가 존재한다고 믿는 점은 관념론과 동일하나, 실재론자들은 진리가 감각을 통해 검증될 수 있다고 본다. 항상 새로운 경험과 관찰을 통해 인간은 실재를 더 가깝게 이해할 수 있게 된다고 믿는다. 더 조직화되고 분화된 교과내용 및 객관적으로 세분화된 지식으로 구성된 교육과정을 중요시하되, 교육과정의 구성상 최상위에는 가장 일반적이고 추상적 교과를 배치하고 하위에는 구체적이고 일시적 교과를 배치한다. 실재론은 실재와 진리를 과학과 예술에서 찾으려는 경향이 있다.

사실주의 철학자로는 아리스토텔레스(Aristoteles)에서 시작하여 근대의 로크(Locke), 루소(Rousseau), 그리고 20세기 들어 미국의 본질주의 철학자인 아들러(Adler)와 고전적 실재론자(classical realism)로서 진, 선, 미의 절대적 가치를 신봉한 브로우디(Broudy) 등을 들 수 있다. 이러한 실재론자들의 사상은 20세기 새롭게 등장한 실용주의(pragmatism), 도구주의(instrumentalism), 실존주의(existentialism)의 밑거름이 되기도 했다.

(3) 실용주의(pragmatism)

실용주의는 실재론과 관념론이 상정한 절대적 진리의 존재를 거부한다. 우주는 끊임없이 변하하는 것이며, 진리와 가치는 상대적으로만 인식될 수 있다고 주장한다. 따라서 상황에 따른 명확한 판단과 문제해결 능력에 관심을 두고, 항상 변하고 있는 과정과 현실 속에서 의미 있는 내용으로의 지식을 중시한다. 실용주의의 대표적인 학자로는 시조인 퍼어스(Peirce)와 이를 발전시킨 제임스(James), 그리고 이를 교육철학 사조에 적용한 듀이(Dewey), 듀이의 제자인 킬패트릭(Kilpatrick,

1871~1965) 등이 있다.

실용주의 철학의 선구자는 퍼어스(Peirce)나 제임스(James)이지만, 실용주의 교육이론의 토대를 다진 사람은 듀이(Dewey)라고 볼 수 있다. 듀이는 그의 『민주주의와 교육(Democracy and Education: An Introduction to the Philosophy of Education)』에서 교육은 '사회적 삶의 지속(social continuity of life)'이자 '집단의 삶이 지속되기 위한 필수조건(a necessity for the life of the group goes on)'이라고 보았다(Neil, 2005). 여기서 듀이는 교육을 '민주주의적 가치를 구현하는 사회적 공동체의 일원으로서 개인의 존재를 개발하기 위한 필수적 과정'이라고 보았다는 것을 알 수 있다. 이를 실현하기 위해 기존의 권위주의적, 지식중심, 실생활과 유리된 교육에서 탈피하여 민주시민으로 발달하기 위한 개인의 필요와 흥미에 기반하면서도 사회적으로 기여하는 존재를 육성하기 위한 실천중심의 실용주의 교육을 강조했던 것이다.

킬패트릭은 듀이의 사상을 추종하며 20세기 초 미국의 진보주의 교육운동(the progressive education movement)을 주도한 사람으로 프로젝트 방법(Project Method)을 유아교육 분야에서 처음으로 제안하였다. 프로젝트 방법은 교과목의 중심 주제를 중심으로 교사는 지식을 전달하는 권위자로서가 아니라 학생들의 흥미에 기반한 학습을 안내하는 촉진자로서 역할을 함으로써 학생 스스로 실생활과 주변 환경 속에서 주제를 탐색해 나가면서 배우는 것이 가장 효과적이라는 교육이론이다(Gutek, 2009).

(4) 실존주의 교육철학

실존주의(Existentialism)는 개인의 자유, 책임, 주관성을 중요하게 여기는 철학적, 문학적 흐름으로써, 개인의 이성적 사고의 역할을 중시하는 합리주의와는 달리 행동하고, 느끼며, 살아가는 주체(the subject)로서의 개인 존재 전체를 중시한다. 데카르트(Descartes)와 칸트(Kant)철학의 영향을 받고 태동한 실존철학은 인간존재의 유한성과 우연성을 의미하는 인간 상태를 정열적으로 인식하는 데서 시작하였다. 그리고 20세기 2차 세계대전 후 합리주의적 관념주의와 실증주의에 도전하고 등장한 실존철학이야말로 분석철학과 함께 현대철학의 2대 주류를 형성하였다.

실존주의의 가장 중요한 개념은 '실존은 본질에 선행한다'는 것으로, 이는 합리주의자인 데카르트(Descartes)의 '나는 생각한다. 고로 존재한다'라고 주장과는 정 반대로 '인간은 존재한다, 그러므로 인간은 의미가 있다'라는 주장이 되는 것이다. 이처럼 사유를 통해 의미를 갖는 '인간'이 아니라, 존재 그 자체에 의미를 부여하고 그러한 자신에 대한 인식인 '자아'와 그 자아가 살아가는 실제적 세계의 연결을 모색한다.

실존주의는 19세기 중엽 덴마크의 철학자 키에르케고르(Kierkegaard)에 의하여 주창된 이후 야스퍼스(Jaspers), 마르셀(Marcel) 등으로 대표되는 유신론적 실존주의와 하이데거(Heidegger), 사르트르(Sartre), 메를로퐁티(Merleau-Ponty), 보부아르(Beauvoir) 등의 무신론적 실존주의의 두 가지 형태로 나타나게 되었다. 특히 유신론적 실존주의는 이후 바르트(Barth), 브루너(Brunner), 불트만(Bultmann), 그리고 틸리히(Tillich)와 같은 많은 신학자들에게도 큰 영향을 주었는데, 한 가지 예로 지성과 신앙의 차이에 괴로워하는 근대 지식인의 고뇌를 그린 러시아의 도스토예프스키(Dostoevskii)의 작품 속에서도 주체성의 회복에 의해 절망을 극복하려고 하는 실존적인 사상을 발견할 수 있다.

실존주의 교육철학은 어떤 객관적이고 보편적인 이상적 인간을 만들고자 하는 교육적 태도를 비판하고, 이러한 추상적이고 관념적인 교육적 인간상에서 탈피하여 실존적 자아(누구의 노예도 아닌 자유인, 철저한 신념과 확신으로 뭉친 책임감을 지닌 실천가, 집단에 휩쓸리기보다는 개성과 독립성을 지닌 주체적 인간)를 발견하는 것을 목표로 한다. 따라서 실존주의의 교육내용은 지식보다는 인격과 노력성 교육, 자아정체성의 발견과, 자신의 재능과 의미를 계발하는 것을 중심으로 하고 있다. 교육방법은 다음과 같은 특징들을 갖는다.

첫째, 자기의 실존을 찾고 자기에게 주어진 것에 끝까지 충실하라고 가르친다. 생의 목표는 "나는 살아 있다. 그러므로 존재한다." 또는 "나는 믿는다, 그러므로 존재한다."가 된다. 둘째, 교사와 아동 간의 대화, 참여, 만남을 중시한다. 셋째,

자신의 삶에 대하여 책임을 질 수 있는 능력과 의지를 강조한다. 하지만 실존주의의 단점으로는 이성의 훈련 및 지식 교육에 대한 등한시, 체계적인 교육이론과 철저한 교육적 실천의 부족, 그리고 실존주의 자체도 지나치게 관념적인 접근에 머물고 있다는 점을 들 수 있다.

최근의 실존주의 철학자로는 나딩스(Noddings, 1929~)와 포스트모던적 실용주의자이자 실존주의자인 로티(R. Rorty, 1931~2007)가 있다. 나딩스는 돌봄의 윤리학이 처음 소개된 길리건(Guilligan, In a Different Voice, 1982)에 뒤이어 『윤리와 도덕교육의 여성주의적 접근(Caring: A Feminine Approach to Ethics and Moral Education)』(1984)을 통해 돌봄(caring)의 의미를 교육학적 이론으로 발전시킨 사람이다. 나딩스의 교육철학은 지금까지 남성주의적 관점이 지배해온 윤리관과 교육관에서 탈피하여 여성주의적 윤리와 가치를 바탕으로 한 교육의 목적과 방향을 제시했다는 데 의의가 있다. 한편 로티는 철학사와 현대 분석 철학 분야를 연구하면서, 지식이 자연의 실재를 그대로 재현하기 때문에(mirror of nature) 세상은 그러한 재현과 완전히 독립적으로 존재할 수 있다는 기존의 관점을 정면으로 거부한 포스트모던적인 철학자이다.

(5) 분석철학

분석철학(Analytic philosophy)은 20세기 초에 발흥한 철학적 방법론으로 독일의 프레게(Frege)의 선구적 업적과 영국의 러셀의 분석론에서 출발하였다. 프레게는 수학의 기초를 산술에서 찾으려고 했으며, 수학적 언어의 명료화를 위해서 기호논리학을 제시하였는데, 이 기호논리학을 단순히 수학적 언어의 명료화를 위한 도구로만이 아니라 철학적·과학적 사고의 도구로 사용될 필요가 있다고 여기고, 명제와 의미에 대한 철학적 이론을 전개한 바 있다. 이처럼 프레게와 러셀(Russell)을 통해 언어의 논리적 분석을 통해 철학적 문제를 해결하고자 한 것이 초기 분석철학의 출발이었고, 프레게로부터 영향을 받고 그의 소개로 영국으로 건너가 러셀과 무어(Moore)에게 교육을 받은 비트겐슈타인(Wittgenstein, 1922)은 『논리-

철학 논고(Tactatus Logico-Philosophicus)』를 통해서 분석철학의 새로운 이정표를 제시하기도 하였다.

분석철학적 사유의 사례 (비트겐슈타인(1922), 『논리-철학 논고』)

명제(판단의 내용을 이루는 것으로, 문장·언어에 의해 표현되는 것)의 논리적 구조와 논리적 추리의 성질에 대한 연구부터 시작되며, 이어 지식론, 물리학의 제 원리, 윤리학을 차례로 다루고 끝으로 종교 문제를 논한다. 세계를 구성하는 개개의 원자적(요소적) 사실은 판단(명제)에 의해 '모사(模寫)'된다. 꽃이 아름답다는 사실이 '꽃은 아름답다'는 판단으로 모사되고 여기서 '꽃', '은', '아름답다' 등의 여러 개념이 형성된다. 개념이 먼저 있고 이것이 결합되어 판단이 성립하는 것은 아니다. 원자적 사실의 모사인 판단의 내용(명제)은 상호 독립된 원자적 명제이며, 이것이 '논리적 원자'가 된다. 원자적 사실이 모두 바르게 모사되고 원자적 명제로서 파악되면, 이러한 논리적 원자를 구성함으로써 세계는 완전히 인식된다. 그런데 명제(命題)는 언어에 의해서 객관화되는 것이므로 세계의 인식은 바로 언어의 조작, 곧 언어의 논리적 분석인 것이다. 따라서 세계를 바르게 인식하기 위해서는 "말할 수 없는 것에 대해서는 침묵해야 한다."

요컨대, 비트겐슈타인의 주장은 다음과 같이 정리될 수 있다.

1. 세계는 일어나는 모든 것이다.
2. 일어나는 것, 즉 사실은 사태들의 존립이다.
3. 사실들의 논리적 그림이 사고이다.
4. 사고는 뜻이 있는 명제이다.
5. 명제는 요소 명제들의 진리 함수이다(요소 명제는 자기 자신의 진리 함수이다).
6. 진리 함수의 일반적 형식은 [p¯, ξ¯, N(ξ¯)]이다. 이것이 명제의 일반적 형식이다.
7. 말할 수 없는 것에 관해서는 침묵해야 한다.

분석철학은 객관적이고 엄격한 과학정신과 논리적 방법을 중시하면서, 위와 같이 모든 과학과 일상적 지식의 개념과 명제의 의미를 분석적 방법에 의해 엄밀하게 밝히는 것을 목적으로 한다.

이러한 분석철학은 1920년대에 오스트리아 빈에서 슐리크(Schlick, 1882~1936)의

지도로 결성되고 카르납(Carnap) 등이 주축이 된 철학자들과 과학자들의 집단인 빈 학파의 연구를 바탕으로 논리 실증주의(논리적 경험주의)라고도 불리우게 되었다. 빈 학파는 흄의 철학적 정신을 충실히 이어받아 실증적(과학적)으로 경험할 수 없는 형이상학을 배격하고 의미 있는 과학 언어는 내용은 경험적이며 형식은 논리적이어야 한다는 원칙을 내세웠는데, 1930년대 후반부터는 나치 정권의 위협을 피해 미국과 영국 등으로 건너갔고, 미국의 시카고대학에 자리 잡은 카르납은 미국의 논리실증주의 토착화에 크게 기여하였다.

제2차 세계대전 이후에 분석철학은 영국과 미국에 자리 잡으면서 언어철학, 논리철학, 과학철학, 인식론 등 다양한 분야로 확산되고 발전되었다. 영국에서는 비트겐슈타인(Wittgenstein)이 『철학적 탐구』를 통해 새로운 철학적 접근법을 제시하였고, 오스틴(Austin)과 라일(Ryle) 등도 논리적인 과학 언어의 틀에서 벗어나 일상적인 언어의 분석을 통해 철학적 논의를 진행시켰고, 미국에서는 카르납의 제자인 콰인(Quine, 1908~2000)이 『경험주의의 두 가지 도그마』, 『말과 대상(Word and Object)』, 『존재론적 상대성』 등을 통해 기존의 논리실증주의를 반박하면서 신프래그머티즘(neo-pragmatism)이라고 불리는 새로운 관점을 제시하였다. 이를 이어받아 20세기 중반의 가장 영향력 있는 과학철학자로 꼽히는 영국의 포퍼(Popper, 1902~1994)가 논리실증주의를 비판하면서 대신 비판적 합리주의를 더욱 발전시켰던 것이다.

실증주의적 철학은 이미 가스통 바슐라르(Gaston Bachelard, 1884~1962)나 포퍼에 의해 비판을 받은 바 있지만, 1960년대에 이르자 과학혁명의 구조(The Structure of Scientific Revolutions)로 대표되는 쿤(Kuhn, 1922~1996)의 역사적인 과학철학에 의해 큰 인식의 전환을 맞이하게 된다. 그동안 논리적 분석에 치중했던 규범적, 인지적 과학철학은 '패러다임'의 개념으로 역사적인 상대성의 문제를 지적한 쿤의 비판과 규범성 자체를 거부하는 파이어아벤트(Feyerabend, 1924~1994)의 인식론적 아나키즘의 등장으로 그 토대가 완전히 의심받게 되었다. 마지막으로 1980년대 이후에는 규범성과 역사성의 통합을 꾀하면서 실험과 과학자 사회, 과학 제도 등 실제 과학 연구에 대한 실증적인 통찰을 시도하는 접근법도 나타나게 되었다(Munit, 1997).

그렇다면 분석철학이 교육에 미친 영향은 무엇인가? 분석철학은 새로운 사실이나 원리를 발견하는 과학적 탐구 자체보다는, 사람들이 원리나 정리라고 믿고 있는 그 용어나 개념의 사용을 명확히 하고자 한 철학적 접근법이다. 그러므로 분석철학은 지식 자체의 학습보다는 그러한 지식이 어떻게 생성되었으며, 학습이나 논의할 만한 것인지를 우선적으로 판단하고 검토하고자 한다. 또한 교육학이 다루는 중요한 개념들의 의미를 명백히 함으로써 교육현상에 대한 참다운 이해를 도우며, 교육의 실천원리들이 교육적으로 타당한가를 평가할 수 있는 비판적 안목을 갖는데 도움을 주었다. 교육학의 연구자들도 분석철학의 원리에 따라 논리학의 공식과 법칙을 준수하고, 일관성 있게 추리하며, 불분명한 정의와 표어 및 은유 등을 남용하기보다는 보다 명확히 귀납법의 가설, 개념, 이론을 실증할 수 있어야 한다. 분석철학의 한계점으로는 자체적인 세계관이나 윤리적 목표를 제시하지 못하고 있으며, 체험적, 가치 판단적, 사회역사적 요소에 관심을 갖지 못하였다는 것을 들 수 있다.

3. 우리나라 교육의 역사적 과정

우리나라의 교육의 역사를 논의함에 있어 그 구심점은 '한민족'이라는 용어로 표현될 수 있을 것이다. 문제는 이 '한민족'의 개념이 본래 이념적(ideological)인 개념이기 때문에, 그 범주나 성격을 정함에 있어 여러 시각차가 존재한다. 예를 들어, 용어 그 자체가 의미하듯이 '한민족'의 개념은 민족주의(nationalism)가 반영된 것이며, 그 구심점으로 혈연, 지역, 언어라는 세 가지 요소가 작용하고 있다. 그런데 오늘날 세계화, 다문화, 다인종 사회를 살아가는 현실 속에서 '우리나라' 교육의 원류가 무엇인지를 논의함에 있어서 이러한 '혈연, 지역, 언어의 공동체'란 관념은 큰 도전에 직면하고 있다. 즉, 오늘날 우리 사회의 교육의 뿌리를 논의하고 그것으로부터 교육적 의미를 도출함에 있어서 '우리 사회'의 공통적 구심점을 혈연, 지연, 언어의 요인을 바탕으로 규정하는 것이 타당한가의 문제이다. 그런 의미에서 기존의 교육사에서 다루어져왔던 한민족의 이념에 기반한 '단군신화', '홍익인간', '고조선'의 교육에 대한 소개는 본서에서 다루지 않기로 한다. 아울러 본 절의 내용은 남궁용권 외(2010)의 내용을 기반으로 정리되었음을 밝힌다.

1) 삼국시대의 교육

(1) 삼국시대 문화의 특징

삼국시대는 고조선 멸망과 한사군(漢四郡)의 설치를 전후로 하여 문화적으로 석기문화와 철기문화가 공존했던 여러 부족국가들이 점차로 철기문화로 넘어가던 시기였다. 특히 중국과의 교류가 활발해지고 중국의 문화가 유입되기 시작하면서 우리의 문화적 색채는 점차 퇴색하고 중국의 문물제도가 정착되어 갔다. 이 시기 중국문화의 영향은 크게 세 가지이다.

첫째, 정신적으로 유교윤리를 받아들이고 한자문화권에 편입되었다는 사실이다. 유학의 본격적인 수용은 고구려가 태학을 설립하면서부터라고 할 수 있다. 유학이 전래되면서 삼국이 고대국가의 율령체제와 관료조직을 마련하는 이념적 바탕이 되고, 사회질서를 확립하는 윤리적 규범이 되었다.

둘째, 당시의 삼국은 중앙집권적 왕국으로 성립되어 씨족사회 당시에 형성되었던 각종 신앙만으로는 더 이상 국가를 이끌어 갈 수 없다고 느껴, 불교를 고대국가체제로 정비할 무렵에 수용하였지만 우리의 전통신앙과 고유사상으로 포용하면서 삼국이 고대국가로 발전할 수 있는 정신적 기반을 마련해 주었다.

셋째, 이 시기에 처음으로 형식적 교육체제를 갖추기 시작하였는데, 학교교육에 대한 가장 오래된 기록으로는 고구려 시대 유학교육기관인 태학(太學)이 있지만, 태학의 이념과 학제 그리고 교육내용 등에 대해서는 모호함이 많다. 다만 중국의 교육내용으로 미루어 보아 오경(五經)과 삼사(三史)가 중요한 교과과정이었을 것으로 보이며, 관리양성을 목적으로 한 귀족중심 고등교육기관의 성격이었음을 예측할 수 있다.

(2) 고구려의 교육

고구려(B. C. 37~668)의 경우, 건국 이후 체제가 정비되어 감에 따라 인재의 조직적인 양성이 요구되었다. '태학'은 소수림왕 2년에 인재 양성을 위한 최고의 교육기관으로 설립되었고, 우리나라 최초의 학교이자 대학의 근원이다. 태학이 관학(官學)인데 비하여, 우리나라 사학(私學)의 시초이면서 일반 서민들의 교육을 담당했던 지방에 세워진 경당(扃堂)이 있었다. 경당에서 가르친 교육내용은 독서와 무예연마가 주로 이루어졌는데, 이는 신라의 화랑도 교육제도와 마찬가지로 자율적인 민간교육풍속이 존재했음을 보여준다. 민간 중심의 경당교육을 통하여 고구려 백성을 문무를 겸비한 선량한 백성으로 양성하고, 미풍양속을 선양시켜 나라발전에 백성들 스스로 봉사할 수 있는 풍토를 조성하였다는 데에 큰 의미가 있다.

(3) 백제의 교육

백제(B. C. 18~660)의 교육은 직접적인 자료는 없지만 일찍부터 중국과 교류가 활발했고 선진문물을 일본에 『논어』와 『천자문』을 전달해 주었던 것과 흘러가듯 남아있는 자료에서 어떤 형태로든 교육이 이루어졌을 거라는 짐작을 한다. 사서에는 백제의 관직으로 '박사'와 '오경박사'가 등장하는데, 박사 고흥으로 하여금 『서기』를 만들게 했다든지, 그보다 훨씬 앞서 왕인이 일본에 『논어』와 『천자문』을 진하였다는 기록으로 보아 삼국 중에서 오히려 높은 학문 발달에 맞는 유학교육기관이 있었으리라고 본다. 한편, 중앙관제에는 '내법좌평'이 있는데 이것은 의례와 교육을 담당했던 기관이었다는 것으로 보아 백제의 교육제도의 존재를 추측할 수 있다. 백제의 교육제도의 특징은 다양한 실용학문을 존중했다는 점이다.

(4) 신라의 교육

신라(B. C. 57~935)는 지리적 위치로 보아 고구려 · 백제의 양국을 통하여 중국 문화를 받아들였던 만큼 그 문화의 수입도 삼국 중에서 가장 늦었다. 640년경에 비로소 중국 당나라에 유학생을 파견하여 국학(國學)에 입학시킨 기록이 교육적 접촉의 시초였다. 신라의 고유한 교육제도로는 '화랑도'가 존재했는데 화랑도는 풍류도 · 풍월도 · 국선도 등 여러 가지 이름으로 불리기도 했다. 화랑도 교육정신은 유 · 불 · 선(儒 · 佛 · 仙) 3교의 교리를 주체적으로 융합하여 원광이 제시한 세속오계(사군이충 · 사친이효 · 교우이신 · 임전무퇴 · 살생유택)가 기본정신이었다.

화랑도의 교육내용과 방법은 『삼국사기』에 소개되고 있는데, 『임신서기석』에서는 유학의 습득도 이루어졌던 것으로 나타나있다. 화랑도를 통해 나라를 위해 개인의 삶을 돌보지 않고 애국정신과 전쟁터에서 죽는 것을 명예로 여기는 상무정신이 깃들여져 배출된 사다함 · 김유신 · 김영윤 · 관창 · 김흠운의 전기가 실려 있는 '열전'이 출판되기도 하였다.

삼국 통일의 원동력이 된 화랑도(花郎徒) 교육은 본래 자생적, 민간주도적 민중교육운동이었으나, 왕실의 지원에 의해 관민합의적 애국교육과 인재양성 교육체제로 발전됨으로써, 국가주의 교육의 한 전형이 되기도 하였다.

요컨대, 삼국시대 교육에는 전쟁준비를 위한 군사적 성격을 지닌 교육과 중앙집권적 봉건제 · 귀족중심의 계급사회가 나타났고, 교육의 시초는 불교를 기반으로 발전하였지만 정치와 윤리사상은 유교사상에 크게 영향을 받기 시작하였다.

2) 통일신라의 교육

(1) 통일신라 문화의 특징

신라가 삼국 통일을 완수한 것은 문무왕(676) 때였다. 신라는 삼국을 통일함으로써 진골 귀족 세력의 약화로 왕권이 강화되었으며, 강화된 왕권을 바탕으로 율령체제와 지방통치조직이 정비되었고 군사조직도 새롭게 개편되었다. 이후 당나라와 직접 문물을 교류하면서부터 유교문화의 유입이 현저하였다. 그리하여 신문왕(682) 때에는 유학대학인 국학을 세워 예부(禮部)에 속하게 했다. 당나라의 국자감(國子監)의 체제를 모방한 국학의 교육목적과 교육내용은 중국의 그것과 별 차이가 없었다.

통일신라의 지배적인 사상은 불교였다. 많은 승려들이 중국이나 인도로 불법을 얻기 위해 유학을 하기도 하였고, 일찍이 원광과 자장이 중국에 유학하고 돌아와 신라의 국가불교 수립에 공헌하였다. 그 후 의상은 당에서 화엄학을 익히고 돌아와 신라의 화엄종개조가 되었으며, 원측은 어릴 때 당에 유학하여 당의 유식학 발전에 크게 공헌하였다. 그리고 혜조는 인도를 순례한 후 여행기인 '왕오천축국전'을 남기기도 하였다. 따라서 통일신라의 불교는 화엄종이 가장 존신되었는데 화엄사상은 '하나가 곧 여럿이요 여럿이 곧 하나'라는 원융사상(圓融思想)을 지니고 있으며 이런 특징은 전제왕권을 중심으로 한 중앙집권체제의 확립과 상통하는 것이기도 하였다.

신라는 차츰 국학이 완비되고 학문이 성하여짐에 따라서 유교주의적 관료화로 변질되어 갔다. 유교는 공자의 사상으로 나라를 다스리는 것인데 통일신라에서 전제왕권이 강화되면서 새로운 통치이념으로 자리 잡아갔다. 주로 육두품 출신들이 믿고 받들었는데 골품제도를 옹호하는 불교를 비판하는 입장을 취하였다. 유교는 불교를 믿는 진골을 견제하고 왕권의 강화에 기여하였다. 다음에 소개될 국학의 설립과 독서삼품과의 실시는 이런 유교적 통치이념에 입각하여 이루어진 것이다.

(2) 통일신라의 교육

신문왕 2년에는 유교적 이념과 교양에 충실한 국가 인재양성을 위해 '국학'이 설립되었는데, 국학의 직제는 경 1인을 두어 국학을 관장하게 하였고 그 아래에는 수업을 진행하는 박사와 조교, 사무직인 행정업무를 담당하는 대사(大舍)와 사(史)를 두었다.

국학에는 하급관리와 귀족자제만 입학할 수 있었는데 주로 육두품 출신이 많이 입학하였다. 교육기간은 9년이었으며 소질이 없는 자는 퇴학시키기도 했고 가능성은 있으나 미숙한 자는 9년을 넘겨 재학할 수 있게 했다. 국학에서는 논어와 효경을 필수적으로 교육했고, 예기(禮記)·주역(周易), 춘추(春秋)·모시(毛施), 상서(尙書)·문선(文選)을 삼과로 나누어 교수하였다. 국학에서는 기술적인 부분도 교육하기도 하였다.

국학이 설치되고 100여 년이 지나 교육체제가 정비되자 원성왕 4년(787)에 '독서삼품과'라는 관리채용을 위한 국가시험제도가 시행되었다. 이는 관리등용보다는 유교적 교양에 중심을 두려는 제도로써, 이때부터 신라에 있어서 제도교육을 통한 인재등용법이 채택된 것이고, 통일 전의 화랑도교육을 통한 인물 본위 인재등용제도가 통일 후에는 학벌본위·지식위주의 등용제도로 변화된 것이다. 독서삼품과는 국학에서 수학한 학생에게 유교경전 내용을 시험하여 특품·상품·중품·하품으로 성적을 나누었다. 또한 오경·삼사·제자백가에 널리 능통한 자는 특별 발탁하여 등용하였다.

통일 이전부터 삼국은 중국의 선진문물과 학문을 배우기 위해 유학생을 파견했는데 이를 '견당유학생'이라고 불렀다. 통일 이전인 선덕여왕 때 유학생을 파견한 후 우수한 학생을 선발하여 당의 국자감에 유학시키기도 하였다. 유학기간은 대개 10년이었고 유학생 수가 많을 때는 100여 명에 이르기도 하였다. 당으로 유학간 학생들은 외국인을 대상으로 시행한 과거인 '빈공과'에 응시하여 급제하기도 하였다.

신라에서는 국학에서 수학한 후 독서삼품과를 거친 사람에게만 관직을 하사하는 것을 원칙으로 세움으로써, 관료적 봉건제도를 확립하였으나, 말기에는 견당유학생에게 예외적으로 관직이 주어지던 것이 점차 확대되었고, 그들이 새로운 지식계층을 형성하면서 신라 말기 기존체제에 대한 비판세력으로 대두하였다.

(3) 원효의 교육사상

통일신라의 대표적인 학자로 원효를 들 수 있다. 설총의 아버지인 원효는 신라를 대표하는 불교사상가이자 민중교육자이다. 의상과 함께 당나라로 유학을 떠났으나 중도에 실패하고 10년 뒤 다시 유학길에 올랐다가, 가는 도중 잠결에 해골에 괸 물을 마시고는 마음 밖에 따로 삼계가 없다는 말인 '삼계유심'을 깨닫고 되돌아왔다.

원효는 당대의 고승으로는 예외적으로 당에 유학하지 않았으나 뛰어난 저술덕분에 당에까지 명성을 떨쳤다. 그의 많은 저술 중 대표적인 저술로는 『대승기신론소』, 『금강삼매경』, 『십문화쟁론』을 들 수 있다. 그는 '화쟁사상'을 제시했는데 각 종파의 교리상의 모순과 차이를 보다 높은 입장에서 융화 통일하고자 하는 자신의 입장을 '화쟁'이라고 표현하는 화쟁사상이 그의 불교사상의 특징이다. 또한 '일심사상'에 의해 대승불교의 교리를 통합하고자 하였다. 그가 쓴 『대승기신론소』는 당시 대승불교의 양대가 교리적 대립을 극복할 수 있는 이론체계를 제시한 책인데, 이 책은 대승불교의 핵심적 저술로 꼽힌다.

원효는 불교에 의한 대중교화에도 크게 공헌하였다. 대중들에게 염불을 외게 하고 춤과 노래로 불법을 전파하여 불교가 대중들에게 뿌리내리는 데 크게 공헌하였다. 그의 교육관은 대중교육을 위한 교육매체를 활용하여 대중교육을 지향하였고 대중을 위해 쉬운 교육방법을 활용하였다. 원효는 누구나 쉽게 교육에 접근할 수 있도록 쉬운 교육방법과 교육매체를 활용한 대중교육에 관심을 두었다.

3) 고려시대의 교육

(1) 고려의 사회와 문화

고려는 건국 초부터 불교를 국가이념으로 채택하여 범국민적 신앙으로 크게 번성했다. 전 국민의 정신세계와 일상생활의 이념적 지주가 되었으며 개인수양의 원리이자 대중교화의 이념이었다. 신라 후대에 이르러 육두품 출신 유학자들의 세력이 커짐에 따라 유교는 새로운 정치이념으로 대두되었다. 고려 건국 이후 중앙집권적 귀족국가를 지향하게 되면서 새로운 정치이념을 유교에서 찾게 된 것이다. 그러나 정치적 이념으로써 지배세력에게는 친숙하게 받아들여졌지만 사회 전반적으로 영향력이 미치는 데는 한계가 있었는데, 이는 대중들에게는 여전히 불교가 영향력을 미치고 있었기 때문이다.

고려의 불교는 '호국불교', 즉 불법에 의해 국가를 호위한다는 뜻을 지님으로써 현세에 복락을 누릴 수 있다는 공덕주의적 성격을 특징으로 하였다. 특히 우리 고유의 무속신앙과 결부되어 강한 기복신앙의 성격을 띠게 되었는데 후에 우리 민족의 문화전통과 교육문화의 저변을 형성하게 되었다.

고려 후기에 원나라를 통해 전래된 성리학은 신진 사대부들의 새로운 정치이념으로 채택되었다. 권문세족에 가까운 출신 기반들은 성리학적 정치이념에 의해 고려사회에 개량된 왕조질서를 유지하고자 하였으나 불교에 경도되는 경향도 가지고 있어서 성리학적 정치이념에 충실하기에는 한계가 있었다. 그러나 고려 말에 와서는 불교가 모순과 폐단에 편승되어 극도로 타락하게 된다. 이에 성리학적 이념으로 무장한 신진 사대부들은 '척불론'을 내세우며 불교를 강력하게 비판하였다. 이로써 불교는 한 시대의 주도이념으로서의 역할을 성리학에게 넘겨주게 되었다.

(2) 고려의 교육제도

고려(918~1392)의 교육은 태조 13년(930)에 서경(西京)에 학교를 창건한 것에서 비롯된다. 이는 고려가 서경을 북방정책의 중심지로 삼고 이를 중시했기 때문이었다. 역시 고려 초에 왕실의 관리를 양성할 목적으로 개경(開京)에 별창학원을 개설하였다는 기록도 있으나 오래 지속되지는 못하였다.

① 국자감(國子監)

국자감은 모듬 교육기관으로서 성종 11년에 건립된 고려의 최고 교육기관이다. 건립이후 빛을 보지 못하다가 예종 대에 이르러 발전의 전기를 마련하게 되있다. 예종은 국자감의 교육을 진흥하기 위하여 '칠재'를 설치하고 교육재정을 마련하기 위해 '양현고'를 설치하는 등 국학 진흥책을 펴게 된다. 무신정권과 대몽항쟁기에는 쇠퇴의 길에 접어들었으나, 충열왕 대에 유학자 안향(1234~1306)이 귀족과 관리들로부터 교육 부흥을 위한 교육헌납금제도로서 '섬학전(贍學田)'을 설치하여 국자감에 대한 새로운 진흥책이 마련되었다.

국자감의 편재는 육학으로 이루어졌는데, 유학학부 삼학인 국자학·태학·사문학과 기술학부 삼학인 율학·서학·산학이 그것이다. 입학자격에는 유학학부는 신분의 차등을 두었으며 기술학부는 이보다 낮은 신분의 사람들이 입학할 수 있었다. 정원 수는 유학학부가 각 300인이었으며 기술학부는 일정치가 않았다.

교육과정을 보면 유학학부는 논어와 효경을 필수과목으로 하여 유교경전 과목들을 기한과 순서를 정하여 가르쳤다. 기술학부는 율학은 법령, 서학은 팔서, 산학은 산술을 가르쳤고 교관을 박사와 조교로 두었고 분담하여 교수하였다. 박사와 조교가 학습자에게 문제를 제시하면 학습자가 토의하는 방식으로 수업을 진행하였다. 또한 국자감은 '묘학제'를 갖추고 있었는데 묘학제(廟學制)는 향사의 기능을 가진 문묘와 강학의 기능을 가진 학당을 갖춘 체제를 말한다. 유교 성현을 제사지내는 문묘를 별도로 둠으로써 국학과는 날리 완전한 묘하제를 갖추게 되었다.

② 각종 학교: 향교, 동서학당·오부학당, 사학 십이도, 서당

각 지방에 유학의 선파와 지방민의 교화를 목적으로 한 중등 수준의 향교는 국자감과 마찬가지로 문묘와 명륜당이 설치되어 묘학제가 시행되었다. 입학자격은 문무관 8품 이상의 자제와 서민에게 입학을 허가하였고, 과거시험 준비를 위한 경전학습과 문장수련이 주를 이루며 교육하였던 것으로 보인다.

'학당'은 개경에 세워진 중등 수준의 관학으로 지방의 향교와 같은 역할을 한

학교이다. 국자감과는 위계적인 관계로 국자감의 하급교육기관의 성격을 가진 것으로 보인다. 교육내용에는 대학, 논어, 맹자, 주역, 춘추를 공부하였는데 강의식으로 학생들을 가르쳤다.

고려의 12개 사립교육기관을 '사학십이도(私學十二徒)'라 일컫는다. 고려는 중기에 들어오면서 정치적으로 안정되고 문화적으로 더욱더 융성해지게 되었으나 재정난으로 관학은 부진을 면치 못하고 있었다. 이 시기에 사학이 융성하면서 상대적으로 왕성한 활동을 보여 유학교육의 정신을 앙양하고 인재양성에 이바지하였다.

최충(983~1068)이 십이도의 설립에 시작을 가했다. 그는 관직에서 물러난 후 사숙을 세워 후진을 가르쳤는데 이것이 고려 사학의 효시이다. 여기에서 많은 합격자가 배출되었으므로 과거지망자는 여기에 반드시 들어가 공부하고자 하였다.

이 구제가 명성을 얻게 되자 이를 본받아 명망 있는 유신들이 학당을 짓고 학도를 모아 교육을 하게 되었는데 그것이 11도에 이르게 되었고 거기에 최충의 문헌공도를 합하여 십이도라 부르게 되었다. 사학 십이도가 흥성하게 된 것은 창설자들의 상식과 덕망뿐 아니라 과거의 고시관 경력까지 있어서 국학의 급제에 유리했기 때문이다. 사학 십이도는 부진했던 관학을 대신하여 유학교육의 진흥에 큰 공헌한 바 있다.

서당은 지방에서 자생적으로 생겨나 민간에서 운영되던 사립학교로 보이나 남아 있는 기록이 소략하여 설명하기 어렵다. 교육수준은 초급에서 과거준비 수준까지 다양했고 당시의 서당은 전국 각지에 세워져 성행했던 것으로 알려진다.

③ 과거제도와 교육

고려 광종 9년 때 시험에 의해 관리를 선발하는 제도인 과거제도가 실시되었다. 과거가 시행된 것은 후주의 사신을 따라 왔다가 고려에 남게 된 쌍기(雙冀: 고려 광종 때 귀화한 중국인 학자)의 건의에 의해서이다. 쌍기는 과거제도를 제정하고 자신이 '지공거'가 되어 시행을 주재하기도 했다.

응시자격은 양인(良人: 고려시대의 신분은 귀족, 중류층, 양인, 그리고 천민으로 나뉘었다)이라면 누구나 응시할 자격을 가지고 있었지만 응시자격을 주는 게 합격은 아니다. 그리고 양민이라도 농민은 거의 응시할 수 없었을 것으로 보인다. 고려 과거제는 음서제도와 함께 운영됨으로써 관리 등용에 절대적인 중요성을 갖지는 못하였다. 과거의 종류에는 제술업(문장시험) · 명경업(경서시험) · 잡과(전문과)가 있었다. 급제자들은 전문기술직에 등용되었고 무과는 설치는 되어 있었으나 거의 시행되지 않아 유명무실하였다.

시험 시기는 3년에 한 번 시행하는 '식년시(式年試)'가 원칙이었으나 매년 혹은 수년에 한 번 시행되기도 하고 선발인원은 매회 일정치 않았으나 제술업의 경우 후기에 와서 33인으로 고정되었다. 시행초기에는 예비고시 없이 바로 최종고시에 응시할 수 있었으나 중기 이후에는 예비고시인 국자감에 합격한 자만이 최종고시에 응시할 수 있게 하였다.

고려의 과거는 대체로 2년에 한 번 정도 시행되었고 후기로 갈수록 선발인원은 점차 늘어났으나 고려 전 기간을 통해 과거의 최종합격자의 수는 6~700여 명 정도에 불과하는 등 많은 인원이 합격되지는 않았다. 음서를 통한 관직의 진출이 이보다 규모가 더 컸으며 대부분의 귀족 자제들에게는 음서를 통한 관직으로의 진출이 더 보장되었다.

'좌주 · 문생제'는 과거의 시험관인 지공거와 급제자가 특별한 사제관계를 맺는 것을 말하는데 과거제도에서 파생된 현상으로 고려 중기 이후부터 크게 성행하였다. 그러니 후기에 와서 일종의 파벌을 형성하여 사회적 문란현상을 가져오기도 하였다.

고려 말에 이르러 성리학이 전래됨에 따라 침체된 유학의 부흥을 꾀하며 새로운 학풍이 일어나게 되었다. 그러나 이미 고려의 정치적 · 사회적인 불안은 교육현상의 부진 상태를 회복시키지 못하였다. 더욱이 국력이 약화된 틈을 타서 불승(佛僧)이 정치에 관여하면서부터 신흥 유학자들에 의하여 강한 척불론(斥佛論)을 불러일으켜 뒷날 조선조의 숭유론(崇儒論)에 따른 유학 절대교육을 합리화시킬 수 있는 빌미를 제공하였다.

(3) 고려의 교육사상가

고려의 교육사상가로 대표적으로 잘 알려진 인물로는 지눌(知訥, 1158~1210)과 안향(安珦, 1243~1306)이 있다.

지눌은 어려서부터 출가하였으며 이후 승과에 등과하였다. 평생을 '정혜쌍수(定慧雙修: 깊은 명상과 지혜를 함께 닦는 것)'와 '돈오점수(頓悟漸修: 문득 깨달음에 이르는 경지에 이르기까지에는 점진적 수행 단계를 갖는 것)'를 바탕으로 하여 새로운 선풍을 진작시키는데 힘을 쏟았다. '정혜사'를 조직하여 신앙결사운동을 폈으며 선종 종단인 조계종을 성립시켰다. 고려 건국 초기에 고려 왕실은 왕권 강화를 위하여 선종보다는 교종인 화엄종에 관심을 갖게 되었다. 경종 대 이후에는 전제정치에 대한 반동적 경향과 함께 불교계에도 교선의 대립을 해소하려는 노력이 나타났다. 이러한 노력이 의천에 의한 천태종 개창으로 나타났다. 의천은 '교관겸수(敎觀兼修: 교리와 형식, 그리고 참선과 수양을 모두 수행하는 것)'를 주장하며 화엄사상의 입장에서 선종사상을 융합하고자 했다.

지눌은 신앙결사운동을 펴는 한편, 교리상으로는 정혜쌍수를 주장하여 선의 입장에서 교를 융화하려고 하였다. 의천의 교관겸수가 교와 선을 절충하려는 입장이 강했다면 지눌의 정혜쌍수는 선이 바탕이 되어 교와의 일치를 추구했다고 할 수 있다. 지눌의 정혜쌍수와 돈오점수의 주장은 교와 선의 융합, 남종선과 북종선의 융합이라는 시대적 과제에 대한 지눌의 입장을 나타낸다고 할 수 있다.

안향은 고려 말의 문신이자 학자로서 국학의 진흥에 크게 공헌하였다. 그는 어릴 적부터 학문을 좋아하여 즐겨 공부하고 이후 급제하여 한림에 오르고 벼슬이 좌찬성에 이르렀다.

고려가 국사에 어려움을 겪으면서 개경의 국학은 황폐해지고 교학도 쇠퇴하였다. 그 후 국학을 중수하고 학생을 모아 교학에 힘썼지만 양현고의 고갈로 교육이 부진하였다. 이에 안향은 관리들에게 은과 포를 내게 하여 양현고의 재정을 확충하고 섬학전을 설치하여 장학하였다.

4) 조선시대의 교육

조선시대(1392~1910)는 일찍부터 한양에 세워진 성균관을 비롯하여 사학(四學)과 향교 등의 관립교육기관이 있었고 서원과 서당 같은 사학기관도 크게 번창하였다. 조선시대의 교육사상적 특색은 성리학적 우주관·인생관·교육관으로 표현된다. 이는 고려 말에 도입된 성리학이 억불숭유(抑佛崇儒: 불교를 억제하고 유학을 숭상함)정책에 힘입어 그 확실한 배양토를 얻게 되고, 드디어 조선 성리학의 황금시대를 이룩하기도 했으나, 성리학 일변도의 통치이념은 많은 부정적 평가를 받기도 하였다.

(1) 조선의 사회와 문화

조선은 1394년 태조 이성계에 의해 건국된 이후 사대부 계급의 지지로 중앙집권적 문치주의 국가를 발전시켜 나갔다. 왕을 정점으로 관료들이 국정을 수행하는 중앙집권체제를 갖추고 지방에는 관료를 직접 파견하여 통치하였다. 그리고 문치를 지향하는 정치를 실시함으로써 문반이 주도하는 정치체제를 만들어 나갔다. 사대부는 조선사회를 이끌어나간 주도세력이었다. 조정의 관리를 총칭하는 말로 중국 송대 이후로는 관리를 포함한 지배층 전반을 가리키는 뜻으로 사용되었다. 우리나라에서 사대부 계층은 고려 말부터 형성되기 시작했으며 무신정권에 의해 귀족정치가 붕괴되면서 새로운 관료층으로 등장하게 되었다.

조선은 개국과 함께 '억불숭유'를 국가이념으로 내세우면서 유교의 모든 국가정책, 사회제도, 생활습속의 강령으로 삼았다. 조선의 교육제도도 성리학에 이념적 바탕을 두고 학교체제를 정비해 나갔다. 중기에 이르러 성종대에 와서는 중앙정계에 '사림파'라는 새로운 정치세력이 자리 잡게 되었다. 이들은 고려에 의리를 지켜 출사를 포기하고 영남과 기호지방에 중소지주로 자리 잡은 신진 사대부들이었다. 훈신세력과의 대결에서 몇 차례의 사화를 당하면서도 세력을 확대하여 선조대에 와서는 정계의 주도권을 장악하게 되었다.

시간이 지날수록 정치적 이념과 학문관의 차이에 따라 점차 학파가 분기되어 가는 양상을 보이게 되는데 16세기 후반에는 퇴계 이황을 따르는 퇴계 학파와 율곡 이이를 따르는 율곡 학파가 형성되었다. 이러한 학파의 분기는 점차 학파에서 연원하는 정파의 분열로 이어지게 되었다. 퇴계 학파와 남명 학파를 중심으로 하는 '동인'과 율곡 학파와 우계 학파를 중심으로 하는 '서인'으로 분당한 것을 시작으로 여러 정파들이 형성되어 대립과 각축을 벌이게 되었다.

(2) 조선의 교육제도

① 관학: 성균관(成均館)

성균관은 조선시대 국가에서 설립한 최고 교육기관이다. 태조 6년에 한양에 건물을 지었다. 설립목적은 교육을 통한 유교적 통치이념을 보급하고, 아울러 고급 관리를 양성하는 데 있었다. 대사성을 비롯한 여러 관직을 두어 유생들을 교수하게 했다. 입학정원은 200명 정도였고 입학자격은 원칙적으로 소과급제자인 생원·진사였다. 인원이 부족할 때는 사학의 학생 중에서 선발하여 보충하기도 하였고 고관의 자제나 현직 관리를 선발하여 입학시키는 경우도 있었다.

성균관은 묘학제에 따라 문묘와 학당으로 구성되어 있었다. 문묘는 중앙에 공자를 향사하는 대성전과 그 옆에 유교 선현을 향사하는 동무와 서무로 이루어져 있었다. 학당인 명륜당에서는 강학이 행해졌고, 그 좌우에는 기숙사인 동재와 서재가 있었다. 학생들의 물품공급과 숙식제공을 맡았던 양현고(養賢庫: 고려 때 國學에 설치한 장학재단)와 도서를 보관하는 존경각(尊經閣) 등도 있었다.

교육내용은 유교경전과 제술을 중심으로 가르쳤고 유교경전은 사서와 오경을 기본 교과로 하고, 이를 '구재(九齋: 사서재(四書齋)와 오경재(五經齋)로 이루어진 교과과정)'로 나누어 각 재를 차례대로 공부하여 승진하게 하였다. 교육방식은 한 달 단위로 하여 20일은 경서를 가르치고 4일은 고강하며 6일은 제술을 가르쳤다. 시험도 강경과 제술을 나누어 치렀는데 강경은 대통·통·양통·조통으로 등급을 나누어 평가하였고 조통 이하는 벌하였다.

유생들의 생활은 11조로 이루어진 '학령'에 의해 규제되었는데 학령은 성균관의 기본 학칙이었다. 유생들의 자치회를 '재회'라 하였고 재회의 장을 '장의'라 하였다. 이런 재회를 통해 자치활동을 했으며 국가정책에 대한 자신들의 의사를 조직적으로 표시하기도 했다.

조선의 역대 왕들은 성균관과 유생에 대해 특별한 관심을 보이고 여러 특전을 부여하기도 했다. 국왕이 친히 성균관에 나아가 알성시를 시행하기도 하였다. 그러나 국가의 지원책에도 불구하고 성균관의 정원을 채우는 경우는 거의 없어서 후기로 갈수록 교육이 과거준비과정으로 변질되어 그 본래의 기능을 점차 상실해 갔다.

② 관학: 사부학당(四部學堂)

사부학당은 한양에 설치한 중등수준의 관학이다. 초에는 고려의 학제를 본 따 오부학당을 두었으나 이후 사부학당으로 개편했는데, 중학・동학・남학・서학이 그것이다. 사학은 성균관의 부속학교이나 하급교육기관의 성격을 갖고 있었고 교관은 성균관의 교관이 겸직하였다. 교관은 각 학마다 교수와 훈도 2인씩을 두었다. 학생의 정원은 각 학 100인씩이었으나 중기 이후에는 각 학 5인씩으로 크게 감축되었다. 교육내용은 소학・효경・사서 등의 유교경전을 중심으로 가르쳤고 소학은 필수과목으로 중시하였다. 사학의 유생들은 성균관 입학과 생원・진사시 합격에 목표를 두었다.

③ 관학: 향교(鄕校)

향풍순화와 인재양성을 목적으로 전국 각지에 설치되었던 중등수준의 관학이다. 문묘와 학당을 갖추고 있었고 양반과 양인의 자제만이 입학할 수 있었으며 입학연령은 17세 이상이었다. 교육내용으로는 소학과 사서오경(농업과 잠업도) 등의 유교경전을 가르쳤으며 교생들은 소과에 응시하는데 학업의 목적을 두었다. 응시하기 위해서는 향교에 입적해야 했다. 관부의 크기에 따라 학생의 정원이 달랐으며 과거에 응시하기 위해서는 향교에 입적해야 했으므로 정원 외로 입적시킨 경우도 적지 않았다. 향교의 교생들에게는 무상교육, 과거응시자격 부여, 생진시의 초시 면제, 군역 면제 등의 특전이 주어졌다. 유교이념을 전파하고 풍속을 순화하는 기능도 갖고 있었는데 문묘의석전제를 비롯하여 향사례 · 향음주례 · 양노례 등의 유교적 의례가 행해졌다.

이외에도 잡과교육이 있었는데, 잡과교육(중인교육)은 전문기술교육을 말하는 것으로, 역과 · 의과 · 얌양과 · 율학 · 자학 · 산학 · 음악 · 화학 등의 분야로 나누어 공부하고 시험을 시행하였다.

④ 사학: 서원(書院)과 서당(書堂)

서원은 전국 각지에 세워진 사학으로 선현존승과 후진양성, 학문수양을 목적으로 세워졌다. 서원은 사립 고등교육의 기관을 가지고 파벌 조장의 근거지이며 개인의 영리 목적 서원이 성행하였다. 그리고 학문발전에 기여하였고 향교쇠퇴를 초래시켰다. 최초의 서원인 백운동서원은 주세붕이 안향을 제향하기 위해 설립하였다. 이황의 건의로 왕으로부터 '소수서원'이라는 편액을 하사받음으로써 최초의 사액서원이 되었다. 이황은 도산서원, 이언적은 옥산서원, 송시열은 화양서원을 세웠다. 서원교육은 『소학』과 『가례(집에서의 예절)』를 기본 교과로 하고 『사서오경』을 중심교과로 하였다. 18세기 이후에는 국가에서 서원에 대한 통제를 강화하고 철폐 조치를 단행하기에 이르렀다.

서당은 민간에서 운영된 초등수준의 사학이다. 서당의 형태는 훈장자영서당, 유지독영서당, 유지조합서당이 있었는데 훈장자영서당이 가장 많이 쓰여졌다. 교육내용은 보통 천자문 · 동몽선습 · 소학 · 통감을 차례대로 익히고 대학 · 논어 · 맹자 · 중용의 순서로 사서를 배워갔다.

⑤ 학규(學規)

조선시대 주요 서원들의 학규의 내용들을 소개하면 다음과 같다.

- 경국대전: 조선시대 최고의 법전으로 세조 대에 시작되어 성종 대에 완성되어 간행되었으며 조선 말까지 국가의 기본법전으로 이용되었다. 경국대전은 조선의 학교 체제 운영의 기본법규가 되었다.
- 권학사목: 과거시험의 방식, 교관의 자격, 소학을 학교와 입학시험의 필수과목으로 할 것 등을 규정하고 있다.
- 학령: 관학의 유생들이 학교생활에서 지켜야 할 기본적인 규약을 세부적으로 규정해 놓고 있다.
- 구재학교: 성균관의 교육과정을 구제로 나누어 단계적으로 교육할 것을 규정하고 있다.
- 진학절목: 교관의 선발·임면·전직에 관한 사항과 사학 유생의 야간학습과 결석에 대해 규정하고 있다.
- 경외학교절목: 서울과 지방의 모든 학교의 교원임명·교육과정·시험과 평가 등에 대해 규정하고 있으며 동몽교육에 관한 규정을 포함하고 있다.
- 학교사목: 교관의 선발·임용·대우와 학생의 입학·선발·수학에 대해 규정하고 있다.
- 학교모범: 학생이 학교·가정·사회생활에서 지켜야 할 준칙을 16조로 열거하고 있다.

(3) 조선의 통치와 교육

① 과거제도

과거제도는 국가에서 관리를 선발하기 위해 시행한 시험제도이다. 조선시대에는 추천이나 문음에 의해 관리로 등용되기도 했지만 원칙적으로 과거를 통하지 않고서는 관리가 될 수 없었다. 과거제도는 교육제도와 밀접한 관련을 맺고 있었다. 유교국가인 조선은 교육을 통해 인재를 양성하고 과거를 통해 등용한다는 유교적 통치이념을 따랐기 때문에 양 제도는 밀접한 관련성하에 운영되었다.

- 과거의 종류: 과거는 문과 · 무과 · 잡과로 나누어 시행되었다. 문과가 가장 중시되었는데, 이는 조선이 문관 중심의 관료체제를 갖고 있었고 숭문주의가 사회적 풍토를 이루고 있었기 때문이다.
- 문과: 문과는 초시 · 복시 · 전시의 세 단계로 나누어 실시되었다. 예비시험의 성격을 갖는 생원시 · 진사시를 소과라 불렀고 생원시는 경서를 암송했고 진사시는 문장을 지었다. 문과의 선발인원은 초시에서 240명, 복시에서 33명을 뽑았으며, 전시에서는 복시 합격자의 순위만 정하였다. 초시는 관시 · 한성시 · 향시로 나눠 시행되었다. 종시는 문과의 최종시험으로 성적에 따라 순위를 정하였는데 이 성적에 따라 임용시 품계를 달리 하였다.
- 생원시 · 진사시: 성균관의 입학자격시험의 성격과 문과의 응시자격시험의 성격을 동시에 갖고 있었다. 생원시는 경학을 진사시는 문예를 시험하였다. 대체로 경학보다는 문예를 중시하여 생원보다는 진사를 높게 보았어서 생원과는 점차 쇠퇴하는 경향을 보였다.
- 무과: 무과는 초시 · 복시 · 전시의 세 단계를 거쳐 28명을 선발하였다. 훈련원이 주관하는 원시에서 70명을 선발하고 나머지 향시의 선발인원은 지역별로 안배하였다.
- 잡과: 역과 · 의과 · 음양과 · 율과의 네 분야가 있었으며 역과는 사역원에서, 의과는 전의감에서, 음양과는 관삼감에서, 율과는 형조에서 주간하였다.
- 과거의 시행: 식년시라 부르는 정규시험은 3년마다 시행되었다. 하지만 비정규 시험의 횟수와 규모가 커짐에 따라 과거급제자를 양산하는 폐단을 낳았다.
- 학교교육과의 관계: 학교제도와 과거제도는 밀접한 관련이 있었기 때문에 정책적으로 양자를 연계시키고자 하였다. 그리고 과거의 시험방식이 학교 교육과정에 영향을 주기도 했다. 대표적인 것이 강경론(講經論)과 제술론(製述論)의 대립이다.

② 국가의 교화정책

유교의 정치적 이상은 덕치의 이념하에 윤리와 문화로써 사회질서를 유지하고 백성을 통치하는 것이다. 백성의 의식과 사회의 예속질서를 유교적으로 순화하는 것을 '교화'라고 한다. 유교를 국가이념으로 표방한 조선왕조는 건국 초부터 유교적 윤리와 의례로 사회질서와 예속을 정비하고자 했다. 조선왕조가 제일 먼저 착수한 교화정책은 관·혼·상·제를 중심으로 '주자가례'를 따르도록 하는 일이었다. 일반 백성에게는 『효행록』이나 『삼강행실도』와 같은 윤리서를 간행하여 보급함으로써 유교적 윤리실행의 표준으로 삼도록 했다.

정표정책도 주요한 교화정책 중 하나였는데 이는 삼강오륜을 실천한 모범적인 인물을 표창하는 정책이다. 이들에게는 정문이나 정려를 세워주기도 했고 조세감면이나 물품 포상을 하기도 했다. 덕업상권·예속상교·과실상규·환난상휼을 주된 정신으로 하는 향약은 지방민의 자치규약으로서 유교이념을 사회 저변으로 확산하는 데 주요한 역할을 담당하였다.

이러한 국가적 교화정책을 목적으로 국가통치의 이념으로 활용된 것이 바로 조선의 성리학이다. 성리학은 주희에 의해 집대성된 유학의 학문적 경향이다. 성리학은 기본적으로 '이'와 '기'의 두 개념인 이기론으로 우주의 본질과 인간의 본성을 설명하고자 한다.

조선의 성리학은 사단칠정논변·인물성동이논변 등의 논쟁을 거치면서 심성론의 이론적 심화를 가져왔고 유학의 교육사상의 기본원리에 대한 이해와 실천에도 진전을 가져다주었다. 성리학이 뿌리내리면서 선비의식은 사대부의 규범으로 정착되었고, 성리학적 교육의 과제는 선비의식의 함양과 실천으로 귀착되었다.

(4) 조선의 성리학자

① 이황의 교육사상

이황은 조선시대를 대표하는 유학자이며 교육자이다. 어려서부터 학문에 뜻을 두고 수학하였으며, 이후 과거에 급제하여 벼슬길에 나아가 여러 관직을 거쳤다. 이황의 교육사상은 크게 이기론(理氣論), 사단칠정론(四端七情論), 그리고 수양론(修養論)으로 정리될 수 있다.

- 이기론 · 심성론: 성리학의 핵심이론은 이기론과 심성론이다. 이황은 이기론에 있어서 '이기이원론'의 입장을 취했는데 이것은 양자가 서로 떨어질 수 없으면서 서로 섞이지도 않는다는 입장을 취한다.
- 사단칠정논변: 사단은 맹자가 인 · 의 · 예 · 지라는 인간의 본성에는 그것을 인식할 수 있는 단서가 있다고 보았고, 칠정은 인간의 일곱 가지 감정을 나타내는 희 · 노 · 애 · 구(락) · 애 · 오 · 욕을 말한다.
- 수양론: 성리학에서는 수기를 위한 수양론의 원리로 '거경'과 '궁리'를 제시한다. 이황은 자신의 유학교육론을 집대성하여 저술한 것이 '성학십도'였는데 이것은 곧 성인에 이르는 학문을 열 개의 그림과 그에 대한 설명으로 제시하고 있다.

② 이이의 교육사상

이이는 조선시대의 대표적 유학자이자 경세가이다. 이이는 이기론에 있어서 '이기일원적 이원론'의 입장을 취했다. 그는 자신의 교육론을 정연한 체제를 갖춘 교재의 형태로 저술했는데, 성학집요(聖學輯要) · 격몽요결(擊蒙要訣) · 학교모범(學校模範)이 그것이다. 성학집요는 군주가 학습해야 할 학문과 정사에 요긴한 내용을 경서와 사서에서 뽑아 분류 · 편찬한 것이다. 격몽요결은 직접 제자들을 가르치기 위해 교재로 저술한 유학교육입문서이다. 학교모범은 관학에서의 교육단계와 내용, 학교운영방식에 관한 내용으로 이루어져 있다.

(5) 조선 후기의 실학사상

① 실학의 성립과 사상적 특징

300년 이상 지배 이데올로기로 작용해 오던 주자학은 17세기 이후 지나치게 관념화되고 의례화되어 현실적 가치와 지배력을 상실해갔다. 그로써 실학이 생겨나게 되었는데 제대로 된 이유로는 첫째, 양난 이후 국가 경영에 실패함으로써 이들이 내세웠던 주자학의 권위가 실추되었다. 둘째, 농업기술의 발달로 인해 사회질서에 동요가 생겨나게 되었다. 셋째, 청을 통해 서학과 고증학이 유입됨으로써 새로운 학풍의 형성을 자극하게 되었다.

실학자들은 당시 조선사회의 모순과 병폐를 타개하기 위해 각종 사회개혁론을 내놓았는데, 그중 교육개혁론은 큰 비중을 차지한다. 이런 상황에서 실학자들은 교육개혁을 국가와 사회개혁의 주요 과제로 인식하고 여러 가지 교육개혁안을 제시했다.

② 실학사상가

조선 후기의 실학사상가로 대표적인 학자는 유형원, 이익, 정약용을 들 수 있다.

유형원(柳馨遠, 1622~1673)은 어려서부터 독학으로 학문을 익혔으며 성장해서는 벼슬에 뜻을 두지 않고 평생 은거하면서 독서와 저술에 몰두했다. 여러 학문 분야를 널리 섭렵하여 백과전서적인 학식을 갖추었다. 그의 사상은 주저인 '반계수록'에 담겨있다. 당시교육의 가장 큰 병폐로 과거준비 위주의 교육을 들었다. 그 대안으로 그가 제시한 관리등용제도가 '공거제'이다. 공거제는 학교교육을 통해 인재를 양성하여 추천과 시험에 의해 관리로 등용하는 제도이다. 서울과 지방에 각각 세 단계의 교육기관을 설치하였고 최고 교육기관인 태학을 서울에 설치하게 된다. 공거제는 우수한 학생을 학교의 추천과 진사원의 시험에 의해 선발하여 수습하게 한 후 능력과 인품에 따라 차등을 두어 관직에 임명하게 된다. 그러나 이 개혁안이 국가정책에 실제로 반영되지는 못하였다.

이익(李瀷, 1681~1763)도 유형원처럼 벼슬길에 나아가지 않고 평생 은거하며 독서하고 저술하였다. 이익은 유형원의 실학적 학풍을 계승했으며 교육개혁론에 있어서도 많은 영향을 받았다. 그는 3년마다 실시되는 과거를 5년마다 실시할 것과 지방관리가 인재를 추천하도록 하는 천거제를 도입하여 인재를 고루 등용할 것을 주장하였다. 그가 구상한 학제는 사학・향학–태학–전강–사제의 네 단계로 이루어지는데, 이는 관리등용과 밀접하게 연계되어 있다. 이익은 자신의 교육개혁 안에서 서민에게도 교육기회와 과거응시를 허용해야 한다는 혁신적인 주장을 하고 있기도 하다.

정약용(丁若鏞, 1762~1836)은 당시 조선사회의 교육현실에 대한 비판을 바탕으로 교육개혁에 대한 구상을 제시하였다. 그는 당시 널리 사용되던 교육용 교재에 대해서도 비판적인 견해를 갖고 있었다. 그리고 중국의 역사서로 내용이 충실치 못하고 우리 현실에 맞지 않다고 비판하여 우리 역사서와 선현의 글을 가르치고 과거시험에도 포함시켜야 한다고 주장했다. 정약용은 조선시대의 실학의 거두이자 선비역할을 강조했고, 제도상의 개혁으로 경세치용(經世致用: 토지제도, 행정 기구들의 제도적 개혁을 강조함)을 추진하였다.

또한 천거제나 음관제를 활용하여 인재를 널리 등용할 것을 제한하였고 지역이나 신분을 가리지 말 것이며, 서얼에게도 벼슬길을 열어줄 것을 주장하였다. 그는 대표적 저서『목민심서』에서 당시 교육현실의 폐단을 시정하기 위해 목민관이 지켜야 할 지침을 세부적으로 제시해 놓았다. 그 내용으로 보면 교양교육이 이루어지도록 해야 하며, 덕 있는 사람을 초빙하여 스승으로 삼고 학규를 세워야 한다는 것이다.

③ 동학사상

동학은 최제우(崔濟愚, 1824~1864)에 의해 창도된 조선 후기의 대표적 민족종교이다. 당시 조선 사회는 외척의 세도정치가 계속되면서 지배층의 부패와 폭정이 극에 달하였고, 도탄에 빠진 백성들은 전국 각지에서 봉기하는 등 매우 불안한 상황이었다. 동학의 교세가 커지자 조정은 동학을 탄압하였고, 최제우는 혹세무민의 죄로 체포되어 처형되었다. 최제우의 도통을 전수받은 최시형에 의해 교세가 전국적으로 확장되었다. 그 뒤를 이은 손병희에 의해 동학은 천도교로 개칭되었다.

동학의 핵심 사상으로는 '시천주(侍天主)사상'과 '후천개벽(後天開闢)사상'을 들 수 있는데 시천주사상은 천주, 곧 한울님을 모든 사람이 자신의 몸속에 모시고 있다는 사상이다. 즉, 시천주사상은 모든 사람은 존중되어야 한다는 인간존중사상과 모든 사람은 차별 없이 평등하다는 인간평등사상을 주창하고 있다. 후천개벽사상은 역학의 원리에 따라 선천시대가 지나고 후천시대가 열린다는 사상이다. 동학은 포덕천하 · 후천개벽 · 보국안민 · 광제창생을 내세웠다.

교육사상은 후천개벽사상에 근거한 민족교육관과 민중교육관에서 그 특징을 찾을 수 있다.

또한 시천주사상은 남녀 · 노소 · 반상의 구별 없이 모든 사람이 한울님이라고 표명하면서 만민평등사상을 표방하고 있다. 여성, 아동, 농민 등 사회적 약자에 대한 존중과 교육의 필요성을 강조함으로써 근대사회의 평등교육관으로의 전환을 표명하였다. 후천개벽사상은 핍박받던 다수의 민중들이 역사적 발전의 주체가 되며 민중교육관이 함축되어 있다.

요컨대, 조선조의 교육은 성리학의 이념과 반상의 계급주의를 바탕으로 한 관료주의 교육으로써, 유학교육의 목적인 성인(聖人) · 군자(君子)를 양성하여 그들이 지배하는 도덕적 이상국가를 이루고자 한 것이 주된 목표였다. 교육내용도 중국의 고전을 중심으로 한 인문교육이었고, 실용교육과 평등교육은 등한시되었다. 이러한 조선 전기 통치 및 교육사상은 조선 후기 유형원, 정약용을 필두로 실학이 등장하고 나서야 점차 그 문제점이 노출되기 시작했다.

5) 한국 근대의 교육

(1) 구한말의 교육

조선은 19세기에 들어오면서 농민반란, 천주교의 전파, 동학운동의 확산 등으로 국가의 기강과 질서가 현저히 이완되었다. 그러나 더 이상의 체제유지능력을 갖고 있지 못했던 조선정부는 '운양호사건'에 굴복하여 일본과 강화도조약을 맺고 개항을 하게 되었다. 강화도조약(1876) 이후 계속된 열강 제국과의 통상조약의 체결로 문호가 열리게 되었고, 서양의 새로운 근대 문물을 활발히 접하게 되었다. 이때 선각적 개화사상가들에 의한 개화교육운동과 기독교 선교자들에 의한 서구식 근대교육이 도입·전개됨으로써 한국의 교육은 유학일변도의 전통교육을 반성하면서 새로운 국면을 맞이하였다. 이처럼 한국 개화기(1876~1910)의 근대교육운동은 주체적 민족계몽에 뜻을 두었던 동학사상과 서양식 근대지식의 수용사상이었던 개화사상이 혼란스럽게 얽힌 시대적 상황 속에서 이루어졌다.

근대화 기간의 학교교육의 특징은 크게 선교계 학교, 민족주체성 학교, 그리고 근대적 학교의 설립으로 구분되어진다. 선교계 학교는 개화기 무렵 통역관을 양성하기 위해 세운 학교인 동문학(1883)은 통변학교로도 불리우는데 영어통역요원 양성을 목적으로 묄렌도르프(Möllendorff)에 의해 외아문의 부속기관으로 설립된 영어 교육기관이다. 개항과 더불어 교육사업과 의료사업이 함께 진행되어 갔는데, 선교사이자 의사인 알렌(Allen)은 근대식 국립병원인 광혜원을 개원하였고, 선교사인 아펜젤러(Appenzeller)에 의해 배재학당(1885)도 세워졌다. 선교사인 스크랜튼(Scranton) 여사는 이화학당(1886)을, 언더우드(Underwood)는 경신학교(1886)를 세웠으며, 벙커(Bunker) 여사가 정신여학교(1887)를 설립하였다.

이러한 외부 선교사들의 교육 및 의료사업 차원의 학교들과는 별도로 개화와 자강을 이루기 위해서는 민족 주체의식의 함양이 가장 중요한 수단이라고 생각하고 자발적으로 학교를 세우고 교육사업을 펼쳐나갔다. 예를 들어, 원산의 지방민들에 의해 세워진 원산학사(1883)가 있었고, 근대적인 교육의 필요성을 인식한 한국정부가 미국의 지원을 받아 설립한 근대교육기관인 육영공원(1886), 민영환이 서울에 설립한 흥화학교(1896), 안창호가 강서에 설립한 점진학교(1899)가 있었다.

우리나라의 근대적 신교육제도의 수립은 갑오개혁(1894)을 계기로 본격화되었고, 교육초서(1895)의 발표를 통해 국가정책으로 반영하기도 하였다. 교육을 관장하기 위해 학부아문(이후 '학부'로 개칭)을 설치하기도 했는데, 오늘날 교육기관이 초등교육기관 · 중등교육기관 · 고등교육기관 · 전문교육기관으로 대별되기 시작한 것이 바로 이 시기의 신학제에서부터였다. 아울러 민간인들의 교육활동도 이어져 엄주익이 양정의숙(1905)을, 이용익이 보성학교를 세웠으나, 을사보호조약(1905)을 계기로 개호운동에서 교육구국운동으로 새롭게 전개되었다.

하지만 1905년 을사보호조약에 의해 설치된 일제 통감부는 우민화정책과 동화정책으로 대표되는 식민지교육을 실시하였고, 1906년 학제를 전면적으로 개편하여 소학교를 보통학교로 개칭하였고 중학교를 고등학교로 개칭하였다. 일제는 민간의 교육구국운동을 탄압하기 위해 사립학교령을 내렸는데 사립학교령은 사립학교의 설립에 인가제를 도입하여 사립학교를 통제 · 탄압하는 데 목적을 두었다. 하지만 1907년 안창호가 세운 대성학교와 이승훈이 세운 오산학교처럼 민족의식을 고취시키는 교육을 실시한 학교들이 생겨나기 시작하였다.

(2) 일제강점기의 교육

일제에 의하여 국권이 상실되자(1910) 민족교육은 파멸위기에 이르렀는데, 이후 일제 총독부는 한국 민족을 영원히 말살시키려고 세계사적 최악의 식민지 교육정책을 펴 나갔다. 일본의 식민지정책의 팽창과 침략적 군국주의에 의하여 근대교육운동은 새로운 도전을 받게 되면서, 이후 우리나라의 근대교육운동은 부득이 교육구국운동으로 바뀔 수밖에 없었다.

① 일제의 식민지교육정책

이 교육정책은 한국의 민족적 사기를 저하시키고 자학적 열등의식을 형성하고, 문화적 전통이 급격히 두절하는 일을 일으켰다. 그리고 제국주의적 이념주입으로 한국 근대학에 큰 타격을 주었다. 일시동인 · 내선일체인 우민화 식민지 교육을 내세우기도 했다. 일제는 구체적으로 4차에 걸린 교육령을 통해 식민교육을 공고화시켜나가고자 했다.

가. 제1차 조선교육령기의 교육

이 시기는 식민지 경제체제로 전환되고 정치적으로는 이를 유지하기 위한 무단정치가 행해졌다. 무단정치는 한국인을 제국신민으로 동화하고자 하는 의도를 드러냈고 민족차별정책과 우민화정책의 저의를 나타내 보였다. 이런 기본방침은 각급학교의 교육연한을 단축하였고 한국인에게는 초등교육에만 치중하게 하고 중등교육에서는 실업교육을 강화하였다. 그리고 일본어 교육을 강화하기도 하며 대부분의 교과서를 일본어로 편찬하였다.

나. 제2차 조선교육령기의 교육

1919년 3・1운동 이후부터 일본이 중국침략을 감행한 때까지이다. 무단정치에서 소위 문화정치로 전환하여 회유정책을 쓰게 되었다. 이 시기에는 일본의 학제를 동일하게 하고 한국인과 일본인의 공학을 원칙으로 하며 표면상으로는 한국인과 일본인의 교육을 동일하게 만들었다. 그러나 실제로는 그 전과 변함이 없었으며 오히려 더 교묘한 방식으로 식민지교육정책을 추진해 나갔다. 일본과 동일한 학제와 동화교육을 더욱 강화하면서 일본인 교사의 수는 늘여나갔다.

다. 제3차 조선교육령기의 교육

1938년부터 1943년까지 내선일체(內鮮一體)・황국신민화(皇國新民化)를 내세우며 민족성 말살정책을 한층 강화했다. 이 시기는 국체명징・내선일체・인고단련이라는 황국신민화를 강행함으로써 전시체제를 확립하는 데 그 목적이 있었다. 또 학교명칭의 통일, 양국민 공학의 강화, 교육과정과 교과목의 동일화 등이 이루어졌다. 그리고 사립학교를 공립학교로의 개편, 한국인 교원의 축출과 일본인 지도권의 장악 등 탄압책이 시행되었다.

라. 제4차 조선교육령기의 교육

일본의 태평양전쟁이 패색이 짙어지기 시작하던 때부터 패망할 때까지의 기간이다. 1943년 10월에는 학병제를 실시하였고 1945년 5월에는 전시교육령을 공포하여 교직원 및 학생들로 하여금 학도대를 조직하도록 했다. 이러한 조선교육령의 개폐과정은 그들에 의한 민족말살과 예속을 시도한 교육적 침략행위였고, 이처럼 악랄한 침략적 만행과 탄압 밑에서도 우리 민족은 사학과 야학 등으로 교육적 저항을 계속하였다. 특히 태평양전쟁 수행 과정에서 일제는 병력 보충을 위해 학생들을 학도지원병으로 강제 징용하였고, 학교는 '황국정신 수련장'으로 변하였다. 이에 저항하기 위한 것이 3·1운동, 민족계몽 학생운동, 6·10만세운동, 민립대학 설립운동 및 항일 광주학생운동 등이었던 것이다(남궁용권 외, 2010).

(3) 해방과 미군정기 교육

1945년 광복과 함께 남한은 미국의 군정하에 놓이게 되면서 교육에 있어서도 미국의 민주주의 교육을 시행한다는 방침 아래 한국인 교육계 인사의 협조하에 교육개혁을 추진해 갔다. 미군정청은 오천석을 발탁하여 학무국에 채용하고 '한국교육위원회'를 조직하였다. 그 결과로 홍익인간의 교육이념, 6-3-3-4의 단선형 학제가 채택되었다. 그리고 민간 차원에서는 오천석이 중심이 되어 '새교육운동'을 전개해 갔는데, 이는 미국의 진보주의 교육의 영향하에 아동중심교육과 생활중심교육을 표방한 것이었다.

1946년 8월 서울대학교가 설립되고 대한민국 정부가 1948년 8월 15일에 수립됨으로써 문교부에서는 교육의 기본으로 '교육법'을 제정하기 위한 초안을 마련하였다. 이 법안은 1949년 12월에 제정·공포됨으로써 민주적인 교육을 시행하기 위한 법적 근거가 마련되었다.

CHAPTER **03**

현대 교육의 이해

1. 20세기의 교육이론의 형성

1) 20세기 교육이론의 변화

교육학은 사회 과학의 한 분야로서 교육현상에 대한 이론적 설명과 실천적 방안을 제시하기 위한 연구를 수행한다. 이를 위해 모든 교육현상에 대한 개념과 설명 체계를 형성하고, 교육현상에 대해서 '기술(description) · 예언(prediction) · 설명(explanation) · 통제(control)'의 네 가지 역할을 수행하고자 한다.

첫째, 교육이론의 '기술적인 기능'은 교육현상에서 참이라 인정하는 일련의 전제로부터 필연적으로 또는 논리적으로 유도되는 문장 형성을 의미하며, 사실과 관찰되는 현상을 정리하여 체계를 세워 이론에 공헌하는 역할을 한다. 기술은 논리적인 성격을 포함한 문장이므로, 전문가가 아니라도 이론을 통해서 정보의 내적 연관성이나 그 한계를 알 수 있기 때문에 현상을 투시하는 데 도움이 된다. 문장으로 형성된 이론의 구조는 논리 연역적 체계나 논리 수학적 체계를 진술된 문장 속에 담고 있다. 둘째, 교육이론의 '예언적 기능'은 교육현상 속에서 이미 알려진 사실들의 관계로부터 아직 관찰되지 못한 사상을 추론하여 그 관계를 밝혀내는 역할을 한다. 이론의 예언적 기능을 통해서 새로운 사실을 발견할 수 있고, 지식의 새로운 가능성의 세계를 창조할 수도 있다. 셋째, 교육이론의 '설명적인 기능'은 교육현상의 개념들을 논리적인 구조로서 얽어매어 주는 역할을 한다. 즉, 교육이론의 설명은 교육 현실의 법칙이나 사실을 전제하고, 거기에서 논리적인 결론을 연역하여 내는 형식을 취하고 있다. 설명은 상관관계가 높은 인과관계의 법칙을 갖는다. 마지막으로, 교육이론의 '통제적 기능'은 교육현상을 우리가 원하는 방향으로 조정하고 이끌어가기 위해 인위적 조작을 가하는 것이다. 이러한 통제로서의 교육에 대한 기대는 20세기 중반까지 합리주의, 도구주의, 행동주의적 관점에서 이루어졌으나, 20세기 후반에 이르러 그 한계가 분명히 나타나기 시작했다.

20세기에 들어서면서 교육은 다음과 같은 과학적, 민주적, 사회적 변화를 겪게 된다(이형행, 2011).

첫째, 20세기로 접어들면서 과학의 발전은 교육에 영향을 미치게 되는데, 이를 과학주의적 교육관이라고 부를 수 있다. 과학주의적 교육은 과학적 방법론에 기반을 두고 교육의 목적, 내용, 방법, 기관, 조직 등을 결정하는 것으로, 기초과학의 내용과 일반적 원칙 그리고 통계적 연구방법까지도 교육에 적용하였다. 과학주의에 가장 먼저 영향을 받은 분야가 교육심리학인데, 1879년에 분트(Wundt, 1832~1920)는 최초로 심리학연구소를 설치하여, 감각과 지각분야에 대한 각종 심리이론과 검사방법을 연구하였다. 이후 양적 연구방법을 교육학에 처음 적용한 손다이크(Thorndike)가 1902년 처음으로 교육측정에 관한 강의를 컬럼비아 대학에서 실시하였고, 『지능측정과 사회측정 이론에 관한 입문』(1904)이라는 저서도 출간하였다. 이어서 1905년 비네(Binet, 1857~1911)는 '정신 연령(mental age)'이라는 개념을 기반으로 일반 지능(general intelligence)을 측정하는 지능검사 방법을 고안하였다.

둘째, 교육내용의 민주화는 봉건적인 구속에서 탈피하여 자유스럽게 사고하며 스스로의 운명을 개척하고, 근대적인 민주적 시민사회에 적합한 인간상을 양성하는 것이 교육의 새로운 비전으로 부각되면서 시작되었다. 그로 인해 기존의 지식중심의 권위주의적이고 집단주의적 교육방법 대신, 개인중심, 정서중심, 경험중심 교육과 더불어 교사와 학생의 인간적 유대가 강조되는 교육이 등장하게 되었다. 이러한 교육 개혁 움직임이 구체화된 것이 바로 새교육운동(New Education Movement)이었다. 미국의 경우는 시카고대학에 듀이(Dewey)가 설립한 실험학교(Laboratory School, 1896)에서 출발하였고, 여기서 아동의 흥미중심, 경험/실험 중심 교육이 시도되었다. 같은 맥락에서 스웨덴의 케이(Key, 1849~1926) 여사는 『아동의 세기』(1900)란 저서를 통해 새로운 20세기에는 아동이 중심이 되는 교육이 필요함을 강조한 바 있다. 또 인도의 시성 타고르(Tagore, 1861~1941)가 '평화의 집'을 설립(1901)하여 아동이 자연을 벗 삼아 숲 속에서 자유로운 생활과 학습을 할 수 있도록 하기도 했다.

비슷한 시기에, 이탈리아의 여류 교육가인 몬테소리(Montessori, 1870~1952)는 로마에 빈민 자제를 대상으로 하는 '어린이 집'을 창설(1907)하고, 자신이 개발한 몬테소리 방법론을 통한 교육을 실시한다. 몬테소리 방법은 어린이의 자유 활동에 호소하여 심신의 유기적 제 능력을 충분히 연습시키는 것을 기조로 한 것으로, 근본원리는 자유, 정리된 환경, 그리고 감각교육을 중시한 철저한 자유주의적 교육이었다. 그녀는 모든 어린이는 적합한 환경이 주어진다면 그 환경 속에서 자유의지에 의해 스스로 발달해 나갈 수 있다고 믿었고, 그러한 원리를 바탕으로 7세부터 11세까지의 어린이들을 위한 읽기, 쓰기, 셈하기 등의 기초 학습방법을 개발하였다.

셋째, 19세기 말에는 심리학이 교육사상을 지배했으나 20세기 들어와서는 사회학이 심리학과 더불어 교육의 이론과 실제에 많은 공헌을 하였다. 심리학자들이 개인의 인시발달에 관심을 가졌넌 것에 반해, 사회학자들은 급변하는 사회적 변화 속에서 교육이 어떤 역할을 해야 하는가에 관심을 두었다. 교육의 사회화 운동은 미국을 중심으로 1920~1950년대의 진보주의 교육운동과 1950~1970년대의 지역사회 학교운동으로 나타났다. 올센(Olsen)은 『학교와 지역사회』(1973)에서 지난 50년간 미국 교육의 발전과정을 교과중심, 지식중심 학교에서 진보주의에 기반한 지역사회, 아동중심, 생활중심 교육으로 변화한 것이라고 주장하였다. 올센

(Olsen)은 지역사회 학교는 다음과 같은 원리를 기반으로 한다고 강조하였다.

① 학교교육의 목표를 아동, 학생의 흥미와 필요에서 찾는다.
② 학교교육 프로그램 중에서 지역사회가 가지고 있는 많은 자원을 이용한다.
③ 학교와 지역사회의 모든 활동에 민주주의를 실천하고 촉진시킨다.
④ 인간생활의 중요한 문제를 중심으로 하여 교육과정의 중핵을 만든다.
⑤ 성인과 어린이는 공통의 흥미와 관심에 기반한 협동적인 집단 활동에 참여시킨다.

2) 현대 교육이론의 계보

앞에서 설명한 20세기 교육관의 변화는 다음과 같은 현대 교육사상의 7가지 계보(系譜)로 정리될 수 있다(이형행, 2011).

① 개인적 자유주의 교육사상: 아동 개성의 자유스럽고 활발한 신장을 교육목적으로 삼고 있는 스웨덴의 케이(Key, 1849~1926), 독일의 구를리트(Gurlitt, 1855~1931) 및 이탈리아의 몬테소리(Montessori, 1870~1952) 등
② 실험주의 교육사상: 심리학적 실험을 아동에게 적용하여 확실한 교육방법을 모색하려는 독일의 모이만(Meumann, 1862~1915), 라이(Ray, 1862~1926) 등
③ 사회적 교육사상: 교육의 사회적 영향을 실증적으로 체계화하려는 독일의 베르게만(Bergemann, 1862~1946), 미국의 듀이(Dewey, 1859~1952) 등
④ 인격주의 교육사상: 감정적 자유주의에 입각한 교육관도 반대하고, 개인의 자유를 억제하는 사회적 교육관도 비판하면서 개인과 사회의 문제를 같이 해결하려는 독일의 부데(Budde, 1865~1944), 린데(Linde, 1864~1943) 등
⑤ 비판주의 교육사상: 교육학의 학적 근거를 비판철학에서 구하는 독일의 나토르프(Natorp, 1854~1924), 콘(Cohn, 1869~1947) 등
⑥ 문화주의 교육사상: 교육을 역사적으로 발달한 문화를 후대에 전달, 발전시키는 작용으로 보는 독일의 딜타이(Dilthey, 1833~1911), 슈프랑거(Spranger, 1882

~1963) 등

⑦ 현상학적 교육사상: 교육은 사회의 기능이며, 교육학이란 교육사실 및 그 현상을 기술하는 것이라고 보는 독일의 크리크(Krieck, 1882~1947) 등

위와 같이 전 세계적으로 새로운 교육사상과 이론들의 등장하게 되는데, 미국의 경우는 크게 다음 네 가지 교육사조의 흐름으로 전개되었다.

① 항존주의: 실용주의 진리관을 전면 부정하고 진리의 절대성·불변성을 주장하는 미국의 허친스(Hutchins, 1899~1977), 프랑스의 마리탱(Maritain, 1881~1973) 등

② 진보주의: 생물학적 진화사상과 실용주의에 입각하여 아동의 생활중심·활동중심 교육을 강조하는 듀이(Dewey) 및 킬패트릭(Kilpatrick, 1871~1965) 등

③ 본질주의: 전통적 문화내용 가운데 본질적 요소의 전달을 중시하는 배글리(Bagley, 1874~1946) 등

④ 사회재건주의: 진보·본질 및 항존주의를 종합·비판하고 교육목적을 사회적 자아의 실현에 두는 브라멜드(Brameld, 1904~1987) 등

다음 절에서는 이 미국의 4대 교육사조를 중심으로 20세기 교육사상을 보다 자세히 살펴보도록 한다.

2. 20세기 미국 교육사조의 흐름

교육과정에서는 크게 다음의 여섯 가지 교육사조가 교육과정의 이념에 영향을 미치고 있다고 본다. 즉, 항존주의, 진보주의, 본질주의, 구성주의, 문화/사회재건주의, 그리고 인본주의가 그것이다. 그중에서도 항존주의, 진보주의, 본질주의, 문

화재건주의가 미국의 교육과정 이론의 형성에 영향을 미친 네 가지 교육사조로 일컬어진다(박휴용, 2012).

1) 항존주의적 전통의 시기(1880~1920년대)

1920년까지의 미국의 교육은 항존주의 교육철학, 능력심리학 및 헤르바르트(Herbart)의 교육이론 등을 중심으로 한 지적전통주의와 지능검사의 출현과 더불어 20세기 행동주의의 이론적 기반이 되었던 사회적 행동주의 및 경험주의적 사조, 그리고 자신만의 독특한 교육이념 및 철학적 이해를 바탕으로 20세기 교육철학의 큰 획을 긋고 아동교육 및 교육사상에 큰 영향을 끼쳤던 듀이식의 경험주의 교육사조가 한데 어우러져 교육학의 학문적 기반을 다졌던 시기이다.

(1) 지적전통주의

지적전통주의는 고대 그리스, 로마의 전통을 계승하고 중세의 7자유학과(*Septem Artes Liberales*)의 학습을 강조한 고전주의(The Classics)와 맥을 같이 한다. 대표적인 저서로 스펜서(H. Spencer)의 『*Education: Intellectual, Moral, and Physical*』(1861)을 들 수 있다.

이 시기에 능력심리학이라는 학파가 대두되어 "지성은 고전적 교과를 배우면 개발될 수 있는 근육과 같다."고 비유하고 특별한 훈련(exercise)을 통해 관찰, 지각, 상상, 기억 등의 정신능력을 키울 수 있다고 주장하면서 훔볼트(Humboldt)의 정신도야(精神陶冶)의 개념을 강조한다. 이후 학자들은 과학적 방법을 적용하여 이와 같은 능력심리학 가설에 대한 검증을 시도하였으나, "기억력은 훈련으로 향상되는 게 아니다(W. James).", "라틴어, 수학 같은 전통교과가 다른 교과보다 지성을 더욱 발달시키지 않는다(L. Thondike)." 등의 결론을 내리게 된다. 그럼에도 불구하고, 오늘날 능력심리학은 대중교육, 보편교육, 실제적 교육 측면의 발달에 기여한 부분이 있다.

한편 헤르바르트(Herbart)는 로크(Locke), 페스탈로치(Pestalozzi) 등의 영향을 받아 성신은 경험을 통해 형식과 내용이 주어지는 백지상태이며, 학습이란 경험과 지식이 두뇌 속에서 저장고 역할을 하는 유화체제에 축적되어 세상을 인식하고 해석하는 작용이 가능해진다고 보았다. 따라서 이러한 유화체제와 관련짓는 자극을 강화하는 학습방법과 아동발달에 대한 연구를 더욱 세밀하게 수행해야 한다는 주장을 처음으로 하게 되었다. 헤르바르트는 이를 위하여 준비(Preparation), 제시(presentation), 비교(comparison) 및 추상(abstraction), 체계화(organization) 및 일반화(generalization), 그리고 적용(application)으로 구성된 5단계 교수법을 소개하면서, 일상생활의 경험 중 유화체제에 의한 지식 획득과정에 적용시킬 수 있는 방법을 모색하고 이를 학교학습에 확장할 것을 주장하였다. 이와 같이 지적전통주의는 1920년경까지 배글리(Bagley, 1910)를 중심으로 교육과정의 사상측면에서의 영향력을 이어갔지만, 교육과정의 설계측면에서는 점차 구시대적인 이론으로 간주되게 되었다.

(2) 사회적 행동주의

사회적 행동주의는 아동에 대한 과학적 연구를 강조하고 자연과학의 기법(기술적 관찰, 객관적 분석, 계량화, 일반화, 통계적 분석)을 모방한 교육연구법을 도입했다. 예를 들어, 미국의 심리학자이자 독일의 분드(Wundt)의 제자이기도 한 홀(Hall)은 발생반복설(發生反復說: 유아는 동물이고, 아동은 야만인이며, 청소년은 원시인, 성인은 현생인류라는 식으로 개체의 발생이 계통의 발생과정을 뒤따른다는 학설)에 바탕을 두고 "아동발달은 인류문화의 신기원을 이루어온 역사와 유사하다."고 주장한 바 있다. 이러한 학설을 바탕으로 교육과정 모델의 개발 및 아동연구의 기초를 다졌는데, 이로 인해 아동연구가 교육과정 연구의 핵심적 요소로 자리 잡게 되었다.

한편, 클리블랜드 회의(1913)를 통해 손다이크(Thorndike), 저드(Judd), 그레이

(Gray) 등의 사회적 행동주의자들은 교육과정에 과학적 연구가 필요함을 천명하였다. 이어서, 보빗(Bobbitt, 1915)은 그의 저서 『학교교육이 가르치거나 혹은 가르칠 수 있는 것(*What the Schools Teach & Might Teach*)』을 통해서 교육과정에 대한 규범적/기술적 이해를 바탕으로 '활동분석(생산적이고 효율적인 생활에서 늘 필요한 활동들을 학교 학습경험으로 해석하는 것)'의 원리를 제시하였다. 여기서 보빗은 성인 생활활동을, 뒤이은 차터스(Charters, 1923)는 직업활동을, 그리고 하랍(Harap, 1924)은 성인의 소비생활을 분석하였다. 이들은 기본적으로 교육은 사회에 순응하는 것이지 사회를 개조하는 것은 주목적이 아니라고 보았다.

(3) 진보주의 교육사상의 태동

이러한 사회적 행동주의에 맞서 듀이(Dewey)는 그의 저서 『나의 교육신조(*My Pedagogic Creed*)』(1897)를 통해서 아동연구는 사회적 행동주의자보다 더 실제적이어야 하고, 사회적 가치를 반영하여야 하며, 문제해결방식을 다루어야 한다고 주장하면서, 아동의 문화적 성장에 적합한 수업을 개발하기 위해선 사회제도의 과학적 탐구가 중요하고, 아동의 지적발달은 아동의 흥미에 대한 이해에서 출발해야 된다고 주장한다. 듀이는 또한 『아동과 교육과정(*The Child & the Curriculum*)』(1902)에서 자신이 재직한 시카고 대학에 실험학교(Laboratory school)를 설립하고 자신의 교육이론을 실천한 내용을 기술하였는데, 여기서 그는 구(舊)교육(교과중심, 지적전통주의)과 신(新)교육(아동흥미에 기초한 모형)을 대비함으로써 그의 다른 저서 『학교와 사회(*The School and Society*)』(1900)와 더불어 경험주의적 교육의 이론적 기초를 다지게 된다. 즉, 듀이는 최상의 교육방법은 학생흥미를 바탕으로 학습내용을 심리학적으로 구축하여 제시하는 것이라고 믿었고, 문제해결력(의사소통훈련, 모둠학습, 상호존중)의 양성을 강조하였으며, 이것이 '민주적 생활'의 기초가 된다고 믿었다. 한편, 이러한 경험주의 운동에 반대했던 학자들로서는 배글리(Bagley), 저드(Judd), 혼(Horne), 모리슨(Morrison) 등이 있었고, 이 중 맥머리(McMurry, 1906)는 신헤르바르트(Neo-Herbartian)주의자로써 교육방법을 특히 강조하였다.

듀이(Dewey)는 『민주주의와 교육(*Democracy & Education*)』(1916)을 통해 민주주의 사회의 교육철학, 구체적 맥락에 바탕을 둔 교육, 과학적 탐구를 강조하였고, 『사고의 방법(*How we Think*)』(1910)을 통해서 '반성적 사고'의 중요성을 강조하였다. 한편, 킬패트릭(Kilpatrick, 1918)은 방법과 교육과정을 연계한 프로젝트 학습법을 주창하였는데, 이것이 오늘날 프로젝트 학습의 최초의 형태라고 볼 수 있다.

(4) 교육과정 사상 및 이론 보고서

당시 하버드대 총장이었던 엘리엇(Eliot)이 주도하고, NEA(National Educational Association)의 중등교육 10인 위원회(1893) 및 초등교육 15인 위원회(1918)를 주축으로 교과지향적이고 지적전통주의 입장을 강조한 『중등교육의 핵심원리(*Cardinal Principles of Secondary Education*)』가 발표되는데 이는 기존의 교육과정과 관련한 이론/입장들에 대한 통합을 시도한 작업이었다. 여기서 위원회는 중등교육의 7대 기본원리—건강한 사람 기르기, 기초학습능력 기르기, 가족구성원으로서의 역할 익히기, 직업수행 능력 준비하기, 시민성 함양하기, 여가선용하기, 윤리적 품성 기르기—를 발표했는데, 이는 스펜서(Spencer, 1861)의 온전한 삶을 이끄는 5대 교육적 영역—직접적인 자기보전, 의식주에 필요한 상품조달, 자녀양육과 가족관계, 적절한 정치적·사회적 관계, 취미·예술·여가의 만족—의 내용을 승계한 것이었다. 이러한 보고서는 향후 ① 미국 공립학교의 정체성 확립에 도움을 주었고, ② 교육과정학이 학문으로써 자리매김하는 계기가 되었으며, ③ 취시 선택적이고 유동적인 교육과정 관점을 확립하는 데 기여하였다.

2) 진보주의 교육사조의 유행(1920~1940년대)

이 시기는 지적전통주의자의 주도가 경험주의자 및 사회적 행동주의자들에게 그 주도권을 점차 넘겨주는 시기이며, 경험주의의 황금기라고 불리는 시기이다. 특히 진보주의 교육이 경험주의자의 사상을 대변하는 것으로 여겨지면서 본격적으로 연구되었고, 교육심리, 유아교육, 여성교육, 교육철학과 관련된 인접 교육영역의 연구가 활발했던 시기이다.

(1) 1920년대

이 시기의 몇 가지 특징은 첫째, 초・중등 학교급별로 구분된 교육과정의 제시가 시도되었고, 둘째, 처방적 교육과정의 입장에서 학습경험의 본질과 순서에 대해 강조하기 시작하였는데, 진보주의의 교육이론을 실천했던 학교들이 더욱 처방적인 성격을 띠었다. 셋째, 할로웨이(Holloway, 1928) 및 버튼(Burton, 1929) 등은 소규모 학교의 문제들에 관심을 가지면서 교육과정에 '장학'의 개념을 포함시켰다. 한편, 1920년대 교육과정 관련 저서들의 경향은 학교 현장에 관한 연구와 실천가들에게 지침을 제공하고자 하는 저서들이 주를 이루었다.

(2) 경험주의사상을 대변한 진보주의

1920년대 후반 활동중심 교육과정이 진보주의 학파에서 만개하게 되었는데, 예를 들어, 러그와 슈메이커(Rugg & Shumaker, 1928)는 그들의 저서 『아동중심학교(*The Child-Centered School*)』에서 '아동의 생활'에 관심을 갖기 시작하였고, 버크와 동료들(Burke et al., 1923)은 아동의 흥미와 요구를 다룬 행동교육과정(conduct curriculum)에 관한 규정을 제시하였다.

한편, 경험주의의 주도자였던 러그(Rugg)의 지도 아래 배글리(Bagley), 보빗(Bobbit), 보스너(Bonser), 차터스(Charters), 카운츠(Counts), 커티스(Courtis), 혼(Horn), 저드(Judd), 켈리(Kelly), 러그(Lugg), 워크스(Works) 등 당시 대표적인 교육학자들이 서명한 『NSSE 26th Yearbook I, II』(1927)가 차례로 발표되었는데, 여기서 기존의 교육과정학자들의 주장이 정리되고 종합되었다. 이 저서는 당시 교육과정 학자들이 학파를 떠나 교육과정의 미래에 대해 의견을 종합한 현재까지 유일무이한 시도였다. 이처럼, 1920년대는 한마디로 당시의 시대적 주류인 경험주의 사상이 진보주의에 의해 꽃을 피운 시기라고 정리해 볼 수 있다.

(3) 1930년대

이 시기에는 교육과정 문헌의 범위에 학습지도, 교수법, 지침, 교재, 행정, 조직, 교과 외 활동 등의 범주들이 추가되기 시작하였다. 또한 학교수준에 따른 교육과정 관련 문헌들은 이전보다 그 영역이 더욱 확대되게 되었다. 경험주의자들은 1930년대에 'Learning by doing' 등을 주제로 한 많은 저서 쏟아내었다. 반면, 러셀(Russell)은 『교육과 현대세계(*Education and the Modern World*)』(1932)에서 사회적 선을 추구하기 위해서 교육에서 보수적, 전통적 방향이 필요함을 역설하였는데, 이러한 맥락을 바탕으로 배글리(Bagley, 1934)는 진보주의 교육과의 맞대결을 선언하기도 했다.

(4) 비판적 관점의 등장

한편, 1930년대에 카운츠(Counts, 1932)는 『학교교육이 새로운 사회질서를 수립할 수 있는가?(*Dare the School Build a New Social Order?*)』를 통해 비판적 재건주의의 선두적인 역할을 하였다. 이 시기의 사회재건주의는 진보주의의 아동중심, 개인중심, 중산층중심 교육사조에 반기를 들고, 대신 사회중심, 대중중심의 교육을 표방하게 된다. 또한, 보드(Bode, 1938)는 지적전통주의나 사회적 행동주의의 철학적 배경에 대해 비판하였는데, 목적으로서 민주주의와 수단으로서 과학을 적절하게 조화시키는 교육철학을 정립하였다. 예를 들어, "과학적 연구방법을 인용하면서 과학을 잘못 이해하고 있다."고 사회적 행동주의자에 대해 비판하였고, "철학적 결론을 너무 신성시하여 사고가 진보하지 못하고 있다."고 지적전통주의자들에 대해서 비판한 것이다. 한편, 보드는 그의 저서 『갈림길에 선 진보주의 교육

(*Progressive Education at the Crossroads*)』(1938)에서 "경험주의자들은 이론과 실천이 미약하다."고 지적하고, "'아동중심'에 집착하여 진정한 민주적 교육을 시도하고 있지 못하다."고 비판하였다.

(5) 8년 연구(1933~1941년)

'8년 연구'는 진보주의 학회 주도로 3,000여 명의 고등학교 학생들의 대학진학 후 교육적 성취를 인종, 가족배경, 나이, 성격, 시험성적 등을 통해 비교한 대규모 종단연구의 하나였다. 8년 연구를 통해 실험학교 출신 학생들이 대학학점, 과외활동, 판단, 비판적 사고, 지식의 측면에서 우수한 성취를 보이고 있음을 확인하였으며, 실험학교들 간 프로그램의 성격이 매우 다른 상황 속에서, 전통적 학교의 모습에서 탈피한 학교출신 학생일수록 대학에서의 성취도가 높음을 확인하였다. 이를 바탕으로, 세이어, 자크리와 코틴스크(Thayer, Zachry, & Kotinsk, 1939)가 중등학교 재설계안을 제시한 토대가 되었다. 결론적으로, '무엇을 배웠느냐(what/content)'보다는 '어떻게 가르치고 배웠느냐(how/method)'가 학생들의 사회적응력을 결정짓는 요인임을 확인하고, 이러한 결과를 바탕으로 교육과정 개발 및 평가에 있어 가장 핵심적인 네 가지 질문을 제시하게 되는데 이것이 구체화된 것이 타일러(Tyler)의 저서(1949)이다. 그 후속연구(Willis, 1961)에서는 Ohio State 실험학교 학생들이 자기만족, 생활안정, 직업전문성에서 매우 성공적이라는 결론이 나왔는데, 이는 터먼(Terman)의 영재아 연구 대상들보다 더 나은 성취였던 것으로 평가되었다.

(6) 1940년대

이 시기는 2차 세계대전이 발발했던 시기로써, 미국은 대내외적으로 경제적, 사회적, 정치적 혼란기였다고 볼 수 있다. 교육사조 측면에서는 특정사조가 두드러지는 현상은 나타나지 않았고, 교육과정 분야에 있어서 전환기로 여겨지는 시기이다.

이 시기의 특징은 첫째, 사회적 행동주의와 아동중심 교육과정이 결합하여 '생활

적응'교육(사회적 행동주의자) 혹은 '생활요구'교육(경험주의자)이 강조되었고, 둘째, 경험주의 측면에서는 켈리(Kelly, 1955)의 개별화된 교육이나 브라멜드(Brameld)의 사회재건 교육이념이 등장하였고, 셋째, 다양한 교육사조들을 통합하고자 했던 절충주의적 입장은 여러 가지 교육과정 관련 위원회들의 보고서 및 개론서들을 통해 드러나고 있었다.

예를 들어, 로렌츠(Lorenzen, 1940)은 사회문제 연구를 위해 교과영역들을 통합하고자 하였는데, 이것이 곧 중핵교육과정 "아동의 관심사나 아동이 인식한 문제들을 사회문제와 통합하여 가르치고자 하는 접근법으로써, '아동의 적합성'과 '사회적 적합성' 모두를 고려한 탐구의 중요성을 강조하였다."의 출발점이었다. 한편, 2차 세계대진이 종료된 후 교육분야에서 교육과정의 재구성이 필요하다는 주장이 제기되었고, 그 결과 타일러(Tyler)의 교육과정이론이나 타일러이론의 변형으로서 '의사결정'이나 '사회적 과정'의 중요성을 강조한 타바(Taba)이론이 제시되었다.

반면, 미네소타대학에 재직 중이던 브라멜드는 사회재건주의를 실천에 옮긴 실험적인 민주주의 교육에 대한 보고서를 작성하였고, 카운츠(Counts)는 미국 교육과정의 사회적 목적을 강조하였다. 또한 알버티(Alberty, 1947)는 『고등학교 교육과정의 재구성(*Reorganizing the High School Curriculum*)』에서 중등학교에서 사회문제를 비판적으로 검증하고자 하였는데, 이것이 1950년대 사회재건 경험주의자들의 문제제기의 수단으로써 활용되게 된다.

요컨대, 1940년대 후반기에 들어서면서 한동안 유행했던 진보주의 교육운동이 급속히 몰락하게 된다. 당시 사회적 병폐의 원인으로 실질적 성과 없는 진보주의가 지목되었고, 전쟁에 대한 반성과 전후 사회를 복구하기 위해 교육과정에서 '조직'의 중요성이 새롭게 인식되기 시작했다. 그 대표적인 예로, 타일러의 주저 『교육과정과 학습지도의 기본원리(*Basic Principles of Curriculum and Instruction*)』(1949)가 발간됨으로써 교육과정에 대한 관점에 일대 변혁을 가져왔으며, 이는 향후 30년간 절대적 지지를 받으며 교육과정 분야의 이론화와 교육 전반에 큰 영향력을 미치게 되었다.

3) 전후재건과 학문발전의 토대기(1950~1960년대)

1950년대는 교육과정에 관한 여러 가지 개론서들이 계속 이어져 출간되었는데, 이 개론서들의 특징은 경험주의, 사회적 행동주의, 지적전통주의 사상을 절충적으로 혼합하는 경향을 띠었다. 또한 1960년대는 과학, 수학, 언어 등과 같은 학문기반형 교육과정이 정부의 적극적 재정지원으로 개발되었던 "교육과정 프로젝트의 황금기"라고 불린다. 한마디로, 이 시기의 교육과정 개정의 방향은 변화, 혁신, 근대성을 강조하는 시대적 변화에 편승하여 3가지 교육사조(지적전통주의, 경험주의, 재건주의) 흐름의 융합을 시도하고자 하였다.

(1) 1950년대의 지적전통주의

이 시기의 지적전통주의의 성격은 크게 두 가지로 나뉜다. 하나는 항존주의적 전통의 연장이고, 다른 하나는 과학주의를 도입한 학교교육 및 교육과정의 체제화 움직임이다. 전자의 예로, 허친스(Hutchins, 1952)는 "교육은 인류사의 위대한 사상을 생각하는 능력을 갖는 것"이라고 강조하면서 고전중심 교육과정을 제시하였다. 후자의 예로, 헤릭과 타일러(Herrick & Tyler, 1950)는 온전한 교육과정이론이 포함해야 하는 요소는 무엇인가라는 질문하에 교육과정 이론개발을 시도한 점을 들 수 있다. 아울러, 블룸(Bloom, 1956)은 교육과정의 목적을 고려하고 논리적 구조를 가진 학습목표의 제시를 통해 교육목표 분류학을 체계화하였다.

한편, 1950년에 미국에서 국립과학재단이 설립되었지만, 1957년에 소련이 먼저 인공위성 스푸트닉(Sputnik)호를 발사하게 된 것에 자극을 받아 그 후로 정부차원에서의 대규모 재정지원을 바탕으로 한 기초과학교육의 육성정책이 적극 추진된다. 따라서 이 시기의 교육과정 연구의 특징은 협동적 프로젝트, 시범학교를 통한 현장 실험적용 시도, 일선교사 재교육, 과학적 태도의 개발과 과학적 탐구의 본질을 규명하는 학문적 분위기를 조성하는 것이었다. 특히, 카네기재단의 후원을 받아 교육과정에 있어서 다양한 학사운영 방법론이 제안되었는데, 그러한 방법론의 예로써 많은 필수학점, 소규모학교 통합, 개별화된 과목이수체계, 필수/선택 구분, 능력별 집단구성, 성적표의 도입, 엄격한 학사관리, 영재교육과정, 대학 인정 과목, 하루 6~8시간 수업, 외국어와 과학에 대한 강조, 논술강조, 직업준비과목 등과 같은 세부적인 사항들이 논의되고 검토되었다.

(2) 경험주의적 입장

진보주의의 영향으로 활동중심 교육과정과 전후병폐와의 연결고리를 타파하기 위해 학생의 흥미와 간학문적인 지식의 관계를 연계시킨 중핵교육과정이 시도되었다. 특히 킬패트릭(Kilpatrick)의 『지역사회 학교(*Community school*)』나 코리(Corey, 1953)의 『참여 연구(*Action research*)』 등에서 학교교육이 지역사회에의 적극적인 참여를 통해 민주주의를 가르치고 실천해야 함을 강조하였고, 하랍(Harap, 1953)은 "균형 잡힌 학교생활"의 개념을 통해 절충적 교육과정을 강조하였다. 한편, 개념적 경험주의자들(conceptual-empirists)로서 마이어, 클리어리와 데이비스(Meier, Cleary, & Davis, 1952)는 교육과정개발에서의 '민주적 숙의(deliberation) 과정'을 강조하고, 교육과정개발의 내용 및 결과의 측면까지 다루고 있었다.

(3) 재건주의적 입장

카운츠(Counts)와 더불어 대표적인 사회재건주의자인 브라멜드(Brameld, 1955)는 새로운 사회질서를 창출하도록 교육과정을 설계해야 한다고 강조하였다. 그는 사회문제에 대한 조사는 지적인 훈련이 아니라 사회적 행동으로 귀결되는 정치적 역동성을 반영한 작업이어야 한다고 믿었다. 브라멜드(1956)는 교육이 사회문제 극복의 최선의 방략이라고 주장하였다.

사회재건주의 교육과정의 특징

- 사회의 문화유산과 전체 문명을 비판적으로 검토한다.
- 교육은 논쟁이 되는 사회적 문제를 적극적으로 다루어야 한다.
- 학교는 사회의 건설적 변화를 가져오는 책무를 기꺼이 담당한다.
- 세상의 현실을 고려하여 미래를 계획하는 태도를 배양한다.
- 문화혁신과 간문화주의(interculturalism)를 고양한다.
- 교사는 사회적 변화, 문화갱신, 국제주의의 촉매자가 되어야 한다.

사회재건주의 계열의 여성교육실천가인 아담스(Adams, 1954)는 『미국 아동들의 교육(Educating America's Child)』을 통해 교육과정에서 교수법을 적극적으로 다루어야 한다고 주장하면서 교수법과 교육과정의 재결합을 강조하였다.

요컨대, 1950년대의 교육과정 논의들을 종합해 보면, ① 다양한 개론서들의 출간이 절정을 이루었던 시기, ② 중핵교육과정의 실험적인 시행이 지속되었던 시기, ③ 교육과정평가의 필요성이 제시되었던 시기, ④ 교육과정과 관련한 연구의 영역이 다양하게 확대되었던 시기, ⑤ 내용에 있어서 학생들의 사회적응을 도울 수 있는 교과에 대한 관심이 커졌던 시기, ⑥ 지금까지의 다양한 학파들의 관점이나 주장들이 융합되려는 시도가 있었던 시기로 정리할 수 있다

(4) 1960년대 학문중심 교육과정의 발전

1950년대의 미국의 대내외적 상황은 브루너(Bruner)의 『교육의 과정(*The Process of Education*)』(1960)을 주축으로 한 지식의 구조(the structure of knowledge) 개념을 바탕으로 하여 학문적 체계화를 강조하는 본질주의 교육사조의 태동을 가져왔다. 그는 여기서 "지식이라는 구조물을 경험하려면 환경과의 상호작용에서 아동의 흥미와 활동이 최우선되어야 하며, 그 결과 학문적 교과에서 구조화된 지식을 축적할 수 있다."고 주장하였는데, 이는 단순히 교육과정을 계획하는 것과 그것이 실

제적으로 실행되는 과정 간에는 분명한 차이가 있음을 상기시켰고, 교육과정에서 목표로 한 성공적 학습을 위해서는 그 내용의 근간이 되는 지식의 구조화를 통한 학습이 필수적임을 역설하였다. 본질주의는 실재론(사실주의)적 교육관에 바탕을 두고 1936년 "미국 교육향상을 위한 본질주의자 위원회" 창설과 함께 출발하였다. 진보주의 교육사조의 한계에 대한 문제제기를 통해 지지자들을 끌어 모았고, 1960년대 이후 학문중심 교육과정의 이론적 밑거름이 되었다.

'8년 연구'의 결과가 진보주의적 실험학교의 성공을 보여주었음에도 불구하고, 시대적 변화로 인해 1950년대 초반부터 교육과정의 중심이 점차 경험주의에서 멀어져 갔고, 오히려 수많은 교육과정 프로젝트들이 지녔던 성격상의 특징으로 인해 교육과정에서 정확성, 효율성, 사전준비의 개념 등을 강조하는 사회적 행동주의가 영향력을 확대해 가기 시작했다. 그 일례로, 메이거(Mager, 1962)는 『교수목표의 준비(*Preparing Instructional Objectives*)』에서 '성취행동', '성취상황', '성취준거' 등의 개념을 강조하면서, 관찰 가능한 행동을 교육의 목표로 설정하여 실현에 소요되는 시간제한과 성취평가의 준거로 목표를 상세화하여 진술해야 한다고 강조하였다. 하지만, 이러한 상세목표 진술의 문제점이 지적되자 나중에는 이를 보완한 '수행능력(competencies)'의 개념이 등장하게 된다. 또한 뷰캠프(Beauchamp, 1961)는 『교육과정이론(*Curriculum Theory*)』에서 자연과학의 시스템이론과 공학모델을 교육과정 이론화에 적용하였고, 타바(Taba, 1962)는 『교육과정 개발: 이론과 실제(Curriculum Development: Theory and Practice)』에서 타일러(Tyler)의 논의를 바탕으로 진단(diagnosis), 요구사정(need analysis), 단원구성의 개념을 추가하였다.

본질주의(essentialism)는 항구적 지식과 전통적인 인류의 문화유산의 학습을 강조하였고, 교과중심적 지식을 통한 지적훈련 및 인격도야를 강조하였다. 아동의 학습은 흥미보다는 노력에 의해 달성된다고 보고, 문화적 핵심으로서 교과의 정확한 이해나 문화, 전통에 기반 한 과학적 지식에 대한 이해를 강조하였다.

아울러 학습방법 면에서 본질주의는 체계적 지도자로서 교사와 탐구심 및 지적 호기심을 가지고 학문적 탐구나 체계적 지식습득을 위해 노력하는 학생을 강조하였다. 본질주의의 대표적 학자로는 진보주의를 비판하고 전통교과를 중시했으며(이해보다는 습득, 자율보다는 체계적 지도, 자유보다는 엄밀한 훈련을 강조함), 학문과 목들의 체계적인 학습을 강조한 배글리(Bagley, 1874~1946)나 허쉬(Hirsch, 1928~)가 있다.

한편, 항존주의와 본질주의는 몇 가지 공통적 특징이 있는데, ① 지적능력 개발과 도덕적 자질의 훈련을 강조한 것이나, ② 교사중심의 교실을 옹호한 점, ③ 학생들의 관심 · 호기심 · 경험 등이 교사 가르침에 방해가 되어서는 안 된다고 주장했던 점 등을 들 수 있다.

(5) 인본주의 교육사조 및 잠재적 교육과정의 등장

1960년대에는 학문중심 교육사조와는 별도로 인본주의 교육사조가 등장하기 시작한다. 1962년에 발행된 인식하기, 행동하기, 개선하기(Perceiving, Behaving, Becoming)를 주제로 한 ASCD 연감을 통해 인간화 또는 개별화교육이 강조되기 시작했고, 로저스(Rogers), 매슬로우(Maslow), 콤즈(Combs) 등의 학자들은 전인으로서의 아동중심, 흥미에 기초한 경험주의, 실존적, 현상학적 관점을 교육심리학적 이해에 추가하였다. 아울러, 대안적 교육과정에 대한 제안으로써 초등학교(Goodlad, Anderson) 및 중등학교(Brown)에 무학년제를 도입하거나, 라이트(Wright)의 중핵적 접근, 매닝(Manning)의 인본주의 교육과정 등이 제안되었고, 프레지어(Frazier, 1963)는 자신이 편찬한 『교육과정을 위한 새로운 통찰(*New Insights and the Curriculum*)』에서 열린교육, 능력별 학급편성, 다학년 학급편성, 팀티칭, 학과별조직, 다양한 종류의 교원구성, 미니코스, 동료학습 등의 주제들을 다룬 바 있다.

또한 ASCD(1963)는 『학습되지 않는 교육과정(*The Unstudied Curriculum*)』이라는 책을 통해 잠재적 교육과정의 개념을 소개하였고, 잭슨(Jackson, 1968)은 『교실 속에서의 삶(*Life in Classrooms*)』에서 학교교육에서 발생하는 잠재적 교육과정의 측면과 그에 대한 다양한 해석들을 제시하였으며, 스나이퍼(Snyder, 1970)는 그의 저서 『잠재적 교육과정(*The Hidden Curriculum*)』을 통해 표면적 교육과정의 이면에서 발생하는 학교생활의 결과를 기술하였다.

한편, 슈왑(Schwab, 1969)은 상호작용에 의해 탐구된 개별적 상황에 초점을 둔 실제적 탐구를 중시하였는데, "교사, 학생, 교과, 환경의 역동적 상호관계로서 교육과정을 보아야 한다."고 주장하면서, 기존의 미국의 교육과정 비판하고, 실천적이고 종합적인 원리를 강조하기도 했다. 이러한 인본주의자들의 새로운 교육이론은 ASCD 연감(1962)을 통해 맥도날드(Macdonald), 후프너(Huebner) 등과 같은 인본주의자들의 대안적 방법으로 소개되었는데, 이는 이후 1970년대에 더욱 큰 반향을 일으키게 된다.

4) 교육의 사회적 역할 재조명: 사회재건주의 운동(1970~1980년대)

1970년대는 경제 불황으로 인한 교육기금이 대폭 축소되기 시작하였고, 아울러 신진보주의의 출현, 반체제문화 교육자들의 활동, 비판적 재건주의의 등장의 상황이 전개되었다. 이어서 1980년대는 1980년에 공화당의 레이건대통령이 취임하고, 베넷(Bennett)이 교육부장관을 맡게 됨으로써 지적전통주의의 부활을 강력하게 지지하게 된 시기였다.

(1) 사회/문화재건주의(Social/cultural reconstructionism)

사회적 혹은 문화적 재건주의는 1930년대의 카운츠(Counts)와 1950년대의 브라멜드(Brameld)에 의하여 주장되었다가, 1970년대에 미국의 주된 교육사조의 하나로 나타났다. 이 사조는 교육을 통한 새로운 사회의 건설과 현재 사회의 가난한 자, 소외된 자, 소수민을 위한 교육에 관심을 갖고, 사회의 소외계층으로서의 노농자 권리나 계급의 문제 등 정치적 이슈에 관심을 갖는다. 따라서 현 사회의 불평등한 구조와 빈부격차 및 계급격차에 대한 비판적인 관점을 토대로 도덕적 사회적 이념 및 이상의 재정립을 통해 새로운 사회질서 및 사회상의 건설을 목표로 한다.

사회/문화재건주의의 교육관은 사회개혁의 수단으로서, 그리고 사회발전의 혁신적 과정으로써 교육을 인식하고, 민주주의의 완벽한 실현이나 미래지향적인 새로운 사회질서의 구현을 통해서 새로운 사회를 건설하고자 한다. 따라서 현대사회의 위기와 관련된 사회적 쟁점들을 중심으로 교육의 목적과 방법을 재구성하며, 학교교육을 통한 민주적인 방식의 실현, 그리고 학생 개개인의 사회적 자아실현을 목표로 한다.

사회/문화재건주의는 진보주의와 유사한 교육철학을 갖고 있으나, 진보주의보다는 훨씬 더 사회참여적이고, 보다 현실적, 미래지향적인 사회개혁을 주장하고 있다. 재건주의의 학습방법 및 교육과정의 핵심은 학생들이 세상사를 통찰할 수 있게 하는 것이고, 사회적 논란이 되는 사항들을 적극적으로 토의하여 해결책을 찾고, 학생들로 하여금 새로운 변화된 세계에 대한 비전을 제시하게 하며, 교사는 각 문화의 전승들을 새롭게 할 방안을 고안하여 학생들의 논의를 이끌어간다.

재건주의의 대표적 학자들로는 초기의 듀이(Dewey)의 추종자였고 비판적 교육학 및 미국에서 최초로 교원노조(Teacher's union)를 창설했던 카운츠(Counts, 1889~1974)와 교육의 두 가지 역할을 문화내용의 전달과 문화의 재건이라고 강조하면서, 교사가 교실에서의 사회적 변화의 참여자이고, 글로벌 및 다문화 교육을 지지했던 브라멜드(Brameld, 1904~1987)가 있다. 또한 학교가 사회변화의 통로이며, 교사는 새로운 사회창조에 참여하는 변혁적 지식인이고, 이론과 실천의 결합을 통해 학생은 비판적 사고의 도구를 획득해야 되고, 공교육은 세계 개혁의 직접적 도구가 되어야 한다고 주장한 지루(Giroux, 1943~) 등이 있는데 이들의 주장은 오늘날 비판적 교육학(Critical Pedagogy)의 모태가 되고 있다.

(2) 비판적 교육학(Critical Pedagogy)

비판적 교육학이란 학생들이 자신의 삶과 사회에 대한 의식적, 비판적 시각을 통해서 사회에 존재하는 각종 억압과 불평등, 부정의의 근원을 깨닫게 하고, 이를 근본적으로 개혁할 수 있는 실천가로 성장하게 하는 것을 목표로 하는 교육철학 및 이론이다. 비판적 교육학은 후기식민주의적 비판을 개념적 틀로 하고 있는데, 후기식민주의(post-colonialism)란 16, 17세기의 근대국가의 형성과정에서 서유럽의 강대국들에 의한 식민주의적 영토 확장의 세계사적 흐름이 20세기 중반에 제2차 세계대전의 종식으로 수백 년간의 서유럽 강대국 및 북미에 의한 형식적인 식민지배체계가 종료되었지만, 그 이후에도 그동안의 식민지배 역사의 여파로 과거의 식민피지배국들인 남미, 아시아, 아프리카 등의 제3세계 국가의 정치, 경제, 사회, 문화의 모든 영역에 걸쳐 피식민지였던 과거사의 잔재가 남아있는 현상을 비판적인 관점으로 해석하려는 제반 이론을 가리킨다.

비판적 교육학은 기본적으로 후기식민주의(post-colonial)적 교육의 관점을 토대로 하는데, 이러한 후기식민주의적 성격으로 인해 식민주의적 잔재가 피식민국가의 모든 사회현상에 남아있어서, 교육의 문제에도 근본적인 영향을 미치고 있다고 주장한다. 따라서 교육은 식민지배국의 지식, 문화 등의 단순한 수용이나 확장이 되어서는 안 된다고 보고, 교육은 본질적으로 정치중립적이거나 가치중립적인 것이 아니라 정치적인 현상이라고 주장한다(Kincheloe, 2008). 이러한 이론이 지식의 정치학(politics of knowledge)인데, 이는 지식 그 자체가 정치적이라 여기고, 상대적 진리관을 바탕으로 하고 있다. 애플(Apple)은 어떤 지식이 공식적으로(official) 가르쳐지고 있는가를 문제 삼았고, 많은 교육기관들이 기득권자와 비기득권자의 차이를 유지하는 역할을 한다고 지적하였다. 또한 대학에서 배우는 "공인된" 지식들이나 학계의 자기보존(self-sustaining) 시스템에 대해 비판하기도 한다. 아울러, 현재의 지식의 형성을 주도하는 남성 구미 백인학자들(European white male scholars)의 기득권을 문제시하기도 한다.

그러므로 비판적 교육학은 사회 속에서의 지배집단의 세력의 기원에 대한 논의나, 개인/집단들 간의 세력다툼이나 이권개입에 대한 분석, 그리고 교육내용에 기득권세력의 사회질서유지를 위한 이데올로기 등이 내재되어있지는 않는지에 대한 비판적 인식이 필요하다고 주장한다. 그리고 비판적 교육학에서 교사와 학생의 관계는 상호간의 깊은 존중의식(A deep respect)을 갖고, 교사 및 학생들이 서로 가르치고 배울 수 있는 상호적인 관계(a teacher who learns & a learner who teaches)를 지향한다. 또한 교사는 실천연구자(action researcher)이자, 학생들의 배경과 관심사에 대해 잘 알고 이해할 수 있어야 하며, 궁극적으로 학생들을 위해 헌신하고 대신 싸워줄 수 있는 교사(warrior intellectuals)를 지향한다.

비판적 교육학의 역할은 교육을 통해 사회나 학생 자신들을 둘러싼 각종 사회적 불평등요소, 억압, 선입견 등을 깨닫게 하고, 특히 학생들을 의식화(conscientization) 교육을 통해 모든 사회적·정치적·경제적 억압으로부터 해방시키며, 학생들이 자기 스스로를 돕도록 만드는 것이다. 비판적 교육학은 교육의 근간을 사회적 정의의 비전을 세우는 것으로 보고, 기본적으로 정의와 평등을 위한 교육을 지향하며, 억압받는 대중의 인권 문제해결이 교육의 중요한 목적 중의 하나가 된다. 결국 교육은 학생들의 해방과 지적인 성장(emancipation & intellectual growth)을 지향하여, 학생들이 자신의 삶을 개척해나갈 수 있도록 하고, 자신이 속한 공동체에 사회적 불평등을 극복하고 정의를 세울 수 있는 혁신가가 되도록 돕고자 한다.

(3) 1970년대 재개념론의 등장

① 교육과정의 재개념화

1960년대까지의 기존의 교육과정 이론들에 대한 새로운 해석과 대안적 방향 제시의 필요성이 대두된 시기가 바로 1970년대이다. 이 시기에는 파이너(Pinar, 1978)나 슈왑(Schwab, 1970) 등의 여러 학자들이 교육과정에 대한 개념을 재정리하고자 교육과정 재개념화를 주장하게 된다.

슈왑(Schwab, 1970)은 『실제성: 교육과정의 핵심어(*The Practical: A Language for Curriculum*)』에서 이론적 연구와 실제 교육상황과의 불일치를 지적하였는데, 교육과정 경험의 4요소인 교과, 학습자, 교사, 환경의 상호의존성을 밝히기 위해 교육과정의 목적과 의미를 숙고(deliberation)한 논의가 필요하다고 역설하였다.

실제적 교육과정을 개발하기 위해서는 상황에 따른 문제인식, 지식생성에서의 환경과 상호작용, 사람들 간의 변증법적 대화, 전인적 존재로서의 인간, 폭넓은 사회기능, 흥미위주의 심리적 내용조직, 다양한 대안의 수용, 개인의 중요성을 모두 고려할 필요가 있는 것이다.

아울러 1970년대는 파이너(Pinar) 및 지루(Giroux)에 의해 교육과정 구상에 있어서 현상학적, 실존주의적, 정신분석학적, 역사적, 마르크스적 담론이 적용된 교육과정 이론이 강조되었는데, 이를 재개념주의(reconceptualization)라고 부른다. 한 가지 예로, 파이너와 그로메트(Pinar & Grumet, 1976) 『빈곤층을 위한 교육과정(*Toward a Poor Curriculum*)』에서 학습의 과정에서 나타나는 인간내면의 감정에 관한 교육과정(반추하여 자신의 과거를 감지하고, 진보적으로 자신의 미래를 투영하며, 분석에 의해 자신의 현재를 인식한다. 그리고 자아실현을 위해 이 세 가지를 꾸준히 점진적으로 종합한다)의 필요성을 강조한 바 있다. 이러한 재개념주의 운동은 앞서 소개한 프레이리(Freire, 1970)의 비판적 교육학(Critical pedagogy) 이론과도 맥락을 같이 한다.

한편, 아이스너(Eisner, 1979)는 『교육적 상상력(*The Educational Imagination*)』에서 예술가로서의 비학적 관점에서 교육에 대해 저술하였는데, 여기서 교육과정내용에 대한 비판적인 인식과 대안적인 표현방법을 반영해야 함을 역설하였고, 이를 위해 비평(批評), 감식(鑑識)과 같은 질적 평가방법을 제안하였다.

② 교육과정 학파의 흐름

1970년대 이후의 교육과정 이론적 흐름은 경험주의, 사회적 행동주의, 철학적 접근, 국제주의, 비판적 교육학으로 구분될 수 있다.

가. 경험주의

이 시기에는 경험주의의 영향을 받아, 가) 통합교육과정, 학교와 지역사회 간의 장벽 허물기, 무학년제, 개별맞춤교육과정, 활동과 탐구의 통합, 열린 교실, 평생학습 등의 교육방법론이 제시되었고, 나) 인본주의적이고 정의적인 활동의 통합, 학생중심 강조, 자아실현과 해방, 명상/환상/동양적 사고, 지각/의사소통, 학습자에 대한 분석적 관점을 강조하는 인본주의적 교육방법이 등장하였으며, 다) 생활의 향상을 위한 의사결정, 상황중심 교육과정, 학습 환경에 대한 해석 등 환경 및 맥락을 고려한 교육의 중요성이 거론되었다.

나. 사회적 행동주의

교육과정 프로젝트에 사회과학적 방법론을 적용하거나 인과관계에 대한 행동주의적 탐구, 논리적 실증주의, 목표와 능력을 세분화하고 조직하여 더 나은 인간을 육성하려는 학교의 기술적 전략에 대한 이론적 토대들이 쌓이기 시작하였다. 따라서 체제이론, 조직개발, 경영이론 등을 강조한 메이거(Mager, 1975)나 교육과정에서의 질 관리를 강조한 잉글리쉬(English, 1978)의 저서를 통해 능력, 행동주의적 목표, 전산화, 체제적 요구사정 등을 통해 인본주의 요소와 행동주의 요소의 결합이 시도되었다. 예컨대, 윌리스(Willis, 1978) 등에 의해 사회적 행동주의자적 해석을 바탕으로 한 교육과정의 평가가 시도되었는데, 이들은 사실적, 문학적, 예술적 해석을 바탕으로 한 질적 평가를 중요시하였다.

다. 철학적 · 현상학적 접근

파이너(Pinar, 1974, 1975, 1976)와 맥도날드, 울프슨과 자렛(Macdonald, Wolfson, & Zaret, 1973), 그리고 그린(Greene, 1973) 등은 교육목적에 대한 현상학적, 실존학적 관점을 제시하였다. 또한 뷰캠프(Beauchamp, 1975)는 『교육과정이론(*Curriculum Theory*)』에서 체제중심 접근을 소개하였고, 브렌트(Brent, 1978)는 『교육과정의 철학적 기초(*Philosophical Foundation for the Curriculum*)』에서 철학적 분석이 교육과정

탐구의 필수적 기초가 됨을 강조하였다.

라. 문화적 및 국제주의적 접근

대중문화, 인종문제, 학교중도탈락자, 문화쇄신과 그 가치, 다양한 사회적 경향, 미국흑인의 역사와 문화, 페미니스트, 히스패닉 학생들, 시민활동, 의사소통효과, 종일 육아문제, 대중매체 등과 관련된 문화적 요인들의 교육과정에의 영향 등이 논의되었다. 이로 인해 점차 교육과정의 관심이 사회문화적 차원으로 확대되기 시작하였는데, 경제적 사고의 확대, 비판적 사회현실, 세계화시대, 특수교육분야, 변화무쌍한 시대 속에서의 교육과정 준비의 필요성 등이 이러한 문화적 요인들에 대한 관심을 증폭시켰다고 볼 수 있다. 더 나아가, 베커(Becker, 1979)는 국제협력, 미엘과 버만(Miel & Berman, 1970)은 국제이해교육과정, 테일러와 존슨(Taylor & Johnson, 1974)은 교육과정의 국제비교와 같은 교육과정에 대한 국제적 비교가 시도되었다. 결과적으로, 1970년대 최초로 미국과 영국의 교육학자들이 교육과정 저서들을 공동출판하게 된다. 하지만 유럽저서들을 번역하기 위한 재정이 부족했기 때문에 헤르바르트(Herbart), 프뢰벨(Froebel), 페스탈로치(Pestalozzi), 몬테소리(Montessori), 피아제(Piaget)와 같은 몇몇 유명학자들을 제외하고는 비영어권 참고문헌은 매우 드문 실정이었다.

③ 지적전통주의 부활

교육의 수월성 제고를 위한 국가위원회(National Commission on Excellence in Education)에서 '위기에 처한 국가(A Nation at Risk)'라는 구호 아래 "수학, 과학교과의 학업성취가 산업국가의 경제력"이고, 공교육쇠퇴의 원인은 1960~70년대 경험주의자들의 인본주의적 사회발전을 강조했기 때문이라고 주장하게 된다. 같은 맥락에서 연방교육위원회(Educational commission of the States, 1983)에서는 "경제성장을 위한 교육정책"을 표방하며 읽기, 쓰기, 말하기, 듣기, 추론하기 그리고 경제능력 등을 중심으로 한 교육과정 개정을 주장하였다.

하지만, AESA(American Education Studies Association, 1983)와 같이 지적전통주의의 부활을 경계한 그룹에서는 교육의 철학적 · 역사적 · 사회적 · 문화적 기초인 인간성의 부활을 강조하면서, 여전히 교육적 형평성 문제를 중시하였고, 신진보주의에 대한 근거 없는 비난을 성토하고, 진보주의적 관점을 기반으로 한 기초적 기능(basic skills)을 교육과정의 내용으로 제시하면서 비판적 재건주의자의 입장을 지지하기도 했다. 한편, 본질주의 교육사조를 대표하는 본질주의 학교연합회(The coalition of Essential Schools)는 지적이고 도덕적인 습관의 개발을 강조하면서 ㉠ 탐구와 표현의 기초, ㉡ 수학과 과학, ㉢ 문학과 예술, ㉣ 역사와 철학의 네 가지 영역을 중심으로 한 교육과정을 제안하였다. 예를 들어, 딕슨(Dixon, 1987)은 『미국적 정신의 종말(*The Closing of the American Mind*)』에서 "현 대학생이 지적능력 부족하다."고 지적하였고, 아들러(Adler)는 『Paideia 교육 3부작』(1982, 1983, 1984)에서 기본지식 및 기술습득, 지적 습관의 개발, 역동적인 현대생활을 위해 지적훈련을 확대할 것을 제안하였다. 또한 허쉬(Hirsh, 1987)는 『문화적 문해(*Cultural Literacy*)』에서 모든 학생들에게 역사, 전설, 신화, 문학의 공통핵심사항을 가르쳐야 한다고 주장하였는데, 이는 지적전통주의와 사회적 행동주의를 결합한 것으로 그러한 기본지식을 수단으로 하여 학생들이 현대사회에 효과적으로 활동할 수 있어야 한다고 믿었다.

④ 비판적 재건주의

파이너(Pinar, 1981)는 하버마스(Habermas)의 사회적 지식에 대한 관점을 바탕으로 교육과정의 이론적 흐름을 전통주의, 개념적 경험주의, 재개념주의로 구분하여 기존의 교육과정 이론들을 분류하였다. 이로써 비판적 재건주의자들은 공립학교의 교육과정이 자본주의적 이해관계에 의해 확립된 통합적인 관점을 고집한다고 비판하였고, 그에 따라 교육과 사회 전체의 민주적인 재건을 주장하였는데, 이들은 1930년대 경험주의자 범주의 카운츠(Counts), 우드슨(Woodson)과 1950년대 전후의 브라멜드(Brameld)의 이념을 공유하고 있었다.

예를 들어, 지루(Giroux, 1981)는 『이념, 문화, 학교교육의 과정(*Ideology, Culture, and Process of Schooling*)』에서, 애플(Apple, 1982)은 『교육에서의 경제적 재생산(*Economic Reproduction in Education*)』, 『교육과 권력(*Education and power*)』을 통해 학교수업이 사회적 지배 권력을 재생산(reproduction)하는 역할을 한다고 강조하였는데, 이는 학교로 대표되는 제도적인 조직들이 사회의 경제적이고 정치적인 질서의 재생산 기능을 담당한다고 주장하는 것이다. 또한, 지루(1983)는 『교육에서의 이론과 저항(*Theory and Resistance in Education*)』에서 대중문화와 비판적 교육을 통한 저항의 방식이 필요함으로 역설하였고, 지루와 맥라렌(Giroux & McLaren, 1989)은 비판교육의 정치적 가능성을 고찰하였다. 한편, 애플(1986)은 『교사와 교과서(*Teachers and Textbooks*)』에서 출판산업과 교과서의 정치적인 통제에 내해 문제제기하였으며, 쇼어(Shor, 1986) 『문화전쟁(*Cultural Wars*)』와 쇼어와 프레이리(Shor & Freire, 1986)는 인간해방을 촉진하는 실제적인 교육의 확립가능성을 타진하였다.

⑤ 인본주의(Humanism)

인본주의적 교육철학은 실존주의 철학을 바탕으로 1950년대 인본주의 심리학자들에 의하여 주장되기 시작하였고, 특히, 지식위주 교육에 반대하고 정서, 가치, 인성발달을 중심으로 한 교육이론이다.

인본주의 철학은 개인의 자아실현 및 교육의 내재적 가치를 중시하였고, 인간주의적 교육관을 바탕으로 교육의 출발은 인간의 선한 본성을 일깨우는 것이라고 주장하였다. 집단적 교육시스템을 거부하고 개인적 성장을 바탕으로 하여 개인의 선택의 여지와 그에 따른 책임감을 갖는 자세를 강조하였다. 교육 이전에 교사와 학생의 인간적/개별적 관계성을 중시하였고, 학습과정에 있어서도 자유로운 선택의 기회를 제공하고자 하였으며, 대규모 학생들을 대상으로 한 근대적 학교에서 자주 나타나는 학습소외 현상에 관심을 갖게 되었다. 교육은 궁극적으로 자유 및 자아실현의 과정이어야 된다고 믿고 따라서, 다양한 자아실현의 방식을 학교교육을 통해 추구하도록 하였다. 또한 기본적으로 지식중심 교육을 비판하고, 그러한 교육이 가져오는 비인간적 학교현실을 고발하는 등 기존의 전통적인 학교교육에 대한 비판을 서슴지 않았다.

인본주의 교육사조의 대표적 학자로는 욕구위계(Hierarchy of Needs) 이론을 제시한 매슬로우(Maslow, 1908~1970), 『문제아의 임상적 치료(*The Clinical Treatment of the Problem Child*)』(1939)라는 대표적 저서를 기점으로 인간중심 상담이론을 수립한 로저스(Rogers, 1902~1987)나, '나-사물'의 물질적 관계성보다는 '나-너(I-thou)'의 인간적 관계성을 중시하고 '만남의 철학'을 강조한 부버(Buber, 1878~1965) 등이 있다. 또한 노딩스(Noddings, 1929~)는 『보살핌: 윤리와 도덕교육에 대한 여성주의적 접근(*Caring: A Feminine Approach to Ethics and Moral Education*)』(1984)을 통해 교육에는 "보살핌의 환경"이 필요하고, 인본주의적 학교는 구성원이 자신의 생각과 감정, 신념, 두려움, 그리고 열정을 공유해야 한다고 주장하기도 했다.

⑥ 구성주의(Constructivism)

구성주의는 1930년대에 발생한 후 1960년대 이후 번성하여 지금까지 많은 학습이론에 기여한 미국의 주류 교육이론 중의 하나로 여겨지고 있다. 구성주의는 모든 지식은 학습자의 경험에 의해서 형성되며, 사물을 이해한다고 하는 것은 그러한 경험들이 학습자의 마음속에서 상호 연결된 상태로 조직되어 형성된 하나의 종합적인 사고의 틀이라고 여긴다. 구성주의는 학습(경험)의 과정에서의 학습자의 능동적 자세를 중요시하며, 교사는 경험의 촉진자(facilitator)로서의 역할이 중요시된다. 따라서 수업시간에는 새롭게 배워야 할 지식을 학습자의 기존의 지식(이해)과 연결시킬 수 있도록 노력하고, 더불어 다른 구체적인 지식(사물)과 연관시키는 작업을 해야 한다고 믿는다. 구성주의 학자로는 인지적 구성주의를 대표하는 피아제(Piaget)와 사회적 구성주의를 대표하는 비고츠키(Vygotsky)가 있다.

마지막으로 20세기 교육학 이론과 사상의 흐름을 크게 인본주의와 과학주의적 패러다임(paradigm)으로 구분한다면, 다음과 같이 대조될 수 있다(신동로, 2009: 48).

〈표 3-1〉 과학적 패러다임과 인간주의적 패러다임의 비교

	과학적(이성주의적)		인간주의적(현상학적)	
기본 전제	환원론적	Reductive	전체적	Holistic
	물질론적	Material	가치지향적	Value-oriented
	사실 강조	Fact	견해 중시	Opinion/view
	탈역사적	De-historic	역사적	Historic
	탈맥락적	De-contextualized	맥락적	Contextualized
과정	수렴적	Convergence	확산적	Divergence
	객관적	Objective	주관적	Subjective
	경험적	Empirical	직관적	Intuitive
	양적	Quantitative	질적	Qualitative
	실험주의	Experimental	문화기술	Cultural descriptive
	분석적	Analytic	해석적	Interpretive
진리검증	예측	Prediction	이해	Understanding
	의의도	Significance	의미	Meaning
	이론의 타당성	Validity	논의의 적합성	Adaptability
강조점	수단	Mean	목적	Goal
	조작적 정의	Operational	함축적 표현	Implication
	대량생산	Mass production	개별/맞춤적	Individual/tailored
특징	과학적/공리적	Scientific	예술적/창의적	Artistic/creative
	권위주의적	Authoritative	유화적	Cooperative
	능률성	Efficiency	윤리성	Ethics
	지시적	Directive	상호적	Mutual

지금까지 설명한 20세기의 여러 교육사조들이 각각 어느 패러다임에 속하는지는 속단하기 어렵지만, 개괄적으로 항존주의, 본질주의, 구성주의는 과학적 패러다임에 입각하고 있으며, 진보주의, 문화재건주의, 인본주의는 인간주의적 패러다임에 정초하고 있다고 평가할 수 있다.

3. 우리나라 교육과정의 변천

우리나라 교육과정의 출발은 실제적으로 해방 이후에야 이루어졌다. 우리나라 교육과정의 출발과 변화 과정을 해방 전 교육과정에서부터 최근의 '2015교육과정'에 이르기까지 주요한 특징을 간단히 정리해 본다(박휴용, 2012).

1) 해방 전 교육과정(~1945년)

근대적 교육기 이전의 우리나라의 교육은 19세기 후반까지의 조선시대의 유교경전 중심의 교육을 대표적으로 들 수 있다. 이후 갑오개혁(1894)을 전후로 하여 근대적 학교의 설립이 이루어졌다. 이후 서양문물을 받아들이기 위한 개화의 수단으로써 관립학교를 설립하여 통역요원을 양성하는 교육과정이 시도되기도 하였으며, 특히 관립학교로서는 최초로 서양의 교육과정을 도입했던 육영공원이 설립되기도 하였다. 또한 이 시기의 대부분의 사립학교는 기독교 정신을 바탕으로 포교와 개화를 목표로 한 사립학교들을 통해서 서구식 교과를 소개하고 가르치게 되었다.

2) 해방 이후부터 1차 교육과정기

1945년 8월 15일 광복 후, 우리나라의 교육과정은 미군이 남한에 진주하면서 생긴 미군정청 학무국(1945~1948)의 관할하에 10개 분과 100여 명의 한국인으로 구성된 '교육심의회'를 통하여 일제식민지 교육제도에서 탈피한 학교교육제도의 기초를 다지기 시작했다. 이 심의회에서 '홍익인간'의 교육이념이나 6-3-3-4의 학제가 정해졌고, 그 이후 지금까지 우리나라의 학제로 자리 잡게 되었다. 이후 교수요목제정위원회가 구성되어 학교급별로 교수요목을 제정하였으며, 그에 따라 교과시간 배당표의 작성이나 교과서 편찬 등의 작업이 이루어졌다. 이 시기는 크게 교수요목기와 제1차 교육과정기로 나눌 수 있다.

(1) 교수요목(Syllabus)기(1945~1955년)

교수요목은 오늘날의 교육과정의 초기 모형으로써 다음과 같은 특징을 가지고 있었다(문교개관, 1958).

- 교과의 지도내용을 상세히 표시하고 기초능력을 배양하는 데 주력한다.
- 분과주의 교과를 통해 체계적인 지도, 지력(智力)의 배양 등에 중점을 둔다.
- 애국애족의 교육을 강화하며 일본잔재를 제거하는 데 노력한다.

1946년 6월 교과목 편제와 시간 배당표에 대한 수정된 내용이 발표되었다. 이후 대한민국 정부수립(1948) 후 교육법(1949)이 최초로 제정되었고, 이 교육법을 통해 교육이념, 목표, 제도, 행정조직, 재정, 교원교육 및 장학 등의 규정이 만들어졌고, 이러한 규정에 의거 학교교육이 실행되었다.

(2) 1차 개정 교육과정기(1955~1963년)

당시 문교부는 새로운 교육목표 및 교육과정을 구성하기 위해 '교수요목제정 심의회규정'을 공포(1950년)하였으나 한국전쟁으로 중단되었고, 한국전쟁의 혼란을 극복해 나가면서 초, 중, 고, 사범학교의 교육과정에 있어서 '시간배당 기준령'이 공포(1954년 문교부령)되었고, 이를 바탕으로 1955년에 각급 학교 교과과정이 제정・공포되었는데, 이것이 우리나라 최초의 교육과정에 대한 체계적인 성문화된 규정이었다. 이 시기는 '새교육 운동'이라는 이름하에 미국 교육사절단 및 Peabody 사범대학 교수단의 영향으로 미국의 아동중심, 경험중심 교육과정이 소개되기 시작했고, 분과주의를 탈피하여 전인적이고 통합적인 인격양성을 위한 교육을 지향하면서 현재에 '도덕' 과목에 해당하는 '도의' 교육이 당시의 시대적 요구로서 강화되었다. 또한 '특별활동'이 교육과정의 한 영역으로 설정되기도 하였다. 한마디로 1차 교과과정기의 특징은 교과중심체제, 신보수의 교육사조 수용, 전인적, 통합적 인격형성 지향, 반공・도의・실업교육 강조, 그리고 교수요목, 교과과정, 교육과정 개념의 혼용기였던 점을 들 수 있다.

교과과정 작성의 기본 태도(김종철 외, 1974)

- 현실 생활개선 향상을 위한 포부와 이념의 포함
- 교육목적의 구체적 분석과 구현방도로서의 계획
- 학생의 심신발달과정과 생활 이상에 맞도록 교육과정 내용 배열
- 교육과정 내용의 수와 양을 최소한으로 제한
- 전인적이고 종합적인 내용으로 학생의 각 방면의 욕구를 고루 충당
- 우리나라 특수성에 비추어 반공, 도의, 실업교육 강조 및 각 지역의 특색 구현
- 풍부한 재료단원 포함

3) 2차 개정 교육과정기(1963~1973년)

이 시기는 본격적으로 '교육과정'이라는 명칭이 사용되기 시작하였고, 경험중심 교육과정의 영향이 교과내용을 조직하는데 충실히 반영되었다. 아동중심, 경험중심 교육은 학교와 지역사회(향토사회)와의 교육적 연계를 강조함으로써 '향토학교 운동'을 강조하기도 하였다. 또한 쿠데타에 의해 정권을 잡은 박정희 정권(제3공화국)은 새로운 정권의 정당화를 위해 반공, 도덕의 이념을 하나의 교육과정 영역으로 새롭게 설정하면서 교육과정이 교과활동, 반공·도덕, 그리고 특별활동의 세 영역으로 구성되었다. 한편, 고등학교 교육과정에 처음으로 단위제가 도입되었고, '과정'개념을 바탕으로 인문과정, 자연과정, 직업과정, 예능과정 등의 트랙형 교육과정을 시도하기도 하였다.

4) 3차 개정 교육과정기(1973~1981년)

이 시기의 교육과정은 국민교육헌장 공포(1968년), 성장위주의 경제개발, 10월 유신(1972년) 등의 시대적·정치사회적 배경이 반영된 교육과정이었다. 결과적으로, 반공, 도덕, 국사 교과가 독립되어 강조되었으며 이를 통해 민족 주체적인 가

치관 확립이나, 국민정신교육 및 인간교육 등이 강조되었다. 또한 지식・기술교육의 쇄신 등을 강조함으로써, 지식의 구조를 강조하고 발견학습을 권장하는 학문중심 교육과정이 도입되어 각 교과별 최신의 이론과 지식이 소개되기 시작하였다. 한편, 고등학교의 경우 '자유선택교과목' 신설되기도 하였으나, 전반적으로 학문중심을 강조한 나머지 학습내용이 과다해지거나 아동의 흥미와 무관한 교과목 위주의 분과교육이 이루어졌고, 결과적으로 전인교육은 도외시되었다.

5) 4차 개정 교육과정기(1981~1987년)

이 시기의 교육과정 개정의 방향은 제5공화국 출범에 따른 교육 개혁 조치(1980년)들을 반영한 결과였다. 전문적인 교육연구기관인 한국교육개발원이 설립되어 교육과정 개혁을 주도하였고, 최초로 초등학교 1, 2학년에서 교과의 통합(슬기로운 생활, 즐거운 생활, 바른 생활)을 모색하여 통합 교육과정이 도입되게 되었다. 즉, 종전에 교과별로 분리하여 가르쳤던 것을 관련 교과끼리 통합하여 수업할 수 있도록 교과별 시간배당을 묶어놓았다. 또한 중학교에 '자유 선택 과목'을 신설하기도 했으나, 학교 현장에서 실질적인 효과를 거두지 못했다.

6) 5차 개정 교육과정기(1987~1994년)

5차 교육과정 개정안에서는 지식의 팽창과 과학발전에 따른 고도 산업화 및 정보화, 국제관계의 변화, 자유민주주의 사회의 기반조성이라는 사회적 요구에 부응하여 다음과 같은 사항들이 강조되었다

- 학생들의 기본적인 학습기능을 중요시함
- 교과목 및 내용 간의 통폐합을 시도함
- 학습내용의 양과 수준에서 적정화를 꾀함
- 학생의 선택범위를 확대하고 학교의 교육과정 운영상의 자율성을 확대함

- 다양한 교수, 학습자료의 개발을 시도함
- 교육평가에서 다양한 평가원의 확보를 도모함
- 형식화되어 부실하게 운영되어 온 특별활동의 정상화를 도모함
- 지역에 교육과정 개발의 권한을 일부 부여함으로써 교육과정의 지역화를 꾀함
- 1교과 다교과서 체제 도입(예 산수 교과: 산수, 산수익힘책 / 바른생활 교과: 바른생활, 바른생활이야기)

하지만 5차 교육과정은 다음과 같은 문제점들을 안고 있었다(신동로, 2009).

- 교육과정 결정의 중앙집중성
- 교육과정 구조의 경직성 및 획일성
- 교육내용의 부적합성(내용적으로 시대적, 학문적 부적합 요소가 다수 발견됨)
- 교육과정 목표달성의 비효율성
- 교육과정 편성, 운영의 폐쇄성, 경직성

7) 6차 개정 교육과정기(1995~1996년)

6차 교육과정은 5차 교육과정과 연계를 유지하면서 21세기를 주도할 건강하고, 도덕적이고, 자주적이며, 도덕적인 한국인의 육성을 기본방향으로 하고 있다. 이 시기 교육과정의 특징은 다음과 같다.

- 중앙 집중적인 교육과정을 지방분권형 교육과정으로 전환하여 고등학교 교육과정에서 교육과정 결정의 분권화를 시도함으로써, 과정별 필수과목은 시·도 교육청이 지정하고 과정별 선택과목은 각 고등학교에서 선택하도록 하였다.
- 교육과정을 '교과', '특별활동', '학교 재량시간'의 3대 영역으로 편성하였다.
- 구조의 다양화를 꾀하였다는 것이다. 교육과정 구조의 다양화와 관련한 구체적인 예들을 몇 가지 들면, 초등학교 '산수'교과의 명칭이 '수학'으로 변경되거나, 중학교에 선택교과제(한문, 컴퓨터, 환경)가 도입되었고, 중학교 '국사'와 '사

회'가 통합하여 '사회'교과로 전환되거나, 이수 내용(실업, 가정)에 따른 남녀 성차별 철폐하였고, 보통교과(70과목) 중 공통 필수과목 10과목만을 교육부가 지정하고 나머지는 선택교과로 전환하는 것을 들 수 있다. 또한 교육과정의 적정화 및 효율화를 꾀하거나, 교육방법 및 평가를 중시하게 된 것을 그 특징으로 꼽을 수 있다.

8) 7차 교육과정기(1997~2008년)

7차 교육과정 개정안의 가장 큰 특징은 '국민공통 기본 교육과정'의 도입을 들 수 있다.

- 국민공통 기본 교육기간(초 1~고 1) 동안 10개의 필수과목을 설정하여 이를 의무적으로 학습하는 것이 그 기본개념이다.
- 국민공통 기본 교육과정은 교과재량활동, 특별활동으로 편성한다.
- 교과는 국어, 도덕, 사회, 수학, 과학, 실과(기술・가정), 체육, 음악, 미술, 외국어(영어)로 한다. 단, 초등학교 1, 2학년의 경우 국어, 수학, 바른생활, 슬기로운 생활, 즐거운 생활 및 우리들은 1학년으로 한다.
- 재량활동은 교과 재량활동과 창의적 재량활동으로 한다.
- 특별활동은 자치활동, 적응활동, 계발활동, 봉사활동, 행사활동으로 한다.

또 하나의 특징은 학생들의 능력수준에 따라 교육의 내용이나 방법을 달리 하여, 교과를 세 가지 형대로 구분하는 '수준별 교육과정'이다.

단계형은 교과의 내용 요소 간의 위계가 분명하여 이전 학습에서의 결손이 이후 학습에 큰 영향을 미칠 것으로 예상되는 과목에 적용하므로, 대표적으로 수학이나 (중등)영어에 적용할 수 있다. 심화・보충형은 내용 요소 간의 위계가 그다지 분명하지 않은 국어, 사회, 과학, (초등)영어에 적용하게 된다. 기본 내용, 심화 내용, 보충 내용으로 구성하는데, 기본 내용을 공통으로 가르치고 학생들의 이해 정도에 따라 심화 내용이나 보충 내용을 가르치는 것을 뜻한다. 과목선택형은 다양한 종류의 교과목들을 개설, 고등학교 2~3학년 과정에서 편성, 운영하는 것이다. 동일 교과에서 위계가 다른 여러 과목을 제시한 다음 자신에 수준에 맞는 교과목을 선택하는 것이다.

아울러 7차 교육과정은 교과 재량활동(중등학교의 선택과목 학습과 국민공통 기본교과의 심화, 보충학습을 위한 것)과 창의적 재량활동(학교의 독특한 교육적 필요, 학생의 요구 등에 따른 범교과 학습과 자기 주도적 학습을 위한 것)을 제시한 것이 특징이다.

9) 8차 개정 교육과정기(2009~2010년)

교육과정 수시 개정체제가 도입(2003년 10월)된 후 앞으로는 기존의 전면적 일시 개정의 문제점을 근본적으로 극복하고자 필요할 때면 언제든지 일정한 절차를 거쳐 부분적으로 개정이 가능한 체제로 전환하게 되었다. 특히 교육과정 개정과정에 있어서 현장교원이나 학부모 등의 참여기회를 확대하기 위하여, 교육과정심의회의 조사 및 연구기능을 강화하고, 상설 운영되도록 하였다.

8차 교육과정 개정의 기본 방향 및 골자는 7차 교육과정의 내용이 분량이 많고 수준이 높다는 문제제기를 바탕으로 교육내용의 양과 수준을 적정화하여 학습분량을 축소하도록 하였고, 주요 변경 내용은 수업시수의 일부를 조정하고, 과학·역사 교육을 강화하였으며, 단위 학교의 재량권 확대하고, 고등학교 선택중심 교육과정의 문제점을 개선한 것이다.

10) 2009 개정 교육과정기(2011~2016)

2010년 12월에 부분개정(교육과학기술부 고시 제2009-41호/2009. 12. 23. 확정발표)된 교육과정은 흔히 '미래형교육과정'으로 불리운다. 이 미래형 교육과정의 특징은 창의와 인성교육을 강조하고, "하고 싶은 공부, 즐거운 학교"를 표어로 하고 있다. 주요 개정내용을 보면, 학년군, 교과군 집중이수제(학기당 이수과목을 8개 이하로 축소)를 도입하였고, 창의적 체험활동을 강화하는 창의인재를 양성하는 교육을 지향하고 있으며, 고등학교에서 기초교육(국영수)과 탐구영역(사회, 과학), 선택집중 교육(체육예술, 생활교양)을 분리하고, 특히 모든 학교가 특성화된 교육과정을 운영할 수 있도록 허용하였다(교육과정특별연구회, 2009).

11) 2015 개정 교육과정기(2017~)

'2015 개정 교육과정'은 모든 학생들이 인문 · 사회 · 과학기술에 대한 기초 소양을 함양하여 인문학적 상상력과 과학기술 창조력을 갖춘 창의융합형 인재로 성장할 수 있도록 우리 교육의 근본적인 패러다임을 전환하고자 하는 교육과정이다. 특징은 '통합사회', '통합과학' 과목을 신설한 것과 핵심역량을 기르는 교육과정, 과정중심의 평가의 확대, 문 · 이과 구분 없이 인문 · 사회 · 과학기술에 관한 기초 소양을 갖출 수 있으며, 진로와 적성에 따라 다양한 '선택과목'을 이수할 수 있도록 한 것이다. 예술 · 체육 교육을 통해 감수성 및 정서 교육 협동과 배려 등의 인성교육을 강화하고, 소프트웨어 교육, 안전 교육을 추가한 것이 특징이다.

이상의 우리나라 교육과정의 변천과정(1차~9차)에 따른 특징을 표로 정리하면 다음과 같다.

〈표 3-2〉 한국 교육과정 변천과정 대비표

교육사조	시기별 특징	교육과정
근대화	개화기(1894~1910)	
식민주의	일제 침략기(1911~1945)	
형식주의	교과중심 교육과정기 교육법제정(1949), 홍익인간 이념, 6-3-3-4제, 일제잔재 청산	교수요목기 (1945~1954)

교육사조	시기별 특징	교육과정
진보주의	새교육운동, 전인교육, 반공도덕교육, 실업교육 특별 활동영역의 독립, 지역성 고려	제1차 개정 교육과정 (1955~1963)
경험중심	박정희정권, 기초학력강조, 고등학교 단위제 자주성, 유용성, 합리성, 지역성 강조	제2차 개정 교육과정 (1963~1973)
학문중심	10월 유신, 국민교육헌장, 새마을운동: 지식의 구조, 탐구수업, 도덕/국사교육, 지식/기술교육, 인간교육강화	제3차 개정 교육과정 (1973~1981)
인간중심	제5공화국(전두환정권): 국민정신교육강화, 전인교육, 진로교육강조, 전인적발달 강조 [교육과정의 적합성]	제4차 개정 교육과정 (1981~1987)
통합교육	교육자치제 시행: 교과 간 연계성, 선택과목 확대, 학교의 자율성 신장, 교육과정의 지역화, 검인정 교과서 확대	제5차 개정 교육과정 (1987~1994)
세계화 교육	문민정부 출범, 신한국창조: 선택교과제 도입, 교육과정 구조의 합리적 조정, 과학기술교육 및 환경교육 강화, 수업시수 축소	제6차 개정 교육과정 (1995~1996)
신자유주의 교육	국민의 정부: 정보화, 세계화, 열린교육, 평생학습사회 '수요자중심' 교육과정기/[국민공통 기본 교육과정], 선택중심 교육과정	제7차 수준별 교육과정 (1997~2008)
소비자 중심주의	교육의 양과 수준 적정화, 교과집중이수제, 고등학교 선택중심 교과 개정	제8차 개정 교육과정 (2009~2010)
미래형 교육	미래형 교육과정: 창의와 인성교육을 강조	2009개정 교육과정 (2011~2016)
핵심역량 교육	문·이과 통합교육과정: 창의융합형 인재, 핵심역량 교육, 안전교육 및 소프트웨어 교육	2015개정 교육과정 (2017~)

요컨대, 최근의 교육과정의 흐름과 변화의 방향은 일정한 시간이 지난 후 그 영향요인에 대한 분석, 교육과정의 성패에 따른 결과, 일선 학교 및 학생들의 반응 등에 비추어 보아 학자들에 의해 다시 정리되고, 그 교육과정 변천사적 의미가 드러나게 될 것이다.

CHAPTER 04

교육과 사회

1. 학교교육과 사회의 관계

1) 교육사회학의 개념

인간은 자신이 속한 사회와 문화적 기반 속에서 성장하고 발전하는 존재이다. 모든 인간은 사회 속에서 태어나 사회의 도움을 받아 성장하고 사회 가운데에서 생활하게 된다. 이처럼 인간 형성을 촉진하는 과정으로서 교육은 사회문화적 토대를 기초로 이루어지기 마련이다. 교육은 그 자체가 하나의 사회적 현상으로 사회구조나 집단으로부터 많은 영향을 받는다. 즉, 교육은 본래 사회성을 전제로 성립되었고, 사회적 맥락 속에서 이루어지기 때문에 교육사회학의 영역이 탄생하게 되었다. 아울러 교육사회학은 사회학적 방법을 통해서 교육현상을 탐구하는 학문이다. 즉, 교육사회학은 교육체제와 교육의 과정에서 발생하는 집단의 관계를 사회학적인 연구에서 성취된 지식, 기술, 방법 등으로 연구하는 학문이다.

교육에 관한 최초의 사회학적 연구는 국가 발전을 위해서는 교육의 역할이 중요하다고 주장한 플라톤(Plato)의 『국가론(*Republic*)』에서 찾아볼 수 있다. 그리고 교육사회학의 체계적 연구는 1883년 워드(Ward)의 『역동적 사회학(*Dynamic Sociology*)』에서 비롯되었다. 워드는 이 책에서 "교육은 만인을 위한 것이며, 그것은 사회적인 필요이다."라고 하며 사회변화의 요인으로 교육의 중요성을 부각시켰다. 이어서 뒤르켐(Durkheim)은 교육사회학의 창시자로서, 종래의 교육사회학 이론을 비판하고 새로운 과학을 확립하였다. 그는 "교육이란 비사회적인 존재를 사회적인 존재로 만들어가는 과정이며, 교육이란 성숙한 세대에 의하여 아직 사회생활에 익숙하지 못한 세대에 주어지는 영향이다."라고 주장하였다. 이렇게 뒤르켐은 교육사회학이 독자적인 학문영역으로 구축되는 데에 지대한 공헌을 세웠다.

1923년에 페인(Payne)의 제창으로 미국 교육사회학회가 창립되고, 1928년에 전문적 학술지인 『교육적 사회학』이 창간되었으며, 1940년 이후 미국 중심의 교육사회학 연구가 전 세계로 확산되었다. 또한 발전방향에 있어서도 교육행정가와 교육자들을 중심으로 한 교육적 사회학(Sociology of Education) 영역, 그리고 1970년대 이후 유럽을 중심으로 한 신교육사회학(New Sociology of Education)의 영역으로 나뉘어졌다(최철용 외, 2009).

2) 교육사회학 이론의 유형

교육사회학 이론들은 크게 보아 거시적 접근과 미시적 접근으로 나누어 볼 수 있다. 거시적 접근이란 사회를 개인과는 독립적으로 존재하는 실체로 파악하여, 사회구조의 분석을 통해 사회의 한 부분인 교육을 설명하고자 하는 입장이다. 이러한 접근법에 따르면 이론들은 개인을 사회의 영향하에서 움직이는 수동적인 존재로 파악한다. 거시적 접근의 유형으로는 기능주의 이론과 갈등이론이 대표적이다. 미시적 접근에서는 인간이 객관적인 법칙의 지배를 받는 수동적인 존재가 아니라, 대상에 대해 어떤 의미를 부여하고 있는지를 파악하여 교육현상을 설명하고자 한다. 미시적 접근의 대표적인 예로 해석적 접근과 신교육사회학을 들 수 있다.

(1) 기능주의 이론

기능주의 이론은 사회학의 아버지로 불리는 꽁트(Comte)와 사회유기체설을 주장한 스펜서(Spencer)에 의하여 이론적 기초가 형성되었고, 뒤르켐(Durkheim)과 파슨스(Parsons) 등에 의해서 체계화되었다.

기능주의가 사회를 보는 시각은 사회의 균형과 질서유지 및 통합적 측면에서 이해하려는 입장이다. 기본적으로 사회의 각 부분은 상호 의존적이며, 각기 다른 기능의 수행을 통해 상호 안정과 통합 유지의 속성을 지닌다고 본다. 어떤 사회체제가 존속하는 데 필요한 기능적 요인을 중시하여 한 사회를 유기체에 비유하고 있다. 즉, 인체는 여러 가지 기관인 부분들로 전체를 구성하고 있으며, 이러한 부분들이 각기 담당하고 있는 기능을 제대로 수행함으로써 인체의 생존과 활동을 가능하게 하듯이, 사회의 각 부분들도 상호 의존적이며, 한 요소의 변화는 다른 요소 및 전체의 변화를 초래한다고 본다.

기능주의는 교육을 크게 사회화의 기능과 선발, 배치적 기능으로 보고 있다.

사회화의 기능은 교육이 현존 사회의 문화와 가치를 유지・전달하기 위하여 사회 구성원들에게 필요한 지식과 기술, 가치관을 전수하는 것으로, 결과적으로 사회 전체의 존속에 필요한 안정과 통합을 유지의 기능을 하는 것이다. 한편, 교육의 선발, 배치적 기능은 사회 구성원들을 각자 개인의 소질과 능력에 따라 적재적소에 배치하고, 이를 위한 공정한 경쟁시스템을 유지하는 기능을 말한다. 기능주의 교육은 이를 위해 개인들의 능력을 증진시키고, 그에 따라 높은 사회적 지위와 보상을 제공하며, 교육을 통한 사회적 계층의 기회를 제공하게 된다.

기능주의에 대한 비판론자들은 기능주의가 인간을 수동적이며 집단에 종속적인 존재로 보면서 기존의 가치나 지식을 신세대에게 전달하는 데에만 집중함으로써 사회 개혁을 이루지 못한다고 비판한다. 또한 학생들 각자의 개성이나 사율싱보다는 집단적 훈련을 중시하고 학력경쟁을 가열화시킴으로 해서 정의적 측면의 인성교육을 소홀히 한다는 점을 지적하고 있다.

기능주의 이론들은 크게 기술기능이론, 인간자본론, 그리고 근대화론으로 구분된다.

첫 번째, 기술기능이론은 1950년대에 클라크(Clark)와 커(Kerr)가 산업사회에 있어 교육의 기능을 설명하기 위해 제시한 이론이다. 기술기능이론은 다음과 같은 관점을 갖는다. 첫째, 학교는 산업사회의 기술 인력을 배출한다. 학교는 산업사회가 요구하는 기술자와 전문가를 양성하여 배출하는 기능을 통해 산업사회의 유지와 발전에 기여한다고 본다. 둘째, 학교는 산업사회의 핵심장치이다. 학교는 산업사회를 지탱하고, 기술사회의 변화에 따라 학교제도가 발달하였다고 본다. 셋째, 고학력사회는 고도산업사회의 결과이다. 기술 수준이 높아지면 그에 상응하는 교육수준도 높아질 수밖에 없으므로 산업사회의 기술 발전에 따라 학력도 높아지게 되었다는 것이다.

두 번째, 인간자본론은 경제학자 슐츠(Schultz)에 의해 체계화된 것으로, 교육은 인간자본에의 투자이며, 인간이 교육을 통해 지식과 기술을 갖추게 될 때 생산성이 증가하여 인간의 경제적 가치가 증가하게 된다고 본다. 교육은 생산성을 증대시켜 높은 임금을 받게 해주므로 계층의 상승이동을 가능하게 해준다고 생각하는데, 즉 학교교육의 임금상승 효과가 누구에게나 동일하므로 교육의 기회가 확대되면 될수록 계층 간 불평등이 줄어들어 사회평등을 이룰 수 있다고 주장한다. 또한 학교교육의 기회를 늘리면 임금 격차를 줄여 계층 간의 소득 격차를 줄이게 해주기 때문에 결과적 평등까지 이룰 수 있다고 본다. 이러한 인간자본론은 교육이 개인의 생산성 증대를 가져올 뿐만 아니라 이를 통해 사회의 경제적 발전을 가져온다는 점을 강조해 교육에 대한 투자를 확대시키는 데 기여하였다.

세 번째, 근대화론은 1950년대에 출현한 이론으로 세계대전 후 복구와 사회발전에 대해 낙관적 전망을 가진 학자들에 의해 전개된 이론으로 사회심리학자인 맥클랜드(McCelland)에 의해 체계화되었다. 근대화는 대다수의 사람들이 지니고 있는 가치관에 기인하며, 사회·경제적 발전을 이루기 위해서는 개인에게 근대적 가치와 행위가 전수되어야 한다고 한다. 따라서 학교교육은 태도, 가치관, 신념 등의 사고방식에 영향을 주어 근대적 행동양식을 터득할 수 있도록 해줌으로써 근대화에 기여한다는 것이다.

(2) 갈등이론

갈등이론은 마르크스(Marx)와 베버(Weber)의 이론과 사상에 지적인 근원을 두고 신마르크스주의자들(neo-Marxists)에 의해 활발히 진행되었고, 이론적 발전은 다렌도르프(Dahrendorf), 밀러(Miller), 코저(Coser) 등에 의해 이루어졌으며, 1960년대와 1970년대를 거치면서 그 세력을 확장하였다.

갈등이론은 기본적으로 기능주의에 대한 비판에서 출발한다. 갈등주의자들은 사회의 본질을 갈등과 변동, 강압의 과정으로 이해하며, 사회는 계속적인 사회 구성원 간의 세력 다툼, 이해의 상충, 지배자의 압제와 피지배자의 저항, 끊임없는 불안정과 변동을 일으키고 있다고 본다.

따라서 기능주의와 마찬가지로 거시적 관점을 취하나, 학교와 사회를 비관적, 부정적으로 보며, 주 관심사는 교육의 기능을 밝히려는 것이 아니라 사회적 불평등이 학교교육을 통하여 어떻게 강화·유지되는가에 초점을 두고 있다.

갈등이론의 교육적 관심사는 교육의 불평등과 불공정성을 파헤치고 사회적 불평등이 현행 학교교육을 통하여 어떻게 강화·유지되는가를 밝히는 것이다. 갈등이론의 관점에서 교육은 지배집단의 권익을 정당화하고 주입하여 기존 지배계층의 구조를 영속화하고 재생산하는 도구적 기능을 수행하며, 학교는 지배계층의 이익을 영속화하거나 재생산하는 지적 무기이다. 또한 지배집단의 가치체계인 이데올로기를 학생들에게 강제적으로 사회화시키는 역할을 하고, 교육과정은 지배집단의 이데올로기를 수용하여 사회에 실재하는 불평등, 빈곤, 부정 등을 교묘하게 위장하여 지배집단의 가치를 맹목적으로 받아들이게 하며, 교육제세는 사회의 구조적 불평등을 유지하는 기능을 한다고 본다.

갈등이론은 학교와 사회의 모순과 기본적 문제를 명확하게 지적하고, 학교제도의 문제점을 학교와 사회와의 관련 속에서 찾음으로써 비판적 관점에서 교육현상을 바라보는 데 도움을 주었지만, 동시에 갈등과 세력 경쟁을 지나치게 강조하고, 개인의 의지나 자율성보다는 사회적 조건의 영향력을 지나치게 크게 보았다는 점이 지적받고 있다. 또한 경제적 조건에 의해 교육이 결정된다는 경제적 결정론을 신봉하고, 사회구조를 지배계층과 피지배계층의 지배구조로 양분하는 것이 사회의 본질을 왜곡한다는 지적도 있다.

갈등이론의 하위 이론들에는 경제적 재생산론, 문화적 재생산론, 헤게모니 이론, 저항이론, 교육의 자율성 이론 등이 있는데, 이를 각각 간단히 정리해보자.

① 경제적 재생산 이론

경제적 재생산 이론(Economic reproduction theory)의 출발은 보울스와 긴티스(Bowles & Gintis) 공저인 『자본주의 미국의 학교교육』(1976)에서 미국 자본주의 발달과정에서 학교가 담당한 불평등 재생산 기능을 체계적으로 설명하며 등장하였다. 이 이론은 불평등의 근원이 경제제도의 구조적 측면에 있다고 보고, 학교를 지배계급의 이념과 이 이념에 근거하여 구성된 지식을 재생산하며, 노동의 사회적 분업을 재생산하는 데 필요한 기술을 분배하는 곳으로 규정한다. 또한 학교는 자본주의 생산시스템을 유지하기 위하여 노동력과 기술을 제공하고 생산관계의 각 수준에서 요구되는 적절한 직무 성취를 위해 필요한 기술적·인지적 기능을 학습시키고, 위계적 지위에 적합한 인성을 만들고, 보상하며, 고착시키는 단순한 기능을 하고 있다고 보고, 결과적으로 사회의 경제적 불평등이 학교교육을 통해서 재생산되고 재분배된다는 점을 비판하고 있다.

② 문화적 재생산 이론

문화적 재생산(Cultural reproduction) 이론은 부르디외(Bourdieu)의 대표적인 저술인 『교육, 사회 및 문화적 재생산』(1978)에서 학교를 문화적 지배를 재생산하는 장치로 설명함으로써 제시되었다. 보울스와 긴티스(1976)의 경제적 재생산 이론이 경제적 측면에만 초점을 맞추었다면, 부르디외(1981)는 문화적 재생산 이론을 통해 경제적 재생산 이론의 한계를 극복하고 경제적 측면 이외의 문화적 요인이 어떻게 교육을 통해 사회의 불평등 구조를 재생산하는가를 설명하고자 했다. 부르디외(Bourdieu)는 "학교교육이 어떻게 사회적 불평등을 영속화시키는가?"라는 질문에서 출발하여, 특권계급의 문화가 두드러져서 계층 간 사회문화적 차이를 강화시키고 있다고 보고, 또한 학교교육을 통해 학문지식적 위계가 사회적 위계로 재생산되고 있다고 주장하였다.

이 이론의 핵심개념은 문화자본(cultural capital)과 아비투스(habitus)인데, 문화자본이란 학업성취를 촉진시키는 사회적으로 물려받은 언어적 능력과 문화적 능력을 의미하는 것으로 사회적으로 결정된 취미, 지식, 언어 형태, 능력 또는 사회로부터 불공평하게 배분된 앎의 형태를 의미한다. 그는 문화자본(Cultural capital)이라는 개념을 사용하여 재화처럼 문화적 가치가 생산, 유통, 가치화된다고 보고 그 대표적인 예로 언어능력과 문화적 능력을 들었다. 즉, 사회계층 간에 언어와 문화적 능력 같은 문화자본이 불평등하게 분배되고, 이는 사회계급적 불평등으로 이어지게 된다고 보았다. 즉, 지배집단은 권력의 힘으로 자신들의 문화자본을 보편화시키고 학교교육의 내용은 지배집단의 문화를 중심으로 구성되어 피지배계급의 아동들은 학습내용을 이해하는 데 어려움을 겪거나 학습활동이 위축되어 결과적으로 문화자본을 더 많이 상속받은 중상류 계층의 학생들과의 경쟁에서 밀리게 되는 것이다. 이러한 경험의 축적에 따라 학생들은 주관적인 포부/희망의 결정과정에 있어서도 자신들의 문화적·사회적·경제적 현실의 객관적 한계에 맞추게 되어, 교육은 결국 지위의 불평등을 재생산하는 수단으로 전락하게 되는 것이다. 그는 교육과정이 기본적으로 문화적 재생산의 도구이며, 교육내용은 지배계급에 유리한 내용이 우선시되어 가르쳐지고, 수업방법 또한 문화자본을 소유한 부유층에 유리한 수업방식이나 시험제도를 통해 학습이 이루어진다고 주장하였다. 요컨대, 사회계급구조와 교육의 선발기능 간에는 밀접한 관계가 있으며, 학교 밖의 사회활동에서도 이러한 구별된 사회계층 및 지위집단을 상징해 주는 수많은 문화적 양상 등이 빈번하게 된다고 설명하였다.

요컨대, 문화적 재생산론자들은 자본주의 경제의 생산관계가 그대로 학교교육에 반영되어 재생산된다고 보는 경제결정론의 한계를 넘어서, 고등교육과 사회계층구조 간의 관계를 분석하여 교육이 계층 간의 문화적 · 사회적 간격을 강화함으로써 사회계급 구조를 재생산하는 학교교육의 문화적 역할을 강조한다. 즉, 자본주의 사회가 경제적 모순에도 불구하고 자연스럽게 유지되는 이유를 지배계급이 선호하는 문화를 학교교육에 투입시켜 불평등한 사회적 관계를 정당화하고 있다는 점에서 찾고 있는데, 따라서 학교교육은 지배계급이 선호하는 문화영역을 통해 계급적 불평등을 유지하고 심화시키는 재생산적 기구라고 본다.

③ 헤게모니 이론

문화적 헤게모니 이론(Cultural hegemony theory)을 이해하기 위해서는 헤게모니와 이데올로기의 개념을 이해할 필요가 있다. 헤게모니는 한 국가나 사회 집단이 다른 집단에 비해 정치적 군사적 지배력을 가지고 있는 상태를 의미하는 헤지몬(hegemon)의 개념에서 출발했다가, 19세기에 이르러 이 개념은 한 집단의 사회적 문화적 지배력을 지칭하는 의미로 확장되었다.

이탈리아 마르크스주의자인 그람쉬(Gramsci, 1971)는 심각한 경제 위기가 노동자들을 자동으로 혁명가로 만들 것이라는 마르크스주의의 "결정론적" 해석을 거부하고, 왜 노동자들이 자신들에게 적대적인 체제를 점차 받아들이게 되는가를 연구한 끝에, 지배계급이 자본주의만이 최상의 사회 운영 방식이라고 노동자들을 설득하는 방식을 문화적 헤게모니 이론을 통해 설명하게 된다. 그는 지배계급이 교회 · 학교 · 언론 · 정당뿐 아니라 심지어 노동조합 같은 제도도 포함한 시민사회의 구조들을 통해 '지적 · 도덕적 지도력'을 유지하고 있다고 설명한다. 이 제도들이 모두 자본주의를 지키는 '강력한 성채와 보루 체계'로 기능하면서, 자본주의를 지지하는 지배계급의 사상이 자연스러운 '상식'이 되도록 만들며, '노동자가 아니라 기업주가 부를 창출한다'거나 '사회복지를 주장하는 사람들은 게으르다'와 같은 주장들이 설득력을 얻게 하고, 자본주의를 폐지하면 대혼란에 빠지거나 전체주의가 득세한다는 주장들을 사람들이 믿게 만드는 것이다. 헤게모니의 행사방식은 흔히 강제와 동의의 보완적 결합에 의해 이루어지고, 이러한 지배계급의 헤게모니 덕분에 정부나 기업은 자연스럽게 시민이나 노동계급을 계속 지배할 수 있게 된다고 본다. 그람시(Gramsci)가 헤게모니의 이론은 계급지배가 강압적인 힘의 사용만이 아니라, 전체 사회에 대한 지적·도덕적 지배를 구축할 수 있게 만드는 이데올로기적으로 흡인력, 즉 대중들의 지배계급의 세계관과 주장에 대한 합의에 의한 것임을 강조한다. 헤게모니 개념을 통해 자본주의 사회의 계급적 모순(예 하류층이 지배계층에 이득이 되는 주장을 계속 지지하는 현상)을 극복하기 위한 실천적 대안이 있어야 한다는 것이다. 그람시는 마르크스 사상을 사회와 역사에 대한 비판으로 받아들이면서 의식의 실천을 강조하는데, 그 실천의 한 가지 방법이 생산 양식, 생산과 소유관계, 사상과 제도, 삶의 방식을 변형시키는 인간의 참된 존재실현을 위한 실천으로써 정치적 행동을 하는 것이라고 본다.

요컨대, 헤게모니를 가진 지배계급의 세계관과 문화적 인식을 피지배계급이 자연스럽게 수용하게 된다는 것이고, 이러한 헤게모니가 진리이자 올바른 시각이라고 사람들로 하여금 믿게 만드는 모든 담론들(discourses: 사상, 주장, 생각들)이 이데올로기(ideology)이다.

- 헤게모니(Hegemony): 피지배계층이 지배계층의 문화를 자연스럽게 수용토록 만드는 관습, 문화 등의 제도화된 규칙(=일상생활과 사회의식에 깊이 스며든 지배집단의 가치체계)
- 이데올로기(Ideology): 사회적 실천에서 구체화되면서 헤게모니를 유지시키는 생각, 주장, 신념, 논점, 사고체계 등

한편, 애플(Apple)은 현대사회에 세 가지 이념이 사회를 지배하고 있다고 주장하는데, 첫째, 사회발전이 과학 및 산업의 발달에 크게 의존하고 있다는 생각(과학주의이념), 둘째, 경쟁시장을 통해 개인의 능력이 최대로 실현될 수 있다는 생각(경쟁주의 이념), 그리고 셋째, 훌륭한 개인이란 상품이나 서비스를 생산하는 데 기여하고, 이를 또한 잘 소비해 주는 역할을 하는 소비자가 되어야 한다는 생각(자본주의 이념)이 그것이다. 애플은 이러한 이데올로기의 생산과정에서 전문적이고,

생산적 지식을 많이 만들어내는 대학과 같은 고등교육기관이 결정적인 역할을 하고 있다고 지적한다. 한편으로 이러한 사회지배적 이데올로기를 이해하는 데 있어서, 노동계층, 사회적 소외계층, 미성년/청소년 계층이 어떠한 저항, 순응을 하고 있는지를 같이 이해할 수 있어야 한다고 지적하였다.

이러한 헤게모니 이론은 현재 교육학을 이끌어가는 핵심 이론/세계관 중의 하나인 비판적 교육학(Critical Pedagogy)의 출발이 되는 것으로, 비판적 교육학은 현대 사회의 교육문제들이 갖고 있는 물질주의, 경쟁주의, 비인간화, 소외, 양극화, 후기식민주의, 포스트모더니즘 등의 문제들이 갖는 원인에 대한 비판과 그 대안적 방안을 제시하는 하나의 중요한 관점으로 활발히 논의되고 있다.

④ 저항이론

저항이론(Resistance theory)은 비판이론(critical theory)과 거의 유사한 이론이다. 저항이론은 학교가 자본주의 생산양식을 반영하는 곳이며, 아동은 이러한 교육을 받아들이기만 하는 수동적인 존재라는 재생산 이론의 한계를 극복하면서, 학교의 상대적 자율성과 아동의 능동성에 주목한다. 저항이론은 비행이나 일탈과 같이 부적응의 측면에서 해석되던 사회적·경제적 소외계층 학생들의 행위들을 보다 적극적이고 주체적인 저항의 몸짓으로 해석하고자 한다. 저항이론은 영국의 윌리스(Willis)가 한 문화기술연구에서 처음 제시되어, 지루(Giroux), 아론위츠(Aronwitz), 애플(Apple) 등에 의해 이론적으로 더욱 발전하였다. 윌리스는 학교가 자본주의 사회에서 수행하는 재생산 기능은 인정하지만, 재생산이 일방적인 것도 아니며, 그 안에 반대의 요소를 내포하고 있다는 사실을 지적하였다.

⑤ 교육의 자율성 이론

교육의 자율성 이론은 뒤르켐(Durkheim) 이론의 계승자인 번스타인(Bernstein)에 의해 제안된 관점으로 학교체제가 사회·경제적 힘으로부터 어느 정도 자율성을 갖고 있느냐를 구조적이고 체계적으로 설명하고자 하였다. 그는 교육제도를 통하여 경제적 재생산과 문화적 재생산이 어떻게 상호 간에 영향을 주고 갈등을 일으키면서 진행되는가를 밝히는 데 초점을 맞추었는데, 교육 상황을 결정하는 외부로부터 주어지는 힘인 사회적 통제와 교육 내부의 자율적 통제력을 구분하면서, 외부 요인이 교육현상에 미치는 영향과 학교교육 주체들이 보일 수 있는 자율성 간의 관계를 규명하고자 하였다.

(3) 신교육사회학

신교육사회학이 등장하게 된 것은 영국에서의 1960~1970년에 걸친 과감한 교육개혁정책 때문이다. 처음에는 영국 사회의 역사적으로 계속되어온 계급적 불평등을 해소하기 위해 복선학제 대신에 보다 평등적인 단선제로 전환하고, 의무교육을 중등교육으로 확대하거나, 빈곤층 학생들에게 복지혜택을 제공하는 등의 교육제도를 개선하여 서민층의 교육기회를 확대하는 정책을 추진하였다. 하지만, 그러한 교육정책 개선의 효과가 나타나지 않자 일부 학자들을 중심으로 사회 불평등의 근본 원인이 단순한 교육정책의 문제가 아니라 전체 사회의 구조적 불평등이 교육에 그대로 반영되었기 때문이라는 입장이 생겨났는데, 이것이 기존의 구조기능주의적 교육사회학의 입장이다. 대신 신교육사회학은 그러한 구조적 불평등이 보다 미시적으로 학교 안에서 어떤 현상과 상호작용으로 나타나는가를 세밀하게 분석하는 데 집중한다.

신교육사회학적 접근은 학교 내부의 문제, 즉 교사와 학생의 상호작용, 교육과정, 지식의 사회성, 교사의 평가기준에 관심을 갖고, 가치의 문제를 민감하게 다루고, 주관적 이해와 이데올로기와 같은 내부적 요인을 강조한다. 아울러 교실이나 학교생활에서의 상호작용을 중시하여 교사와 학생, 교사와 교사, 그리고 교사와 학부모 및 지역사회의 요인들 간에 이루어지는 상호 관련성과 영향에 관심을 가짐으로써 학교교육의 내적 과정에 대한 현상학적 접근과 해석학적 관점을 수용한다. 신교육사회학의 가장 중요한 영역으로 대두된 분야가 교육과정의 사회학으로 교육과정을 기존 사회지배계층의 이해관계를 반영하여 지배집단의 이권을 세대에 걸쳐 유지시켜 주는 내재적·실질적 도구로 파악하고 비판적으로 분석하였다.

대표적인 학자가 번스타인(B. Bernstein)과 영(M. F. Young)이 있다. 영은 지식이 고정적이고 불변하는 것이 아니라 사회구조에 의해 내용이 선정되고 조직되는 사회적 구성물에 불과하다고 주장하면서, 지식의 계층화와 사회에서의 가치 및 보상 간의 관계를 밝히려 하였다. 또한 지식은 사회적 계층을 반영하는 사회적 산물이므로 그에 따라 계층화되어 각각의 지식에 다른 사회적 평가가 부여되고, 그 지식을 소유하게 됨으로써 얻게 되는 사회적 보상도 달라진다고 보았다. 예를 들어, 높은 지위가 부여되는 지식은 상류계층의 이해가 반영된 것이므로 상류층의 학생들이 높은 성적을 내게 된다는 것이다. 그런 의미에서 기존의 교육과정은 현 사회계층 구조를 유지하는 데 협력하고 있는 것이라고 주장하였다.

번스타인은 사회언어학적 입장에서 학교 내부의 불평등 문제에 접근하여 계층의 언어 사용 형태가 학업성취의 차이를 가져온다고 보았다. 언어는 지식을 매개하는 중요한 수단이므로 학업성취와 밀접한 관계가 있는데, 학교에서 사용되는 구어 형식은 정련된 어법이므로, 노동계층의 학생들은 중산계층의 학생들보다 학업성취가 낮을 수밖에 없다. 즉, 학교의 교육과정은 지배집단의 어법을 수용하여 지배집단 자녀들의 학업성취를 유리하게 함으로써 기득권을 유지하는 데 기여한다고 주장하였다.

신교육사회학은 지식이 생성되고 학교교육을 통해 전달되는 과정을 통한 지배와 억압의 구조를 파헤침으로써 교육과 사회 불평등에 대한 이해의 폭을 넓혔다. 또한 교육제도와 기능중심의 거시적 교육사회학을 교육내용과 과정, 그리고 학교 내부 작용에 관심을 두는 미시적 교육사회학으로 변화시켰고, 질적 연구를 강조해 양적 연구로부터 벗어나도록 하였으며, 사회 불평등에 관한 연구에서 개인주의적이고 능력주의적인 분석을 비판하고, 역사적이고 구조적인 분석에 비중을 두었다.

하지만 신교육사회학은 커리큘럼 안에 이데올로기가 내재되어 있다고 보았는데, 그 이데올로기의 원천에 대한 분석과 논의는 시도하지 못하였으며, 교육문제에 대한 해결방안은 제시하지 못하고 있고, 장기적인 연구방법론에 의존함으로 인해 학급 장면에서의 즉각적 상황에 대한 통제와 변화에 대한 처방은 내리지 못하고 있다(최철용 외, 2009).

3) 교육의 사회적 기능

(1) 문화와 교육

① 문화의 교육적 역할

문화(culture)란 한 사회의 구성원들이 학습을 통해 공통적으로 갖게 되는 가치, 신념체계와 지식, 행동양식 등을 포함하는 생활양식의 총체를 의미한다. 이러한 문화가 사회 속 구성원들에 대한 교육에 기여하는 역할은 다음과 같다.

첫째, 문화는 인간의 사회적 행동의 방향과 방법을 제시하는 기능을 한다. 문화를 구성하는 가치관, 신념, 태도 등은 사회의 구성원들에게 사회적 행동의 방향과 방법을 제시하는 기능을 한다. 둘째, 문화는 사회에의 소속감, 결속력, 동질성 등을 갖게 하여 공동체의식과 정체감을 높인다. 문화는 사회 구성원들에게 같은 언어, 사고 감정 등의 행동양식과 생활양식을 갖게 하여 사회 구성원으로 하여금 동질성을 느끼게 하고 같은 사회 구성원으로서 소속감을 갖게 하며, 결속력과 응집력을 형성하게 한다. 셋째, 문화는 구성원의 욕구를 충족시키고 그 성격과 능력을 향상시키는 구실을 한다. 문화는 인간의 생리적 욕구를 충족하게 하는 방법과 내용뿐 아니라 다양한 사회적 욕구의 충족 방향과 방법을 제시해 준다. 뿐만 아니라 성격, 인격, 능력 등의 향상을 위한 내용과 방법을 제공해 주기도 한다. 넷째, 문화는 인간을 자유롭게 함과 동시에 구속하고 통제하기도 한다. 문화는 인간이 누릴 수 있는 자유의 범위를 넓혀주고 있으나, 인간의 다양한 욕구를 충족하면서 공동생활을 영위할 수 있게 하기 위하여 규범, 규칙, 질서 등의 통제를 가하고 있는 것이다.

한 사회 속에서 성장하는 개인들에게는 그 사회의 문화적 규범을 습득하기를 기대한다. 이러한 사회의 문화가 그 사회의 구성원인 개인에게 행동할 것을 기대하고 요구하는 것을 문화적 기대(cultural expectation)라고 한다. 이 문화적 기대는 구성원들에게 사회통제의 기능을 수행하기도 하는데, 뒤르켐(Durkheim)은 이를 '문화의 구속'이라고 불렀다. 문화적 기대의 유형은 의무적으로 따라야 하는 것으로 기대에 어긋났을 때 제재가 따르는 강제적 기대, 개개인이 선택의 자유를 갖고 행동할 수 있는 임의적 기대, 개인의 자발성과 무관하게 밖으로부터 주어지는 외적 기대, 그리고 개인의 자발성에 입각한 내적 기대로 구분할 수 있다.

② 문화가 교육과정에 미치는 영향

교육과정은 그 사회의 문화(사고, 사상, 경험, 지식들이 학교에서 배워야 할 내용으로 구성된 총체)가 반영된 것이라는 말처럼, 교육과정과 문화(적 내용)는 밀접한 관계를 갖는다. 일찍이 파슨스(Parsons, 1952)는 문화란 한 사회 내에서 학습되고, 공유되고, 전달되는 되는 경험의 총체라고 정의함으로써 교육의 한 역할로서의 문화의 계승의 중요성을 강조했고, 문화들 간의 상호접촉 및 상호작용(acculturation: 문화변용), 사회화(socialization) 등이 교육의 중요한 요소로 자리 잡고 있다. 특히 한 사회의 '계층화/계급화(예 상류층문화, 중산층문화…)'의 문제는 매우 중요하고도 민감한 문제로써 교육이 이에 어떠한 기여를 하는가가 '문화적 재생산(cultural reproduction)' 측면에서 교육의 중요한 논점 중의 하나이다. 마지막으로 문화의 특성 중 하나인 '다양성 vs 동질성의 문제'와 그에 따라서 동일성사회 혹은 다문화사회에서 어떠한 교육을 지향해야 할 것인가, 그리고 매우 '유동적/역동적'인 문화의 특성에 따라 교육의 내용 및 방법을 어떻게 적용할 것인가를 고민해야 한다.

(2) 사회화와 교육

① 사회화의 개념

사회화(socialization)이란 인간이 자기가 소속해 있는 사회집단의 행동양식과 가치관, 규범과 같은 문화를 학습하고 내면화해서 그 사회의 한 성원이 되어가는 과정이다. 따라서 사회화 과정은 다른 학습과정과는 달리 지식이나 기술의 학습, 생리적 성숙 등보다는 인성, 태도, 신념, 가치관 등을 중요하게 여긴다. 사회화는 사회적 측면과 개인적 측면으로 나눌 수 있는데, 사회적 측면은 자신이 소속된 사회적·문화적 상황 속에서 사회성원들과 상호작용하면서 사회질서의 유지와 존속에 필요한 지식, 기술, 가치, 규범, 태도 등을 배워가는 문화의 전달과정이다. 그리고 개인이 자신이 속한 사회 속에서 독특한 자기 개성을 형성시켜 나가는 자아형성의 과정이 개인적 측면에서의 사회화이다. 교육이 의도적·계획적·가치적 성격의 활동만을 대상으로 하는데 반하여, 사회화는 무의도적·무가치적 성격의 활동까지도 교육 작용에 포함시키는 차이가 있다. 이러한 차이 때문에 사회화는 교육보다 폭넓은 활동이며, 시간과 공간을 초월하여 계속되는 평생교육의 과정으로 이해될 수 있다.

② 사회화와 사회변동

사회변동이란 사회를 이루고 있는 여러 가지 요소들이 서로 결합하여 있는 사회의 구조와 사회관계가 변화해 가는 것을 말한다. 예컨대, 일정한 연령층과 출산율의 변화, 노동조합의 출현으로 노동자와 고용자와의 관계변화, 남편과 아내의 지위 및 역할의 변화 등은 사회구조 및 관계의 변화를 나타내는 사회변동의 모습들이다. 교육은 이러한 사회변동에 대하여 적절히 대응할 책임이 있는데, 그 과정에서 필요한 대응원리에는 전통과 혁신의 균형, 기초교육의 강화, 그리고 학교의 끊임없는 변화가 있다. 첫째, 전통과 혁신의 균형을 위해 학교는 기본적인 사회화의 역할이 흔들리지 않을 만큼 전통적인 문화유산을 전달하고, 한편으로는 문화

지체가 일어나지 않도록 혁신적인 것을 가르침으로써 변화의 충격을 줄여야 한다. 둘째, 언제라도 새로운 지식과 기술을 받아들일 수 있는 능력을 형성하는 기초적이고 기본적인 교육을 강화해야 한다. 셋째, 끊임없이 변동하는 현대사회는 폐쇄적이고 경직된 학교가 아니라, 사회의 변화에 적응하기 위해 교육과정, 내용, 방법의 측면에서 융통적이고 혁신적인 운영이 필수적이다.

(3) 교육적 평등

① 교육평등의 개념

민주주의 국가에서 교육의 기회균등이란 성별·인종·신앙·정치성·경제적 조건 등에 의해 차별을 받지 않고 누구나 능력에 따라 교육을 받을 수 있는 기회를 갖는 것을 의미한다. 우리나라 「헌법」 제31조 제1항이나, 「교육기본법」 제4조, 1948년의 세계인권선언 등에는 교육의 기회균등이 규정되어 있다. 이처럼 민주주의 국가에서 교육의 기회균등이 중시되는 이유는 교육의 기회 분배는 사회적 지위의 획득과 직접적인 관계가 있기 때문이다. 교육평등이 사회적으로 중요한 의미를 가지게 된 것은 근대사회가 성립되면서부터이다. 근대사회에서는 사회적 기회와 보상이 개인의 신분이 아니라 개인의 능력과 성취에 의해 분배되어야 한다는 능력주의 이념이 대두되었기 때문에 사회적 지위 획득에서 학교교육이 핵심적인 위치를 차지하게 되었다. 따라서 교육기회가 사회 구성원들에게 균등하게 배분되었는가 하는 문제가 중요한 사회적 관심사가 된 것이다.

② 교육평등관의 유형

교육평등관의 유형에는 허용적 평등관, 보장적 평등관, 과정적 평등관, 그리고 결과적 평등관이 있다.

첫째, 허용적 평등관이란 신분, 성, 종교, 인종 등을 이유로 교육기회를 차별해 오던 것을 철폐함으로써 모든 사람에게 개인의 능력에 따라 교육받을 기회를 동등하게 주어야 한다는 것이다. 우리나라의 경우 「헌법」 제31조 제1항에서 "모든 국민은 능력에 따라 균등하게 교육을 받을 권리를 가진다.", 「교육기본법」 제4조에 "모든 국민은 성별, 종교, 신념, 사회적 신분, 경제적 지위 또는 신체적 조건 등을 이유로 교육에 있어 차별을 받지 않는다."라고 하며 허용적 평등을 법적으로 규정해 두었다.

둘째, 보장적 평등관은 교육받을 기회를 허용하는 것만으로는 완전한 평등의 실현이 불가능하기 때문에 교육평등을 실현하기 위해서 취학을 가로막는 경제적·지리적·사회적 제반 장애 등을 제거해 줌으로써 누구나 중등교육까지는 쉽게 교육받을 수 있도록 하자는 것이다. 영국은 『1994년 교육법』을 통해 중등교육을 보편화하는 한편 무상화하고, 불우층의 자녀에게 의복, 점심, 학용품을 지급하였다. 그리고 중등교육의 복선제가 지니고 있는 불평등 요소를 제거하여 단선제로 전환하여 누구나 중등교육까지는 어렵지 않게 교육을 받도록 하였다.

셋째, 과정적 평등관이란 교육체제 내에서 제공되는 교사, 교육목표, 교육과정, 교육자료, 교육방법, 교육시설 등에 있어 집단 간 차별이 없는 것을 의미하는 것으로, 교육조건의 평등이라고도 한다. 우리나라의 경우 현재 고교평준화 정책은 교육조건의 평등과 같다. 즉, 고교평준화는 학생을 학교 간 균등 배정하고, 교사의 질적 평준화와 교육여건의 평준화를 통해 중등교육의 기회를 실질적으로 확대하고자 실시한 것이다.

넷째, 결과적 평등관은 교육의 목적은 학교에 다니는 데 있는 것이 아니라 사회에서 살아가는 데 필요한 것을 배우는 데 있으므로 배워야 할 것을 누구나 제대로 배우도록 하는 것이 교육평등이라고 보는 입장이다. 또한 가정배경으로 인한 불이익을 사회가 보상하여 불리한 위치에 있는 학생이나 지역, 계층에게 더 많은 혜택을 주고자 하는 것이다. 이러한 결과적 평등관을 기초로 등장한 보상적 평등주의는 가정배경으로 인한 불이익을 사회가 보상하여 불리한 위치에 있는 학생이나 지역, 계층에 더 많은 혜택을 주고자 하는 노력을 정당화하는 입장이다. 보상적 평등정책으로 미국의 'Head Start Project', 'Middle Start Project'는 사회·문화적으로 불우한 가정 출신의 학력증진을 통해 사회·경제적 지위 향상을 위한 기회를 넓히려 하였으며, 영국의 'EPA(Education Priority Area: 교육우선지역)'는 교육우선지구를 선정하여 불우층 어린이들을 대상으로 보상교육을 실시하였다(최철용 외, 2009).

③ 교육평등의 원리

교육평등의 원리를 자연적 자유체제의 원리, 공정한 기회균등의 원리, 최대이익의 원리, 인간존중의 원리, 민주적 평등주의 원리 등을 중심으로 살펴보자(Strike, 1989; Rawls, 2003).

첫째, 자연적 자유체제에서 기회균등은 "능력 있는 자에게는 누구에게나 기회가 주어진다."는 원리로 해석된다(Rawls, 2003). 말하자면, 누구에게나 기회는 열려 있으니, 능력만 있으면 성공할 수 있다는 주장이다. 실패하는 것은 능력이 없기 때문이므로 사회를 탓할 것이 아니라 자신의 능력을 탓해야 한다는 것이다. 능력이 있는 자들에게는 그에 맞는 교육을 제공해야지, 능력이 없는 자에게까지 똑같은 교육을 제공하는 것은 기회균등에 어긋난다고 본다.

자연적 자유체제 원리의 한 가지 분명한 맹점은 천부적 재능과 능력이 사회적 여건과 행운 또는 불운 등 우연적 변수들에 따라 계발되거나 실현되지 못하는 현실을 전혀 고려하지 못한다는 점이다(Rawls, 2003). 즉, 타고난 사회적 지위 등의 가정 환경에 따라 재능과 능력이 실현되지 못하거나 불리하게 사용될 수 있다는 점을 도외시하고 있다. 능력이 동일하면 동일하게, 다르면 다르게 취급하는 것이 평등이라는 '동일성의 원리'도 자연적 자유체제의 원리를 벗어나지 못한다.

둘째, 공정한 기회균등의 원리는 자연적 자유체제에 '공정성'을 덧붙인 원리다. 단지 형식적 의미에서만 기회가 개방되어서는 안 되고 모든 사람이 사회적 지위를 획득할 수 있도록 공정한 기회가 주어져야 한다는 것이다. 여기서 공정한 기회란 사람들이 자신이 처한 사회적 계급의 영향을 받지 않고 타고난 재능과 능력을 충분히 다 계발할 기회를 의미한다. 따라서 "동일한 수준의 재능과 능력을 갖춘 사람들로서 그것을 사용할 동일한 의향을 가진 사람들은 사회 체제 내에서의 그들의 최초의 지위와 관계없이 동일한 성공의 전망을 가져야 한다."는 입장을 견지한다(Rawls, 2003: 120). 공정한 기회균등의 원리는 사회적 우연성(가정의 계급적 위치)의 영향을 감소시키는 작용을 하는 장점이 있다. 하지만 이 원리는 능력과 재능의 천부적 요소에 따라 부나 소득의 분배가 결정되는 것을 허용하고 있다는 비판을 받는다.

셋째, 최대이익의 원리는 우리가 선택을 할 때 최대 다수의 사람에게 최대의 행복, 혹은 최대의 이익이 돌아가게끔 결정해야 한다는 것이다. 그러한 결정이 최선이면서 가장 정당한 것이다. 이는 공리주의적 원리로 '만족의 최대 순수 잔여량'을 달성하는 것이 정의의 원칙이 된다. 따라서 최대이익의 원리에 따르면, 우리들 행위가 도덕적인가, 아닌가에 대한 판단은 그 결과에 달려 있다. 최선의 행위란 최선의 결과가 따르는 행위임을 의미한다. 그러나 이 원리는 무엇을 이익 혹은 행복으로 볼 수 있느냐에 대해서는 직접적으로 말해 주는 것이 없다. 사람들이 어떤 욕구가 충족될 때 행복해지는가 하는 것은 차후의 문제다. 이 원리는 단지 우리가 행복이 무엇인지를 안다면 최선의 결정은 행복이라는 결과를 극대화하는 결정이라는 점을 말해 줄 뿐이다. 따라서 공리주의 원리에 따라 사회제도를 만들 때 중요한 것은 만족의 최대 총량을 달성하도록 하는 것이며, 만족의 원천이나 성격에 대해서는 묻지 않고 단지 그 만족이 행복의 총량에 어떤 영향을 미치게 될지에 대한 것만 문제 삼으면 된다.

넷째, 인간존중의 원리는 우리가 도덕적 행위자인 인간들의 동등한 가치를 존중하는 방식으로 행동할 것을 요구한다. 이 원리의 핵심은 성경에 나오는 황금률(네가 대접받고 싶은 대로 남을 대접하라)에 잘 나타나 있다. 우리가 다른 사람들로부터 대접받기를 기대하는 것과 같이 그들을 대접할 의무가 있다. 인간존중의 원리에는 다음과 같은 부수적인 관념이 포함되어 있다. ① 인간존중의 원리는 다른 사람을 수단이 아닌 목적으로 대할 것을 요구한다. 이는 우리 자신의 목적을 성취시키기 위한 수단으로 다른 사람을 대해서는 안 된다는 것을 의미한다. ② 인간이 자유롭고 이성적인 도덕적 행위자라는 사실을 중요하게 여겨야 한다. 무엇보다도 이 말은 다른 사람의 선택의 자유를 존중해야 한다는 것을 의미한다. 그리고 우리가 동의하지 않더라도 다른 사람의 선택을 존중해야 한다는 뜻이다. 더 나아가 우리는 다른 사람이 책임 있는 결정을 내릴 수 있도록 도와주는 데 최우선 순위를 두어야 한다는 것을 의미한다. 그러므로 인간이 자유로운 도덕적 행위자로서 스스로 책임 있게 행동할 수 있도록 도와주는 정보와 교육을 접할 기회가 중요하다. 그리고 ③ 비록 인간들이 각각 다르지만 도덕적 행위자로서의 인간은 동등한 가치를 지닌다. 이는 인간의 능력이나 역량을 동등하게 보아야 한다는 것을 의미하는 것이 아니다. 또한, 인간들 간의 적절한 차이가 그들을 어떻게 대할 것인가를 결정하는 데 고려될 수 없다는 것을 의미하지도 않는다. 인간이 도덕적 행위자로서 동등한 가치를 지닌다는 것은 똑같은 기본 권리를 가지고 있고 동등한 가치의 이해관계를 가진다는 것을 의미한다.

다섯째, 민주적 평등주의는 롤스(Rawls, 2003)가 주장하는 것으로, '공정한 기회균등+차등의 원칙'으로 표현될 수 있다. 여기서 보면 자유주의적 기회균등의 원리에 차등의 원칙을 결합시킨 것이 민주적 평등주의임을 알 수 있다. 따라서 차등의 원칙이 롤스의 민주적 평등주의에서 가장 특징적인 요소라 할 수 있다. 차등의 원칙에서 '차등'이란 분배에서 균등적인 분배가 아니라 차등적 분배를 한다는 의미를 내포한다. 차등의 원칙은 공정한 기회균등의 원칙에 더하여 다음 조건들을 충족시킬 경우에 한한다. ① 평등한 분배로부터의 일탈, 다시 말해서 불평등은 결과적으로 모든 사람에게 이득이 될 경우에만 인정되어야 한다. 적은 몫을 받은 사람이 그들이 평등한 분배를 받았을 때보다 오히려 더 풍족해지는 경우에만 불평등이 정당화될 수 있다는 것이다. 다른 사람들의 복지를 위하여 어떤 사람의 복지를 희생하는 그런 불평등은 허용되지 않는다. ② 사회적으로 가장 불리한 입장에 있는 사람들에게 이익이 되는 방식으로 자원을 분배해야 한다. 사회 전체의 복지는 평균적으로 증대되었지만 결과적으로 불리한 사람들이 더 궁핍해졌다면, 그러한 방식으로 자원을 분배해서는 안 된다. ③ 이 원칙은 모든 사람이 평등하게 살아야 한다는 것이 아니라 어떤 사람이 다른 사람의 희생으로 잘 살게 되는 것을 금지하는 것이다. 그리하여 불리한 입장에 있는 사람들을 포함하여 모든 사람에게 이득이 될 때만 자원분배의 불평등이 인정된다(김천기, 2014).

④ 교육과 사회평등

교육이 사회적 평등에 기여하는지 불평등을 재생산하는지에 대해서는 학자들마다 견해가 다르다. 그래너스터(Glennerster)는 교육이 사회적 불평등에 대처하는 방식을 다섯 가지로 정리한 바 있다. 첫째, 구시대적 관점으로, 학교가 각 신분계층마다 다른 교육을 실시함으로써 계층질서를 유지한다는 입장이다. 즉, 교육은 불평등을 해소하는 것이 아니라 오히려 존속시키는 역할을 수행하는 셈이다. 둘째, 능력주의적 관점으로, 학교는 사람들의 능력을 선별하여 각자에 알맞은 수준의 교육을 시켜 유능한 자는 높은 사회적 위치에 배치하고, 무능한 자는 낮은 위치에 배치하는 역할을 한다는 입장이다. 즉, 교육이 능력주의 사회의 핵심장치로 사회이동을 가능하게 한다는 관점이다. 셋째, 평등주의적 관점으로, 모든 사람에게 교육기회를 평등하게 제공함으로써 사회의 기존 계층구조를 변화시켜야 한다는 입장이다. 이 입장은 불우계층을 교육을 통하여 상승이동시켜 모두가 평등한 사회가 되게 만든다는 것이다. 넷째, 마르크스주의적 관점으로, 자본주의 사회의 교육은 사회 불평등을 재생산할 뿐이라는 주장이다. 즉, 교육이 자본주의 사회의 지배집단에 봉사하므로 혁명에 의해 사회변혁이 이루어지지 않고는 사회의 평등화는 불가능하다는 입장이다. 다섯째, 현실적 평등주의 관점으로, 교육은 여러 사회제도 가운데 하나로서 고유한 가치를 지니고 있으므로 모든 사람에게 평등한 교육기회를 주어야 하지만, 평등교육이 반드시 평등사회를 가져오는 것은 아니라는 주장이다.

위와 같이 교육의 사회적 평등에 대한 기여는 다양한 관점에서 논의되어 왔지만, 크게 다음과 같이 사회평등 기여론과 불평등 재생산론으로 구분될 수 있을 것이다.

먼저 교육의 사회평등 기여론은 학교가 사회평등화를 실현할 수 있는 제도적 장치라고 생각하는 입장으로, 학교는 모든 사람의 삶의 기회를 평등하게 만드는 가장 중요한 기관이라고 본다. 즉, 교육이 계층의 상승이동을 가능하게 하므로, 교육의 보급은 특히 하층민에게 상승이동의 기회를 주어 점차적으로 사회가 평등해진다는 것이다. 이 사고는 평등주의적 관점(교육을 통해 불평등 구조를 해소 또는 축소시킨다)과 능력주의적 관점(사회적 지위배분은 능력에 따른다)으로 구분될 수 있다. 평등주의적 관점이란 한 사회 내의 불평등 구조, 즉 계층 간 격차가 줄어드는 것을 사회평등이라고 보는 입장으로, 학교교육이 계층 간 격차 해소에 도움이 된다고 주장한다. 해비거스트(Havighurst)의 연구, 블라우와 던컨(Blau & Duncan)의 직업지위 획득 모형, 인간자본론의 주장 등이 이 관점에 해당한다. 반면, 능력주의 관점은 계층구조가 그대로 유지되더라도 개개인의 계층 배치가 능력본위로 이루어진다면, 과거 신분에 따라 계층이 분배되던 귀속주의에 의한 사회 불평등이 어느 정도 해소될 수 있다는 입장이다.

다음으로 불평등 재생산 이론은 교육이 사회평등에 이바지하기는커녕 오히려 장애가 된다는 관점이다. 이는 갈등이론적 관점의 하나로 교육이 상층을 위하여 봉사하고 하층에게는 억압과 불평등을 정당화시키는 수단으로 이용되고 있다고 본다. 따라서 교육은 기존의 불평등한 사회계층구조에 변화를 가져오지 못하고, 오히려 재생산하며, 때로는 불평등을 더욱 조장하기까지 한다고 주장한다. 왜냐하면 학교에서의 교육기회가 모든 사람에게 평등하게 분배되는 것이 아니라, 상급의 교육은 상류층의 자녀들에게 주어지고, 그들은 다시 상류층을 차지하므로 사회 불평등을 재생산한다는 주장이다. 이 불평등 재생산 이론은 가정적 사회배경이 학생들의 사회적 성취에 가장 결정적인 역할을 한다고 주장한다. 이러한 교육의 사회 불평등 재생산론에 대한 실증적인 연구는 보울스와 긴티스(Bowles & Gintis)의 자본주의 교육체제 비판, 카노이(Carnoy)의 교육수익률에 따른 불평등 재생산에 관한 연구 등이 있다(최철용 외, 2009).

2. 지식과 사회

학교에서 학생들이 배우는 지식은 어떤 성격을 갖는가? 지식은 선조들이 쌓아 온 경험의 집합체이기도 하고, 세상에 대한 인식의 총체이기도 하다. 문제는 그러한 지식이 영구불변한 객관적인 진리인가, 아니면 시대나 사회에 따라, 그리고 이해하는 사람에 따라 변할 수 있는 내용인가 하는 것이다. 이 문제를 다루는 영역이 지식의 사회학이다.

1) 지식의 사회학(Sociology of Knowledge)

지식의 사회학이란 "지식은 어떻게 사회적으로 구성되는가?"에 대한 질문에 대한 해답, 즉 지식이 생성되는 사회적·정치적·문화적 배경에 대한 이해를 추구하는 학문분야이다. 한마디로, 지식(knowledge)이란 인간의 앎의 대상으로써, 시대와 장소를 뛰어넘어 영구불변하게 존재하는 어떤 객관적 진리가 아니라 역사적, 문화적, 사회적인 맥락 속에서 형성되고, 전달되고, 공유되는 인류 경험의 총체라는 관점이다.

(1) 지식의 본질과 학교의 역할

지식의 본질에 대한 사회학적 이해는 여러 이론적 입장에서 출발한다. 독일의 철학자, 경제학자 및 역사사회학자였던 마르크스(Marx, 1818~1883)는 기존의 지배적 지식은 대부분 지배귀족에 의해 만들어진 것이라고 주장하였고, 유대계 헝가리인으로 지식사회학의 시조인 만하임(Mannheim, 1893~1947)은 인간은 각 사회계층별로 지식에 대한 제한된 접근방식을 통해 사회화된다고 주장하였다. 즉, 모든 지식은 이데올로기적이며, 학교의 교육과정을 통해 어떤 지식을 가르치는 것은 학생들에게 기존 질서, 세대의 규범과 인습을 강요하는 역할에 머물 수밖에 없다는 것이다. 그래서 이들은 학교에서 다루어지는 지식이 영구불변한 진리라고 여기고, 과학성, 객관성, 합리성의 측면에 입각하여 학교교육의 형식적, 기능적 측면만을 강조하는 기능주의 학교론을 비판한다. 이에 반해, 갈등주의이론은 지식은 진리처럼 당연하게 받아들여야 하는 것이 아니라 "객관적, 과학적 지식은 없다."고 주장하면서, "어떤 지식을, 왜, 어떻게 가르쳐야 될 것인가."하는 질문을 통해 학교교육을 이해해야 한다고 주장한다.

이렇듯 학교교육의 기능에 대한 기능주의 이론과 갈등주의 이론을 비교하면 다음의 표와 같다.

〈표 4-1〉 학교의 기능에 대한 상반된 입장

Functionalism(기능주의 이론)	Conflict Theory(갈등이론)
• 학교교육목표: 사회질서유지, 대중시민의 이익을 위해 존재 • 교육목표: 지적, 인지기술을 훈련 정치적 측면: 체제순응적 인간관 사회적 측면: 사회적 응집력 증진 경제적 측면: 직업준비, 개인적 재능양성 • 재능/업적주의(Meritocracy) 옹호	• 지배집단의 불평등 구조 • 교육은 불평등 정당화/차별적 사회화 수단 • 학교교육기능: 재능이 아니라 인종, 계급적 정체성에 의한 분류 • Meritocracy=능력차이라는 이데올로기 * Bowles & Gintis(경제적 재생산 이론): 학교와 산업계의 경제적 공조 관계를 대응(corresponding)시킴

(2) 학교 교육과정에서의 지식의 특성

오른쉬타인과 헌킨스(Ornstein & Hunkins, 1988: 127-130)는 학교교육에서 지식은 다음과 같은 특징을 지녀야 한다고 강조한 바 있다.

- 3R과 의사소통능력, computer literacy와 같은 지식획득을 위한 기본도구를 포함해야 한다.
- 새로운 지식의 학습에 기존 지식을 활용하는 능력을 신장토록 하는 것이어야 한다.
- 실제 현실세계에 적용할 수 있는 것이어야 한다.

• 학습자의 자아개념, 인식기능, 자아통정감을 높여줄 수 있어야 한다.
• 다양한 형태와 방법으로 구성되어야 한다.
• 개개인이 미래의 기술공학적 세계에 대비할 수 있도록 준비시켜야 한다.
• 개개인으로 하여금 관료주의적 세계에 대해 준비시켜야 한다.
• 새 정보를 얻기 위해 옛 정보를 수정, 변경, 저장할 수 있어야 한다.
• 지식의 습득은 평생의 과정이어야 한다.
• 지식은 가치의 문제와 결부시켜 가르쳐야 한다.

위와 같은 지식에 대한 여러 입장들이 그 시대적 요구에 맞게 학교교육에 반영되게 되는데, 그것이 바로 교과 지식의 본질이 된다.

2) 교과의 본질과 성격

과거에는 지식을 객관적이고 정적인 것으로 보았으나, 지금은 주관적이며 역동적인 것으로 보는 경향이 강하다. 과거의 학교교육은 과거 세대의 지식을 다음 세대인 학생들에게 전달하는 것이 주된 목적이었으나, 현재는 학생들의 앎의 과정, 비판적, 창의적으로 사고하고 지식을 탐구해나가는 과정을 중요시한다. 만일 지식이 영구불변의 절대적 진리로 존재하는 것이 아니라면, 이제는 과연 그러한 지식의 근거가 무엇인가에 대해 고민할 필요가 있다. 한마디로 지식은 역사적 · 사회적 · 문화적 소산으로서 모든 인류경험의 총체이다. 그래서 지식은 객관적으로 존재하는 객체(object)가 아니라 주관적으로 구성되는 주체(subject)라고 이해되므로 학교에서 가르쳐지는 지식의 조직화된 모음은 교과(subject)라고 부른다. 한편, 학문(discipline)이란 보다 더 넓은 범주로 인류의 지식이 그 특성에 따라 범주화된 단위로써 학자들이 수많은 지식을 연구, 논의하기 위해 구분한 지식의 범주화(category)이다. 이러한 학문적 범주에 의거하여, 학교에서 관련 지식의 모음을 학생들에게 보다 효과적으로 가르치기 위해 세분화하여 조직한 것이 교과이다(이성호, 2009: 94-95).

3) 지식의 분류와 통합

사실 학교교육에서 다루어지는 교과지식은 학자들이 이루어놓은 지식의 분류에 영향을 받을 수밖에 없다. 지금까지 많은 학자들이 나름대로의 기준을 통해 지식에 대한 분류를 시도하여 왔는데, 그중 몇 가지 분류를 소개하면 다음과 같다.

(1) 스펜서(Spencer)

영국의 사회학자이자 사회진화론의 시조인 스펜서(1820~1903)는 그의 저서 『*Education: Intellectual, Moral, Physical*』(1860)을 통해 인간의 지식을 그 유용성에 따라 분류한 바 있다. 그는 어떤 지식이 가장 유용한가?(What knowledge is of most worth?)란 질문에서 출발하여 지적 · 도덕적 · 신체적 교육으로 나눈 후 지식을 다음과 같이 구분하였다.

〈표 4-2〉 스펜서의 지식의 구분

생리학	인간의 자기보존에 직접 관계되는 활동에 관한 지식
물리, 화학, 수학, 경제학	생활필수품을 획득하는 수단으로서, 인간의 자기보존에 간접적으로 관계되는 활동에 관한 지식
도덕, 심리학	자녀의 양육과 교육에 관계되는 활동에 관한 지식
사회학, 역사학	적절한 사회적, 정치적 관계를 유지하는 데 필요한 활동에 관한 지식
음악, 미술 등	개인적 기호와 취미를 만족시키기 위한 여러 여가활동에 관한 지식

(2) 피닉스(Phenix)

피닉스(1964)는 그의 저서 『*Realms of Meaning*』(1964)에서 인간은 의미를 경험하는 힘을 가진 존재라고 보고 지식은 외연적 측면에서 단수, 일반, 종합적 지식으로 구분하고, 내포적 측면에서 사실, 형태, 규범으로 나누어 다음과 같이 지식을 분류하였다.

외연 extension	내포 intension	용어 Term	학문의 예
단수적	사실	실존적 Synnoetics	철학, 심리학, 종교
	형태	심미적 Aesthetics	음악, 예술, 문학
	규범	윤리적 Ethics	도덕, 윤리
일반적	사실	경험적 Empirics	물리학, 생명/자연과학, 수학
	형태	표상적 Symbolics	언어, 수학
	규범	윤리적 Ethics	도덕, 윤리
종합적	사실	개괄적 Synoptics	역사(경험의 총체, 역사적 사실)
	형태		철학(인식론, 존재론, 형이상학)
	규범		종교(도덕 및 윤리의 기초)

이와는 다르게 헨더슨(Henderson, 1965)은 지적 활동의 양식에 따라서 지식을 실증적 지식(자연과학, 사회과학), 논리적(수학), 도덕적(도덕, 윤리), 심미적(미술, 음악)으로 구분하기도 했다. 이와 같은 다양한 학자들의 지식에 대한 분류를 바탕으로 학교교육의 교과가 구분되고, 각 교과에서 어떤 지식을 다루어야 할지가 결정되는 것이다.

(3) 지식의 통합

역사적으로 많은 학자들이 지식을 분류해 온 한편, 최근에는 이러한 지식의 통합에 대한 논의가 큰 관심을 끌고 있다. 우선 프링(Pring et al., 1978)은 교육과정의 통합방식을 교과목들의 상호연계, 주제를 통한 통합, 실생활 속의 실천적 사고 속에서 통합, 학습자 개인적 관심을 중심으로 한 통합으로 나눈 바 있고, 잰취(Jantsch, 1972)는 교육과정 개발상의 보편적 통합방식을 다음과 같은 다섯 가지 통합방식으로 구분하고 있다.

- 다학문적(multi-disciplinary) 통합: 학문의 범주에 구애받지 않고 다양한 학문영역을 두루 섭렵하는 상태
- 복수학문적(pluri-disciplinary) 통합: 유사한 학문 간의 내용적 연계를 시도하는 상태
- 학문의 횡적연계(cross-disciplinary): 주제를 중심으로 관련 학문들의 내용이 광범위하게 연결되는 상태
- 학문 간 내적통합(inter-disciplinary): 최고 수준의 통합으로써, 관련성이 깊은 학문들 간의 창조적 화합과 재조정이 일어나는 상태
- 학문 간 전교(Trans-disciplinary): 학문내용이 모든 수준에서 평등하게 조정과 통합이 이루어지면서, 학문적 구분이 모호해지는 상태

사실 지식을 분류하거나 통합하는 것은 매우 인위적인 행위로서, 지식을 바라보는 관점과 분류의 기준에 따라 달라질 수 있다. 시대에 따라 그리고 지식에 대한 학자들의 인식의 변화에 따라 지식을 세분하여 접근하기도 하고 통합적으로 접근하기도 한다. 최근에는 지나치게 세분화된 지식이 지식의 본질을 왜곡할 수 있다는 입장에서 통합적이고 실용적인 지식을 추구하는 방향으로 변하고 있는 것이 바로 융합적 지식이 등장하게 된 배경이다.

3. 지식에 대한 다양한 관점들

지식을 바라보는 학자들의 입장은 학교교육의 목표나 성격에 그대로 반영되는데, 그 대표적인 예가 교육과정의 지식론이다.

1) 하버마스(J. Habermas)의 인간의 지적 관심과 지식이론

하버마스는 그의 저서 『*Knowledge and Human Interest*』(1978)에서 인간의 지적관심에 따라 지식이 어떻게 나눠지는가, 그리고 그에 따라 학교교육이 어떤 역할을 담당하는가에 대해 질문하면서, 다음과 같이 세 가지 다른 성격의 교육과정의 특성을 비교하여 제시하고 있다.

첫째, 경험적·분석적 탐구유형은 기술적인 지적관심을 가지고 있고, 교육의 역할을 교과내용의 효과적 전달 방법의 차원에서 이해하고 있다. 따라서 학교는 그러한 교육내용 전달 과업이 진행되는 장소이며, 학교교육의 성격은 효율성, 경제성, 확실성의 원리를 바탕으로 통제되어져야 하는 기관으로 인식하고, 경험적으로 검증가능한 개념들이나, 가치중립적인 지식을 주된 학습의 대상으로 이해한다.

둘째, 해석학적 탐구유형은 실천적인 면에 지적관심을 두고, 교육의 역할은 학생들이 내용을 가지고 유의미한 상호작용을 할 수 있도록 조장하는 것이라고 믿고, 따라서 학교는 그러한 상호작용을 통한 다양한 경험을 활발히 제공하는 장소가 되어야 한다고 여긴다. 해석학적 탐구유형에서는 학교교육이 이해와 의사소통적 상호작용을 통해 학생을 지식의 능동적 창조자가 될수 있도록 하고, 일상적인 가정(assumption)이 갖는 의미를 탐색적 논의를 통해 모색하도록 격려한다. 이들이 바라보는 현상이 실체는 간주관적(inter-subjective)으로 구성되며, 지식은 역사적·정치적·사회적 맥락 속에서 생겨나며 공유되는 것이라고 보고, 특히 철학적 논의가 그러하듯이 언어사용을 통해 나타나는 의미의 파악에 초점을 맞추고자 한다.

셋째, 비판적 탐구유형은 학교교육의 해방적 기능에 지적 관심을 두고, 사회변혁과 인간해방이 학교교육의 궁극적 목적이라고 본다. 또한 학교는 다양한 사회적 세력들이 영향력을 미치고 있는 권력의 장이며, 따라서 학교교육은 이러한 사회적 불평등한 권력 작용에 대한 이념적 비판과 실천을 논의하는 곳이며, 인간의 삶을 둘러싼 불평등 구조를 노출시키고, 학교에서 다루는 지식이 학생들의 삶에 어떤 영향을 미치는가를 깨닫게 하는 장소라고 여긴다. 이러한 비판적 입장은 지식이란 사회적, 역사적, 정치적으로 형성되는 것으로 지식의 상대성이나 객관성을 부정하고, 지식의 형성 및 재생산에 영향을 미치는 사회적 이념 및 세력에 대한 비판을 통해 교육의 진정한 사회적 역할이 비판적 회고(critical reflection)임을 학생들이 깨닫게 하는 것이라고 믿는다.

이상의 논의를 표로 요약하여 제시하면 다음과 같다.

〈표 4-3〉 학교 및 교육과정의 세 가지 성격 비교

탐구유형	경험적/분석적	해석학적	비판적
지적 관심	기술적	실천적	해방적
교육의 역할	효과적 내용전달 (Transmission)	유의미한 상호작용 (Transaction)	사회변혁과 인간해방 (Transformation)
사회/학교	작업장	경험의 장	권력의 장
성격	• 통제와 확실성, 효율성, 경제성의 원리 • 경험적으로 검증가능한 개념에 관심 • 지식은 가치중립적 • 지식의 객관화 가능 • 사회적 현실을 수용	• 의사소통적 상호작용 • 인간은 지식의 능동적 창조자 • 일상의 가정과 의미모색 • 실체는 간주관적으로 구성 • 역사적, 정치사회적 맥락 강조 • 언어적, 철학적 의미	• 이념적 비판과 실천 • 사회 불평등 구조 노출 • 지식의 사회적 구성 • 지식의 객관성 부정 • 실천적 지식 • 교육의 사회적 역할

2) 교육과정 이론의 분류

맥도날드(McDonald, 1975)는 기존의 교육과정 이론가들의 관점을 다음의 세 가지 성격으로 구분한 바 있다. 즉, 첫째, 행정적인 효과와 효율성을 염두에 두고 교육과정의 실제를 안내/처방하는 데 관심을 두는 집단, 둘째, 과학적, 기술공학적 이론화를 통하여 교육과정 변인들과 그 변인들 간의 관련성을 식별, 기술, 설명하는 데 관심을 두는 집단, 그리고 셋째, 이론화를 창조적인 지적 과업으로 보면서 새로운 교육과정에 대한 논의를 전개하기 위하여 기존의 개념체계를 비판하고 전통적인 용어와 탐구 방식에서 벗어나려는 집단으로 구분한 것이 그것이다. 한편, 파이너(Pinar, 1978)는 맥도날드의 구분을 보완하여 앞서 언급한 세 가지 성격의 교육과정론자들을 각각 전통주의자, 개념적-경험주의자, 재개념주의자로 구분하였다.

(1) 전통주의자(traditionist: ~1950년대)

전통주의자들은 교육과정을 행정적 편의성, 전문적 책무성, 과학적 관리기법의 도입, 관료주의 차원에서 이해하고, 교육목표를 효과적으로 달성할 수 있는 가장 효율적인 방법론을 모색하는 것에 관심을 갖고, 교수학습과정을 가능한 한 정확하게 예언하고 통제하려는 입장을 지닌다. 따라서 전통주의자들은 실용주의적 입장에서 실제적인 수업이나 교육행정을 돕기 위한 과학적인 체계를 수립하는데 관심을 갖고, 행동과학적 이론을 바탕을 둔 접근법과 교육공학(educational engineering)적 이론들을 바탕으로 교육과정을 구성하고자 한다.

20세기 초 교육과정의 과학화를 표방했던 보빗(Bobbitt)은 그의 저서 『*The curriculum*』(1918)에서 교육과정 전문가들은 '교육엔지니어(education engineer)'로서 교육과정을 바라봐야 한다고 주장하면서, 산업체의 생산공정을 모방한 학교 교육과정을 추구하였다. 이어서, 타일러(Tyler)는 선형적(linear), 기술적(technical)인 생산모형에 기반을 둔 교육과정 개발모형을 제시한 바 있다. 그의 교육과정에 대한 이해의 특징은 교사의 역할과 대비되는 학습자(learner)란 표현을 사용하기 시작했고, 그 학습자가 어떤 성취를 하느냐를 중심으로 교육의 목표를 수립하고, 학교교육은 학습이 효과적으로 일어날 수 있는 학습의 생산체계로 이해하고자 하였다. 같은 맥락에서 그는 교육과정이란 의도된 학습결과가 일어날 수 있도록 체계적으로 조직하는 것이며, 교육과정 계획이란 바람직한 학습결과를 위한 수단을 객관적, 과학적으로 개발하는 것이라고 주장하면서, 교육목표를 성취하기 위한 효율성을 확보하는 것이 교육과정의 가장 큰 과제라고 보았다.

이후, 세일러와 알렉산더(Saylor & Alexander, 1974)는 이러한 타일러(Tyler)의 교육과정에 대한 이론을 바탕으로 교육과정을 '구체적인 목표를 성취하기 위해 일련의 학습기회를 제공하려는 계획'이라고 정의한 바 있고, 마찬가지 의미로 탠너와 탠너(Tanner & Tanner, 1980)는 교육과정을 '지식과 경험의 체계적인 재구성을 통하여 형성되고 계획적으로 인도된 학습경험과 의도된 학습성과'라고 설명하면서, 목표중심, 체계중심, 계획중심의 교육과정에 대한 이해를 피력하였다.

전통주의자의 교육과정에 대한 이해는 다음과 같은 몇 가지 비판점을 가지고 있다. 첫째는 교육과정의 중심을 교육목표의 달성에 둠으로써 교육과정에 대한 이해가 지나치게 공학적 합리성이나 공장의 생산모형에 의존하고 있어서 관료주의적 효능성만을 강조하게 됨으로써, 탈정치적, 탈윤리적 성격을 띨 수밖에 없다는 점이다. 둘째는 특정 문화나 지식만을 당연시하며 전달하거나 기존 사회기능의 유지만을 위한 교육으로 전락할 위험성이 있다는 점이고, 셋째는 공식적으로 교육목표나 교육계획의 차원에서 언급된 것들에만 관심을 갖게 됨으로써 잠재적 교육과정적 측면을 간과하거나, 지적인 학습 이외의 문화적·사회적 성장과정을 무시하게 될 위험성이 있다는 점이다.

(2) 개념적-경험주의자(Conceptual-empirist: 1950년대~)

개념적-경험주의의 특징은 교육과정에 현대의 사회과학과 행동과학적 방법론을 적용하여 실증주의적 탐구에 크게 의존한다는 점이다. 즉, 교육과정 자체를 관찰과 실험이 가능한 전통적인 사회과학적인 탐구의 대상으로 삼아 과학적인 설명이나 기술(記述, description)에 치중하게 되는, 한마디로 경험주의적 사고에 입각하여 교육과정과 관련한 핵심개념들에 대한 학문적 토대를 세우고자 하는 것이다. 개념적-경험주의자들은 교육과정을 개발한다는 것을 '의사결정을 위한 숙고(熟考, deliberation)'의 과정으로 보고, 경험적 합의와 논리적 근거로 규정된 숙고를 통해 교육과정상의 여러 가지 선택의 문제에서 합리성을 추구하는 것이다. 이들은 한마디로 교육과정의 현상에 관련된 개념들을 명확히 하고, 이를 학문적으로 연구하되, 실증적인 연구에 기초한 과학적 · 기술적 개념 정립에 주력하고, 그러한 교육과정의 연구에 교사 및 학생들도 참여할 수 있도록 하고 있다.

개념적-경험주의의 한계점은 교육과정 연구의 개념적 토대의 정립 및 그 과정에서의 과학적 방법론의 도입을 강조하고 있으나, 실세적으로 교육내용 지체에 대한 논의나 교육과정에 영향을 미치는 사회학적 요인(이념, 정치, 갈등의 문제 등)에 대한 논의는 부족하다는 점을 들 수 있다.

(3) 재개념주의자(Reconceptualists: 1970년대~)

재개념주의자들은 지난 20세기 초 50여 년간 교육과정론을 지배해왔던 기술공학적, 행정관료적, 그리고 양적 분석에 기초한 교육과정 연구경향을 비판함과 동시에 심미적, 인간중심적, 실존주의적 접근을 통한 교육과정의 이해를 제시하면서 등장하였다. 이들의 비판은 크게 다음의 세 가지 측면으로 나누어 볼 수 있다.

첫째는 전통주의자에 대한 비판이다. 재개념주의자들은 전통주의가 인간학습의 내면적인 측면을 등한시했다고 비판하면서, 교육 환경의 정치적, 사회문화적 맥락(context)을 강조한다. 특히 기존의 교육과정이론들은 교육 현장에 영향을 미치는 문화적 헤게모니(cultural hegemony), 사회적 재생산, 저항, 잠재적 교육과정, 소외(alienation) 및 주변화(marginalization) 등의 현상을 무시해 왔다고 비판하였다.

둘째, 사회 · 정치적 비판이다. 재개념주의자들은 교육은 결코 중립적(neutral)이거나 탈가치적(value-free)인 활동이 아니라고 보고, 교육과정은 사회적 이데올로기로부터 분리되어 개발되는 않는다고 주장한다. 예를 들어, 비판적 교육론자인 애플(Apple, 1979)은 학교교육을 통한 문화적 재생산의 구조를 지적하고, 학교에서 진리처럼 다루어지는 지식들이 과연 누구의 입장을 대변하는 지식인가?(Whose knowledge is it?)라고 문제 삼은 바 있다. 마찬가지로, 지루(Giroux)는 헤게모니(Hegemony)라는 개념을 통해서 언론 및 교육을 통한 통제가 지배계층의 사회통제의 주요한 방법이라고 지적한다. 이와 비슷한 맥락에서 로톤(Lawton, 1973)은 교육과정의 개발과정이 문화로부터의 선정으로써 5단계 "철학적 질문(문화적 보편성)-사회학적 질문(문화적 변인)-문화로부터의 선정-심리학적 질문-교육과정의 조직"를 거치게 된다고 주장한 바 있다.

셋째, 심미적, 현상학적 비판과 분석이다(Greene, Heubner). 재개념주의자들은 또한 기존 교육과정이론가들이 지적·과학적·실증주의적 입장을 중심으로 교육과정의 이론화 과정을 주도했던 것과는 다르게, 학습자 개개인의 정체성(identity)의 자각을 중심으로 한 자아이해, 학생 각자의 의미를 성취하는 데 도움이 되는 교육과정의 인격화, 심미적(aesthetic) 태도의 고양, 지적인 측면과 상상력, 창의성과의 연계, 포스트모더니즘적 사고 등을 교육과정의 논의 과정에 도입해야 한다고 주장하였다.

최근 재개념주의는 소외된 학생들에 대한 교육적 불평등 해소, 학교교육을 바탕으로 한 사회개혁 등을 주장하는 비판적 교육학(Critical pedagogy) 분야의 학자들(Freire, Apple, MacLaren, Giroux 등)의 계보로 이어지고 있다.

3) 학교지식의 성격에 대한 학자들의 견해

오늘날에 이르기까지 다수의 학자들이 지식의 성격을 다양하게 구분하여 왔는데, 쉬로(Schiro, 2012)는 어떤 것이 유용한 지식(useful knowledge)인가에 대해 다음과 같은 네 가지 관점이 있어 왔다고 정리하고 있다.

(1) 학자/학문적 이념(Scholar / Academics ideology)

학자/학문적 이념은 지식을 통해 사람들은 자신의 세계를 이해할 수 있게 된다고 본다. 지식은 내용(content)과 과정(process) 두 가지 측면이 있는데(Schwab, 1964: 72), 이 경우 지식은 교수적(instructive) 혹은 교훈적(didactic) 형태를 띤다. 교수적 지식은 반복적, 일반적(impersonal)인 형태로 전달되므로 지식은 실재의 재현(representation of reality)이지 실재 그 자체가 아니다. 학생들은 실재에 대해서(about reality) 배우는 것이지, 실재 자체를 배우는 것이 아니고, 교사도 실재에 관한 지식(knowledge of reality)을 전달하는 것이지, 실재 그 자체를 전달하는 것은 아니다. 결과적으로 학생들은 실재에 관한 지식을 얻게 되고, 실재 자체를 얻게 되는 것이 바로 학자/학문적 이념이 바라보는 지식에 대한 관점이다.

(2) 사회적 효능성 이념(Social Efficiency ideology)

사회적 효능성을 강조하는 교육자들의 지식에 대한 관점은 두 가지 특징을 가지고 있다. 첫째는 학습자에게 가르쳐지는 것은 본질적으로 실천능력(a capability for action)이라는 것이고, 둘째는 그러한 능력을 구별해내고 가치를 부여하는 것은 주관적 실재와 객관적 실재(subjective and objective reality)의 이중성을 인정하는 것에서부터 출발한다. 지식이란 '어떤 종류의 과업들을 성공적으로 수행해내는 것(successful performance of a class of tasks, Gagne, 1967: 355)'으로 알려진 실천능력인데, 그것은 하나의 기술이자, 사람들이 배워서 할 수 있는 어떤 것이다. 행하기 위해 필요한 정보를 갖는 것과 실제로 행할 수 있는 능력, 그리고 '아는 것(knowing that)'과 '할 줄 아는 것(knowing how)' 사이에는 분명 밀접한 관계가 있지만, 사회적 효능성을 강조하는 학자들은 실제로 행하는 능력이 행할 수 있는 정보를 획득하는 것보다 더 중요하다고 본다.

(3) 학습자 중심 이념(Learner Centered ideology)

학습자 중심 이념은 지식은 개별적인 의미(personal meaning)를 갖는 것이라고 본다. 개별적 의미는 감각적 정보가 학습자에게 지각되어 그의 현재의 인지구조 속에 동화(assimilation)와 조절(accommodation)이라는 이중적 과정을 통해 통합되어진다고 본다. 지식이 개별적 의미의 형태를 띠는 이유는 그 개별적 의의(personal significance)가 기존에 획득한 지식이 마련해놓은 유의미한 맥락 속에서 창조되어지기 때문이다. 즉, 지식이 독특한 개별적 의미의 형태를 띠게 되는 것은 학습자마다 색다르게 존재하는 기존 지식이 있고 그러한 지식은 그 지식이 얻어졌던 독특한 상황 속에서 만들어진 것이기 때문이다. 그러므로 지식은 학습자에 의해 능동적으로 구성되어지거나, 창조 혹은 발견되어지는 것이다. 학습자는 이러한 과정을 통해서 끊임없이 자신의 인지구조를 구성 및 재구성하게 되고, 지식의 구성 과정에서 인지적 회고(Reflection)가 중요한 역할을 하게 된다.

(4) 사회재건 이념(Social Reconstruction ideology)

사회재건주의자들은 지식은 "사회적으로 구성되거나, 문화적으로 매개되어지고, 역사적인 맥락에서 발생한다."고 본다(McLaren, 2007: 210). 지식은 사회의 세력관계에 깊은 뿌리를 두고 사회적으로 형성되어지며, 그러한 구조에 대한 동의 혹은 동조의 결과로 만들어지는 것이라고 본다. 아이들은 지식을 통해서 자신들의 사회를 해석하거나 재구조화시키게 되는데, 그러한 개인적 지식의 구조화 과정에서 문화적 맥락 속에서의 또래나 성인들과의 사회적 관계(Social interaction)가 매우 중요한 역할을 하게 된다. 아이들은 의미를 재발견하거나 자신들의 개념체계를 재구조화시키면서 끊임없이 자신들의 세계에 대해서 배워 나가게 되는 것이다.

쉬로(Schiro, 2012)는 위와 같은 구분을 기준으로 지금까지 학자들의 교육과정 성격에 대한 구분들과 비교하여 다음과 같이 표로 제시하였다.

〈표 4-4〉 교육과정 성격 구분

Schiro(2012)	학문적	사회효율성	학습자 중심	사회재건
McNeil(1972)	학문적	기술공학적	인본주의자	사회재건주의
Eisner(1974)	학문적 합리주의	공학과 인지과정	자아실현	사회재건
Fenstermacher & Soltis(1992)	자유주의자	행정실무주의자	치료주의자	–
Posner(1992)	전통적 및 학문구조적	행동주의적	경험적 및 인지적	–
Zeichner(1993)	학구적	사회효율성	발달주의자	사회재건주의자
Schubert(1996)	지성 전통주의	사회행동주의자	경험주의자	비판적 재구성주의
Joseph et al. (2000)	이해력구성, 규범 관련	일과 생존을 위한 훈련	자아와 영성 개발	지배질서저항, 민주주의 숙고
Ellis(2004)	지식중심	–	진보적, 학습자 중심	사회중심적
Kliebard(2004)	인본주의자	사회효율성	아동연구	사회개량주의자

위의 표에서 보여지듯이, 쉬로는 교육과정 이론들의 성격을 학문적, 사회효율성 측면, 학습자 중심, 그리고 사회재건적 측면의 네 가지로 구분하였고, 기존의 학자들의 구분도 그러한 틀에 비추어 유사한 양상으로 구분하여 볼 수 있다고 주장하였다. 즉, 학문적 측면이란 교육과정을 학생들이 배워야 할 지식의 모둠으로, 사회효율성 측면이란 교육과정을 지식을 선달하는 효과적인 방법론의 차원에서, 학습자 중심이란 교육과정을 통해 어떤 학생들을 교육/양성하고자 하는지에 대한 관심으로, 마지막으로 사회재건적 측면이란 교육과정을 사회적 측면의 학교교육의 역할 차원에서 이해하는 입장을 나타낸다.

CHAPTER 05

학습자에 대한 이해

1. 교육심리학의 등장

교육심리학이란(educational psychology)이란 교수와 학습의 과정을 심리적 측면에서 연구해 교육 실천에 필요한 지식과 기술을 제공함으로써 효과적으로 교육을 실행시키는 데 이론적·방법론적 토대를 제공하는 학문이다. 교육심리학은 교육의 대상이자 주체인 학습자를 올바로 이해하고자 한 것으로 학습자의 심리, 정서, 인지적 특성이 무엇인지를 파악하고, 그 특성에 맞는 교육 환경과 경험을 체계적으로 제공하기 위한 학문적 이해의 총체인 것이다.

19세기 초 독일의 후기칸트주의 학자로 널리 알려진 헤르바르트(Herbart, 1776~1841)는 사회에 기여할 수 있는 개인들의 계발을 교육의 목적으로 여기고, 윤리학에서 교육목적을 정교화하고 심리학 이론을 바탕으로 교육방법을 구체화해야 된다고 주장함으로써 교육학에 대한 이론체계를 처음으로 제시하였다.

19세기 후반에 이르러 독일의 분트(Wundt, 1832~1920)는 기존의 철학이나 생물학과 다른 방식으로 인간의 심리를 연구하고자 라이프찌히(Leibzig)대학에 심리실험실을 만들면서 보다 과학적인 연구를 시도함으로써 현대심리학의 문을 열었다. 그 후 교육심리학은 미국 콜롬비아대학의 손다이크(Thorndike, 1874~1949)가 도구적 조건화(instrumental conditioning)란 개념을 통해 행동주의 이론의 토대를 다지게 되었다. 그의 잘 알려진 고양이의 미로탈출 실험에서 고양이가 효과적으로 적은 시간에 탈출에 성공한 경험이 그렇지 못한 경험을 압도하면서 고양이는 점점 쉽게 미로를 탈출하게 되는 것을 보고, 손다이크(Thorndike)는 학습이 이루어지는 메커니즘을 조작적 조건화로 가정한 것이다.

스키너(Skinner, 1904~1990)는 손다이크의 이론을 발전시켜 어떻게 동물들의 행동이 그 결과에 의해 영향을 받게 되는가를 연구하였다. 이를 강화이론(reenforcement theory)라고 하는데, 이 강화이론에 근거하여 프로그램 학습자료(programmed learning material)와 교수기계(teaching machine)를 수업에 적용하였으며, 문제행동을 바람직한 행동으로 변화시키는 행동수정의 원리를 제시하였다. 이러한 교육심리학적 이론들은 나중에 '학습의 조건' 이론을 제시한 가네(Gagné), '교육목표분류학(taxonomy of educational objectives)'을 제시한 블룸(Bloom), '일반교수모형'의 글레이저(Glager) 등과 같은 수업이론(instructional theory)의 등장에 많은 영향을 주었다.

1970년대에 들어와서는 심리학의 주도권이 행동주의로부터 인지이론이나 인본주의 이론으로 바뀌면서 교육심리학에도 변화가 일어났다. 인지이론은 인간의 사고와 기억과정에 초점을 두는 정보처리과정(information processing)을 중심으로 학습을 전개하고 있다. 대표적인 인지주의자로는 '인지발달단계 이론'을 제시한 피아제(Piaget), '언어와 사고의 상호작용 이론'을 연구한 비고츠키(Vygotsky), '지식의 구조'를 강조한 브루너(Bruner), '정보처리이론'의 앤더슨(Anderson) 등을 들 수 있다.

인본주의(humanism)는 인간에 대한 연구를 실증주의나 과학주의와 같은 객관적 입장에서만 조명하는 기존의 이론들을 비판하면서, 인간에 대한 주관적이고 실존적 접근을 강조하면서 등장하였다. 이러한 인본주의자로는 '성격이론'을 제시한 올프트(Allport), '욕구단계이론'의 매슬로우(Maslow), '비지시적 상담'을 주장한 로저스(Rogers), 콤스(Combs) 등을 들 수 있다(최철용 외, 2009).

2. 학습이론(Learning theory)

학습이론은 유기체 특히 인간을 중심으로 학습이 이루어지는 과정을 설명하기 위한 심리학적 원리들을 논리적으로 조직한 것으로, 학습자들이 어떻게 새로운 능력과 지식을 획득하고 그로 인하여 어떠한 행동의 변화가 나타나는지를 설명하고 예측한다. 일반적으로 학습이론은 학습을 바라보는 관점에 따라 개인의 내적 인지적 과정으로 학습을 설명하는 인지주의적 관점과 외현적 행동의 변화로 학습을 설명하는 행동주의적 관점으로 구분되며, 정신분석학과 행동주의에 대한 비판에서 출발한 인간주의적 관점, 그리고 전통적인 객관주의 인식론에 반대하는 주관주의 인식론을 출발점으로 하는 구성주의적 관점이 있다. 본 절에서는 학습이론에 관한 내용들을 안영진(2009)의 설명을 중심으로 정리해보자.

1) 행동주의 학습이론

(1) 기본 개념

행동주의는 인간의 학습 현상을 행동과 그 행동의 발생 원인이 되는 외부 환경에 초점을 맞추는 이론이다. 따라서 어떤 행동이나 결과에 대해 격려, 보상, 처벌을 주느냐에 따라 행동의 지속 또는 소멸이 나타난다고 본다. 행동주의 학습이론에서 주요한 학습요인은 외부 환경의 자극, 그 자극에 따른 반응, 그 반응에 따른 강화와 피드백 등으로 행동 변화를 가져오는 것 등이 된다. 그리고 행동주의 이론은 학습이 조건에 의해 좌우되며 세세한 환경조작을 통해 변화될 수 있다는 것을 전제로 하는데, 기본적으로 학습을 자극(stimulus)과 반응(response)의 연합관계로 설명하기 때문에 최초의 이론적 가설로 자극-반응(S-R) 연합설이 등장하였다.

(2) 행동주의 학습이론의 유형

행동주의 학습이론에는 파블로프의 고전적 조건형성이론(조건반사설)과 스키너의 조작적(작동적) 조건형성이 있다.

① Pavlov의 이론(고전적 조건화)

파블로프는 개를 대상으로 소화액 분비를 객관적으로 측정하는 실험을 통해 개는 벨(조건자극)을 울릴 때 고기(무조건 자극)를 주면 타액이 분비되며 나중에 고기를 주지 않아도 벨만 울리면 타액(무조건 반응)을 흘리게 된다는 것을 발견하였다. 이와 같이 조건자극과 조건반응이 연결되는 것을 조건화(conditioning)를 통해 학습자가 내적으로 자극과 반응을 연결함으로써 학습이 일어난다고 보았던 것이다.

② Skinner의 조작적 조건형성

스키너는 파블로프의 고전적 조건화 이론을 확장하여 조작적 조건화 이론으로 정교화하였다. 조작적 조건화란 조작(operant)을 통하여 유기체가 능동적으로 환경에 대해 어떤 반응을 가하는가를 말한다. 그는 Skinner 상자라는 실험상자(배고픈 쥐가 지렛대를 누를 때마다 불이 켜지면서 먹이가 나오도록 장치)를 고안하여 학습과 행위에 관해 연구함으로써, 행동은 그 행동이 일어난 이후에 제공되는 강화물의 유무에 따라 증가/감소한다고 보았다.

고전적 조건화에서는 자극이 반응을 유도해 내고 이 반응은 수동적인데 비해 조작적 조건화에서는 능동적 반응이 먼저 나오고 이것이 강화, 즉 환경 속의 자극과 연합이 된다고 본다. 따라서 유기체가 먼저 어떤 행동을 하면 환경 속의 자극들에 의해 강화(reinforcement)가 이루어지면서, 유기체의 행동의 빈도가 높아진다는 것으로 학습을 설명하였다.

(3) 행동주의 학습 원리와 한계점

행동주의 이론을 바탕으로 한 학습 원리에는 다음과 같은 것들이 있다.

① 연습의 법칙: 반복은 학습을 증진하며 특정한 자극과 반응의 연합이 이루어지기 위해서는 반복되는 연습이 필요하다.

② 강화의 법칙: 학습자가 주어진 목표를 성취하기 위해 하위과제로부터 상위과제로 한 단계 한 단계 성취를 이룩함으로써 최종적 교육목표를 성취할 수 있다.

③ 효과의 법칙: 정확하고 즉각적인 회환은 학습을 향상시키며, 어떤 행동이 일어난 직후이거나 그 행동이 일어나고 있는 상황에서 회환을 주는 것이 학습에 도움이 된다.

④ 각성의 원리: 각성은 주의집중에 영향을 주므로 새로운 것 외에도 강한 감각적 자극, 정서적 각성, 적절한 수준의 긴장으로 주의를 집중하도록 만든다.

⑤ 일관성의 원리: 동일한 조건자극을 일관성 있게 제시해야 한다.

⑥ 시간의 원리: 조건 자극(종소리)은 무조건 자극(음식)과 시간적으로 동시에 혹은 그에 약간 앞서 주어져야 한다.

⑦ 계속성의 원리: 자극과 반응의 결합횟수가 많을수록 조건화가 잘 성립한다.

⑧ 강도의 원리: 나중의 자극이 먼저의 자극보다 강하거나 동일하여야 한다.

행동주의에서는 모든 행동은 학습된 것으로 본다. 따라서 바람직한 적응행동뿐 아니라 바람직하지 않은 부적응 행동 또한 학습의 결과라는 것이다. 그래서 조건화의 원리를 이용하면 바람직한 행동을 형성시키고 부적응 행동을 수정시킬 수 있다고 본다. 이런 이론적 가정을 바탕으로 행동주의의 학습은 모두 관찰 가능한 학습에 한정시키고 있고, 따라서 학습의 내적 기제는 관찰이 불가능하기 때문에 행동주의 이론은 관찰 가능한 외현적 행동에만 초점을 맞추고 있다. 이후 행동주의이론은 아주 간단하고 쉬운 내용부터 점진적으로 학습해나가 결국에는 목표에 도달하도록 되어 있는 프로그램 학습법, 문제행동을 없애고 바람직한 행동으로 대치하는 행동수정 기법 등의 수업모형에 영향을 끼쳤다.

2) 인지학습이론

(1) 인지이론

인지주의자들은 행동주의자들이 가시적 행동에만 초점을 맞추었던 것과는 달리 학습의 내적요인을 매우 중요하게 생각하여 인간의 내면에 있는 지식, 태도, 가치, 신념과 같은 인지적 요인에 집중하기 시작했다. 따라서 학습이나 행동변화의 핵심요인을 인지(cognition)라고 간주하고, 지각, 사고, 기억과 정보를 처리하고 구성하는 인지과정을 연구하기 시작한 것이다. 즉, 심리학의 연구대상이 행동에서 마음으로 바뀐 것이다.

인지이론은 크게 인지발달론과 정보처리론으로 나뉜다. 먼저 인지발달론은 유기체의 인지적 능력이 성숙(성장)의 과정에서 환경과 상호작용하면서 보다 복잡한 고등정신능력으로 발달하게 된다는 가정을 가진 것으로 피아제(Piaget)의 이론이 가장 잘 알려져 있다.

피아제는 인간의 인지발달을 조작능력(operant)의 발달 수준에 따라 네 단계로 구분하여 설명하였다. 첫 번째 단계는 생후부터 만 2세 정도 사이에 이루어지는 감각운동기(sensory-motor)라 하여 대략 생후 2세까지를 일컫는데 이때는 시각, 청각, 촉각 등 인간의 오관을 통해 감각적 경험을 하는 가운데 인지의 기초가 발달하는 단계이다. 두 번째 단계는 2~7세 사이의 전조작기(pre-operative)로써, 단순한 감각적 행동에 의해 학습이 이루어지는 것이 아니라 인지가 내면화되면서 조작자(operant)의 활용을 시도하지만, 그 수준이 미미한 수준에 머물러있는 단계를 가리킨다. 다음은 대략 11세까지의 구체적 조작기(concrete operation)인데, 이때는 구체적 사물을 의도적이고 계획적으로 조작하면서 인지 작용이 일어나는 단계이다. 마지막은 12세 이후에 등장하여 15세경에 완성되는 형식적 조작기(formal operation)인데, 이때는 성인들의 인지수준과 같은 구체적 사물과의 직접적 관련을 넘어서서 논리적이고 추상적인 인지작용이 가능해 지는 단계이다.

정보처리론(information process theory)은 인간의 인지를 컴퓨터와 같은 전산장비가 운용되는 정보처리과정으로 비유하여, 인간의 지각, 기억, 상상, 문제해결, 사고 등 인지의 가설적 과정을 연구한다. 이러한 접근을 택한 학자로 초기의 밀러(Miller), 뉴웰(Newell), 나이서(Neisser), 최근의 앤더슨(Anderson) 등이 있었는데, 오늘날에도 신경과학(neuroscience) 연구의 기초적 이론의 역할을 하고 있다.

(2) 인지학습이론

인지이론을 기반으로 학습을 설명한 것이 인지학습이론인데, 이는 인간이 지식을 획득하는 과정과 지식을 다루는 사고 체계를 연구한다. 인지학습이론에서는 학습(learning)을 문제를 구성하는 구성요소들의 상호관계를 파악하여 그들 간의 관계를 재구조화하는 것으로 보고, 그러한 학습에 의해 얻어진 지식체계가 인지구조를 형성하기도 하고, 역으로 인지구조를 계속적인 학습과 경험으로 재구조화하면서 보다 정교화하고 복잡화한 새로운 인지구조를 조직해 간다고 본다. 따라서 인지이론에 기반한 학습은 인지구조를 변화시키는 과정이 되는데, 이러한 개념을 바탕으로 제시된 초기의 인지학습이론으로 쾰러의 통찰설(Insight theory), 레빈(Lewin)의 장이론(Field theory), 반두라(Bandura)의 사회학습이론, 그리고 베르타이머(Wertheimer)의 형태이론(Gestalt theory) 등이 있다.

① 통찰설

통찰설은 1916년 쾰러(Köhler)가 Sultan이라는 침팬지를 대상으로 한 연구에서, 우리 안에 갇힌 침팬지가 천장에 매달린 바나나를 따기 위해 주변을 살피다가 주변에 놓여진 상자와 상대를 수단으로 이용하여 목적을 달성하는 것을 발견하게 되었다. 이로써, 그는 학습은 시행착오에 의해 성립되는 것이 아니라 통찰에 의해 이루어진다는 결론, 즉 학습은 상황을 구성하는 요소 간(수단과 목적)의 관계를 파악할 수 있는 능력인 통찰을 통해 전체적인 관계를 파악함으로써 이루어진다고 주장하였다.

② 장이론

레빈(Lewin)은 학습을 장(field) 또는 생활공간에 대한 개체의 인지구조 변화라고 정의하였는데, 여기서 장(field)은 유기체의 행위를 결정하는 복합적인 모든 상황을 포함한 생활공간을 의미한다. 개인과 환경과의 역동적인 관계로 형성되는 장에서 학습이 일어나는데, 여기서 학습은 인지의 구조화와 재구조화의 과정이라고 할 수 있고, 아울러 개체와 환경과의 함수관계 L=f(P · E)로 설명될 수 있다고 주장하였다. 요컨대, 개체의 인지구조화는 개체와 환경과의 상호작용을 결과로써 환경의 영향을 받을 뿐만 아니라 개체가 환경을 조장함으로써 일어나는 학습이다.

③ 사회학습이론

행동주의 이론에 의하면 학습이 일어나기 위해서는 유기체가 경험할 수 있는 직접적인 자극이 필요하다. 하지만, 사회학습이론은 사회적 존재인 인간과 같은 유기체들은 직접적인 경험에만 의해서가 아니라 또래나 성인들을 관찰함으로써 얻어지는 간접적인 자극과 경험에 의해서도 학습이 일어날 수 있다는 사실을 발견함으로써 제안된 것이다. 즉, 사회적 환경 속에서 또래의 행동을 모방하거나 성인을 역할 모델로 삼아 자신에게 중요한 의미가 있는 사람의 경험을 관찰할 때 학습이 일어난다고 봄으로써, 행동주의 이론에 대한 대안을 제시하였다. 이러한 사회학습이론은 아동들의 사회적 성장과정, 감정 및 정서 학습 과정, 모방 학습 및 모델형성 이론 등에 큰 영향을 미쳤다.

④ 형태이론

형태이론(gestalt theory)은 1912년 베르타이머(Wertheimer)의 가현운동(apparent movement: 'Phi 현상'이라고도 불리는 시각적 환상으로 일련의 고정된 점들이 연속적으로 제시되었을 때, 인간의 눈은 그러한 점들이 마치 움직이는 것처럼 인식하게 된다)에 관한 논문에서 비롯된다. 형태이론은 지각, 학습, 기억 등의 인지활동이 고립된 부분들의 기계적 연합이 아니라 부분들의 일정한 관계에 의해 전체로 조직됨으로써 이루어진다고 보는 이론이다. 게슈탈트(gestalt)는 보통 형태라고 번역되지만 '조직된 전체'라는 의미를 담고 있는 독일어로써, 형태란 인간이 자기를 둘러싼 세계를 의미화하기 위하여 자기가 지각한 것을 패턴이나 관계성으로 조직하거나 구조화하려는 경향성을 말한다. 따라서 게슈탈트 학파에서는 인간이 단순한 부분들의 합으로써 학습하는 것이 아니라 그 부분들을 넘어서는 전체적인 형태를 추론함으로써 보다 고차원적인 학습이 이루어진다고 보았다. 형태이론도 사회학습이론과 마찬가지로 행동주의 이론의 한계를 넘어서서, 탐구학습, 추론학습, 통찰학습의 발전에 큰 기여를 하였다.

3) 인본주의 학습이론

인본주의 학습이론은 인본주의 심리학에 기초하고 있으며, 정신분석학의 무의식적 결정론(제1심리학)과 인간의 행동을 환경자극에 의한 단순한 반응으로 여겨 인간 행동을 단순화시킨 행동주의 심리학(제2심리학)에 대한 비판을 토대로 전개된 학습이론(제3의 심리학)이다.

(1) 인본주의 학습이론의 이해

인본주의 학습이론은 연구의 대상이 되는 개인을 대상화시켜 이해하는 것이 아니라, 연구대상을 하나의 주체로서 자아실현적 존재로 보고 그들의 사고와 행동을 이해하고자 한 접근이다. 따라서 인본주의 이론에서의 학습은 학습자의 느낌과 판단에 따라 학습자 중심으로 이루어져야 하며, 학습자 개개인의 특성에 적합한 개별화된 형태의 수업이 필요하다는 이론들을 제시하게 된다.

인본주의 학습이론은 근본적으로 인간은 선하며 존경받을 만하고, 환경조건만 적당하면 잠재적 능력을 실현해 나가려 하는 능동적 존재로 인간을 바라보고 있다. 인간 자체의 가치와 개인의 독특성, 그리고 내면적이고 주관적이며 경험적인 역동성과 전체성에 관심을 가진다. 즉, 인간의 내면으로부터 일어나는 변화를 중요시 여기며, 환경의 통제에 의해서가 아니라 인간 스스로가 학습의 주체가 되어야 함을 강조한다.

인본주의 학습이론에서의 궁극적인 교육의 목표는 자유스러운 학습의 분위기를 조성함으로써 자아실현을 하는 인간을 길러내는 것, 즉 전인의 발달에 있다. 특히 다른 학습이론에 비해서 인본주의학습이론은 정서, 가치, 감성, 태도, 도덕 등 학생들의 정의적인 욕구에 더 관심을 가지고 있다. 인본주의 교육이 공통적으로 지향하고 있는 교육목표는, 첫째, 학습자의 자기 주도성과 독립성을 증대시키는 것, 둘째, 학생들이 학습할 내용을 결정하는 데 있어서 많은 책임감을 가지는 것, 셋째, 학습자의 창의성과 호기심을 키우는 것, 넷째, 예능에 흥미를 유발하는 것 등이다.

아울러 인본주의 학습이론에서 교사의 역할은 학습자의 조화적 발달을 도모하는 것으로, 학습자로 하여금 그들의 신념과 태도와 가치를 분명히 의식하여 행동하도록 돕는 것이다. 따라서 교사는 아동의 성장의 촉진자로서 아동의 자발성을 존중하고 적극적으로 돕는 조력자, 안내자, 격려자가 되어야 한다(최철용 외, 2009).

(2) 인본주의 학습이론들

대표적인 인본주의 학습이론으로 로저스(Rogers)의 인간중심적 상담론과 매슬로우(Maslow)의 욕구위계이론이 있다.

① Rogers의 이론

우선 로저스(1983)의 인본주의 이론은 다음과 같은 인간에 대한 신념을 바탕으로 하고 있다.

가. 인간은 누구나 믿을 만한 존재이다. 그러므로 교사는 학생을 신뢰하고, 학생의 잠재력에 대한 믿음을 가지고 있어야 한다.

나. 인간 모두는 자아실현을 향해 나아가는 경향이 있다. 이것은 모든 인간이

긍정적인 발전을 위한 내적인 욕구가 있음을 의미한다. 자아실현의 경향성은 다음의 몇 가지 특성을 나타낸다.

- 자아실현의 경향성은 신체 전체의 생리적 과정에서 기인된다.
- 자아실현의 경향성은 긴장 감소가 목적이 아니라 오히려 긴장을 증가시키기도 한다.
- 자아실현의 경향성은 모든 사람의 삶 속에서 그들의 경험이 평가되는 기준이 된다.
- 자아실현은 완전한 최종 단계가 아니라 좀 더 능력 있는 사람이 되는 과정(on the becoming person)이다.

다. 모든 개인은 자아실현의 동기와 욕구만이 아니라 자아실현을 위한 능력을 갖고 있다. 따라서 교사는 학생들로 하여금 자기 자신의 능력을 인식하고 수용할 수 있도록 도와야 한다.

라. 인간은 개인마다 자신의 독특한 관점을 통해서 세상을 감지한다. 따라서 학생들에 대한 인간중심 교육의 원리는 동일한 학습내용일지라도 학생들마다 서로 다르게 인식하고 이해한다는 사실을 바탕으로 한다.

마. 인간은 외부적 요인과 상호작용하는 존재이다. 따라서 학습에 있어서도 내면적 호기심과 더불어 학습에 영향을 미치는 외적 요인에 관심을 기울여야 한다. 교사가 학생들을 자율적인 학습으로 안내하기 위해서는 학생에 대한 '무조건적인 긍정적 관심'과 '존중하는 분위기'가 중요하다. 중요한 타인으로부터의 무조건적인 긍정적 관심과 존중을 받는 사람은 그들의 긍정적인 본성을 인식하게 되며, 개인으로 하여금 효과적으로 기능하는 인간이 될 수 있는 확신과 함께 스스로 성숙한 발달을 향해 나아간다.

로저스는 교육의 목적을 충분히 기능하는 인간(fully functioning man)이 되도록 도와주는 것이라고 보았고, 따라서 교육자는 학습자의 잘못을 지적하기보다는 학습자를 있는 그대로 무비판적으로 수용, 그들의 느낌과 생각을 이해함으로써 학습자의 학습을 동기화시키거나 문제행동을 줄일 수 있다고 주장하였다. 따라서 교육자는 권위자이기보다 촉진자로서 무엇인가 알려주기보다도 경청하는 태도를 가져야 함을 강조하였다.

② Maslow의 이론

우선 매슬로우의 욕구위계 이론을 간단히 정리해 살펴보자. 그는 인간이 다음과 같은 다섯 가지의 위계적 욕구(need)를 갖고 태어나고 이 욕구를 만족시키기 위해 노력하는 존재라고 보았다.

가. 생리적 욕구(Physiological Needs): 물, 산소, 음식, 성, 잠 등에 대한 욕구, 추위나 더위로부터의 보호, 감각적 자극에 대한 갈망

나. 안전의 욕구(Safety Needs): 확실성, 예측성, 질서, 안전을 보장받고 싶어하는 욕구

다. 애정과 소속의 욕구(Love and Belongingness Needs): 다른 사람과 애정적 관계를 맺으며, 어떤 준거집단에 응집력 있게 소속되고 싶은 소망

라. 자기존중의 욕구(Self-Esteem Needs): 타인이 자신을 귀하게 여기는 존중감(명성, 존경, 지위, 평판, 위신, 사회적 성공) + 스스로 자신을 존중하여 갖게 되는 존중감(자기믿음, 적합성, 확신, 성취, 지배, 독립, 자유)

마. 존재적 욕구는 인지적, 심미적, 그리고 최종의 자아실현의 욕구로 구분될 수 있다:

- 인지적 욕구(Cognitive Needs): 지속적으로 지적 호기심 또는 지적 탐구심을 갖는 욕구
- 심미적 욕구(Aesthetic Needs): 아름다움(완벽한 것, 진실한 것, 정의로운 것)을 추구하는 욕구
- 자아실현의 욕구(Self-Actualization Needs): 자신의 잠재적 가능성을 최대한으로 실현시키도록 노력하려는 욕구(개인차가 가장 크게 나타나며 '균형'과 '항상성'을 포함하지 않는 욕구)

여기서 중요한 점은 인간의 궁극적 욕구인 자아실현 욕구을 향해 인간행동의

명확한 방향성이 이루어진다고 보았다는 점이다.

그러므로 Maslow의 학습이론은 위와 같은 욕구위계 이론을 바탕으로, 모든 학습이 인지적 욕구, 심미적 욕구를 거쳐 최종적으로 자아실현의 욕구를 향해 나아가려는 '동기'에 기반을 두고 있다고 본다. 이것이 바로 인간동기 이론이다.

학습에 대한 동기는 학습자로부터 나오는 내재적인 것이며, 학습목표는 욕구위계의 최상위에 있는 자아실현(self-actualization)이기 때문에, 교사는 학생들이 자아실현의 궁극적인 목표를 향해 나아갈 수 있도록 가르쳐야 한다고 보았다. 매슬로우는 자아실현의 학습목표를 위해 학습내용은 학습자들이 스스로 학습할 수 있는 것이어야 하고, 가능한 즐겁고 친근한 활동을 중심으로 경험적인 내용으로 이루어져야 한다고 보았다.

위와 같은 인본주의 이론의 교육원리는 크게 궁극적으로 학습자가 자아실현하는 것을 돕고, 자유로운 학습분위기를 조성함으로써 자아실현을 성취하는 인간을 길러 내는 것이고, 이를 위해 자기주도적 학습, 학습에 대한 자기평가, 학습에 있어서 감정과 정서의 중요성, 그리고 편안하고 비위협적인 환경이 학습을 더욱 촉진시킨다는 점을 강조한 것이다.

4) 구성주의 학습이론

(1) 구성주의의 이해

구성주의(constructivism)는 학습이 이루어지는 원리를 외부적 요인에 의한 수동적 기재로 이해한 기존의 인식에서 탈피하여 학습자의 내면에서 능동적으로 일어나는 것이라고 간주함으로써 탄생하였다. 과거에는 학습자를 외부의 객관적 지식을 수동적으로 수용(암기)하는 존재로 보았지만, 구성주의는 지식을 그처럼 객관적인 실체가 아니라 학습하는 사람이 주체적이고 능동적으로 구성해 나가는 것으로 이해하기 시작했다. 따라서 지식의 구성은 인지활동의 결과로 보며, 의미 있는 지식의 구성은 학습자의 머릿속에서 일어나는 능동적인 사고과정을 통해서 형성되는 것이라고 주장하였다.

이러한 생각은 지식을 포함한 외부 세계의 실재(reality)가 인간의 사고나 경험과 분리되어 존재하는 객관적이고 구조적인 것이 아니라, 인식 주체의 개별적이고 주관적 인식에 의해 상이하게 존재할 수 있다는 철학적(인식론적) 관점의 변화를 반영한 것이다. 즉, 우리가 경험하는 세계는 모두에게 동일하게 존재하는 객관적 실체가 아니라, 서로 다르게 경험하고 이해하는 주관적으로 상이한 세계일 수 있다는 것이다. 따라서 그러한 세계에 대한 지식도 학습하거나 인식하는 개인마다 차이가 있을 수 있고, 그렇게 상이하게 세상을 이해하는 것이 세상과 사물에 대한 지식인 것이다.

구성주의가 표방하는 학습의 원리는 구체적이고 복잡한 상황을 여과 없이 제시하고 학습자의 인지적 도전을 유도하여 학습자가 학습의 주체로서, 자신에게 의미 있는 지식을 보다 적극적이고 책임감 있게 학습하도록 유도하는 것이 중요하다고 본다. 따라서 교사는 조언자이고 촉매자이며, 학습자는 수업의 설계와 분석, 평가를 해 나가는 능동적 존재로, 구성주의는 학습자 중심의 능동적 교수-학습 환경을 추구한다. 아울러 구성주의는 행동주의나 인지주의처럼 교사가 미리 수업 목표를 제시하고 모든 학습자들이 획일적으로 이를 성취하도록 하는 것이 아니라, 학습자 스스로가 자신이 원하는 목표를 스스로 결정하도록 열어준다. 추론, 비판적·반성적 사고, 문제해결, 인지적 유연성 획득 등이 구성주의의 주요 목표이다. 이를 뒷받침하기 위해서는 복잡하고 비구조화된 다양한 상황의 제공, 다양한 관점의 제시 및 협력적 학습 환경의 조성 등이 강조된다. 구성주의 학습에서의 평가도 역시 표준기반 평가와 같이 절대적 기준에 대한 성취도를 측정하거나 학생들의 성취를 상호 비교하는 상대평가가 아니라, 학생들의 개별적 성취를 확인하는 수행평가나 포트폴리오, 참평가(authentic assessment), 역동적 평가 등의 대안적인 평가와 같이 실제 과제를 수행하는 학습과정 속에서 자연스럽게 이루어지는 질적인 평가를 지향한다(최철용 외, 2009).

다음 절에서는 구성주의의 대표적 이론인 피아제(Piaget)의 인지적 구성주의와 비고츠키(Vygotsky)의 사회적 구성주의에 대해 간단히 살펴보기로 하자.

(2) Piaget의 인지적 구성주의(cognitive constructivism)

발생학적 인식론자(developmental epistemologist)인 피아제는 유기체가 환경에 적응해 나가는 생물진화론적 이해를 아동의 인지발달 및 학습이론에 적용하여 인지발달은 생물학적인 성숙(biological maturation)과 본질적으로 유사하다고 여겼다. 따라서 아동은 환경 속에서 경험을 통해 환경을 이해하고 변화시키는 적응(adaptation)의 과정을 겪게 되며, 이 과정에서 인지지도(mental maps: schemes)를 창조하면서 학습한다고 보았다. 이러한 schemes는 아동들이 주변 환경에 적응하기 위한 기재로 발달하게 되며, 지식이란 기존의 schema 속에 새로운 정보(경험)들이 통합되어 감으로써 획득되며, 그러한 schema는 아동의 발달이 지속됨에 따라 점차 복잡화, 구조화되어 간다고 보았다.

피아제의 인지적 구성주의는 환경에 대한 작용인 조작(operation)이 중요하며, 오늘날 협동(Cooperation)의 개념은 아동 개인이 아닌 여러 아동들이 함께 조작해 가면서 작업하는 것으로 이해했다. 피아제의 인지적 구성주의에 따르면, 아동의 언어발달은 전반적인 인지발달 과정의 일부이자, 인지발달의 단계에 의존하여 언어발달의 현상들이 나타나게 된다고 보았다. 특히 인지적 구성주의 이론은 생물학적 발달에 이론적 토대를 둠에 따라, 아동의 인지발달도 생물학적 성장에 따라 단계적인 질적 변화가 급격하게 나타나는 단계이론의 성격을 지닌다. 또한 학습이라는 것은 끊임없는 환경 속에서의 적응의 과정이므로, 새로운 환경(경험, 정보 등)은 유기체인 아동들의 기존 인지구조의 변화를 초래하게 되고, 이러한 변화는 곧 안정된 인지체계의 균형을 깨뜨리는 것이므로 이러한 불균형(disequilibrium)의 상태가 학습자에게는 자신의 인지구조의 평형화를 다시 찾게끔 사고하게 하는 동기가 될 수 있다는 것이다. 그러므로 학습의 조건은 아동의 안정된 인지상태를 자극하는 경험을 제공하여, 아동이 다시금 인지적 균형을 잡아나가게끔 끊임없는 지적자극의 경험을 제공하는 것이어야 한다고 보았다.

(3) Vygotsky의 사회적 구성주의(social constructivism)

러시아의 심리학자이자 철학자인 비고츠키는 20세기 초의 젊은 나이에 짧은 생을 마감하였다. 당시 그의 아동 발달 및 학습이론은 러시아 및 유럽에서는 인정을 받았지만, 사회주의적 사상에 대해 적대적이었다. 미국의 학계에서는 크게 환영을 받지 못하였다. 비고츠키는 기본적으로 사회적 인간관계, 문화적 요소가 아동의 발달 및 학습에 지대한 영향을 미친다고 여겼고, 아동이 자라는 사회적 구조, 영향, 관계성 등이 아동의 정신적 발달 및 성장에 영향을 미치게 된다고 주장하였다.

비고츠키 이론의 특징으로, 그는 학습의 가장 중요한 두 가지 매개체(Mediation)는 언어와 문화라고 보았고, 학습은 학습자와 선행학습자 사이의 상호작용으로 발생하기 때문에 또래집단의 영향 및 또래와의 협력(Collaboration)이 중요한 역할을 한다고 주장하였다. 학습의 결과보다는 학습의 과정에 중점을 두고, 학습자들이 사회적 활동에 참여하는 것 자체가 중요한 학습의 기회가 된다고 보았다. 또한 그는 발달을 2 영역, 즉 현재 발달영역(Current development)과 근접발달영역(Zone of proximal development)으로 구분하여, 아동의 학습에 있어서 가장 중요한 것은 이러한 근접발달영역에 속하는 학습내용, 경험 등을 중심으로 해야 한다고 역설하였다.

피아제가 인지발달 수준에 따라 언어발달이 결정된다고 생각한 것과는 달리 비고츠키는 언어발달 자체가 인지발달을 주도한다고 보았다. 즉, 피아제(Piaget)의 이론처럼 '발달'이 '사회화'를 앞서는 것이 아니라, 사회화(언어발달)가 인지발달을 촉진한다고 본 것이다. 또한 학습의 과정은 외부적·사회적 학습에서 출발하여 점차 내적, 추상적인 고등사고능력으로 진행되어 가기 때문에 발달이 진행되면서 다양한 문화적 기호(signs)들을 내면화(internalization)시키는 과정이 이루어진다고 보았다(박휴용, 2006).

(4) 사회적, 인지적 구성주의의 비교 및 평가

인지주의 및 사회주의 구성주의의 차이는 피아제(Piaget)와 비고츠키(Vygotsky)의 언어발달 및 언어와 인지와의 관계에 대한 견해들을 대조시킴으로서 분명하게 이해할 수 있다. 우선 피아제는 영아 초기에 인간은 사회적 존재로써 아직 성숙되지 않은 전사회적(pre-social)이고 생물학적 존재로 여긴 것에 반해, 비고츠키는 영아 초기가 완전한 사회적 존재로 성숙되지는 않았지만, 사회적 존재로서의 가능성이 충만한 부사회적(para-social) 존재로 사회적 상호작용의 준비가 되어있는 존재로 보았다. 또한 피아제는 유아 초기에 나타나는 자기중심적 언어(egocentric speech)에 대해서 아직 의사소통 측면에서 기능이나 인지적 역할이 완성되지 않은 상태로 파악하고 있는 데 반해, 비고츠키는 언어가 사회적인 의사소통의 수단에서 출발하여 내면적인 사고기능의 언어로 도약하기 위한 중간단계로 나타나는 현상으로 보고, 자기중심적 언어는 사고기능의 발달을 촉진시키는 역할을 한다고 보았다. 아울러 피아제는 아동의 사회화나 언어발달이 주체(아동)와 객체(환경)의 물질적 관계성을 바탕으로 환경을 탐색해가는 과정에서 언어가 그 주된 역할을 다한다고 보았으나, 비고츠키는 사회화란 기본적으로 주체(아동)와 주체(아동, 성인)의 인간적 관계성에 바탕을 두고 있으며, 언어는 그 사회적 관계형성에 중요한 매개체가 된다고 보았다. 마지막으로, 피아제는 인간의 발달이 자기중심에서 점차 사회적 차원으로, 즉 내부에서 외부로 발달해나간다고 보았으나, 비고츠키는 사회적 존재로서의 인간에서 출발하여 점차 사고의 내면화 과정을 통해서 추상적인 고등사고능력을 키워나가는 방향으로 발달해나간다고 보았다. 이상을 정리하면 다음의 표와 같다(박휴용, 2006).

〈표 5-1〉 피아제(Piaget)와 비고츠키(Vygotsky)의 언어발달론 비교

구 분	Piaget	Vygotsky
자기중심적 언어 (Egocentric speech)	부정적 인식: 의사소통 및 인지기능 부재	긍정적 인식: 내면어(사고기능 발달 촉진)
영아의 초기상태	전사회적(Pre-social)이고 생물학적 존재	부사회적(Para-social) 상호작용을 수행하는 존재
의도(Intentionality)	환경과 상호작용: 1차적 의도	의사소통적: 2차적 의도
사회화/언어	주체-객체(물질적)관계: 수행으로서의 언어	주체-주체(사회적)관계: 매개로서의 언어
발달과정	자기중심으로부터 점차 사회적 차원으로 발달	자기중심어가 점차 언어적 사고의 형태를 띠며 자기회고적 발달

* 부사회적 상호작용의 한 예로, 시청자가 마치 TV토크쇼 진행자와 직접 대화를 나누는 것과 같은 착각 속에서 이루어지는 경험(상호작용)을 들 수 있다.

마지막으로 구성주의는 ① 지식획득에 있어서 학생의 자발적 역할을 강조했다는 점에서 획기적 의미가 있고, ② 인지발달에 대한 사회문화이론(Sociocultural theory)적 이해를 도입함으로써, 학습에 있어서 사회적 맥락(context)의 중요성 상기시켰다는 점에서 의의가 있고, ③ 학급을 단순한 학생들의 모임이 아닌 학습의 공동체(Communities of practice) 혹은 탐구의 공동체(communities of inquiry)로 인식하게 해주었다는데 의의가 있다. 결국 구성주의는 20세기 중반 미국의 사고 학파(schools for thought)의 형성을 통해 현재 중요한 학습이론의 하나로 자리 잡고 있다. 구성주의에 대한 비판점으로는, 구성주의가 말하는 상호작용을 통한 학습(Learning through interaction)에 대한 학문개념적 명료성이 부족하고, 현실적으로 구성주의 학습방법에 대한 학생들의 반응양식에 큰 차이가 존재하기 때문에, 실용성이 떨어진다는 지적이 있으며, 구성주의의 완벽한 실현을 위해서는 이상적 환경이 필요하다는 단점도 있다. 결국 오늘날에는 사회적, 인지적 구성주의의 양측면을 존중하는 이중적 구성주의(Co-Constructivism)의 측면에서 많이 연구되고 있다(박휴용, 2013).

3. 학습의 주요 변인

심리학적 차원에서 학습에 영향을 미치는 요인으로 기억, 망각, 선이, 준비성, 동기, 연습 등의 여러 요인들이 있다.

1) 기억

기억(memory)은 경험에 의하여 얻은 내용들을 저장·보존하는 상태를 말한다. 즉 기억은 과거의 경험이 대뇌에 흔적을 남기고 있다가 어떠한 형태로든지 현재와 미래의 새로운 행동에 영향을 주는 작용이다. 정보처리 이론에 따르면, 기억은 기호화 또는 부호화(encoding), 파지(retention) 또는 저장(storage), 그리고 인출(retrieval) 또는 재생(recall)의 세 과정으로 구분된다. 부호화란 외부에서 감각기관을 통하여 들어오는 물리적 자극을 기억이 수궁하는 기호로 바꾸는 것이고, 파지란 부호화된 정보를 기억 속에 가지고 있는 것이며, 인출이란 그러한 정보를 사용하기 위하여 끄집어내는 것을 말한다.

따라서 학습의 기본은 학습자가 경험이나 사고를 통해 자극으로 주어진 자료를 지각하거나 정보를 받아들여 정리하는 기억화(memorizing) 과정이다. 즉 경험이나 사고의 결과로 나타나는 인식의 흔적을 머릿속에 각인(imprinting)시키는 과정이다. 파지(retention)란 기억화된 것을 일정 기간 동안 흔적으로 간직하는 것인데, 기억된 내용이 항상 파지되는 것이 아니라 시간의 경과와 더불어 감소되기 마련이므로 파지력을 높이기 위한 여러 가지 조치를 취하게 된다. 재생(recall)은 파지하고 있는 내용을 의식의 수준에서 떠올리는 단계이다. 이러한 기억의 수준을 정보처리 이론에서는 크게 감각기억, 단기기억, 장기기억의 3단계로 구분하기도 한다.

첫째, 감각기억이란 시각이나 청각으로 들어온 정보를 순간적으로 저장하는 기억이다. 그러나 주의를 기울이지 않으면 잠시 동안 감각기억에 머물러 있다 소멸되어 버리거나 혹은 다음 단계인 단기기억으로 전이된다. 시감각기억은 약 1초,

청감각기억은 4~5초 동안 유지되는 것으로 알려져 있다.

둘째, 단기기억은 파지기간이 감각기억보다 길지만 감각기억과 마찬가지로 파지기간과 용량이 한정되어 있다. 일반적으로 감각수용기를 통하여 들어온 정보는 감각기억에 잠시 머물러 있다가 그 내용이 의식화되어 20~30초가량 흔적으로 남게 된다. 이와 같이 잠시 동안 의식으로 기억되는 것을 단기기억이라고 한다. 그래서 기억의 단기화를 방지하기 위하여 연습을 하거나 반복 암기하는 방법을 사용하는 것이다.

셋째, 감각기억과 단기기억의 과정을 거쳐 장기적으로 저장될 때 이를 장기기억이라고 한다. 이렇게 장기기억화되면 장기간 혹은 일생 동안 그 정보를 저장하게 되는 것이다. 그러나 단기기억으로부터 모든 정보가 장기기억으로 저장되는 것은 아니다. 따라서 일반적으로 기억이라고 일컫는 것은 이 장기기억을 뜻하는 것이며 기억이 안 난다는 것은 장기기억화되지 못하였음을 의미한다.

요컨대, 정보처리 이론을 바탕으로 한 기억은 감각통로를 통해 투입된 정보가 감각저장 장치, 단기기억을 거쳐 최종적으로 장기기억에 의미(semantic memory) 또는 구체적인 사상(episodic memory)으로 저장되고, 필요한 상황에서 재생·활용된다는 이론이다.

정보처리 이론에 의하면 유입된 정보를 장기기억화할 때에는 일반적으로 기호화하게 되는데 그것은 의미화된 기호이거나 심상화된 기호일수도 있는 것으로 이러한 과정을 통하여 장기기억으로 저장하게 되는 것이라 한다. 또한 단기기억을 장기기억으로 저장하는 방법은 새로 유입된 경험이나 자극들을 자기가 이미 가지고 있는 정신구조에 동화시키는 것이다. 대뇌기능은 어느 정도 일정한 양의 정보밖에는 저장하지 못하기 때문에 새로운 자극이나 경험이 유입되면 구조화되어 있지 않은 정보들은 밀려나게 된다. 따라서 유입되는 정보들을 의미 있는 것들로 구조화하는 것이 장기기억화하는 가장 근본적인 방법이다(임창제, 2009).

한편 단기기억과 장기기억의 이중 구조적 측면에서 기억을 이해하려는 것과는 달리, 기억이란 단일구조로, 즉 개인이 정보를 투입·처리·기억하는 과정에서 나타나는 활동 · 전략 또는 정보처리량과 수준의 차이로 설명하려는 입장이 있다. 대표적인 것으로 처리수준 모형(levels-of-processing approach to memory)이 있다. 이에 따르면 기억이란 투입된 정보의 지각적 분석과 처리의 부산물로, 정보처리의 깊이와 새로운 정보가 기존의 기억내용과 통합된 정도에 달려 있다는 것이다. 결론적으로 정보처리 이론을 구조론 또는 단계이론이라 한다면 처리수준 모형은 과정론 또는 단일구조론이라 할수 있다. 이 밖에도 기억에 관한 이론으로 기억흔적의 변화양상을 설명하는 기억흔적설, 간섭과 학습해체설, 응고이론 또는 신경생리학적 이론과 장기기억장치에 저장된 정보의 성질에 따라 결합설, 의미기억설로 구분된다.

2) 망각

망각(forgetting)이란 파지된 학습경험이 어느 정도 시간이 경과되거나 또는 사용하지 않아서 자연히 약화되고 드디어 소멸되어 재생되지 않는 현상이다. 즉 망각은 기억흔적이 현재의 학습경험과 결합되지 않아 기억해 낼 수 없는 상태라고 할 수 있으며, 장기기억화된 학습내용을 다시 의식화하지 못하는 현상이다.

망각(forgetting)이 어떻게 일어나는지를 설명하는 인지심리학 이론은 여러 가지가 있는데, 그중 간섭(interference)과 부식(decay) 이론이 있다. 간섭이론에서는 망각을 기억의 상실이 아닌 인출 실패로 보는데, 그 원인을 다른 기억에 의한 간섭에서 찾는다 반면에 부식이론에서는 망각을 기억된 내용 자체가 없어지는 것으로 본다. 일마 진까지의 연구들은 대체로 간섭 이론을 지지하고 부식이론을 반박하고 있다(이정모, 2009).

하지만 최근 신경과학적 연구들을 바탕으로 망각을 '부식'으로 볼 수 있을 만한 경험적 증거들이 발견되었고, 이를 바탕으로 과거에는 간섭이론을 지지하는 것으로 여겨졌던 연구들이, 사실은 부식이론을 지지하는 것으로 재해석될 수 있다는 입장이 생겨났다(Hardt, Nader, & Nadel, 2013). 예를 들어, Hardt, Nader, & Nadel(2013)

은 기억이 '부식'되는 이유를 PKM-zeta(PKMζ)라 불리는 물질에서 찾고 있다. 이 물질은 기억이 형성될 때 만들어지는 물질로서, 기억을 망각으로부터 보호해 주는 역할을 한다고 여겨진다. PKMζ는 기억이 재강화될 때마다 다시 합성되는데, 만약 그러한 재강화가 없다면 PKMζ는 점점 파괴될 것이다. 결국 충분한 PKMζ로부터 보호되지 않는 기억은 일련의 생물학적 과정을 통해 '부식'된다는 것이 연구자들의 설명이다.

기억의 상실에 대한 원인으로 '망각'과 '부식' 이론 사이의 논란이 있지만, 현실 생활과 학습에 있어서 더 중요한 문제는 망각이 부정적이지만은 않다는 점이다. 즉, 우리의 사고는 선택적 망각과 불수의적 망각을 필요로 한다. 예를 들어, '모든 것을 기억하는 사람들'은 끊임없이 의식의 수준에 밀려오는 기억의 홍수 속에서 정상적인 삶을 영위하지 못하는 사례들이 보고되고 있는데, 이 경우 망각은 축복이자 의미 있고 선택적인 학습을 위한 전제조건이 된다.

이와 같은 학습과정에 있어서 기억과 망각은 동일한 과정에 관한 것이면서도 서로 상반되는 개념이며, 밀접한 관계를 갖고 있다. 학습한 내용은 학습 직후부터 장기기억화되기 전에 이미 망각현상이 나타나며 망각에 대비한 어떤 노력이 없는 한 얼마 지나지 않아서 학습한 대부분을 재생해내지 못하게 된다. 물론 그것은 자연적이고 불가피한 현상이지만 학교 학습에서는 망각을 방지하고 보다 장기기억화할 수 있는 노력이 필요할 것이다.

3) 전이

전이(transference)란 하나의 학습내용이나 방법이 다른 것의 학습에 도움이 되거나 학습 이외의 상황에 적용되는 것을 의미한다. 즉 어떤 내용을 학습한 결과가 다른 내용의 학습에 영향을 주는 현상을 전이(transference) 또는 학습효과의 전이라고 한다. 하나의 학습이 다른 학습에 영향을 주는 데 있어서 다른 학습을 촉진하는 것을 긍정적 전이(positive transfer)라 하며, 다른 학습을 방해 또는 저지하는 경우를 소극적 전이(negative transfer)라 한다.

전이 현상을 심리학적으로 설명하는 이론으로, 동일요소설, 일반화설, 형태이조설, 형식도야설이 있다.

첫째, 동일요소설은 한 학습과 다른 학습의 사이에 있는 동일한 요소가 상호의존하여 전이가 일어난다는 것이다. 즉 한 학습의 효과가 다음 학습을 촉진하는 경우는 두 학습과제 간에 동일요소가 존재해야 한다. 예컨대, 어원이 비슷한 외국어를 배울 때는 그렇지 않은 외국어를 배울 때보다 훨씬 학습과 기억에 용이하다. 이는 기존에 알고 있는 언어와 새롭게 학습하고자 하는 언어 사이에 동일요소들이 많기 때문에 두 학습 간에 긍정적인 전이가 일어날 수 있는 것이다. 물론 이러한 유사성이 학습자에게 혼란을 초래하여 학습을 방해할 수도 있는데, 이를 간섭이론(interference theory)라고 한다.

둘째, 일반화설은 어떤 원리를 알고 새로운 내용을 학습할 경우, 그 원리를 알지 못하는 경우보다 훨씬 학습이 용이하다는 연구에서 나왔다. 이미 숙지하고 있는 원리를 새로운 사례와 현상에 적용하여 그 원리를 일반화시킨 결과 새로운 내용이 보다 쉽게 학습된다는 것이다. 즉 일반화설은 두 학습내용 사이에 원리가 같을 때 전이가 일어난다는 이론이다.

셋째, 형태이조설(form transformation theory)은 형태심리학의 원리에 기초한 것으로 먼저 경험하거나 학습한 형태가 새로운 경험이나 학습과 형태에 있어서 비슷할 때 앞의 형태가 위상적인 이동을 하여 전이된다는 것이다. 이러한 원리에 기반한 장이론(field theory)에 의하면 먼저 경험하여 인지된 장이 새로운 경험의 장으로 위상적인 이동반응을 유발한다고 한다. 이때 앞의 학습과 다음 학습 간의 전이가 일어나는 학습 상황에는 공통성이 존재하는데, 그 공통성은 두 학습자료의 단편적인 요소가 아니라 형태 또는 그 자료 내의 관계성에 있어야 하며, 기억된 내용보다는 통찰을 통해 전체를 이해한 내용이 보다 쉽게 전이된다.

넷째, 형식도야설은 독일어 어원을 가진 *formal buildung* 개념을 바탕으로 하여 인간의 정신을 의지, 기억, 주의, 판단 그리고 추리 등의 능력으로 이루어진 것이라고 보는 능력심리학(faculty psycho-logy)에 기초를 두고 있다. 능력심리학은 인간의 학습능력이 이성적 사고의 훈련에 기초하고 있으므로, 그러한 능력을 훈련하고 단련한 사람과 그렇지 못한 사람들 간의 학습능력에 차이가 있다는 가설이다. 따라서 기억력, 추리력, 주의력 등 몇 가지 기본적인 능력을 집중적으로 단련해 두면 사소한 학습은 쉽게 이루어질 수 있다고 여기므로, 결국 교육을 통해 기본적 사고나 학습능력을 연마하고 이 능력을 새로운 다른 모든 학습에 전이하는 것이 중요하다고 주장한다.

마지막으로 상위인지적(meta-cognitive) 학습전략을 개발하는 것도 학습에 큰 영향을 미친다. 이전의 학습경험을 통해 효과적이고 성공적인 학습전략을 익혀서 새로운 학습에 적용하는 것은 높은 전이 효과를 갖는다. 예를 들어, 어떤 문제에 직면했을 때 이를 해결하기 위하여 여러 가지 방법을 동원하여 그 문제를 성공적으로 해결하게 되면 다음에 그와 유사한 문제에 당면해서도 이를 효과적으로 해결할 수 있는 방법도 익히게 되는데, 이를 상위인지적 학습전략의 습득이라고 볼 수 있다.

4) 학습준비도

(1) 학습준비도의 개념

학습준비도(readiness)이란 어떤 내용을 학습하기 위해서 필요한 선행학습의 정도와 조건을 의미한다. 학습에 영향을 미치는 조건으로 신체적 성숙, 인지적 사고력 수준, 학습자의 흥미나 호기심, 사전 학습전략 경험, 사전 지식 등이 모두 포함된다. 이 준비도란 개념은 손다이크(Thorndike)가 학습의 법칙에 있어서 준비도의 법칙을 주장한 데서 기인했는데, 발달심리학에서는 그 준비도가 생물학적 성숙도에 크게 좌우된다고 보았다. 즉, 일정한 성숙이 이루어질 때까지 효과적인 학습이 불가능하므로 적절한 학습이 이루어질 수 있는 신체적·정신적 성숙이 이루어질 때까지 기다려야 한다는 것이다. 반면, 연합심리학에서는 발달단계에 크게 의존하지 않고, 훈련이나 경험에 의해서 학습능력이 점점 발달할 수 있다고 본다.

(2) 성숙과 준비도

게젤(Gesell)은 일란성 쌍생아를 대상으로 한 계단 오르기 실험을 통해서 시간의 경과에 따라 나타나는 성숙이 미리 인위적으로 실시하는 연습보다 더 중요하다고 결론을 내렸다. 즉, 기본적인 신경계통의 성숙(maturation)이 행동 출현의 시기를 결정하므로, 학습이 성숙에 의존하는 것이지 성숙을 초월한 학습이 없다는 것이다.

따라서 성숙에 따른 준비도는 필연적으로 신체적 · 정신적 발달 요인과 관련을 맺게 된다. 성숙이 이루어지기 전에 무리한 학습을 시킨다는 것은 학습의 효과가 없음은 물론 그 개인에게 어떤 정서문제나 장애를 야기할 수도 있다는 것이다. 성숙에 따른 준비도의 원리를 정리하면 다음과 같다.

① 학습은 성숙 수준에 의존한다. 그러므로 성숙 정도에 따라 학습시키는 것이 효과적이다.

② 훈련을 시키는 것이 전혀 영향이 없는 것은 아닐지라도 성숙이 이루어지지 않으면 그 효과가 적다.

③ 성숙할수록 훈련이 덜 필요하며, 성숙은 어떤 내용을 학습할 수 있는 준비가 된다.

④ 성숙 전의 훈련 효과는 일시적이다.

⑤ 성숙 전 훈련이 학습자의 욕구 좌절을 일으키면 해롭다.

⑥ 성숙은 학습의 준비성을 이룬다.

(3) 경험과 준비도

반면 유기체의 내적 성숙보다는 환경의 영향을 중시하는 학자들은 학습활동에 있어서 경험의 역할을 더욱 중시한다. 학습자의 행동 변화는 경험의 결과이지 자연적인 신경구조나 성숙의 결과가 아니라는 것이다. 학습자는 항상 과거의 학습경험을 바탕으로 하여 새로운 인식을 만들어가고 그 인식들이 모여 인지구조를 구성해 가기 때문에, 체계적인 경험이 중요하며 그에 따라 고등정신능력도 개발할 수 있다는 것이다. 따라서 경험의 중요성을 강조하는 이론들은 이전학습을 통해서 새로운 과제를 어떻게 학습할 것인가를 배우게 되므로, 그 결과인 학습태세를 중요시하게 된다. 새로운 과제를 학습하기 위해서는 그와 유사한 과제를 이전에 학습해야 하며, 그럼으로써 새로운 과제학습에 대한 학습태세가 갖추어지는 것이다.

예를 들어, 브루너(Bruner)는 학습준비도는 자연적으로 이루어지는 것이 아니기 때문에 무작정 기다릴 것이 아니라 적절한 지적훈련이 필요하다는 의미에서 다음과 같은 주장을 펼친 바 있다.

① 성숙이 이루어질 때까지 가르쳐야 할 것을 유보하는 것은 교육적 태만이다.
② 발달이란 일정한 연령에 고정되어 있는 것이 아니라 교육과 문화의 힘에 의하여 촉진될 수 있다.
③ 준비성은 선행하는 지식이나 기능을 충분히 익힘에 따라 이루어지는 것이다.
④ 학습이란 준비도를 계발해 나가는 일이다.

물론 학습에 있어서 성숙과 준비도는 모두 필요한 요소이다. 어떤 과제를 학습할 능력에는 신경구조의 발달을 기반으로 정신능력의 성숙과 학습과 관련한 경험 및 훈련이 모두 필요하기 때문이다.

5) 동기

동기 연구자들은 학습자가 자율적으로 바람직한 행동을 장기적으로 몸에 배기 위해서는 내적 동기(motivation)의 역할이 필요하다고 본다. 동기란 개체의 행동을 목표로 이끌어가는 내적인 상태 혹은 개체의 행동 방향을 결정하는 경향이나 태세로서 신체적인 성장과 인격적·사회적 성숙, 행동의 과정 등 모두가 동기와 관련된다.

동기는 크게 내재적(intrinsic) 동기와 외재적(extrinsic) 동기로 구분된다. 내재적 동기는 욕구·흥미·호기심·즐거움 등에 의해 유발되는 내적인 목표에 대한 추동력이다. 이는 개인적 흥미를 추구하고 능력을 발휘하여 그 과정에서 도전할 만한 것들을 찾고 그것을 정복하는 자연스러운 경향성을 말한다. 내재적으로 동기화되었을 때 활동 그 자체가 보상으로 작용을 하기 때문에 그 활동을 더욱 강화하는 어떤 보상이나 처벌이 필요치 않고, 과제 자체의 수행이나 그에 따른 결과에 성취감을 느끼게 된다.

반면 보상·사회적 압력·처벌과 같은 심리 외적 요인에 의해 행동이 이루어지는 것을 외재적 동기(extrinsic motivation)라 한다. 성적이나 보상을 받기 위해, 처벌을 피하기 위해, 선생님을 만족시키기 위해 혹은 과제 그 자체와 별 관계가 없는 다른 이유 때문에 무엇인가를 할 때에 외재적 동기에 의한 학습이라 할 수 있을 것이다.

학습이 순전히 내재적 동기에만 혹은 외재적 동기에만 의하여 이루어지지는 않는다. 외재적 동기에 의하여 학습을 시작했지만 하다 보니 내재적 동기가 유발되는 경우도 있을 수 있고, 내재적 동기로 학습을 시작했지만 하다 보니 외재적 동기를 느끼는 경우도 있을 수 있다. 내재적 동기와 외재적 동기는 모두 학습에 중요한 바탕이 되어 수는 것이다.

동기의 개념에는 행동의 촉진적 역할을 하는 추동, 요구, 흥미, 가치 및 태도 등이 연관되어 있기 때문에 동기의 본질에 대해서는 현대 심리학에서도 다양한 설명과 가설이 존재한다. 어떤 행동이 단 하나의 동기에 의하여 유발된다고 판단하기 곤란하고, 동기는 생리적이고 정서적인 면에 영향을 받으며, 인지능력과 별개로 작동할 수 있으며, 개인차가 크고, 자극이 직접적으로 행동에 미치는 것에 비하여 동기는 시간적인 간격을 갖는 목표행동에도 영향을 미칠 수 있다는 특징을 갖는다. 최근에는 목표에 대한 성취나 사회적 성공이 인지능력보다는 개인적 동기의 크기나 끈기 및 인내심에 의해 더 크게 영향을 받는다는 끈기이론(Grit theory)이 주목을 받기도 했다.

6) 연습

학습된 경험의 망각을 방지하고 효과적인 파지가 이루어지기 위해서는 반복적인 연습이 필요하다. 연습(exercise)이란 학습된 경험을 몸과 마음에 익히기 위해 의도적으로 반복하여 정교화하고 체화하는 학습전략의 일종이다. 연습에 의해 학습의 효과가 향상되는 데에는 학습자의 자질, 학습경험, 학습전략, 동기, 그리고 환경적 요인들이 영향을 미칠 수 있다. 이와 같은 연습을 확장하여 특정한 목표를 향해 보다 체계적이고 계획적이며 장기적으로 설계하여 실시하는 것을 훈련(discipline)이라고 할 수 있다. 그리고 연습과 훈련을 지속적으로 실시함으로써 목표한 지식이나 기술이 체화되어 자동적이고 신속하게 행동이나 과업에 드러나게 되는 상태를 숙련(master)이라고 한다. 즉, 연습이나 훈련을 걸쳐 숙련의 상태에 이르게 된다.

4. 인간발달과 교육

1) 발달의 의미

코프카(Koffka, 1886~1941)는 발달이란 유기체의 기관이 양적으로 증대하고 구조에 있어서 정밀화되며, 기능에 있어서도 유기화되는 것이라고 정의하였다. 이처럼 발달이란 생명체가 신체적으로나 정신적으로 끊임없이 변화되어 가는 과정이다. 즉 개체 출생으로부터 성숙에 이르기까지 계속되는 적극적이고 진보적인 변화 전체를 말하는 것이다. 인간에게 있어서의 발달은 어린이가 제각기 타고난 소질과 항상 변화하는 생활 환경을 상호 연결하면서 눈에 띄게 급속한 변화의 과정을 밟으며 점차로 개성을 뚜렷하게 나타내 가는 모습으로 개체가 가지고 있는 여러 요인들과 환경의 여러 요인들이 서로 작용해서 이루어진다. 이에 발달은 개체가 그 생명활동에 있어서 그 환경에 적응하여 가는 과정이라 말할 수도 있다. 발달은 인생의 긴 과정에서 지속적으로 일어나는 변화이며 이 변화가 계획된 순서대로 체계적으로 일어나므로 예측할 수도 있다.

발달과 유사하게 사용되는 용어로 성장, 성숙, 학습 등이 있다. 성장(growth)은 신체의 크기나 근육의 세기 등의 양적 증가를 의미한다. 태어날 때부터 이미 설계되어 있는 계획표에 따라 양적으로 늘어나다가 일정한 시기가 지나면 정지하는데, 주로 인간의 신체적·생리적 발달 부분 중 양적 증가에 국한해서 사용한다.

성숙(maturation)은 외적인 환경조성이나 연습과는 비교적 무관한 유기체 신체 내에서 일어나는 신경생리학적·생화학적 변화, 즉 내적, 유전적 메커니즘에 의해 출현되는 신체적, 심리적 변화를 의미한다. 인간의 발달은 유전과 환경의 상호작용에 의해 이루어지는데 반해 성숙은 부모로부터 받은 유전인자가 지니고 있는 정보에 따라 일어나는 변화로 경험이나 훈련에 관계없이 일어난다. 모체 내에 있는 태아의 발달이나 영구치의 돌출, 사춘기에 나타나는 2차적 성장 등은 성숙 현상의 예이다.

한편, 학습(learning)은 특수한 경험이나 훈련 또는 연습과 같은 외부 자극이나 조건, 즉 환경에 의해 개인이 내적으로 변하는 것인데, 경험을 쌓음으로써 행동이 비교적 지속적으로 변화하고 안정되어 그 뒤의 행동에 효과를 가지게 된 경우를 말한다. 학습은 대체로 계획적이고, 의식적이며, 후천적 변화의 과정이라고 할 수 있다.

2) 발달의 원리

발달의 원리는 개체의 성장과 발달을 체계적으로 관찰함으로써 개괄할 수 있다. 발달의 원리나 법칙에 관해서는 학자 간에 다소의 견해 차이가 있으나, 이 같은 차이는 발달 자체에 대한 견해의 차이라기보다는 분리의 차이가 더 큰 원인이 되고 있다.

맥코넬(McConnell, 1974)의 분류는 발달의 원리를 이해하기 위해서 보다 도움이 된다. 그는 '발달'이라는 말을 사용하지 않고, '성장'이라는 용어를 썼으나 반드시 신체적인 면만을 뜻하지는 않았다. 그가 말하는 성장은 넓은 의미의 발달을 의미한다. 발달의 중요한 원리를 요약하면 다음과 같다(안영진, 2009).

(1) 발달의 상관성

발달은 개체와 환경 사이의 상호작용의 과정이자 결과이다. 이것은 개체와 개체를 둘러싼 환경과의 상호작용 및 그것을 포함한 전체 체제의 기능과 구조의 변화를 말한다. 개체의 발달은 단순히 유전적인 요인만으로, 또는 환경적인 영향만으로는 이루어지지 않는다. 즉 발달이란 개체의 내부적인 힘과 생활 환경의 힘 등이 서로 작용하여 하나의 새로운 체제로 달성되는 과정이다.

(2) 발달의 분화성

발달은 분화와 통합에 의한 구조화의 과정이다. 처음에는 모든 행동이 미분화되어 전체적인 반응을 하지만 특수한 반응과 부분 반응으로 분화되며 동시에 몇 개의 반응이 통합되어 새로운 체제가 형성되어 간다. 이것은 하나의 행동이 독자적으로 발달되어 가지 않고 여러 가지 요인이 통합적으로 이루어짐을 의미한다. 신체의 발생적 변화가 신체 각 부분의 분화인 동시에 각 부분 간의 기능화·조직화이다. 이와 같이 행동에 있어서도 그 발달 분화는 동시에 조직화 내지 통합된다.

(3) 발달의 연속성

발달은 연속적 과정이다. 개체의 일생은 변화의 연속이며, 이 변화는 수태시에 생명의 싹이 움트는 순간부터 시작되는 연속적 과정이다. 단일한 세포인 수정란은 수백만 개의 세포가 형성될 때까지 세포 분열이 일어나며, 발달이 진행되는 과정에서 새로운 세포들은 신경, 골격, 근육, 또는 순환 계통 등 각종 신체 구조로 분화하며 고도의 특수한 기능으로 발달한다. 전 생애를 통하여 연속적으로 변화하는 인간은 반드시 과거와의 연결을 가지고 변화·발달한다.

(4) 발달의 순서성

발달에는 일정한 순서와 방향이 있다. 모든 태아에게 있어서 머리, 몸, 팔, 다리, 생식기 그리고 내장 기관들은 거의 같은 시기에 일정한 순서에 의해 발달한다. 예를 들어, 태아들은 손을 움직이기 전에 머리를 돌리는 운동부터 시작한다. 이와 같은 운동 능력은 정해진 순서에 따라 발달한다. 또한 발달이 진행되는 순서와 방향에는 두-미의 방향(cephalo-caudal direction; head to foot), 중심-말초의 방향(proximal-distal direction; central to peripheral), 전체운동-특수운동(mass-specific direction; whole to part)의 기본적인 원리가 있다.

(5) 발달의 개별성

발달 속도에는 개인차가 있다. 개인은 누구나 출생 당시부터 개인차를 가지고 있으며, 이로 말미암아 성장과 발달의 모습이나 속도에 차이를 가져오게 된다. 남녀 간의 차이는 물론 동성 간에도 차이가 있다. 흔히 말하는 조숙(早熟), 만숙(晚熟)이란 말은 주로 정신적인 기능에서의 개인차이지만 가끔 신체적인 면에 적용되기도 한다.

(6) 발달의 주기성

발달의 속도는 불규칙적이다. 발달이 연속적이라고 할지라도 항상 순조롭고 점진적이지는 않다. 신체의 발달과 정신의 기능이 급격히 증가하는 시기가 있다. 예를 들면, 발달 과정에 있어 비약·전진하는 기간과 때로는 중지되는 듯한 기간을 볼 수 있다.

발달과정에 있어서 개체의 행동과 생리학적 기능은 어느 시기에 이를 때 비로소 급격히 발달하며, 이때에는 환경 요인에 의해 크게 영향을 받게 된다. 이와 같이 환경의 영향을 가장 크게 받는 시기를 결정적 시기(critical period) 또는 민감기(sensitive period)라고 한다.

(7) 발달의 단계성

발달은 생물학적 원리에 크게 영향을 받기 때문에, 시기에 따라 유전적 발현이나 환경에 민감기를 거쳐 발달의 급격한 변화를 겪는데, 이로 인해 단계적 변화의 성격을 띤다. 이를 설명하는 대표적 이론이 로렌츠(Lorenz) 각인(imprinting) 이론과 보울비(Bowlby)의 애착(attachment) 이론이 있다. 로렌츠가 동물의 관찰을 통해서 각인을 관찰한 최초의 사람은 아니지만 그는 각인이 결정적 시기에 일어난다고 주장한 최초의 학자이다. 각인이란 어린 동물이 생후 초기의 특정 시기 동안에 일단 어떤 대상과 접하게 되어 그 뒤를 따르게 되면 그 대상에 애착하게 되는 것을 말한다. 즉, 동물의 새끼들이 사회적으로 반응해야 할 대상을 학습하는 과정이라 할 수 있다. 동물행동학의 각인이론을 인간발달에 적용시킨 것이 바로 보울비의 애착이론이다. 애착이론은 장기적 인간관계의 형성이 유아초기의 가장 신뢰하는 대상과의 관계성 속에서 이루어진다는 학설이다. 즉, 영아가 정상적인 감정, 사회적 발달을 하기 위해서는 하나 이상의 주 보호자(primary care-giver)와 관계를 형성해야 한다는 것이다.

3) 발달상의 영향요인들

인간발달과 관련하여 다음에 제시하는 세 가지 개념을 이해하는 것도 매우 중요하다.

(1) 준비성

현대교육에서 적시성이라는 것이 중요한 개념으로 등장한다. 학생들이 어떤 지식이나 기능을 습득할 수 있는 최적 시기가 있다고 보는 것이다. 교육은 아무 시기에나 가능한 것이 아니라 그 학습을 할 수 있는 신체적·정신적 조건이 성숙되어야 하는 것이다. 이것을 교육의 준비성이라고 한다. 즉, 준비성이란 특정한 교육을 하는 데 필요한 조건의 성숙 상태를 말한다. 읽기를 배우기 위해서는 읽기 학습에서 요구되는 성숙 상태가 이루어져야 하며, 수영을 배우기 위해서는 신체적으로 성숙되어 있어야 가능한 것이다.

이와 같은 준비성의 개념에서 생각하면 학교 교육과정은 학생들의 준비성을 염두에 두고 구성되어야 한다고 할 수 있다. 대부분의 학교제도가 6세부터 학교교육을 시작하도록 되어 있는 것도 바로 그와 같은 준비성을 고려한 것이다. 평균적으로 6세가 되어야 신체적으로나 정신적으로 학교학습을 할 수 있는 준비성이 구비된다고 보는 것이다. 이러한 준비성의 개념에 대하여 이견이 없는 것도 아니다. 즉 어린이들의 준비성이 자연적으로 달성되도록 기다릴 수만은 없다는 견해가 그것이다. 그러나 준비성의 개념은 인간발달에 관한 지식이 학교교육을 위하여 제공하는 중요한 개념이라고 할 것이다.

(2) 결정적 시기

교육에 있어서의 적시성의 문제와 관련해 고려해야 할 또 하나의 개념이 있다. 그것은 결정적 시기라는 개념이다. 결정적 시기란 특정한 심리적 특성이 학습되는 시기가 있고, 만일 그 시기에 학습이 되지 못하면, 후에는 학습이 제대로 되지 못한다는 개념이다. 이 개념은 처음에 동물실험을 통해서 얻어진 것이다. 로렌츠(Lorenz)는 「새끼오리의 각인에 관한 연구」에서, 새로 출생한 새끼오리가 부화 수 시간 내에 어떤 종류의 움직이는 물체를 만나게 되면 그것을 그들의 어미로 알고 따라다니는 현상을 발견하였는데, 그 움직이는 물체에 집착하는 경향이 일정한 짧은 시간 안에 나타나기 때문에 결정적 시기라는 말을 붙이게 된 것이다.

이러한 현상은 인간에게서도 발견되며, 일정한 시기에 특정한 행동을 습득해야 된다는 생각을 가지게 되었다. 일찍이 프로이트(freud)도 인간발달 과정에는 결정적 시기가 있다는 것을 시사하였고, 그것이 개인에 따라 3~5세에 있다고 주장한 바 있다. 이와 같은 결정적 시기의 개념은 인간발달 과정에서 초기 경험의 중요성을 시사하는 근거가 되고 있다. 어떤 시기에 특정한 행동을 학습할 수 있는 조건이 주어지지 못하면 발달의 결손이 오게 되고 또 그 결손은 새로운 결손을 낳게 하며 결손이 누적되기 때문에 어릴 때의 초기 경험이 중요하다는 근거가 된다.

(3) 문화적 결손

인간발달 과정에서 초기 경험이 대단히 중요하다는 관점에서 문화적 결손이라는 개념이 나오게 된다. 문화적 결손은 발달과정의 초기에 문화적으로 결손된 환경에서 성장한 아동은 발달상의 어떤 결손을 가져오게 된다는 것이다. 문화적 결손이란 인간발달에서 요구되는 심리적 요소의 결핍, 과잉 및 시기적 부적당성에서 일어나는 지적·사회적·인격적 발달의 부분적 상실, 지연 및 왜곡의 현상을 의미한다. 이 개념이 뜻하는 것은 어떤 생물적 요소의 결핍에서 발생하는 영양실조의 신체적 현상과 대비시켜 보면 쉽게 이해할 수 있다.

이와 같은 문화적 결손 현상은 어린이의 발달과정에서 주어지는 초기 경험과 밀접하게 관련되어 있다. 이에 관한 연구는 초기 경험의 여하에 따라서 지능발달의 촉진제가 될 수 있고, 또 반대로 발달의 저해요인이 된다는 점을 지적하고 있다.

블룸(Bloom)도 인간발달에 관한 광범위한 문헌을 조사한 결과, 지능과 인격의 변화는 환경조건과 밀접한 관계가 있으며, 환경의 차이는 가장 빠른 변화를 가져오는 시기에 가장 큰 양적 변화를 보인다는 결론을 내리고 있다. 이것은 환경의 영향이 초기 경험을 하게 되는 시기에 가장 크게 작용한다는 점을 지적하는 것이다.

어린 시절에 문화적인 혜택을 받지 못한 이른바 문화적 결손 어린이에 대한 보완교육 프로그램이 가능한 한 빨리 주어지고, 또 잘 짜여진 프로그램일 때에는 상당한 정도의 회복이 가능하다는 여러 연구결과가 나와 있다. 이러한 연구결과는 어릴 때에 결손을 입은 어린이에 대한 교육의 가능성을 말해주는 것이다(이형행, 2011).

4) 유전 대 환경

발달에 있어서 유전적 요인 대 환경적 요인의 영향에 대한 논란은 오랜 역사적 배경을 가지고 있다. 예를 들어, 진화론을 둘러싸고 다윈(Darwin)과 라마르크(Lamarck)는 서로 다른 이론적 관점을 가지고 있었다. 라마르크는 동물의 오랜 기간에 걸친 반복적인 행동이 결국 형태를 만들어내고 이어서 기능이 따라온다고 주장함으로써 환경에 적응하고자 하는 생명체 자신의 행동을 매우 중요한 진화의 요인으로 여기면서 획득형질이 유전된다는 용불용성(用不用說)을 주장하기도 했다. 하지만 다윈은 적자생존의 원리를 바탕으로 모든 유기체는 환경에 가장 잘 적응하는 종이 살아남되, 그 종이런 환경에 따라 분화되면서 선대의 유전적 변이를 독자적으로 축적해나가는 진화의 난위라는 현대 생물학 이론의 가장 중요한 축인 진화론이 토대를 수립하게 되었다.

하지만 다윈의 진화론도 유전 대 환경의 논란을 종식시키지 못했다. 다윈의 친척이었던 골턴(Galton, 1822~1911)은 통계적 측정기법을 바탕으로 뛰어난 재능을 보였던 사람들의 가문의 구성원들이 어떤 공통점을 지녔는지를 밝히고자 했고, 그 연구결과를 우생학(eugenics, 1883)이라고 이름 붙이게 되었다. 골턴은 양육으로는 뛰어넘을 수 없는 본성의 영향을 강조하면서 본성과 양육(nature and nurture)이라는 용어를 통해 유전 대 환경 논쟁을 본격화시키게 되었던 것이다.

한편 골턴의 우생학을 기반으로 한 인종주의에 바탕을 둔 인류학의 연구에 반감을 느낀 보아스(Boas, 1858~1942)는 문화와 역사 그리고 환경이 인종적 특징의 가장 큰 영향을 미친다고 주장하면서 인류학 연구의 큰 획을 긋게 되었다. 같은 맥락에서 뒤르켐(Durkheim, 1858~1917)도 인간의 모든 행동은 오직 사회적 환경의 산물이라는 개념을 통해 사회학 연구의 필요성을 강조하기 시작하였다. 뒤르켐은 인간 행동의 원인에 대한 기존의 유전적, 생물학적, 심리학적 해석 대신에 사회구조적 요인을 설명의 주된 틀로 활용하면서 사회학의 토대를 다지게 되었다.

20세기 초중반에 이르자 이러한 유전론 대 환경론의 대립은 정치적 이념으로까지 확장되면서 나치즘(유전자 결정론)이나 공산주의(환경결정론)와 같은 극단적 이념을 파생시키기도 했다. 예를 들어, 스탈린 치하의 소련에서는 라마르크(Lamarck) 유사 이론에 토대한 '소비에트형 인간'의 교육이 추진되었고, 히틀러(Hitler)는 우수한 게르만 민족의 번영의 필요성을 주장하면서 열등한 민족에 대한 학살을 자행하기도 했던 것이다.

1950~60년대에 큰 주목을 받았던 행동주의 이론은 환경론에 큰 힘을 실어주기도 했지만, 여전히 언어발달이나 인지발달에서의 타고난 본성(innateness)의 영향력에 대한 학자들의 호기심을 막기는 어려웠다. 대표적으로 촘스키(Chomsky, 1928~)의 '통사구조'(1957)는 인간의 언어습득 능력과 통사를 파악하는 능력은 선천적이라는 이론을 체계적으로 설명함으로써 인간의 학습에 대한 생득주의적 관점의 강력한 틀로 자리잡았다. 이후 유전론은 1980년대 이후 진화심리학으로 승계되었는데, 진화심리학의 초기 연구주제가 성과 짝짓기, 이성 간 갈등, 양육과 친족, 범죄와 폭력 등이었기 때문에, 사회생물학(Winson, 1975) 연구분야로 확대되면서 페미니즘, 사회적 구성주의 등과 이론적 대립을 이어오고 있다.

마지막으로 유전적 결정론과 환경적 결정론과는 다르다는 것을 이해할 필요가 있다. 예를 들어, 환경론이 주장하는 환경은 '개체가 수정이 되었을 때부터 죽을 때까지 그가 받는 자극의 총화' 또는 '인간의 유전 인자 이외에 그 사람에게 영향 주는 모든 것'의 의미이므로 환경은 자연적 환경과 사회적 환경, 그리고 출생 및 성장 과정의 환경 모두를 포괄하는 광범위한 개념이다. 따라서 환경론은 유전적 요인에 의해서만 모든 것이 결정되는 것이 아니라, 그 이외의 여러 요소를 고려해야 한다는 것이다. 마찬가지로, 유전론도 유전적 요인의 영향이 절대적이라고 해석하기보다는 타고난 유전적 요인이나 초기 발달과정에서의 생물학적 원리가 개인들의 향후 성장에 중요한 역할을 한다는 차원에서 논의될 필요가 있다.

CHAPTER 06

교육과정의 유형, 구성 및 개발

1. 교육과정의 유형(Types of Curriculum)

교육과정은 그 교육과정의 사상적 · 철학적 배경이 되는 특정 교육사조의 영향하에서 교육의 목적, 인간에 대한 이해, 지식에 대한 관점, 교수방법적 상이한 접근법, 평가의 방법 등과 관련하여 해당 교육사조와 맥락을 같이 하는 여러 교육이론들을 중심으로 형성된다. 따라서 몇 가지로 유형화된 교육과정들은 각각 특정한 교육사조와 밀접하게 관련하여 이해해 볼 수 있다. 지금까지 다양한 종류의 교육과정들이 학교교육에서 적용되어 왔는데, 이 중 중요한 교육과정을 간추려 소개하면 다음과 같다(박휴용, 2012).

1) 교과중심 교육과정

교과중심 교육과정은 우리가 현재 교과(subject)라고 부르고 있는 특정 내용과 관련한 지식을 종합, 정리한 수업과목을 중심으로 교육과정을 구성하는 것인데, 이는 과거 그리스의 7자유학과(*Septem artes liberals*)와 같이 주로 서양의 고전들(The Classics)을 중심으로 교육과정을 구성하기 때문에 고전중심 교육과정이라고도 불리우고, 또는 그러한 고전들을 중심으로 논리적 사고의 형식적 훈련을 통한 이성의 교육을 강조했기 때문에 형식주의 교육과정이라고도 불리운다.

교과중심 교육과정은 세부적으로 다음과 같이 네 가지로 나누어질 수 있다.

- 분과(分課) 교육과정: 각 교과의 종적 체계는 있으나, 횡적 관련은 전혀 없이 조직되어 각 교과가 별개로 가르쳐지는 형태
- 상관(相關) 교육과정: 두 개 이상의 교과가 선을 유지하지만 공통된 내용 및 주제를 중심으로 서로 관련된 교육과정(㉠ 역사와 지리, 과학과 수학, 생물과 화학 등)
- 융합(融合) 교육과정: '상관'과 '광역' 교육과정의 중간 형태로써, 내용 및 성격상 매우 밀접한 두세 가지 교과가 하나의 교과로 통합되어 가르쳐지는 형태(㉠ 생물학: 식물+동물+생리학, 사회과: 지리+역사+공민)
- 광역(廣域) 교육과정: 교과목 간의 엄격한 구별의 한계를 뛰어넘어, 어떤 주제를 중심으로 여러 교과를 섭렵하여 가르쳐지는 형태(㉠ 일반과학: 물리, 화학, 생물, 지리, 천문, 사회과: 역사, 지리, 정치, 사회학, 문화인류학)

교과중심 교육과정은 대부분 교사주도형으로써 학습자 개인의 의견이나 문제 또는 욕구 등은 수업에 반영되기 어렵다. 대체로 사전에 철저하게 준비된 계획에 따라 지식전달 위주로 수업이 진행되고, 일률적인 교재에 의하여 정해진 교재의 범위 안에서 학습활동이 전개된다.

교과중심 교육과정의 장점은 새로운 지식이 해당 교과서에 논리적, 체계적으로 정리되어 있어서 이를 효과적으로 학습하는 데 유리하고, 따라서 학생들의 지적 능력을 향상시키는 데 적합하다. 가장 오랜 동안 실제 학교교육에서 널리 활용되고 있다. 하지만 단점으로는 학생들의 흥미, 필요, 능력 등 심리적인 요소를 충분히 고려하지 않고 구성된 교육과정이므로 학생들의 실제적 학습과정에 부적합하고, 특히 교과간의 관련성이나 통일성 등을 고려하기 힘들며, 교과목 그 자체의 내용을 학습하는 것이 학생들의 보편적 인지능력 향상에 기여하지 못한다는 것이 문제점으로 지적되어 왔다.

2) 경험중심 교육과정

경험중심 교육과정은 헤르바르트(Herbart), 루소(Rousseau), 페스탈로치(Pestalozzi), 프뢰벨(Froebel) 등의 학자들의 교육관을 이어받아 듀이(Dewey)에 의해 체계화된 진보주의 교육사조에 바탕을 두고 발전되어 왔으며, 기존의 교과중심에서 탈피하여 아동의 흥미와 호기심으로부터 교수학습의 출발점을 모색함으로 인해 아동중심 교육과정이라고도 불리운다. 기존의 지식위주, 교과위주의 학교학습에 반기를 들고, 사회 속에 직접 참여함으로써 얻는 다양한 경험을 통해 학습자의 전체적인 성장을 이끌고 현재 혹은 미래의 사회 속에서의 삶에 대비하게 하는 것이 교육의 주된 목표가 된다.

경험중심 교육과정은 크게 활동중심 교육과정과 생활영역 교육과정으로 나눌 수 있다. 활동중심 교육과정은 이론중심의 교육과정에서 탈피하여 학생의 흥미나 요구가 무엇인가에 따라 수업활동을 결정하는데 놀이와 활동을 위주로 교육과정을 구성하되, 감각교육, 개념발달, 상호작용의 중요성을 강조하고 이를 통해 유아들의 개별성, 창의성, 책임감 및 독립심을 기르고 활동과정에서 자유와 선택의 기회를 보장하여 유아들의 자존감이 길러질 수 있도록 돕는다. 생활영역 교육과정은 개인으로 하여금 주요 생활영역에 효과적으로 참여할 수 있도록 하는 경험을 기초로 교육과정을 구성하는데, 예를 들어 「2007년 개정 유치원 교육과정(2009. 3. 1. 시행)」은 건강생활 영역, 사회생활 영역, 표현생활 영역, 언어생활 영역, 그리고 탐구생활 영역으로 나뉘어 구성되어 있다.

경험중심 교육과정은 학생의 흥미와 필요를 기초로 학습내용을 구성하고, 학생들의 자발적 활동을 촉구한다. 그리고 직접경험(seeing is believing), 행하면서 배운다(learning by doing)는 원칙하에 사회활동의 주제들과 관련한 활발한 학습활동을 전개하며, 실제적인 생활문제와 결부되는 학습활동을 함으로써 생활사태를 올바르고 종합적으로 처리할 수 있는 능력을 기른다. 더불어 민주사회에 필요한 창의성, 책임감, 사회성, 협동정신, 반성적 사고 능력을 기르는 데 주안점을 둔다.

장점으로는 학습자의 흥미와 필요에 기초하므로 적극적인 참여가 유발되기 쉽고, 현실적 · 실제적 생활문제를 해결하는 데 도움이 된다. 또한 민주시민으로서의 자질 함양이나, 학교와 지역사회의 유대를 강화하는 활동을 활용할 수 있다는 점을 들 수 있다. 한편, 단점으로는 학생들의 기초학력 저하를 가져올 수 있고, 활동이 교육과정 어디에 속하는지 불분명할 수 있으며, 경험이 많지 않은 교사는 자유로운 교실수업의 분위기 속에서 수업운영에 실패하기 쉽고, 행정적 통제도 어렵다는 점을 들 수 있다.

3) 학문중심 교육과정

학문중심 교육과정은 진보주의가 대세를 이루었던 1920~1950년대의 학교교육에서 아동의 흥미나 호기심 위주의 교육으로 인해 아동의 지적 훈련이나 학문적 발전이 더디게 된 점을 반성하면서, 특히 1950년 이후 지식의 폭발적 증가와 기초 과학 중심의 교육의 필요성이 제기되었던 시대적 배경에 따라 1960년에 미국의 교육학자들(㉾ Bruner, Broudy, Phenix)이 모여 지식의 체계적 학습을 통한 기초학문의 양성을 목표로 제시되었던 교육과정이다. 즉, 경험중심 교육과정에 의한 학교교육이 학생들의 훈련 및 통제에 무력하게 되고, 과학적 인지능력을 양성하여 고차원적 학습으로 유도하는 데 한계가 있음을 깨닫는 한편, 과거의 교과중심 교육과정의 문제였던 잡다하고 단편적 지식의 전수나 주입식 교육에서 탈피하여 체계적 지식의 구조를 가르치고자 했던 시도에서 시작되었다.

학문중심 교육과정은 브루너(Bruner)가 주장한 각 학문적 영역의 '지식의 구조', 즉 해당 학문을 이해하는 데 있어서 '핵심적인 아이디어' 또는 '기본적 원리 및 개념'을 중시하고, 어떤 교과라도 지적 성격을 그대로 두고 표현만 달리한다면 어떤 발달단계에 있는 어린이라도 효과적으로 가르칠 수 있다고 보았다. 따라서 분석적 사고와 동시에 직관적 사고를 중시하고, 학습자의 외적 동기보다는 내적 보상에 의한 학습동기의 유발 및 학습에 있어서 창조성을 강조한다.

지식의 구조(Structure of Knowledge)

교과의 구조를 이해하는 것은 다른 많은 것을 의미 있게 연결하는 방법으로써 구조를 이해하는 것인데, 여기서 이해(understanding)란 여섯 가지 측면에서 설명될 수 있다.
1) 설명할 수 있는 상태(explainable), 2) 해석할 수 있는 상태(interpretable), 3) 적용할 수 있는 상태(applicable), 4) 관점을 갖는 상태(having perspective), 5) 공감할 수 있는 상태(empathizing), 그리고 6) 자기 자신만의 지식을 형성하는 상태(having self-knowledge)가 그것이다.
구조를 배워야 하는 이유는 한마디로 내용들이 서로 어떻게 관련되는지를 배우는 것이다… 수학의 예를 들어, 대수(Algebra)는 기지수(known)와 미지수(unknown)를 방정식에서 나열하여 미지수를 알아내도록 하는 것이다. 이 과정에는 세 가지의 요소가 포함되는데… 그것은 교환(exchange), 분배(distribution), 결합(union)이다. 일단 학생들이 이 세 가지 기본요소들의 체계적 관계성을 이해한다면 그들은 방정식의 풀이가 그리 어렵지 않다는 것을 알게 될 것이다(Bruner, 1960: 7-8).

학문중심 교육과정은 교육내용을 선정, 조직하는 데 경제성을 꾀할 수 있고, 교육내용이 기본적 개념을 중심으로 조직되므로 지식의 전체 구조를 쉽게 파악할 수 있어서 기본개념의 이해를 촉진시킬 수 있다. 또한 학생 스스로 능동적으로 탐구과정에 참여함으로써 탐구력을 향상시킬 수 있고, 학습 내용 중 기본적이고 핵심적인 것을 다루므로 학습에 관한 흥미를 지속적으로 유발할 수 있다. 하지만, 단점으로는 지식의 구조의 파악을 바탕으로 한 수업은 학업능력이 우수한 학생들이나, 일부 교과(자연과학 분야)에 적합한 것으로, 기타 문학, 철학, 예술계통의 교과 등에 적용하기에는 무리가 있다고 여겨진다. 또 다른 문제는 탐구과정을 촉진하기 위한 교육 환경의 구비가 쉽지 않고, 어떤 평가방법을 활용해야 되는지의 문제나 기본적으로 다양한 학습자의 욕구와 그들의 생활문제 등을 등한시하기 쉽다는 단점이 있다.

4) 인간중심(인본주의) 교육과정

인간중심 교육과정은 실존주의 철학 및 인본주의 교육사조를 바탕으로 하여, 1960년대 후반부터 나타난 본질주의 교육사조 및 학문중심 교육과정의 폐해들에 대한 비판으로 제기된 교육과정이다. 인본주의 교육과정은 사회현실이나 아동들의 전인적, 총체적 발달과 동떨어진 채 지식위주의 교육 및 엘리트중심의 교육, 그리고 과학주의 일변도의 교육으로 치닫는 학교교육에 대한 비판에서 시작하여, 근본적으로 교육을 통한 학생들의 자기정체성 확립, 전인적인 발달, 학생 개별적인 문제들에 대한 교육적 해결책 모색 등을 교육의 목적으로 삼고 학교교육이 이러한 문제들을 다룰 수 있어야 한다고 주장하였다.

인간중심 교육과정의 유형에는 학습자의 학습을 조장할 수 있는 방법을 최우선적으로 고려하는 방법기조형, 모든 교육적 관심이 학습자의 천부적인 잠재가능성의 발현에 모으고 있는 학습자중심형, 어떤 실체를 원형대로 전수하기보다는 어떤 마당에서 생성되어 우러나는 분위기에 젖어서 자연스럽게 일어나는 감동, 흥미의 획득 및 느낌을 중요시하는 방법강조형으로 나누어 볼 수 있다.

인간중심 교육과정은 공식적 교육과정의 측면뿐만 아니라 잠재적 교육과정(hidden curriculum)의 측면도 중시하고, 학교 환경 전체를 인간중심적으로 조성하는 데 노력한다. 인간중심 교육과정은 학생들에게 다양한 선택의 기회를 주고, 학생들이 자유로운 환경에서 공부할 수 있는 분위기를 조성하고자 한다. 학교는 의무교육의 수행이나 강제적 수용공간이 아니라, 학생들이 학업을 통해 자신과 동료들과 어울리고 자신의 가능성을 발견할 수 있는 즐겁고 보람된 경험을 극대화하는 공간으로 만들고자 한다. 따라서 학생 개개인의 자아실현에 궁극적 교육목표를 두고, 이를 실천하기 위해 인간주의적인 특성을 바탕으로 교육에 임하는 교사상을 필요로 하게 된다.

인간중심 교육과정의 장점은 지적·신체적·사회적·정서적 성장을 조화롭게 발전시키는 전인교육을 목표로 하고 있다는 점이고, 학습자 개개인의 자기 성장을 조장할 수 있으며, 학습자의 자아개념을 긍정적으로 형성시키는 데 도움이 된다. 또한 교수-학습 과정에서 개방적, 자율적 분위기를 조성하여 내면화를 촉진할 수 있다.

한편, 단점으로는 교사들의 투철한 교육관이 없으면 교육성과를 기대할 수 없고, 경쟁과 비교를 지양하는 환경 및 행정체계가 전제되지 않으면 실현이 불가능하다. 또한, 주지 교과의 난이도 하향조정, 교과의 통합, 시간 단위의 융통성 있는 운영 등이 선행되지 않으면 효과를 기대할 수 없다는 점을 들 수 있다.

5) 사회중심 교육과정

사회중심 교육사조는 교육의 사회적 역할이 무엇인가에 따른 입장을 중심으로 사회문제의 이해 및 학생들이 학교교육을 통해 추구하는 바에 대해 학교교육의 역할에 관심을 갖는다.

사회중심 교육과정의 목적은 학습자로 하여금 인류가 당면한 심각하고 절실한 문제를 정면으로 바라보게 하는 것인데, 이때 학교교육만을 통해 사회 자체를 새로 건설할 수 있다고 주장하기보다는 미래사회를 대비한 변화추구를 뒷받침하는 학생들의 태도와 신념을 기르는 도덕과 비판적 지성의 재건설을 강조한다. 따라서 사회중심 교육과정은 우선 학교에서 다루어지는 지식이 갖고 있는 이념적 배경을 분석하고 비판하는 데서 시작하여, 이를 통해 현 사회의 문제점 및 한계를 지적하고, 나아가 새로운 사회로 변화하기 위한 가능성을 모색하고자 하는 것이다.

사회중심 교육사조는 크게 사회적응적 입장과 사회개혁적 입장, 그리고 미시적 혹은 거시적 입장에 따라 다른 내용을 포함하게 된다. 사회적응적 입장은 학교교육이 사회적으로 유용한 지식과 기능을 가르쳐 학생들이 사회에 큰 어려움 없이 적응하도록 돕고, 기존 사회질서를 안정되게 유지하는 것을 기본 목표로 하는 반면, 사회 개혁적 입장은 학생들로 하여금 사회가 지닌 문제와 모순을 깨닫고 학교교육을 통해 이를 극복할 대안들을 모색하게 한다. 아울러 미시적 관점은 교실 내에서의 사회적 상호작용과, 교과서 내용이 담고 있는 사회적 의미를 분석하는 데 주력하지만, 거시적 관점은 정치 · 경제 · 문화 등 거시적 사회구조의 일부로서 학교교육이 어떤 기능을 하는가를 비판적으로 조명하는데 관심을 가지고 있다.

사회중심 교육과정 설계는 사회의 유지와 개선을 목적으로 교육과정을 조직하게 되며, 사회적 요구를 분석하는 데서 출발한다. 사회적 요구의 분석은 주로 사회적 주제(issues)나 논쟁들(arguments)을 중심으로 이루어지며, 이때 사회적응, 지역사회 문제 개선, 미래사회의 대비 등의 주제들이 일반적으로 다루어진다. 이 같은 주제들을 중심으로 교육과정을 조직함에 있어서 교과수준 혹은 단원수준 모두에 적용될 수 있다.

사회중심 설계는 학습자들이 성인이 되었을 때 하게 될 여러 가지 중요한 활동이나 조직적인 집단생활에서 필요로 하는 인간 활동 범위 내에서 아동의 배경 경험이나 성장 단계에 관계없이 그들이 당면하게 될 공통적인 생활사태를 분석하여 이를 주제로 삼아 교육내용을 선택하고 조직한다. 또한 사회중심 설계는 학문에서 발전된 지식, 기능, 가치 자체가 중요하다기보다는, 그것이 지닌 사회 유지 및 개선에 대한 필요성과 학생들의 개인적 발전을 위한 수단으로써 중시하게 된다.

사회중심 설계는 학교를 보다 큰 사회의 일부분으로 보아 그 성격을 구체적인 사회의 틀 안에서 파악하고, 학교에서 다루어지는 지식과 교육과정 역시 보다 광범위한 문화로부터 선정된 일부로 간주한다. 따라서 교육내용을 학문 자체보다는 보다 넓은 자원들로부터 활용하기 때문에 학문중심 설계와는 구별되며, 변화하는 사회여건과 이에 따른 사회의 요구에 맞게 교과나 단원을 만들어 활용할 수 있다는 점이 장점이기도 하다. 반면, 그러한 이유 때문에 학문들 속에 들어있는 개념, 원리, 이론들을 체계적으로 학습시키는 데 어려움이 있다는 단점을 지니기도 한다.

사회중심 교육사조는 특히 공식적 학교 교육과정 이면에 발생할 수밖에 없는 비공식적 혹은 잠재적 교육과정의 현상에 주목하고, 1) 어떻게 학교교육을 통해 사회통제의 이념이 관철되는지 분석하거나, 2) 학교교육의 결과 발생하는 의도되지 않는 교육적 결과가 무엇인지 조명하며, 3) 동시에 기존의 공식적 학교교육에 대한 저항적, 비판적 담론(discourse)과 주장 등에 관심을 갖는다. 따라서 학교교육 현장에 작용하는 사회적 이데올로기를 분석하면서, 경제적 · 정치적 불평등이 학교교육 내용에서 어떻게 합법화 혹은 묵인되는지를 드러냄으로써, 결국 사회화 논리의 저변에는 계급제도를 유지하기 위한 체제적응 및 체제 순응의 논리가 학교교육을 통해 작동하고 있음을 밝히고자 한다. 더불어 학교에서 가르치고 있는 지식의 사회적 · 정치적 · 경제적 성격을 분석하고 학교지식의 중립성 · 객관성 등을 부정하며 학교지식을 선정하고 전달하고자 하는 계급적 이념을 분석하여 사회적 권력이 교육을 통해 재현되는 현상을 비판적으로 지적한다. 더 자세한 내용은 다음 절에서 논의된다.

6) 잠재적 교육과정

1960년대 후반에 들어서면서 많은 연구자들이 공식적 교육과정이 주도하는 학교교육에서 벗어난 학교교육의 잠재적 효과 및 영향력에 관심을 갖고, 학교의 공식적인 교육과정 이면에서 학생에게 전달되는 신념이나 가치가 무엇인가를 규명하기 시작하였다. 이 신념이나 가치는 학교가 의도하지 않은 학습결과로 나타난 것으로 해석할 수도 있고(side effects: 부수적 효과), 아니면 학교교육을 통해 강요되는 기존 사회의 지배구조에 저항하는 신념이나 가치(critical standpoint: 비판적 입장) 측면에서 이해할 수도 있다. 한마디로, 교육과정에서 의도하고 계획한 것을 기준으로 평가하는 입장에서, 실제로 학생들이 경험하게 되는 교육적 결과를 평가하는 쪽으로 관점의 변화가 이루어진 것이다.

이처럼 잠재적 교육과정은 크게 기능주의적 입장(부수적 효과)과 비판적 입장으로 나누어지는데, 이 두 가지 입장을 간단히 정리해 본다.

첫째, 잠재적 교육과정을 부수적 효과 차원에서 이해하려는 보수적 입장으로는 잭슨(Jackson), 드리븐(Dreeben), 김종서 등을 들 수 있는데, 예컨대, 잭슨은 「*Life in*

Classrooms」(1968) 연구에서 '태도', '순종', '경쟁심'과 같은 부정적인 가치들이 어떻게 학생들에게 전달되고 내면화되고 있는가에 주목하고, 학교생활을 통해 학생들은 실제 교육과정에서 가르치지는 않았지만 거짓말 배우기, 평가중심적 교실생활, 외적 동기화, 수동성, 교사와의 불평등한 인간관계, 교사의 욕망과 희망에 동조와 복종하는 태도 등을 배우게 된다고 지적하였다.

드리븐(Dreeben)은 그의 저서 『*On What is Learned in School*』(1967)에서 학교교육이 수행하는 사회화 기능의 관점에서 잠재적 교육과정을 분석하였는데, 잠재적 교육과정의 결과 학생들은 학교생활을 통해서 독립심과 성취감을 학습하고 성인 권위에 수용하는 것을 배우게 된다고 주장하였다. 그는 학교가 수행하는 사회화의 기능 중에 '독립심'과 '성취감'이라는 규범의 학습과 '성인 권위의 수용'이 가장 중요한 잠재적 교육과정의 내용인데, 예를 들어, 학생들이 과제를 수행하거나 시험을 보는 행위를 통하여 독립심을 기를 뿐만 아니라 다른 학생들과 경쟁하는 마음을 기르게 되고, 경쟁에서 승리할 경우 성취감을, 실패할 경우 자괴감을 경험하게 되는 것이다. 또한 학생들은 학교생활을 통하여 가정의 혈연관계를 벗어나 객관적이고 합리적인 수준에서 성인 권위를 인정하는 것을 학습하게 되는데, 드리븐에 의하면, 학교는 인간적인 관계로 특징지어지는 가정과 권위적인 관계로 특징지어지는 사회의 중간에 위치하며, 학교는 사회에 나가기 전의 학생들에게 사회생활에 필요한 규범, 가치, 태도 등을 잠재적 교육과정을 통하여 학습시키는 장인 셈이다.

김종서(1979)는 잠재적 교육과정이 작용하는 학교의 사태를 물리적 조건, 제도 및 행정조직 · 사회 및 심리적 상황으로 구분하고, 이들을 잠재적 교육과정이 나타나는 장이라고 명명하였다. 그는 잠재적 교육과정의 원천으로 학교교육의 목적성, 강요성, 군집성, 위계성을 제시하고, 공식적(표면적) 교육과정과 대비되는 비공식적(잠재적) 교육과정의 특징을 다음과 같이 9가지로 정리하여 제시하였다.

〈표 6-1〉 표면적 교육과정과 잠재적 교육과정의 비교

표면적 교육과정	잠재적 교육과정
의도되고 계획된 것	학교생활 과정에서 은연중 배우게 되는 것
주로 지적인 것과 관련	지적인 것과 정의적인 영역에 관련
주로 교과와 관련	학교생활의 문화풍토에 관련
단기적이고 일시적으로 배우게 됨	반복적이고 장기적이고 항구적인 경향
교사의 지적, 기능적인 영향	교사의 인격적인 감화
사회규범에 일치하는 내용	사회규범을 벗어난 내용도 포함
• 표면적 교육과정이 잠재적 교육과정과 서로 조화되고 상보적인 관계에 있을 때 학생행동에 강력한 영향을 미칠 수 있다.	
• 잠재적 교육과정은 의도적으로 억제하거나 제거할 수 있는 성질의 것이 아니다.	
• 표면적 교육과정 자체에 잠재적 교육과정의 긍정적 측면을 포함하고 있다.	

둘째, 급진적 혹은 비판적 관점에서 잠재적 교육과정을 해석한 학자로는 일리치(Illich), 보울즈와 긴티스(Bowles & Gintis), 애플(Apple), 그리고 지루(Giroux) 등을 들 수 있다.

일리치는 『탈학교교육(*Deschooling Society*)』(1971)를 통해서 강제적인 교육과정의 일괄적 적용에 종일제로 학생들을 가두어두고, 연령집단별 조직 및 교사위주의 운영으로 모든 근대적 학교교육은 구조적으로 부정적인 측면의 잠재적 교육과정이 원천이라고 주장하였다. 그는 사악한 잠재적 교육과정의 네 가지 요소를 다음과 같이 설명하고 있다. 즉, ① 학년이 올라가는 것을 교육받는 것으로 간주하도록 가르치고, ② 학교교육은 반드시 필요하다고 관념을 주입시키며, ③ 학교는 학생들을 소외시키고, ④ 학생들에게 현존하는 제도나 기관이 절대적으로 필요하다는 신념을 심어주는 것 등을 비판한 바 있다.

보울즈와 긴티스는 학교교육은 잠재적 교육과정의 성격을 통해 자본주의의 이념을 재생산하는 도구이며, 결과적으로 지배계층과 피지배계층의 사회적 구별을

받아들이게끔 가르치고 있다고 비판하였다. 또한 애플(Apple)과 지로(Giroux)는 학교교육의 숨겨진 기능은 지배집단의 헤게모니(hegemony)와 그 지배구조를 영속화시키기 위한 이데올로기(ideology)까지 학생들이 무의식적으로 받아들이게끔 무비판적이고 수용적인 자세를 가르치고 있다고 주장하였다.

이러한 비판적 입장은 보울과 긴티스(Bowles & Gintis)가 주장한 공교육이 산업사회의 요구에 부응하기 위한 것이라는 대응이론(Corresponding theory)을 통해 널리 소개되었다. 경제학자인 보울과 행동주의학자인 긴티스는 『자본주의 미국사회에서의 학교교육(*Schooling in Capitalist America*)』(1976)에서 일반적으로 알려진 바와는 달리 학교에서 가르치는 것이 인지적 요소가 아닌 비인지적 요소, 즉 자본주의 체제에 적합한 가치·태도·규범·인성 등을 중요시하고 있다고 주장하였다. 미국에서의 학교교육은 민주주의적 기능보다는 자본주의적 사회관계에 잘 순응할 수 있는 노동력을 양산하기 위한 제도로 발전되어 왔으며 학교에서의 '잠재적 교육과정'을 통해 학생들은 부지불식간에 체제 순응적 성격특성을 학습한다고 주장한 것이다. 보울스와 긴티스의 연구는 학교교육의 기능이 첫째, 불평등의 정당화, 즉 기회균등과 능력주의 이데올로기에 의해 사회적 불평등을 학교 교육과정을 통해 정당화시킨다는 것이다. 학교교육의 두 번째 기능은 순응적인 노동자 양성인데, 즉 학교는 계급지배 체제와 노동시장에 잘 적응할 수 있도록 학생들을 사회화시킨다는 것이다. 이것은 경제체제와 학교교육체제의 대응의 원리에 의해 생산의 사회적 관계가 억압적이고 권위적이기 때문에 그러한 생산체제의 노동자를 양성하는 학교의 역할은 전인적 성장을 가능하게 해주는 민주적인 사회적 관계를 담아낼 수 없다는 것이다.

7) 영 교육과정(null curriculum)

영 교육과정이란 아이즈너(Eisner, 『*The educational imagination: On design and evaluation of school programs*』, 1994)가 개념화한 것으로 학교에서 소홀히 하거나 공식적으로

가르치지 않는 지식, 사고양식, 태도, 교과 등을 가리킨다. 즉, 교육과정은 부득이하게 특정 교육내용의 선정과정을 거쳐야 되므로, 그 과정에서 의도적으로 특정 지식, 가치, 행동양식이 배제되어, 학생들에세 가르쳐지지 않는 경우가 생기기 마련인데, 이때 그렇게 선택에서 제외되거나 배제된 교육내용을 영 교육과정이라고 불렀다.

아이즈너(Eisner)는 전인적 성장과 사회의 총체성을 감안하여 배제된 교육내용 또한 중요한 내용 혹은 사상을 포함할 수 있다는 점을 강조하였다. 배제된 교육과정의 예로는, 자본주의사회에서 사회주의적 마르크스 이론 등은 금기시하는 것이나, 과학주의, 합리주의는 강조하면서, 직관적 사고, 상상력, 예술성 등은 비과학적인 것으로 치부하는 현상, 특히, 인지중심, 과학주의 중심 학교교육에서 감정가/비평가가 갖는 예술적 이미지와 교육적 사고에서의 심미적 측면 등이 배제되고 있다고 지적하였다.

아이즈너가 강조한 감정 및 비평을 중시하는 교육은 다음과 같다.

> "감정(Connoisseurship)이라고 하는 것은 평가하여 판단하는 예술이다. 그것은 교육적 활동을 포함하여 어떤 영역에서도 활용될 수 있다(Eisner, 1998: 63). 만일 감정이 평가의 예술이라면, 비평(criticism)은 폭로의 예술이다. 비평은 듀이(Dewey)가 경험으로써의 예술(Art as Experience)에서 지적한 바와 같이, 지각의 재교육(re-education of perception)에 목적이 있다. … 비평하는 과업은 우리로 하여금 판단하는 눈을 갖게 하는 것이다. 그러므로 감정행위는 교과내용에 대한 비평의 기회를 제공한다. 감정행위는 개인적인 것이지만 비판은 공적인 행위이다. 감정행위는 간단히 말해 경험한 것에 대해 감상하는 것이지만, 비평은 그러한 질적 특성들을 예술적이고 비판적인 드러냄(exclosure)을 통해서 생생하게 보여주는 것이다."(Eisner, 1985: 92-93)

영 교육과정에 대한 고려로 인해 교육과정의 내용영역이 대폭 확대될 경우, 교육과정의 구성자체가 어려워질 수 있고(선택의 불가피성), 내용선택의 과정에서 평가하기 쉬운 내용만 가르쳐질 가능성이 있으며(교육의 비전문화), 또한 소수의 이익집단의 압력으로 특정영역의 내용위주로 선택할 위험이 있다.

8) 통합 교육과정

통합 교육과정에 대한 사전적 정의는 시간적으로 공간적으로 그리고 내용영역에 있어서 각각 다른 학습경험들이 상호 관련지어 의미 있게 모아져서 하나의 전체로서의 학습을 완성시켜 인격 성숙으로 이르게 하는 과정 또는 결과로 설명되어진다. 다시 말하면 통합 교육과정은 학교의 지도하에 시간적으로 공간적으로 그리고 내용영역에 있어서 각각 다른 것들을 상호 관련짓고, 의미 있게 모아서, 전체로서의 학습이 이루어지고 나아가서 인간의 성향 변화가 가치롭게 이루어지도록 구성한 교육과정인 것이다(김재복, 2000). 통합 교육과정 운영은 교육내용 편성방법뿐 아니라 수업운영방식에도 적용할 수 있는데, 이는 교육과정의 통합이 교육내용을 선정, 조직차원에서만 중요한 것이 아니라 교육내용에 대한 효과적인 학습에서도 중요하기 때문이다(Katz & Chards, 1989). 통합 교육과정이 갖는 학습지도상의 의미에 곽병선(1987)은 다음과 같이 강조하고 있다.

- 지식을 통합적 안목으로 파악하는 능력을 키워준다.
- 지식의 생성력을 증대시킬 수 있다.
- 학습자의 흥미와 필요에 부응하는 수업을 할 수 있다.
- 융통성 있는 수업과정의 허용으로 수업의 밀도를 높이는 데 공헌한다.

통합 교육과정의 기원은 20세기 초반에 진보주의교육 운동이 한창이었던 시기에 교육과정에 대한 논의가 시작되면서 통합 교육과정에 대한 관심이 증대된 후, 1940년대 대두된 중핵교육과정 운동과 더불어 활발하게 논의되기 시작했다. 그러다 1960년대 브루너(Bruner, 1960)의 학문중심 교육과정에 의해 통합 교육과정에 대한 관심이 잠시 주춤했다가, 1970년대 초 학문중심 교육과정의 지나친 분과주의, 현실과 유리된 학문에의 편중성에 반기를 들면서 통합 교육과정의 필요성이 재고되었다(유광찬 · 이영준, 2005).

통합 교육과정의 개념은 상당히 다양화된 상태인데, 이는 그 이론적 배경의 다양성에 기인한다고 볼 수 있다. 예를 들어, 프뢰벨(Froebel, 1926)은 유아는 모든 경험을 통합함으로써 전인발달을 이룰 수 있다고 주장하였고, 듀이(Dewey, 1916)는 교과는 현재 사회생활에 필요한 내용을 취해야 하고, 학습은 경험의 재구성이며, 그러한 경험은 통합적으로 조직되어야 한다고 주장한 바 있다. 또한 인그램(Ingram, 『*Curriculum Integration and Lifelong Education*』, 1979)은 1960년대 이후에 나타난 통합 교육과정에 대한 다양한 관점들을 제시하며, 통합 교육과정을 문제중심적 활동으로 보는 인간, 아동중심적 활동으로 보는 인간, 인지적 활동의 보충적인 것으로 보는 인간, 교육과정계획의 한 특징으로 보는 인간 등으로 다양하게 분류한 바 있다. 그는 통합 교육과정은 오늘날 급속한 사회 변화에 대해 교육제도를 통해 조정될 수 있는 수단을 마련하고, 형식적인 학교교육에 도전하는 하나의 방법이라고 강조하였다.

통합 교육과정의 목표는 일정한 교육목표를 중심으로 교육내용을 융합하고자 하는 것이며, 융합된 교육내용에 의해 개인의 바람직한 방향의 인격적인 통일을 지향하고, 아울러 통일된 인격체로서 개인에 의해 구성되는 바람직한 사회를 실현하고자 하는 것이 통합 교육과정의 궁극적 목표이다. 한편, 통합 교육과정의 일반적 특징은 다음과 같다.

- 지식의 분절화를 극복하고자 한다.
- 교과지식의 논리적 특성보다는 학생들의 심리적 특성을 더 많이 고려한다.
- 지식에 대한 통합적 접근은 학생들의 학습동기를 유발하는 데 더 효과적이다.
- 학습된 지식의 적용 차원에서도 더 많은 기회를 제공해 줄 수 있다.
- 학습효과의 증진 및 지적발달에 도움이 된다

통합 교육과정 개발이란 단위 학교 차원에서 교사, 학생, 학교행정가, 학부모 등이 주축이 되어 통합적인 학습 프로그램을 계획, 설계, 실행, 평가하는 과정을 의미하는데, 이렇게 학교에서 교사가 직접 통합 교육과정을 개발하고 운영함으로써, 첫째, 아동의 개인차, 학교와 지역사회의 특성을 더욱 잘 반영할 수 있고, 둘째, 아동이 학습의 주체로서 참여하게 되며, 셋째, 민주적이고 허용적인 분위기 속에서 아동이 편안하고 즐겁게 학습을 수행할 가능성이 높고, 마지막으로 넷째, 실제 생활의 문제를 직접 해결하는 경험을 갖게 되므로 학습경험의 전이효과가 크다(이영덕, 1983).

마지막으로 통합 교육과정의 종류와 유형에 대해 간단히 살펴보자. 우리나라 교육과정에서 많이 적용되고 활용되어왔던 통합 교육과정은 듀이(Dewey) 등에 의해 강조된 경험중심 통합 교육과정, 브루너(Bruner), 타바(Taba), 뱅크스(Banks)에 의해 주장되어 온 개념중심의 통합모형, 그리고 최근 열린교육의 활성화와 함께 우리나라에서 주목받고 있는 주제중심 통합 교육과정이라 할 수 있다. 우선, 경험중심 통합 교육과정은 국어, 수학, 과학 등 전통적인 교과 구분에 따라 조직될 필요가 없이 생활에서 일어나는 문제를 중심으로 그것에 관련된 여러 교과들을 통합하여 가르치고, 전통적인 교과 구분을 따르는 경우에도 그 내용은 주로 생활의 문제를 해결하는 데 도움이 되도록 선정·조직되는 방식이다. 또한 개념중심의 통합 교육과정은 교과가 내포하고 있는 기본 개념들과 이들의 구조화 및 학습에서의 인지적 과정에 강조를 두는 교육과정인데, 이 개념중심 통합 교육과정은 중복되는 내용을 피하고 단순한 지식이나 사실보다는 그것을 관통하는 개념, 원리나 원칙을 강조하게 된다. 강충렬은 주제중심 통합교육을 "어떤 한 주제를 중심으로 다양한 학습경험들을 교과의 요구, 학생의 흥미, 사회의 요구를 반영하여 선정, 조직하고 학생 주도의 활동을 통한 학습을 유도함으로써 전인적 발달을 도모하는 과정이다."(1997: 86-87)라고 정의하고, 다음의 네 가지, 즉 주제, 다양한 학습경험의 선정·조직, 활동중심의 학습, 전인적 발달의 도모를 강조하였다.

통합 교육과정의 성격에 따른 유형은 일반적으로 크게 다음과 같이 나누어진다.

- 다학문적(multi-disciplinary): 각 교과영역의 자율성이 보장되면서 여러 다른 학문분야와 통합하여 다룰 수 있는 내용의 통합

- 간학문적(inter-disciplinary): 학문 간의 구조적 혹은 탐구 방법상의 관련성을 생각하여 학문 간의 내용을 구조적으로 묶어서 통합하는 방식
- 탈학문적(post-disciplinary): 특정한 학문적 고려 없이 논리 및 이야기 전개 순서대로 통합해 나가는 방식
- 개념적 통합(conceptual integrity): 과학지식 체계를 신봉하는 과학자들이 가장 선호하는 형태의 교육과정으로써, 기본 개념을 과학교과의 교육과정에 골자가 되도록 구성
- 탐구과정 중심의 통합(inquiry-based integrity): 과학교과의 기본성격을 탐구과정으로 보고 탐구과정 중심으로 과학내용을 통합하려는 방식

이러한 통합 교육과정의 다양한 형식은 아직 이론적으로 체계화되고 검증된 구분이라기보다는 통합 교육과정에 대한 논의가 활성화됨에 따라 다양한 통합의 원리와 방법론들이 시도되면서 제안된 것들로 이해하면 된다. 따라서 현재로선 간학문적(inter-disciplinary) 통합이 가장 널리 시도되고 있지만, 그러한 시도들이 여기서 구분한 통합 교육과정의 성격들에 의해 엄밀하게 구분될 수 있는 것은 아니고, 통합을 위한 다양한 개념적 접근법이라고 보면 된다.

9) 중핵(core)교육과정

1930년대 미국의 진보주의 교육의 유행 속에서 지역사회(community) 학교를 강조하면서, '사회가 학교 속에, 그리고 학교가 사회 속에'라는 표제 및 '교육경험이 생활문제를 해결하는 데 적절하게 통합되어야 의미 있는 교육이다'라는 주장 아래 교육의 사회적 기능 충족하고자 하였다. 또한 교과중심(지식중심)과 경험중심(아동중심) 교육과정의 한계를 극복하기 위해 교과통합학습 및 사회적 방향감이나 책임감 등을 강조하는 차원에서 지식, 아동, 사회 세 분야의 핵심적 요소들을 중심으로 교육과정을 구성하고자 하였다. 이러한 중핵교육과정은 우리나라 1차 교육과정기에 일부 시도되었다가, 학문중심 교육과정의 도입으로 쇠퇴하게 되었다.

중핵교육과정은 교과나 과목 등 지식습득에만 지나치게 집착한 교과중심 교육과정과 아동의 흥미나 필요 또는 학습자의 활동 등에만 집착한 경험중심 교육과정 등 두 유형이 각각 가지고 있는 결함, 즉 전자는 단편적인 지식화이고, 후자는 지나치게 현실만족이라는 단점을 시정 또는 보완하기 위한 시도이다. 중핵(core)이란 어떤 내용이나 영역이 핵심을 중심으로 그 외의 부분이 중핵내용과 긴밀한 관계를 가지며 하나의 통합을 이루게끔 하는 것이다. 이때 어디에서 중핵으로서의 학습영역을 찾고 또 어떤 방식으로 그 중핵의 내부와 주변의 전 수업활동을 찾아 통일할 것인가가 문제가 된다.

중핵교육과정의 기본구조는 중심학습과 주변 학습과정이 동심원적으로 구성된다. 이때 중심 학습과정은 종합과정이며 중심에 위치하고 생활학습을 중심으로 하는 과정이면서 장시간을 취하고 그 내용은 개인 및 집단의 공통적인 욕구를 충족시킬 수 있는 것으로 되어 있다. 또 주변 학습과정은 몇 개의 영역으로 분화되어 있으면서 중심 학습과정을 둘러싸고 있고, 또 그것과 밀접한 관련을 맺고 있으며 그 내용은 각 영역이 중심 학습과정과 관련을 가지는 한편 그 자체로서도 발전해 가는 계열을 이루고 있다(유광찬, 2008: 223).

중핵교육과정의 목표는 첫째, 일정한 중심에 의해서 교육내용의 통합을 기하고(교육내용의 중심통합), 둘째, 통합된 교육내용에 의해서 개인의 인격적 통합을 이룩하자는 것이며(인격통합), 셋째, 인격체로서 개인에 의하여 구성되는 통합된 사회(사회의 통합)를 실현하려는 데에 있다.

중핵교육과정의 주요한 특징은 첫째, 교재를 통합함으로써 학습을 통합시키고자하므로, 통합된 교과 간 내용의 상호 관련성이 강화된다. 둘째, 학습활동은 전통적인 교과의 선을 폐기하므로, 개별교과의 특성을 유지하기 어렵게 된다. 셋째, 수업계획을 생활문제와 학생의 흥미에 관련시키려 노력한다. 넷째, 소풍, 실험, 조사 및 토론 등의 학습이 될 수 있으며 융통성 있고, 다채로운 활동을 전개하기 위하여 시간표를 비교적 크게 묶는 시간으로 배정한다. 다섯째, 중핵교육과정의 조직은 그 단원 속에 포함되어 있는 중심문제에 직접 도움을 줄 수 없는 연습이나 실험실습을 배제하고, 교과중심 교육과정보다 더 광범위한 단원, 더 융통성이 있고 자유스러운 교수절차, 더 다양한 학습경험을 사용한다. 마지막으로, 중핵교육과정에서는 장시간 동안 중핵과정을 학습하도록 학생들에게 요구하기 때문에 학생들이 하고 싶은 어떤 일정분야의 학습에 많은 시간을 사용할 수 없고 전문적인 학습이 어렵다고 평가되고 있다(유광찬, 2008: 226).

중핵교육과정의 주된 내용은 청소년들의 관심을 끄는 사회문제나 생활욕구와 관련된 내용 및 경험을 중심으로 구성된다. 따라서 전문교육이 아닌 일반교육 위주이고, 교과서의 통합을 시도하며, 개인차의 고려 및 집단의 공동욕구를 충족하는 내용을 위주로 교사와 학생의 협력을 바탕으로 한 수업을 전개한다.

중핵교육과정의 유형은 그 핵심요소 세 가지 중에서 어느 부분에 더 집중하느냐에 따라 교과중심(예 역사중심), 개인중심(예 청소년 요구중심), 사회중심(예 사회기능)의 유형으로 나눌 수 있다. 예를 들어, 청소년의 요구를 중심으로 한 교육의 이론적 기반은 다음과 같다. 청소년 요구중심 학습은 민주주의 이상 실현을 강조하면서 학습자에 대한 관심을 중요하게 취급한다. 민주주의 이상은 모든 개인의 최적한 발달이 최고의 선이 되는 사회 조직의 한 형태로서, 인간은 그의 동료와의 협동과 타인에 미치는 자신의 행동 결과를 고려하여 행동할 때만 최고의 발달을 성취할 수 있다는 것이다. 청소년 요구법은 학습자에 대한 관심을 강조하면서, 청소년 연구의 필요성을 다음과 같이 역설하고 있다.

> "교육과정은 우리 목표의 성질과 일치하고 우리들 사회에서 변화하고 있는 청년의 역할에 계속적으로 적합해야 하는 것이다. 이런 이유 때문에 고등학교 학생의 교육과정 설계를 결정하기 전에 청년의 특성, 청년에 작용하는 긴장과 부담, 문화와 그들과의 상호작용에서 유래하는 성장과 같은 폭넓은 의미로 생각되는 그들의 문제 및 욕구 등을 조사하는 것은 적절하다고 생각한다. 우리들은 그것이 교육과정 설계에 도움이 될 단서를 마련해 줄 것이라는 희망에서 이것을 행하는 것이다."(Alberty & Alberty, 1963: 114)

중핵교육과정의 장점은 다양하고 신축성 있는 여러 학습방법을 장려하고, 자발적이고 능률적인 수업참여로 의미 있는 학습경험이 가능하다는 점이고, 광범위한 단원학습을 활용하여 협동적 계획을 촉진하고, 학생들의 관심이나 문제에 접근한 생활지도가 가능하다는 점을 들 수 있다. 한편, 단점으로는 중핵교육과정을 실천하기 위한 학습내용이 충분히 마련되어 있지 않고, 중핵학습을 위한 시설과 자료가 부족하며, 교사들의 중핵학습지도에 대한 훈련이 부족하다는 점이다. 또한 경험주의 교육과정의 단점과 마찬가지로, 체계적 학습이 곤란하다거나, 수업이 보통 장시간제로 구성되어 있어서 시간과 장소 및 비용을 많이 차지하고, 학습결과에 대한 평가가 쉽지 않고, 중핵교육과정을 진행하다보면 경험이나 지식의 누락 및 중복의 위험성이 많이 생긴다는 것이다.

10) 구성주의 교육과정

구성주의 교육과정은 1920년대의 경험주의적 실험주의를 바탕으로 1930~1940년대에 생겨났고, 이후 1960년대의 과학주의의 유행과 1970년대 후반의 인지과학의 발전으로 이어진 후 1980년대 이후에 하나의 교육이론으로 재정립되었다.

구성주의의 등장 배경은 정보화 시대의 변화하는 환경에 걸맞는 행동주의와 인지주의를 비롯한 기존의 객관주의적 패러다임에 근거한 이론의 한계를 지적하고, 지식을 개인의 의지와 관계없이 독립적으로 존재하는 고정되고 절대적인 실체로 보았던 전통적인 객관주의적 견해에 근본적인 변화를 요구하게 되었다. 구성주의적 교육과정의 기본 전제는 지식은 개인의 경험과 이해의 수준에 따라 구성되며, 학습자는 의미를 추구하는 능동적 유기체라고 인식하고, 지식의 습득과 형성은 개인의 인지적 작용과 사회 속의 개인의 상호작용에 의해 지속적으로 변화되는 과정이라고 여긴다. 따라서 구성주의는 학생들이 어떤 식으로 의미를 만들어가고 어떻게 지식을 구성해 가는가에 관심을 갖게 된다.

구성주의 교육과정의 특징은 학생들의 주체적 지식의 구성과 능동적 학습참여를 강조하고, 교수학습은 구체적 상황에서 일어나는 실제적인 과제를 중심으로 조직한다. 모든 지식은 학습자의 선행경험(previous experiences)에서 출발하여 학습자의 인지구조 속에서 형성되고, 이해한다는 것은 새로운 지식을 기존의 지식과 관련시키게 되는 것이라고 여긴다. 따라서 가능하면 수업시간에 새로운 지식을 다른 구체적인 지식(사물)과 연관시킬 수 있는 활동을 장려한다. 교사는 학생들을 도와주는 동반자적 관계이므로, 교사는 학습의 도우미(facilitator), 조언자의 역할을 한다. 평가의 측면에서는 학습자중심 평가와 학습과정의 평가를 강조한다.

구성주의 교육과정의 장점은 자기주도적 학습 및 동료와의 협동학습을 장려한다. 또한 학습자중심의 교육 환경을 조성하여 현실문제에 대한 해결방법을 학습하게 하고, 학습과정 중심의 평가와 실제 문제상황에 대한 수행평가를 강조한다. 구성주의의 단점으로는 아직까지 경험적 연구결과가 부족한 상태이고, 구성주의 교육에 대해 교사들의 이해가 깊지 않으면 성과를 기대하기 어렵다는 점과 인지적 구성주의의 경우 지식구성에 있어 사회적 · 문화적 영향에 대한 이해를 등한시하기 쉽다는 점을 들 수 있다.

2. 교육과정의 구성

교육과정은 타일러(Tyler)의 이론을 바탕으로 크게 교육목표, 교육내용 선정 및 조직, 교수학습활동, 그리고 평가의 영역으로 구성되어 있다. 본 장에서도 이러한 틀을 중심으로, 1) 교육목표 설정과 관련한 영역, 2) 교육내용 선정과 관련한 내용, 3) 교육내용 조직과 관련한 내용, 4) 교수방법의 설계 및 수업이론과 관련한 내용으로 이루어져 있다. 정리하자면, 철학 및 가치관이나 사회적 필요가 교육의 목적 및 목표를 결정하는 데 영향을 미치고, 지식에 대한 이해 및 구분이나 여러 교육심리학적인 이론이 교육내용의 선정 및 조직에 영향을 미치게 되고, 다양한 교수학습자료나 교수학습방법론 등을 바탕으로 교수학습활동을 고안하게 되며, 마지막으로 평가이론이나 통계적 방법론 등이 교육평가에 활용된다.

1) 교육과정 목표의 설정

교육과정에 대한 목표설정 접근의 이론적 유형의 예로 다음의 세 가지 접근법을 들 수 있다.

(1) 블룸(Bloom)의 분류학적 접근

블룸의 분류학적 접근(『Taxonomy of Educational Objectives』, 1956)은 1950년대 블룸과 그 제자들에 의해 논의되기 시작한 인간의 학습영역에 대한 분류로 지적 영역, 정의적 영역, 심동적 영역의 세 가지를 제시한 것에서 유래한다. 이후 오랫동안 이러한 블룸의 분류학에 근거한 인간의 학습영역에 대한 이해가 교육학뿐만 아니라 여러 사회과학 분야에서 받아들여져 왔는데, 최근에는 이러한 이론에 제기된 여러 비판에 근거하여 새로운 분류기준이 제시되고 있는 실정이다.

분류학적인 교육과정의 목표설정은 다음과 같은 세 가지 영역으로 목표를 설정하고 교육과정을 운영함을 의미한다.

〈표 6-2〉 교육과정의 세 가지 목표영역

지적 영역 (Bloom, 1956)	정의적 영역 (Bloom, Krathwohl, & Masia, 1964)	심동적 영역 (Harrow, 1972)
지식(Knowledge) 이해(Understanding) 분석(Analysis) 적용(Adaptation) 종합(Synthesis) 평가(Evaluation)	감수(Receiving) 반응(Responding) 가치화(Valuing) 조직화(Organization) 가치복합에 의한 인격화(Characterization)	모방(Imitation) 조작(Manipulation) 정교(Precision) 연결(Articulation) 숙달(Naturalization)

(2) 메이거(Mager)의 조작적 접근

메이거(1962)의 조작적 접근은 행동주의 이론을 바탕으로 수업의 목표 진술은 다음의 세 가지 요소를 중심으로 이루어져야 한다고 보았다. 첫째는 수업결과 관찰될 수 있는 도착점 행동을 나타내는 동사로 목표가 진술되어야 하고(behavior: 행동), 둘째는 도착점 행위가 발생되어야 할 중요조건이나 장면(condition: 종착행동)에 대한 구체적인 기술이 있어야 하며, 마지막으로 도착점 행위가 성취되었는지를 판별하기 위한 기준(Degree/criteria)에 대한 기술이 있어야 한다는 것이다. 특히 메이거는 여기서 사용되는 도착점 행동을 나타내는 동사들이 기존의 암시적(covert) 동사가 아니라 다음과 같은 명시적(overt)인 동사를 사용하여야 한다고 주장하였다.

〈표 6-3〉 암시적 동사와 명시적 동사

암시적 동사(사용 불가)	명시적 동사(사용 가능)
안다 / 이해한다 / 깨닫는다 / 파악한다 / 인식한다 / 믿는다 / 감상한다 / 사고한다	쓴다 / 해석한다 / 지적한다 / 열거한다 / 구별한다 / 말한다 / 찾아낸다 / 계산한다 (㉠ 잡지에서 잘못된 철자의 글자를 찾아낼 수 있다.)

(3) 가네(Gagné)의 결과분석적 접근

가네는 그의 저서 『학습의 조건』(1965/1985)에서 학습결과로서 성취하려는 교수목표가 크게 언어정보(verbal information), 지적기능(intellectual skills), 인지전략(cognitive strategy), 태도(attitudes), 심리운동기능(psychomotive function)의 다섯 가지로 나누어질 수 있다고 보고, 이를 기준으로 교육과정 및 수업의 목표가 진술되어야 한다고 주장하였다. 예를 들어, 언어적 정보는 명제적 지식(knowing-that)이나 선언적(declarative) 지식으로써 어떤 사실 또는 일련의 사건에 대해 구두로 말하거나 글로 진술하여 쓰는 것을 가리킨다. 예컨대, '임진왜란'하면 '1592년'하는 식으로 하나의 자극에 한 가지로 반응하는 능력으로써, 이는 상징적인 조작능력을 요구하는 규칙적용력이나 문제해결능력과는 구분된다.

위와 같은 가네(Gagné)의 학습이론은 교수계획에 대한 체계적 접근의 도입에 큰 영향을 미쳤다(Gredler, 1997). 교수계획의 체계적 모형의 특징은 첫째, 목표지향성(Goal-directed)으로 교수란 특정한 목표와 학습목표를 겨냥해 고안되어야 한다는 것이고, 둘째, 폐쇄회로적 과정(closed-loop process)으로 원하는 목표에 도달하기 위해서는 반복적인 과정과 시도, 그리고 수정이 필요하다는 것을 암시한다.

2) 교육과정 내용의 선정

교육과정에서 내용선정의 문제는 곧 교육과정을 이해하는 방식, 구체적인 교수학습과정의 형태 및 특성, 그리고 학습의 내용이 되는 지식(knowledge)을 어떻게 바라보고 범주화하느냐에 따라 영향을 받는다.

(1) 교육과정 내용으로서의 지식범주론(Category of knowledge)

인류의 지적 유산과 인간지식의 총체를 어떻게 구분할 것인가의 문제는 학자들마다 서로 다른 기준에 의해 그 범주가 구분되어 왔다.

Aritsotle	Phenix (1964)	Broudy (1988)	Hirst & Peters (1974)
이론적 지식 (수학, 과학) 실천적 지식 (정치, 윤리학) 생산적 지식 (음악, 건축학)	상징적(Symbolics): 일상언어, 수학, 감정, 가치, 직관을 표현하는 상징 경험적(Empirics): 물리학, 생물학, 심리학, 사회과학 심미적(Aesthetics): 음악, 미술, 무용, 문학 실존적(Synnoetics): 개인적 지식 윤리적(Ethics): 도덕적 지식, 법률 종관적(Synoptics): 역사, 종교, 철학	지식분류 기준 제시 • 용어, 개념의 합의 • 공인된 사실, 일반통칙, 규칙 및 원리의 네트워크 • 학문영역별 특수한 탐구방법 • 증거를 평가하는 규칙	논리학과 수학 자연과학 인간과학 역사 종교 문학과 예술 철학 도덕적 지식

위 표에서 요약한 바와 같이 일찍이 그리스의 철학자 아리스토텔레스(Aristoteles)는 지식을 이론적 · 실천적 · 생산적 지식의 세 가지로 구분한 바 있다. 또한 앞장에서 언급된 바와 같이 피닉스(Phenix)는 그의 저서 『*Realms of Meaning*』(1964)를 통해서 지식은 의미를 담는 그릇으로, 인간은 의미를 창조하고 표현하는 동물로 상정한 후, 교육이란 근원적인 의미를 개발하고 익혀나가는 과정이라고 보고 지식을 상징적 지식(symbolic), 경험적 지식(Empirics), 심미적 지식(aesthetics), 실존적 지식(Synnoetics), 윤리학(Ethics), 그리고 종관학(Synoptics)으로 구분한 바 있다. 한편 브라우디(Broudy, 1988)는 학교교육의 기능에 관심을 두고 학교교육의 기능을 재생적(reproductive), 연상적(referential), 응용적(applicative), 해석적(hermeneutic)으로 나누고, 그에 따른 지식분류의 기준을 제시하기도 하였다. 마지막으로 허스트(Hirst, 1974)는 지식을 인류가 축적해온 합리적 이해의 형식이라고 정의하고 그에 따라 지식을 학문적 양식으로 세분화하여 제시하였다.

(2) 교육과정 내용선정에 관한 여러 원리들

바람직한 교육과정 내용의 속성으로는 다음과 같은 것들이 제시되고 있다. 즉, 교육과정 내용은 첫째, 해당 내용전문가들이 가장 중요하다고 생각하는 본질적인 사실이나 이해 및 기능을 중심으로 구성되어야 하고, 둘째, 학생들이 심층적인 이해력을 발달시키는 기회를 촉진하는 내용이어야 하고, 셋째, 학생들의 문제해결 과제들은 심층적인 이해의 발달이라는 목표와 일관성을 유지하도록 조직되어야 하며, 넷째, 정신적으로나 정서적으로 동기를 유발하고 즐거움을 줄 수 있는 내용이어야 하며, 마지막으로 다섯째, 학습자에게 학습의 선택가능성을 열어주고, 그들의 삶이나 세계와 연관되며, 새롭고 호기심을 자극할 수 있는 내용이어야 한다.

예를 들어, 많은 학자들은 교육과정에 있어서 내용선정의 원리를 제시하여 왔는데 이를 표로 정리하면 나음과 같다.

〈표 6-4〉 교육과정 내용선정의 원리 비교

Comenius (1896)	Tyler (1949)	Raths (1971)	Pring (1984)	Miller & Seller(1990)	Brady (1992)
• 새로운 지식 수용 준비케 • 일반→구체적, 세부적 • 쉬운 것→어려운 것 • 학습자의 발달단계 특징 • 내용의 활용도 고려해야	• 연습할 기회의 원리 • 성취가능성의 원리 • 만족감의 원리 • 다원적 경험의 원리 • 복합성과의 원리	• 활동선택 및 반성의 기회 • 기존의 지식 적용 • 실물교육 • 상이한 능력 고려 • 능동적인 역할 • 새 주제/쟁점 논의 • 내용 계획의 협의 • 현실문제에 대한 탐구	• 지적인 관심 • 정신능력 (분석력, 논리적 사고력, 비판력 등) • 개인적 만족감 • 사회적 유용성 • 사회적 책임감/부모, 사회의 압력 • 인류공통 사회문화	• 학생준비도 적합성 • 심리학적 준거 • 학생흥미 유발 • 공리성과 현실성 (학습가능성) • 사회적, 정치적 준거 • 철학적 준거	• 타당성 • 학습할 수준 • 흥미 • 인간발달의 기준 • 학습가치성/삶에 유용성 • 사회적 실재와 일치성 • 철학적 준거

3) 교육과정 내용의 조직

(1) 교육과정 내용 조직의 단위

교육과정 내용조직은 가장 큰 범주로써 학문단위에서 시작하여, 교과단위, 개설과목단위, 그리고 각 과목의 교수학습 조직의 영역인 단원(Unit)이나 교재의 내용구성 단위인 장(chapter), 절(clause)로 구성되어진다. 특히 교수학습의 단위조직인 단원은 대단원, 중단원, 소단원으로 나뉠 수 있고, 각 소단원들이 한 차시의 수업으로 구성된다고 했을 때, 해당 차시의 수업은 몇 개의 주제별 교수학습활동(lessons), 각 주제의 핵심내용(topics), 그리고 구체적 학습활동(activities)로 나누어진다고 볼 수 있다. 이상을 다음 표와 같이 간단히 정리해 볼 수 있다.

〈표 6-5〉 교육과정 내용조직의 위계

학문 (Discipline)	학문분류에 따른 영역	예) 인문/자연계열; 사회/자연과학
교과 (Subjects)	학문분야 안의 개별 학문단위: 분과형, 상관형, 융합형, 광역형	[Curriculum] 수준 예) 국어, 영어, 사회, 지리, 역사
개설과목 (Courses)	각 교과의 학교, 학년, 전공별 개설수준	[Syllabus] 수준 예) 1학년 교양, 3학년 전공, 영어 I
단원(Unit): Chapter, Clause	각 과목의 하위 내용영역 단위	예) 대단원 / 중단원 / 소단원 1장 개론, 2장 …
수업(Lessons): 주제(Topics) 및 활동(Activities)	각 내용의 교수학습 단위	[Lesson plan] 수준 예) 주제

(2) 교육과정 내용조직의 원리

교육과정 내용조직의 원리는 크게 수업자료(교재)의 논리적 일관성(logical consistence)을 강조하는 것과 수업행위의 경험적 합치(empirical concurrence)를 강조하는 것, 두 가지 측면에서 논의해 볼 수 있다. 논리적 일관성은 수업내용(자료)이 학습자의 심리적 상태에 맞추어져 있는지, 아니면 자료의 논리적 조직에 맞추어져 있는지에 따라 달라질 수 있고, 경험적 합치는 수업행위가 교육목표를 향한 지향성 및 경험의 통합이 이루어지느냐에 따라 판단될 수 있다. 여러 학자들이 나름대로의 기준을 바탕으로 교육과정 내용조직의 원리들을 제시하고 있다. 예를 들어, 타일러(Tyler)는 계열성(sequence), 연속성/계속성(continuity), 통합성(integration)을 강조하였고, 앤더슨(Anderson)은 공통성과 진행성을, 브릭스(Briggs)는 수직적 · 위계적 · 평면적 구소를 제시하였다. 또한 쉬레이더(Schrader)는 계속성, 나선성, 응집성, 그리고 통합성을, 포즈너(Posner)는 공동성(내용 관련/무관 여부)과 시제성(시간적 인접/간격 여부)의 두 가지 내용조직의 원리를 제시하고 있다. 한편, 김인식, 최호성(2002: 314-321)은 교육내용으로서의 지식수준의 분류를 기준으로 사실수준(구체적), 개념수준, 원리 및 법칙수준, 그리고 사상수준의 지식(추상적) 네 가지로 교육내용을 조직할 수 있다고 주장한 바 있다.

이상과 같이 학자들마다 서로 다른 기준과 용어들로 교육과정 내용조직의 원리를 설명하고 있지만, 그 기본적인 개념은 비슷하다고 볼 수 있는데, 이를 정리하여 표로 제시하면 다음과 같다.

〈표 6-6〉 교육과정 내용조직의 원리

범위 (Scope)	내용의 폭과 깊이	교육과정 내용선정 후 내용조직에 앞서 최우선 고려사항
계열성 (Sequence)	통시적/ 내용의 순차적 조직	학습내용이나 경험의 시간적 순서로써, 내용계열화의 원리에 따른다(예 연대기, 유용성, 문화기이론, 발달단계, 논리적 관계 등)
통합성 (Integration)	통시적/ 학문의 융합, 통일	교육과정경험의 수평적 관련성 • 빈(Beane, 1997): 교육과정 통합의 차원(경험, 사회, 지식, 교육과정 설계방안 통합) • 잉그램(Ingram, 1979: 44-54): 교육과정통합의 기능을 인식론적 기능, 심리학적 기능, 사회적 기능으로 나눔
연속/계속성 (Continuity)	공시적/ 내용의 반복성	이미 배운 내용과 앞으로 배울 내용과의 관련성으로써, 교육내용의 반복 및 누적효과를 노린다.
연관성 (Articulation)	통시적/ 내용 상호 간 관련성	교과의 수평적 관련성이나 학습자의 내적 지식의 통합: 실제의 삶이 교과목 지식별로 구분되어 있지 않음에도 불구하고 학교수업은 이를 구분하여 가르친다는 비판에서 출발한다.
균형성 (Balance)	내용상의 균형	내용들, 관점들, 이론/실천의 균등한 이해와 분배

위 원리들을 각각 간단히 설명해 보자.

범위의 원리는 교육과정 내용에 있어 어떤 내용을 얼마만큼이나 폭넓고 깊이 있게 다루느냐의 문제이다. 학교급, 학년, 학생수준, 전공/교양 여부, 필수/선택 여부, 교육기간 등에 따라 내용범위가 결정된다.

계열성의 원리는 교과의 본질과 구조에 기초한 계열화인데, 단순→복잡, 선수학습→후속학습, 부분→전체, 구체적 개념→추상적 개념, 난이도 저→난이도 고 등의 심리적, 논리적 순차이다. 이러한 계열화의 순서는 학습자의 다양한 발달단계에서 학습자들의 성취능력을 고려하거나, 학문적 구조와 관련한 내용 자체의 논리적 순서를 따른다.

통합성의 원리는 연관성(articulation)의 문제와도 관련되어지며, 학습자에게 통합 조정된 학습경험을 어떻게 제공하느냐에 관심을 갖는다. 통합 교육과정을 통해서 학문간, 교과 간 통합이 다양하게 시도되고 있다.

연속성/계속성의 원리는 교과내용의 지속성, 반복성 혹은 학교급 간의 내용의 연결성을 일컫는다. 또한 개별 학습자의 경험 차원에서의 내용의 연결성도 포함될 수 있다.

균형성에 대해서 올리바(Oliva, 1997)는 다음과 같은 다양한 차원에서 균형성의 유지가 중요함을 지적했다. 예를 들어, 아동중심 대 교과중심, 사회요구 대 개인요구, 교양교육 대 전문교육, 인간발달의 인지 대 정의 대 심동적, 개별화 대 집단, 혁신 대 선동, 논리적 대 심리적, 영재아 대 학습부진아, 학문 간 대 학문 내적 내용들 간의 균형이 유지되어야 한다.

3. 교육과정의 개발

지금까지의 수많은 교육과정에 관한 이론들은 각자 지식, 학교교육, 교육과정의 역할을 바라보는 서로 다른 입장에 근거하여 논의되어 왔다. 우선 포즈너(Posner, 1998: 80-94)는 기존의 교육과정 이론들이 교육과정계획을 위한 물음의 차원에서 기술생산적(techno-productive) 관점을 가졌느냐 아니면 비판적(critical) 관점을 가졌느냐 두 가지로 구분하고, 다시금 기술생산적 관점은 절차적 물음과 기술적 물음, 비판적 관점은 개념적 물음과 이데올로기적 물음을 묻고 있다고 구분한 바 있다.

즉, ① 절차적(Procedural) 물음은 어떤 단계를 따라 교육과정을 계획할 것인가에 주된 관심을 갖는 입장으로써 타일러(Tyler), 타바(Taba), 슈왑(Schwab)의 견해가 이를 대표하고, ② 기술적(Descriptive) 물음은 교육과정을 계획하는 사람들은 실제로 어떻게 그 일을 수행하는가에 관심을 갖는 입장으로 워커(Walker)로 대표되는 실증주의자들의 입장이고, ③ 개념적(Conceptual) 물음은 교육과정 계획의 요소들은 무엇이며 서로 개념적으로 어떻게 관련되어 있는가에 주된 관심을 갖는 굿라드(Goodlad)나 존슨(Johnson)으로 대표되는 개념적 경험론자(conceptual-empirist)들의 입장이고, 마지막으로 ④ 이데올로기적(Ideological) 물음은 누가 적법한 지식을 정의하는가? 혹은 교육과정은 사회 재생산이나 헤게모니와 같은 학교의 일차적 목적을 실현하는데 어떻게 기능하고 있는가에 주된 관심을 갖는 프레이리(Freire), 애플(Apple), 맥라렌(MacLaren) 등과 같은 비판적 교육학자(critical pedagogists)들의 견해이다.

한편, 최근 마쉬와 윌리스(Marsh & Willis, 2007)는 교육과정 이론들의 성격을 크게 타일러의 공장생산적 모형에 따른 처방적/선형(prescriptive/linear) 접근, 워커의 자연적 교육과정 개발 모형에 따른 기술적/숙고형(descriptive/deliberative) 접근, 그리고 아이즈너(Eisner)의 심미적/총체적(Ascetic/holistic) 모형에 따른 예술적 접근으로 대별하였다.

1) 교육과정 개발 모형들

(1) 타일러(Tyler)의 합리적 교육과정 개발 모형

① 교육목표의 설정

타일러 모형에서는 교육목표가 교육과정에서 무엇보다 먼저 결정되어야 할 요소로서, 교육목표가 설정되어야만 그것을 기준으로 하여 교육과정의 설계에서 평가, 개선을 할 수 있다. 타일러는 교육목표의 추출의 원천으로서 학습자에 관한 사실, 현대사회에 관한 사실, 교과전문가의 견해 등 세 가지를 들고, 각각의 자원에 대하여 무엇을 어떻게 알아보아야 할 것인가에 관해 자세히 언급하였다.

첫째, 학생들로부터 기대되는 행동상의 변화가 교육목표가 될 수 있으므로 학습자의 흥미나 욕구를 탐색하는 것이 필요하다. 즉 학생들의 생활 실태나 문제의 활동이 자동적으로 교육목표가 되는 것이 아니라, 그것들을 어떤 모양의 이상적인 표준이나 규준에 비추어 양자 간에 현격한 격차가 있을 경우에만 교육목표로 선정하는 것이다.

둘째, 국가안보, 고도 지식사회로의 이행, 자연파괴, 심화되는 빈부 격차 등의 사회적 문제에 대한 의식과 해결방안을 연구한다. 학생들은 생활사태와 학습사태 사이에 어떠한 공통점이 있을 때 활용 가능성이 높다.

셋째, 모든 교과는 인류의 경험을 담았다는 공통성을 가지고 있다. 따라서 전문가들로부터 그들의 학문분야나 교과 영역이 청소년 교육에 무엇을 기여할 수 있는지를 자문 받아야 할 것이다.

넷째, 일관성 있는 목표를 정선하기 위한 교육철학과 사회철학은 어떤 교육이 바람직하며 가치있는지를, 어떤 사회가 이상적이며 개인의 자아실현을 최대한 보장시켜 주는지를 확인시켜주는 신념체계라 할 수 있다.

다섯째, 추출된 교육목표들은 학습심리학의 여러 원리와 법칙에 따라 그 달성 가능성을 최종적으로 점검하여야 한다.

② 장점

타일러(Tyler)의 교육과정 모형의 장점은 어떤 학교, 어떤 수업이든 활용하고 적용할 수 있는 폭넓은 유용성을 지녀 교육과정을 개발하거나 수업을 계획하는 자가 이를 적용하기 쉽도록 한 것이다. 그리고 우리나라 교육의 대부분이 학습의 목표설정보다는 학습의 결과, 평가를 중요시하는 데 반해 타일러는 다른 어떤 것들보다 목표를 중요시한다.

③ 단점

첫째, 목표의 원천은 제시하고 있으나 무엇이 교육목표이고, 그것은 왜 다른 목표를 제치고 선정되어야 하는지 그 이유를 분명하게 밝혀 주지 못한다. 둘째, 목표를 분명히 미리 설정한다는 것은 수업 진행 과정 중에 새롭게 생겨나는 부수적·확산적 목표의 중요성을 간과한 것이다. 셋째, 목표를 내용보다 우위에 두고, 내용을 목표달성을 위한 수단으로 전락시킨 면이 있다. 넷째, 교육과정의 실질적 내용이 어떤 것인가를 가르쳐 주지 않고, 그것을 확인하는 절차만 제시하고 있다. 다섯째, 겉으로 평가할 수 있는 행동만을 지나치게 강조함으로써 잠재적 교육과정이나 내면적 인지구조의 변화, 가치와 태도 및 감정의 변화를 확인하는 데 약하다. 또한 목표와 밀착된 평가를 강조함으로써 수업이 평가에 종속되는 현상(test-driven instruction)을 초래하는 원인이 되었다. 여섯째, 교육과정 개발 절차를 지나치게 절차적, 체계적, 합리적, 규범적으로 처방하여(pre-scribe) 제시함으로써 교육과정 개발 과정의 연속성과 실제 교육과정 개발 과정에서 발생하는 많은 복잡한 것들에 대해 설명하고 있지 못하다는 것이다.

(2) 워커(D. F. Walker) 모형

① 강령(platform)

워커에 따르면, 강령이란 교육과정 개발활동에 참여하는 사람들이 교육과정 개발 과정에서 드러내 보이는 교육적 신념과 가치, 교육목적, 교육과정 구상, 교육과정 개발 절차, 자기가 속하여 이해관계를 대변해야 하는 집단의 전략, 자신의 숨은 의도 및 선호 등을 가리킨다. 워커(Walker)는 교육과정 개발 참여자들의 믿음과 가치체계가 교육과정을 개발하는 전 과정에서 이루어지는 의사결정에 강한 영향을 미친다고 보고, 그러한 강령이 앞으로의 교육과정 개발 시 이루어지는 숙의과정에서의 합의의 발판이 된다고 여겼다.

강령은 크게 다음과 같은 요소들로 구성된다.

- 개념: 무엇이 존재하고 무엇이 가능한가에 대한 신념
- 이론: 현존하는 실체들 간의 관계에 대한 신념
- 목적: 무엇이 바람직한가에 대한 신념

위의 내용을 기준으로 강령단계에서는 참여자들이 모여 그들의 강령이 무엇이고, 혹은 무엇이어야 하는지에 대하여 토론하고, 그 강령을 지지하는 자료들을 검토하게 된다.

② 숙의(deliberation)

워커는 숙의를 교육과정 개발에 참여하는 사람들은 개인적으로 적절한 정보를 확인하고, 수단과 목적을 분명히 하고, 대안을 상의하고, 대안이 가져올 결과를 가늠해 보고, 선택을 하는 과정으로 보았다. 숙의가 필요한 이유는 여러 가지 대안들 간의 충돌을 방지하고, 적절한 여러 대안들, 대안적 문제들과 대안적 해결들을 찾아내고 고려하기 위한 체계적인 방법 차원에서 필요하다. 숙의는 곧 다양한 대안들의 적절성에 대하여 지속적인 논의와 탐색을 해나가는 것이라고 볼 수 있다.

(3) 아이즈너(Eisner)의 모형

아이즈너는 사회적 실재(reality)란 영구불변의 진리를 다룬 고전이나 교과서의 내용 속에 존재하는 것이 아니라 삶을 영위하는 사람들에 의해 끊임없이 구성되

고 재구성되는 것이라고 보았다. 그러므로 교육과정을 설계하는 사람들은 그러한 사회적 실재를 자신만의 고유한 시각과 견해를 표현하는 예술가적 입장에서 바라보아야 한다고 생각했다.

① 목표설정

그는 우선 교육목표의 설정에 있어서, 목적(aims), 목표(goals), 학습목표(objectives)를 구별하고, 목표의 중요성에 따라 심사숙고하여 우선순위를 결정해야 되고, 또한 분명히 정의되지 않은 목표나 선택의 과정에서 제외된 목표도 고려해야 한다는 영 교육과정의 개념을 제시하기도 하였다.

② 내용선정 및 학습경험

교육과정의 내용은 개인, 교과, 사회의 세 자원에서 내용을 추출하되, 영 교육과정(null curriculum)을 고려하고, 학생들에게 의미 있는 학습활동(learning events)을 중심으로 학습기회를 선정하고, 학습과정에서도 학습의 결과를 위해 '통제'하기보다는 그 과정 속에서의 학생들의 '참여(engagement)'를 중시하였다.

③ 교사의 역할

교사의 역할은 참여를 통하여 학생들의 흥미와 목표를 촉진하고, 교과의 다양한 요소를 동시에 다룸으로써, '거미줄을 치는 작업'을 하는 것처럼 어떤 경험과 상황에서 일어날지 모르는 학생들의 학습의 가능성에 대비하여야 한다고 주장함으로써, 학생들의 다양한 학습결과를 유도하는 비선형적 접근방법을 강조하였다.

아이즈너(Eisner)의 교육과정 개발절차는 간략히 정리하면 다음과 같다.

- 목표와 우선순위 결정
- 교육과정 내용: 영 교육과정 고려
- 학습기회 유형: 폭넓은 학습기회 제공 중요함
- 학습기회 조직: 학습자료와 활동 조직
- 내용영역 조직: 다양한 학문에 걸친 지식을 바탕으로 조직, 통합

• 제시양태와 반응양태: 여러 가지 형식으로 제시
• 평가절차의 유형: 교육과정 개발의 전체 과정 지각 및 판단

2) 교육과정의 설계

(1) 교육과정 설계의 정의와 요소

교육과정 설계(curriculum design)란 '교육과정 개발의 산물로서 교육과정 의사결정, 계획, 전략 등을 고려하여 하나의 구체적인 교육과정을 만들어내기 위한 밑그림 작업'이다(Beauchamp, 1961: 93). 따라서 교육적 의도나 방향을 달성하기 위한 계획안을 일정한 구조적 틀 안에서 산출할 수 있도록 원칙과 지침을 사전에 수립하는 활동을 교육과정 설계라고 이해할 수 있다.

교육과정 설계의 하위 요소로는 학자마다 다른 요소를 제시하지만, 크게 목표, 내용, 방법, 평가의 네 가지 요소가 포함된다.

〈표 6-7〉 교육과정 설계요소 이론 비교

타일러(Tyler)	목표의 설정	학습경험의 선정	학습경험의 조직	평가
니콜스(Nicholls)	목표	내용	방법	평가
자이스(Zais)	목적	내용	학습활동	평가
뷰캠프(Beauchamp)	교육목표	문화내용	방법	평가

(2) 교육과정 설계의 모형

교육과정 설계의 모형은 앞 장의 교육과정 유형에서 자세히 살펴본 바와 같이 크게 교과중심, 활동중심, 그리고 사회중심 설계로 구분해 볼 수 있다.

① 교과중심 설계

교과중심 설계는 지식중심 설계라고도 불리며, 전통적인 교과의 형식을 존중하여 이를 바탕으로 교육과정을 설계하는 방식이다.

- 분과(分科)형: 분과형 설계는 개별 학문이 뚜렷한 학문적 경계를 유지하기 때문에, 별도의 시간에 별도 내용으로 교수되는 방식이다.
- 상관(相關)형: 상관형은 두 개 이상의 교과가 자기정체성을 유지한 채 상호 연결되어 교수되는 방식이다. 예를 들어, 한국사-한국문학, 물리학-수학 등의 유사한 교과들이 협동수업으로도 활용될 수 있다.
- 융합(融合)형: 융합형은 두 개 이상의 교과들이 서로 연결되어 새로운 교과를 형성하는 방식이다. 예를 들어, '식물학, 동물학, 해부학, 화학, 생리학'이 모여 생화학으로, '화학, 지질학, 지리학'이 모여 지구과학으로 새로운 교과를 형성할 수 있다.
- 광역(廣域)형: 광역형은 보다 광범위하게 유사한 교과들이 뭉쳐 학문적 통합을 이루어지는 방식이다. 예를 들자면, '문학, 역사학, 철학, 미학' 등의 관련 교과들을 특정주제를 중심으로 묶어 '인문학'으로 강좌를 구성하는 방식이다.

② 활동중심 설계

활동중심 설계는 진보주의 교육사조에 철학적 · 이론적 바탕을 두고 있기 때문에 아동중심 설계 혹은 경험중심 설계라고도 불린다.

- 철학: 활동중심 설계의 철학은 "아동은 효과적인 학습을 위해서 능동적인 참여와 사회화의 기회를 가져야 한다."는 진보주의적 교육관과 "사람은 오직 자신이 경험한 것만 학습한다. 능동적인 목적에 관련되고 경험에 뿌리를 둔 학습만이 행동을 변화시킬 수가 있다."(Taba, 1962: 401)는 경험주의 철학, 그리고 "고유한 존재로서의 학습자의 능력을 신뢰하고, 자유롭고 적합한 환경만 구비된다면 누구나 최선을 다해 학습할 수 있다."고 믿는 자유주의적 교육철학(Rousseau, Pestalozzi, Comenius)을 바탕으로 하고 있다.

- 학교/교사의 역할: 따라서 학교 및 교사의 역할은 열린 학습 환경을 구축해 주고, 교사는 학생의 자발적 경험을 촉진할 수 있는 다양한 학습사태를 열어 주어, 학생들이 가장 알맞은 활동을 선택할 수 있도록 하는 것을 중시한다.
- 프로그램: 활동중심 설계는 교과 자체가 아니라 관찰, 놀이, 이야기, 수작업 등 교과내용에서 필요한 부분을 발췌, 재해석하여 학생들의 실제적 활동을 중심으로 구성하게 된다.
- 교육과정 내용: 따라서 교육과정의 주요 내용은 학습자의 직접적인 관심이나 흥미를 일으키는 프로젝트와 경험들로 이루어진다.
- 발전: 활동중심 설계는 1920~40년대에 진보주의 교육운동으로 태동되었으나, 이후 본질주의의 등장으로 잠시 주춤하였다가 다시 1970년대에 이르러 본질주의의 학문위주의 교육에 대한 반발로 인본주의적 설계접근으로 발전하게 된다. 그 구체적인 예로 "아동의 즉흥적 호기심을 충족해줄 수 있도록 사전 계획되지 않는 교육과정이야말로 아동에게 최상의 것이다."(Kohl, 1969)라는 주장을 바탕에 둔 열린 교육과정으로 발전하게 된다.

③ 문제중심 설계

문제중심 설계는 사회중심 설계라고도 불리는데, 이는 진보주의 교육에서 파생한 1930~40년대의 중핵교육과정이나 1970년대의 사회재건주의적 사조를 통해서 구체화된다. 문제중심 설계의 대표적인 예로는 현대인이 필수적으로 겪고 발달시켜 나가야 할 기능들을 강조(Spencer, 1860)한 항상적 생활장면 중심의 설계나 교과형 교육과정의 분파성과 지식중심을 덜피하기 위한 대안으로 생겨난 생활문제 중심의 중핵설계(core design) 등을 들 수 있다.

④ 교육철학, 교육과정, 설계모형의 관계

지금까지 언급한 교육과정 설계모형과 주요 교육사조 및 교육과정 유형을 비교하여 표로 제시하면 다음과 같다.

교육사조/교육과정	설계모형	특 징
항존주의/교과중심	교과중심 설계모형	고전중심, 태도중심, 필수교과중심
진보주의/생활중심	학습자중심 설계모형	흥미중심, 관심중심, 중핵교육과정
본질주의/학문중심	학문중심 설계모형	개별학문적, 다학문적, 간학문적
재건주의/사회중심	사회중심 설계모형	정치사회적, 문화적
통합 교육과정	문제중심 설계모형	실제적, 실용적

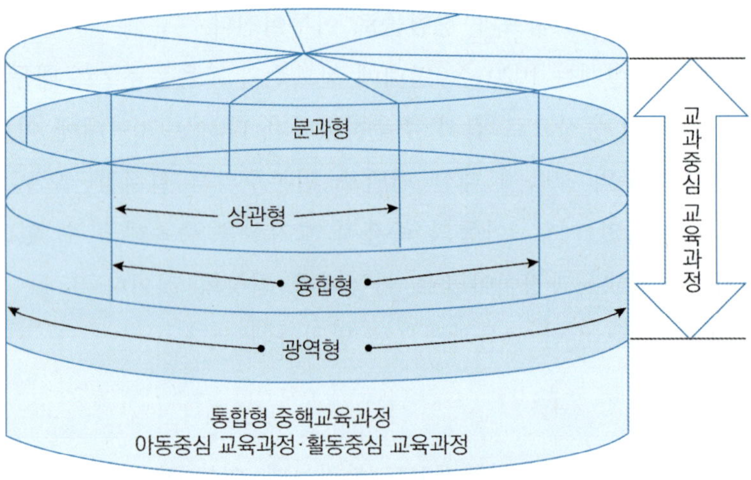

[그림 6-1] 교육과정 설계방식의 모형도

출처: 최호성(2009: 269). 참조

3) 교육과정의 운영

교육과정 운영이란 한마디로 개발된 교육과정을 실천하는 것이다. 교육과정의 운영에는 다음과 같은 사항들이 고려되어야 한다.

- 학습자를 위한 해석
- 교사의 내용섭렵
- 규정에 맞는 현실적인 수행과정

- 개발된 교육과정의 수용, 확산 및 심화
- 수업방법의 구상
- 교수-학습자료의 개발
- 수업에 투입되는 자원
- 단원계획/수업계획 등을 포함한 교수-학습과정
- 학교/교실 환경의 조직, 등

일반적으로 교육과정 운영의 기본원리(김대현, 김석우, 2010: 256-257)로는 다음과 같은 여섯 가지 원리가 제시되고 있다.

- 타당성의 원리: 학교에서 편성/운영하는 교육과정이 교육목표를 달성하기 위한 효과적인 수단으로 타당한가?
- 적법성의 원리: 국가가 정한 법령의 테두리 안에서 학교는 교육과정과 관련한 법적인 책무와 권한에 따른 의사결정을 할 수 있다.
- 전체성의 원리: 학교는 교육목표를 달성하기 위해 교육과정의 세부적 요소들(목표, 내용, 교과, 방법, 평가 등) 간의 연계성을 극대화하고, 학교 내외의 모든 인적, 물적 조직과 환경을 고려해야 한다.
- 민주성의 원리: 참여구성원의 의견이 존중될 수 있는 민주적·소통적 운영을 도모해야 한다.
- 전문성의 원리: 모든 교직원은 각자의 전문성에 따라 가장 효과적으로 학교교육의 목표를 달성할 수 있도록 노력해야 한다.
- 현실성의 원리: 교육과정의 편성 운영 시 현 사회의 요구, 시대적 흐름, 학생/학부모/지역사회의 요구 등에 유의하고, 교사조직, 학교 환경, 외부지원 등의 요소들을 고려해야 한다.

CHAPTER 07

교육의 효과를 높이기 위한 접근

1. 교육공학

1) 교육공학의 개념과 발전과정

교육공학은 전통적인 교수방법론에 대한 연구분야가 1980년대 이후 컴퓨터와 공학의 발전에 힘입어 보다 과학적이고 체계적인 연구를 시도하는 분야로 정착된 것이다. 교육공학 연구의 구분은 연구자에 따라 다르지만, 크게 교수매체 분야와 교수설계 분야로 나뉘는데, 일반적으로 수업의 설계와 교수방법, 그리고 교수에 활동되는 매체, 크게 세 가지로 분류될 수 있다. 교육공학의 형성과정을 그 분야를 통합해서 정리하면 다음과 같다.

교육공학 연구의 초기 시작은 1920년대의 다양한 시각자료의 효과적인 활용에 관심을 갖게 된 시각교육운동에서 시작된 것을 볼 수 있다. 이 시기의 주요 관심사는 시각자료를 활용한 수업의 촉진이었고, 체계적인 수업의 설계, 개발, 관리 등에 대한 연구는 이루어지지 않았다. 이후 1930년대 소리를 활용한 매체들이 개발됨에 따라 청각적인 요소가 첨가된 시청각교육으로 변화되기도 했다. 그러다 교육공학의 첫 번째 패러다임적 전환은 1950년대 통신이론과 체제이론이 도입되면서 이루어졌다. 통신이론은 송신자로부터 수신자에게 매체를 통해 메시지가 전달되는 과정에서 산물인 매체보다 전달되는 과정을 강조함으로써 교육공학의 이론적 체제를 변혁시켰다. 또한 특정 목표를 달성하기 위해 시스템의 세부 요소들이 어떻게 상호 조직적으로 움직여야 하는가를 연구하는 시스템 이론(systems theory)의 발달이 학교수업에 적용되면서 수업을 보다 효과적이고 체계적으로 운용하기 위한 다양한 연구들이 시도되었다. 이 두 연구흐름이 결합된 것이 시청각통신이론적 접근으로 교수·학습과정을 통신의 과정으로 보고 보다 효과적인 메시지(교육내용) 전달을 위한 수업의 설계 및 활용에 대한 연구들이 본격적으로 이루어졌다.

교육공학 연구의 두 번째 변화는 1960년대 행동주의의 영향과 체제이론의 발전에 따른 교수설계가 학문의 핵심적인 영역이 되는 1970년대였다. 1972년 미국교육공학학회는 교육공학을 '광범위한 학습자원을 체제적으로 파악, 개발, 조직, 활용하고 이러한 과제들을 관리함으로써 인간의 학습을 용이하게 하는 것과 관련된 분야'라고 정의함으로써 과거의 결과 위주의 교육공학에서 벗어나서 교수과정 전체에 대한 설계의 과정을 중요시하기 시작하였다.

세 번째 변화는 1990년대에 들어 컴퓨터 공학의 발전과 구성주의(構成主義)의 영향에 의해 촉발되었다. 1980년대 초부터 개인용 컴퓨터가 보급되고, 1980년대 말 멀티미디어 기술의 발전과 1990년대 인터넷의 활성화로 가정에서의 개인별 가상교육이 시도되는 등 새로운 형태의 교수모델들이 등장하기 시작했다. 아울러 1980년대 말부터 모든 학습은 학습자의 맥락에 다른 능동적인 구성의 과정으로 보는 구성주의가 교육공학에 도입되면서, 기존 행동주의 및 객관주의에 근거한 교수설계 이론의 근본적인 가정들이 무너졌다. 구성주의를 지지하는 교육공학자들은 행동주의에 기반을 두고 개발된 교수설계 모형이 구성주의 학습을 실현하는 데 적합하지 않음을 지적하고 새로운 교육에 대한 가정을 바탕으로 교수설계 이론을 제시하였다.

2) 교육공학의 연구영역

미국교육공학회는 교육공학의 하위 연구영역은 크게 설계, 개발, 활용, 관리 및 평가의 다섯 가지 영역으로 구분하고 있는데, 이 다섯 가지 영역들은 유기적이고 상보적인 관계를 띠고 있음을 이해할 필요가 있다.

(1) 설계영역

교육공학의 이론적 발전과 가장 밀접한 관련이 있는 영역이 설계(design) 영역이다. 설계의 본질은 현재의 상황을 가장 바람직한 것으로 변화시키려는 의도로 일련의 행위를 고안하는 것이다. 따라서 교육공학에서 설계는 특정 교육문제를 해결하기 위해 다양한 처방적 활동을 고안하는 것이 된다. 설계는 개발이나 활용 영역과는 달리 순수한 계획 기능에 초점을 둔다. 미시적(micro) 수준에서 이루어지는 설계로는 수업설계, 모듈설계 등이 있으며, 거시적(macro) 수준에서 이루어지는 설계로는 프로그램 설계, 교육과정 설계 등이 있다. 설계영역의 하위 영역으로는 교수체제 설계, 메시지 디자인, 교수전략, 학습자 특성이 있다.

(2) 개발영역

개발(development) 영역은 설계영역에서 명세화된 내역을 실제 교수자료의 형태로 만들어내는 것과 관련된 영역이다. 하위 영역들의 명칭이 시사하듯이 공학과 기술의 발전에 크게 좌우되는 영역으로 매체의 제작에 관심을 두고 있다. 개발 영역에서의 산출물은 단순히 교수매체뿐만 아니라 그 매체에 활용되는 소프트웨어 및 활용방법까지 포함된 것이기 때문에 매체라는 말보다 공학이라는 용어가 사용되었다. 앞의 설계영역이 교육공학의 이론적 측면과 밀접한 관련을 가지고 있다면, 개발영역은 교육공학의 실제적 측면과 긴밀한 관련이 있는 기본 영역이라고 할 수 있다. 개발영역의 하위 영역으로는 인쇄공학, 시청각공학, 컴퓨터기반공학, 통합공학이 있다.

(3) 활용영역

교육공학 영역에서 적용(application)은 학습을 위해 과정과 자원을 사용하는 행위를 말한다. 교육공학은 이 활용영역으로부터 시작되었다 해도 과언이 아니다. 1900년대 초기에 시각매체 교육에 뒤이어 시청각매체들이 교육으로 유입되면서 이러한 매체들을 활용하여 교육적 효과를 높이려는 움직임이 생겨났다. 이 점에서 '활용'은 교육공학에서 가장 오래된 영역이라고 할 수 있다. 역사적으로 보면, 1920년대 초반에 영화와 슬라이드 등 시각매체, 1930년대에는 라디오 등 유성(有聲) 매체들이 개발됨에 따라 청각적인 요소가 첨가된 시청각매체, 1950년대에는 TV의 활용에 관한 연구가 이루어졌고, 최근에는 컴퓨터와 인터넷 등이 교육적 효과를 높일 수 있는가에 대한 연구가 활발히 진행되고 있다. 다른 한편으로는 단순히 외부의 자료를 도입해서 사용하던 교육공학은 이후 자료를 직접 제작하는 영역으로 확대되었고, 교수학습과정 자체의 효율적인 설계 및 개발까지 확대하게 되었다. 활용영역의 하위 영역으로는 매체활용, 혁신과 보급, 실행과 제도화, 정책과 규제가 있다.

(4) 관리영역

교육공학의 관리(management) 영역의 이론과 비결에 관한 지식은 대부분 경영학과 행정학에서 온 것으로 미디어센터, 학습자료센터, 프로그램과 서비스의 운영으로부터 출발하였다. 관리는 미디어센터의 경영 및 매체 서비스와 인적자원 관리에서 시작되었으며, 인사관리, 예산편성 및 재무관리, 시설관리, 기자재 유지 및 보수를 모두 포함한다. 특히, 근년에 교수설계 또는 개발은 대부분 다수의 전문가들로 구성된 팀 작업으로 이루어지며, 이 과정에서 교육공학자는 언제나 개발 전 과정을 관리해야 하는 역할을 수행하게 된다. 이처럼 교육공학에서 관리는 빠져서는 안 될 중요한 영역이 되었다. 관리의 하위 영역으로는 프로젝트 관리, 자원 관리, 전달체제 관리, 정보 관리가 있다.

(5) 평가영역

일반적으로 교육평가는 학습자의 성취도 확인과 교수자의 효과도 확인 중에서 전자에 강조점을 두고 있다. 이에 비해 교육공학에서의 평가(evaluation)는 교수학습 프로그램의 가치를 규명하는데 초점을 맞추고 있다. 교육공학은 무엇보다도 효과적이고 효율적인 프로그램의 개발 또는 교수학습과정의 설계에 관심을 두고 있기 때문이다. 평가의 하위 영역으로는 문제분석, 준거지향평가, 형성평가, 총괄평가가 있다.

3) 교수설계 및 모형

(1) 교수설계(instructional design)의 이해

교수설계란 학습자의 변화를 일으킬 수 있는 최적의 교수방법을 결정해 나가는 과정을 일컫는다. 다른 표현을 사용하자면, 교수설계란 곧 학생들의 학습요구와 달성하려는 학습목표를 성취하기 위한 가장 효과적인 방법을 구상하는 것이다.

교육공학의 실천 분야로 교수매체와 유사한 비중을 차지하는 것은 교수설계(ID: Instructional Design) 활동이다. 교수설계에 관한 연구를 통해 이론과 모형을 개발하는 것은 교육공학의 이론 분야에 속하지만, 특정 학습목표를 염두에 두고 선택한 교수설계 모형이나 절차에 따라 실제로 교수학습과정을 설계해나가는 활동은 실천에 해당된다고 볼 수 있다.

교수설계는 교사가 수업을 보다 일관성 있고 신뢰감 있게 계획하기 진행하기 위해 체계적이고 계획적인 청사진을 만들어가는 활동이라고 할 수 있다. 교수설계는 협의(狹義)로는 특정한 학습자를 대상으로 교육내용을 전달하고자 할 때 가장 좋은 수업방법을 결정하는 것이 된다. 광의로는 교사가 수업목표를 달성하기 위해 어떤 학습활동, 학습전략, 학습자료를 제공해야 하는지, 그리고 수업목표 달성 여부를 어떻게 판단할 것인지에 대한 답을 찾아가는 과정이라고 할 수 있다.

결국 교수설계는 수업을 처음부터 끝까지 일관성 있게 계획함으로써 수업의 효과를 증진시키는 활동이라고 할 수 있다.

교수설계에는 교수법의 이론적 배경, 교수계획(instructional planning) 이론, 교수법의 적용 및 수행, 교수법의 개발, 운영, 및 평가 등의 문제가 관련되어진다. 즉, 교수설계는 교수법과 관련한 다양한 이론적 배경을 바탕으로 교수계획 이론들이 제시되고, 이러한 교수법을 어떻게 적용하고 수행할 것인지의 실천적인 방법론이 모색된다. 동시에 교수법의 개발, 운영, 평가의 각 단계에 대한 이론적 · 실천적 방법론에 대한 탐색이 교수설계의 분야에서 다루어지게 된다.

(2) 교수설계 이론

교수설계 이론은 인간의 학습을 촉진하기 위해 교육 실제에 적응하여 유용하게 이용할 수 있는 처방적인 지식체계이다. 교수설계 이론은 다음과 같은 네 가지 특징이 있다(유승우 · 임형택 · 권충훈 외, 2010).

첫째, 교수설계 이론은 설계지향적(design-oriented)이고 처방지향적(prescription-oriented)이다. 즉, 교수 · 학습이 진행되는 과정을 있는 그대로 설명하거나 기술(記術)하는 것에 초점을 두기보다는 교수 · 학습 과정이 원활히 이루어져 수업목표가 달성되는 데 필요한 처방을 하는 데 초점을 둔다. 따라서 교수설계 이론은 주어진 수업목표 달성을 위한 다양한 접근방법 중 현실적인 상황이나 여건을 고려하여 가장 적합한 최선의 접근방법을 처방(處方)해 주는 이론이다.

둘째, 교수설계 이론은 맥락적(contextual)이고 상황적(situational)이다. 즉, 동일한 학습내용이라 하더라도 그것을 배우는 학습자의 특성이나 수준과 환경 등과 같은 맥락이나 상황이 달라짐에 따라 적용할 수 있는 교수방법이 달라지고, 이로 인해 학습결과도 달라질 수 있다는 것이다. 따라서 교수설계는 모든 상황에 보편적으로 적용되는 것이 아니라 상황에 따라 달라지는 특징이 있다.

셋째, 교수설계 이론은 요소적(componential)이다. 교수설계를 통해서 확인된 하나의 수업방법은 보다 많은 하위 요소들로 세분할 수 있으며, 이 하위 요소가 교육 실제에 실질적인 도움을 준다. 다양한 수업방법의 요소는 해당 방법이 사용될 수 있는 상황에 따라 효과적으로 사용될 수도 있고 그렇지 않을 수도 있다. 따라서 교육 실제에 도움이 되는 것은 바로 상황의 특성과 관련되는 하위 요소가 되는 것이다. 이 하위 요소들이 교사에게 보다 적절한 안내와 처방을 제공해 준다.

넷째, 교수설계 이론은 결정적이지 않고 개연적(probabilistic)이다. 모든 맥락이나 상황에 보편적으로 적용할 수 있는 교수설계 이론은 존재하지 않는다. 즉, 특정한 교수·학습 상황에서 효과적이었던 수업방법이 다른 교수·학습 상황에서는 효과적이지 않을 수도 있다는 것이다. 따라서 교수설계를 통한 수업방법은 확정적인 것이 아니라 상황에 따라 얼마든지 변경할 수 있는 융통성을 가지고 있다.

(3) 교수설계 접근방법

교수설계에서는 수업의 과정을 체제적 과정(systems approach)으로 간주한다. 여기서 체제란(systems) 기술적으로 상호 관련된 구성요소의 집합으로, 그 구성 요소가 목표를 향하여 유기적으로 상호작용하는 과정체제적 접근을 가리킨다. 이러한 과정체제적 접근은 비선형적, 비순차적, 역동적, 상호작용적 접근의 성격을 띠는데 반해 체계적(systematic) 접근은 단계적, 순차적, 직선적 접근의 성격을 띤다고 볼 수 있다. 한마디로 과거의 교수설계의 접근은 체계적 접근의 성격을 띠었으나, 점차 학습 환경과 학습자의 다양성, 지식의 팽창, 창의성 및 창의적 측면의 중시화에 따라 학습에 대한 인식이 점차 변하게 되어 최근에는 유기체적, 순환적, 비선형적, 역동적 성격을 강조하는 체제적 접근의 중요성이 더욱 강조되고 있다.

① 체계적 접근과 체제적 접근

교수설계에 대한 접근방법으로 체계적(systematic) 접근과 체제적(systemic) 접근이 있다. 교수설계에서 체계적 접근은 단계적이고 순차적인 절차를 의미하는 것으로, 교수설계 활동을 위해 사전에 세분화된 절차를 포함한다. 따라서 체계적 접근은 사전에 미리 정해진 절차나 단계에 따라 주어진 교육목표를 효과적·효율적으로 달성하기 위해 수업활동을 설계하는 것을 의미한다. 초기 교수설계가 체계적 접근을 강조했던 것은 보다 철저한 분석을 통해 교수설계에 과학적으로 접근해야 한다는 입장 때문이었다. 하지만 체계적 교수설계는 모든 단계들을 계열적으로 수행해야 하는 적용 과정의 비효율성으로 인해 많은 시간과 비용을 투입해야 한다는 비판이 제기되었다. 그래서 최근에는 교수설계가 체제적 접근을 해야 한다는 논의가 계속되고 있다. 교수설계에서 체제적 접근은 역동적이고 비순차적이며 다양한 상황 변인을 동시에 고려하여 상황적인 특성에 적합하도록 창의성과 융통성을 발휘하여 설계하는 것을 의미한다. 교수설계라는 활동이 무한대의 창의성을 요구하는 창조적이고 반복적인 활동이기 때문에 비선형적이고 비순차적인 성격을 갖는 체제적 접근을 해야 한다는 것이다.

② 객관주의적 접근과 구성주의적 접근

교수설계에 대한 객관주의(objectivism)와 구성주의(constructivism) 중 어떤 패러다임을 채택하느냐에 따라 교수설계 활동에 상당한 차이가 있다. 객관주의(客觀主義)는 지식이나 진리가 사람들의 외부에 객관적으로 존재한다고 가정한다. 즉, 객관적으로 공유할 수 있는 실재(實在)가 있다고 본다. 이러한 관점에서 학습자는 객관적으로 존재하는 실체(實體)의 속성과 실재에 대한 관계 및 법칙을 파악하는 것이 중요하다. 객관적 관점에서 학습은 이미 존재하는 지식을 교사가 학습자에게 전달하는 과정이다. 따라서 교수목표 및 과제의 구체적인 분석과 목표 달성을 위해 교수전략을 고안하는 데 초점을 둔다. 객관주의적 접근의 교수설계 절차는 다음과 같은 수순을 밟는다. 교수목표를 구체적으로 진술하고, 다양한 대안을 분석하며, 교수 자원을 개발하고, 행동변화에 대한 계획을 세우며, 프로그램에 대한 지속적인 수정을 위해 교수 결과를 계속적으로 평가한다.

구성주의적 관점에서 인간의 지식은 자신의 경험을 해석한 산물이며, 그것을 어떻게 해석하는가에 따라 그 의미가 결정된다. 즉, 지식이나 진리는 인간에 의해서 해석되고 부과되는 의미이기 때문에 인간과 독립된 객관적이고 보편적인 실체는 존재하지 않는다고 본다. 이러한 관점에서 학습은 개인적으로 유의(有意)한 경험과 해석을 통한 지식의 구성에 초점을 둔다. 타인으로부터 지식을 전달받을 수 있는 것이 아니기 때문에 학습자의 주관적 경험에 근거한 개인적 의미 창출을 돕도록 교육내용을 구성해야 한다. 따라서 구성주의(構成主義)를 기반으로 하는 교수설계는 학습자 스스로 지식을 구성하고 획득한 지식의 타당성을 검증해 볼 수 있는 학습자 중심의 학습 환경 조성에 초점을 둔다. 교육과 관련된 문제들은 대부분 비구조적이고 비정형화된 상황으로 최적의 해결책을 요구하기보다는 문제해결자의 주관적 해석을 반영하는 만족스러운 해결책을 요구한다.

4) 교수매체

(1) 교수매체의 개념

교수매체란 무엇인가? 먼저 매체(medium)는 '무엇과 무엇의 사이(between)'를 의미하는 라틴어 'medius'에서 유래하였다. 메시지를 송신자와 수신자가 전달하고 받는 과정에서 사용되는 커뮤니케이션 수단이 곧 매체(媒體)라고 할 수 있다. 따라서 교수매체는 교수 · 학습 과정에서 교수목표 달성을 위해서 교수자와 학습자 사이에서 이루어지는 상호 교류 및 정보 전달에 사용되는 인적 · 물적 자원 및 환경을 포함한 모든 매개수단으로 정의할 수 있다.

이러한 교수매체는 1930년대 라디오, 1950년대 텔레비전, 1970년대 컴퓨터, 1990년대 인터넷에 이르기까지 매체들의 교수 · 학습 과정에서의 활용과 관련된 방법 및 설자에 관한 이론을 제시하였다.

교수매체의 발달 초기에는 괘도, 사진, 전시물, 영사기, 유성(有聲)영화, 라디오, 텔레비전 등 주로 시청각 기자재 및 자료를 중심으로 교수매체를 이해하였다. 따라서 교수자의 교수내용을 보다 구체화하거나 보완해 줌으로써 학습효과를 증진시키는 교수활동의 보조 자료로서 교수매체를 바라보는 시각이 우세하였다. 그러나 현대에 이르러 교수매체를 보는 시각은 이러한 시청각매체뿐만 아니라 교사를 포함하는 인적자원, 전달하는 메시지 내용, 학습 환경, 시설 등 교수목표를 달성하기 위해 정보 전달에 활용되는 모든 수단을 포괄하는 포괄적인 개념으로 바뀌었다. 게다가 최근에는 교수 메시지 내용의 효과적인 전달이라는 종전의 시각을 탈피해서 구성주의(構成主義)적 관점에 입각하여 학습자의 학습과정을 촉진시켜 새로운 학습 환경의 구현을 가능하게 하는 교수매체의 개념으로 더욱 확장되었다.

(2) 교수매체의 분류

1920년대에 등장한 교수매체에 대한 체계적인 시각은 1937년 호반(Hoban) 부자(父子)와 그리고 그의 동료, 그리고 1947년 데일(Dale)에 의해 제시되었다. 1937년 호반 부자와 그의 동료는 학교에서 시각자료의 활용에 관한 교재를 최초로 출판하였다. 그들은 시각자료의 가치는 그 사실성(事實性)의 수준에 따라 결정된다고 주장하면서, 시각자료를 견학, 실물 등과 같이 매우 구체적인 학습경험을 제공하는 자료로부터 언어와 도표 등의 추상적인 자료에 이르기까지 위계적인 시각자료로 분류했다. 그들은 매체가 사실을 구체적으로 표현할수록 메시지를 이해하는 데 어려움을 겪는다고 주장하였다. 그러나 당시 시각교육은 시각자료를 단순히 교사의 교수 보조물 정도로 간주했다는 한계점이 있다.

이러한 구체성-추상성 수준에 따른 시각자료와 교수방법의 위계적 분류 개념은 1947년 데일에 의해 보다 발전되었다. 데일은 경험의 원추(cone of experience) 모형을 통해 다양한 시청각자료와 교수방법을 분류하였다. 데일(Dale)은 경험의 원추(圓錐) 모형에서 학습경험을 크게 행동적 경험, 영상적 경험, 상징적 경험의 세 유형으로 분류했다. 그리고 세 가지 학습경험에 따라 학습 형태를 행위에 의한 학습, 영상을 통한 학습, 상징적 개념에 의한 학습으로 구분했다. 원추의 하부에서 상부로 올라갈수록 추상성이 높아지고 상부에서 하부로 내려갈수록 구체성이 높아진다. 그러나 추상성이 높아질수록 반드시 학습이 어려워지는 것은 아니며 교재는 학습자의 지적 능력이나 경험에 맞추어 선택하는 것이 적절하다고 했다.

(3) 교수매체의 선정 기준

교수매체를 실제 교수·학습 상황에 효과적으로 활용하기 위해서는 다음과 같은 원리를 반드시 고려해야 한다(이형행, 2011). 우선 가장 중요한 기준은 바로 학습목표와 학습내용에의 적합성(適合性)이다. 즉, 학습내용을 가장 효과적·효율적으로 전달함으로써 학습목표를 효과적으로 달성할 수 있는 매체를 선택해야 한다. 다음 기준은 학습자의 특성이다. 즉, 학습자의 연령, 성별, 학년, 인지적·정의적·심체적 특성 등을 고려해야 한다. 그 다음으로 교사의 활용 가능성과 용이성이다. 아무리 좋은 교수매체라도 교사가 원활하게 사용하지 못하면 무용지물이다. 마지막으로, 교수방법 및 환경의 적합성이다. 즉, 강의식 수업인지, 토론식 수업인지, 아니면 시범 실습식 수업인지에 따라 달라져야 하고, 대집단 형태인지, 소집단 형태인지, 아니면 개별학습의 형태인지에 따라서도 교수매체의 선택은 달라질 것이다.

교육공학에서 교수매체 선정과 관련하여 가장 널리 알려져 있는 모형으로는 하이니히(Heinich) 등이 제시한 ASSURE 모형이 있다. 이 모형은 학습자 분석(Analyze learner), 목표 진술(State objective), 매체와 자료의 선정(Select media and materials), 매체와 자료의 활용(Utilize media and materials), 학습자의 참여 유도(Require learner participation), 평가와 수정(Estimation and revise) 등의 6단계를 나타내는 절차들의 앞 글자를 따서 명명한 것인데, 이 모형에서 명세화한 요인과 절차에 의해 수행하면 원하는 학습이 일어나는 것을 '보장(ASSURE)'해 준다는 의미를 가진다.

- 학습자 분석: 이 단계는 학습자를 확인하기 위한 것이다. 학습자의 연령, 성별, 학년 등 일반적인 특성과 새로운 학습에 앞서 이미 갖추고 있는 선수 지

식, 기능, 경험과 동기유형, 선호하는 학습양식, 정보처리 능력 등에 대한 분석이 이루어져야 한다.

- 목표 진술: 이 단계에서는 학습자가 수업의 결과로서 무엇을 할 수 있을 것인가가 행동적인 용어, 성취적인 용어로 구체적으로 진술되어야 한다.
- 매체와 자료의 선정: 학습자에 대한 분석과 구체적으로 진술된 목표를 가지고 이에 적합한 교수매체와 자료를 선택해야 한다. 교수매체를 선택할 때에는 막연한 선호도나 느낌에 의존하거나 단순히 매체를 가지고 있다는 이유만으로 선택해서는 안 되며, 교실과 수강생 집단의 크기, 학습자의 시청각 능력, 학습목표의 성격, 매체의 프레젠테이션 기능 및 학습자와의 상호 작용성을 고려하도록 해야 한다.
- 매체와 자료의 활용: 선택된 매체와 자료를 수업에서 어떻게 활용할 것인지를 계획해야 한다. 우선 준비된 자료를 수업 전에 점검하면서 제시 순서 등을 정하여 연습해 본다. 다음으로 기자재나 시설, 환경을 미리 점검한 후에 실제 수업에 임해야 한다. 이제 중요한 것은 바로 학습자의 적극적인 참여가 필수적이다.
- 학습자의 참여 유도: 자료가 제시되는 동안 학습자로부터 반응을 유도할 수 있는 학습자를 제공하거나 자료를 제시한 후에 연습 기회를 제공하여 그에 대한 평가반송(評價返送)을 통해서 수업 참여 기회를 높여야 한다.
- 평가와 수정: 자료를 활용한 수업이 종료된 후에 자료의 활용이 수업에 어떤 효과가 있었는지에 대한 평가가 이루어져야 한다. 학습자가 학습목표를 달성했는지, 매체 및 자료가 학습목표에 도움이 되었는지, 학습자들이 자료를 효과적으로 활용했는지 등을 확인해야 한다. 이러한 평가 결과를 통해서 필요하면 자료나 활용계획을 수정한다.

2. 수업이론(Instructional theory)

1) 교수모형

교수설계 모형은 교수설계를 하는 데 필요한 과정이나 절차 또는 과제를 수행해야 할 순서에 따라 행위별로 묶어 놓은 것인데, 1970년대에 이미 40여 개 이상의 교수설계 모형이 개발되어 왔다. 그중 전통적인 교수모형부터 시작하여 중요한 교수모형들을 간단히 정리해 보기로 한다.

(1) 헤르바르트(Herbart)의 강의법

헤르바르트의 강의법은 헤르바르트가 발전시킨 통각(apperception: 개인의 머릿속에 이미 존재하는 관념에 새로이 경험하는 관념을 통합하는 현상)이론에 기초하고 있다. 통각의 개념은 라이프니쯔(Leibniz)가 마음의 스스로의 내적 상태에 대한 회고적 자각(reflective apprehension)이라고 최초로 소개한 이후 이를 칸트(Kant)가 경험적 통각(empirical apperception: 일상적이며 끊임없이 변화하는 자기에 대한 의식)과 초월적 통각(transcendental apperception: 다양한 경험을 통합하여 하나의 존재로서 인식함으로써 실제적 경험과 사고의 궁극적 근거를 이룰 수 있는 의식)으로 구분한 바 있다. 헤르바르트는 통각을 자아(self)가 선행경험(antecedent experience)의 총합으로 생기는 결과라고 이해하였고, 그러므로 교사는 교육에 임함에 있어 학생들이 이미 알고 있는 것을 충분히 활용하기 위해서는 학생들의 정신적 발달에 대해 숙지하고 있어야 한다고 강조하였다. 통각이라는 것은 결국 교육내용(혹은 학습경험)이 학생들이 가진 기존의 체계적 정신개념(mental conception)과 연결시켜서 분류되고, 설명되고, 이해될 수 있게끔 제시되어야 한다는 것을 암시한다. 예를 들어, 새로운 과학적 현상을 설명할 때는 이미 분석되고 분류된 현상을 활용하여 설명하여야 하는 것이다. 모든 주의집중 행동이 통각적 과정을 거치는 것처럼, 인간의 지적인 활동이라는 것은, 의식적이든 무의식적이든 간에, 하나의 통각의 과정인 셈이다 (Henderson, 1911).

한마디로, 헤르바르트(Herbart)는 통각이론을 통해 교육은 교사가 학습자에게 경험을 단계적으로 계획하고 설계해서 제공해주고, 사고범위를 넓히게 해야 하고, 통각의 경험들이 계속되어 하나의 통각집합체(apperceptive mass)를 이루게 되는 것이 학습현상이므로, 이 현상이 효과적으로 일어나게 하기 위해서는 체계적이고 과학적인 다섯 단계의 교수방법을 활용하여야 한다고 주장한다.

체계적이고 과학적인 강의를 위한 교수 5단계설

① 준비: 아동이 새로운 자료에 흥미를 갖고 이해할 수 있도록 과거의 경험을 상기시키는 단계
② 제시: 새로운 자료를 구체적으로 제시. 교사는 개념의 차이를 분명히 구분, 인식하도록 효과적인 제시방법을 사용하여야 한다.
③ 비교 및 추상(공통요소를 가려내는 것): 옛 관념과 새 관념의 유사성과 차이점을 분석 비교함으로써 관념의 연합이 이루어지고, 새로운 경험을 이해하는 단계
④ 체계화, 일반화: 분석된 경험으로부터 일반적인 규칙과 법칙, 원리를 형성하는 단계
⑤ 적용, 응용: 일반화된 관념을 적용하고 검사해보는 단계

(2) 브루너(Bruner)의 교수이론

브루너는 지식의 구조라는 개념을 제안하면서 “지식이라는 구조물을 경험하려면 환경과의 상호작용에서 아동의 흥미와 활동이 최우선되어야 하며 그 결과로 학문적 교과에서 구조화된 지식을 축적할 수 있다.”고 주장하였다. 이는 단순히 교육과정을 계획하는 것과 그것이 실제적으로 실행되는 과정 사이에는 분명한 차이가 있음을 상기시켰고, 교육과정에서 목표로 한 성공적 학습을 위해서는 그 내용의 근간이 되는 지식의 구조화를 통한 학습이 필수적임을 역설하였다.

브루너(Bruner)는 지식의 구조화에는 지식이 표현되는 세 가지 양식을 나타내는 표상양식(mode of representation)과 학생들이 지식을 지식의 구조를 따라 학습해 가는 두 가지 원리인 경제성과 생성력의 개념을 제시하였는데, 이러한 경제적이고 생성 력있는 표현양식을 그는 동작적 지식(enactive), 도상적(iconic) 지식, 그리고 상징적(symbolic) 표현양식으로 구분하였다.

동작적(enactive) 지식은 다음을 포함한다. ① 한 사건에 대한 적절한 신체적 반응, ② 신체적 반응이나 동작들에 의해 과학 지식을 표현하는 한 가지 방법, ③ 아동들이 어떤 결과를 얻기 위해 수행하는 일상적인 신체적 활동, 그리고 ④ 피아제의 감각 동작기, 전조작기와 관련(예 시소 놀이, 저울대 사용)된 지식이 이에 해당한다. 아울러 도상적(iconic) 지식에는 ① 지식이 함축하고 있는 의미를 도상(image/icon)을 이용하여 표현하는 방식, ② 과학적 개념의 그림, 도표, 사진 등/과학 지식을 단순하고 명확히 표현, 그리고 ③ 피아제의 구체적 조작기와 관련된 지식이 이에 해당한다. 마지막으로 상징적(symbolic) 지식에는 ① 상징적인 언어나 형식적, 논리적인 명제를 이용하여 지식을 훨씬 더 추상적으로 나타내는 방식, ② 개념을 정의하는 글, 부호로 표현된 지식 등, 그리고 ③ 피아제의 형식적 조작기와 관련된 지식(명제, 공식 등)이 이에 해당한다.

경제성(economy)은 어떤 과제를 이해하거나 어떤 문제를 해결하는 데에 요구되는 정보의 양이 어느 정도 필요한가의 문제와 관련된다. 요구되는 정보의 양이 많을수록 지식의 경제성은 낮은 셈이고, 적은 양의 정보로도 어떤 내용을 쉽게 학습할 수 있다면 그 학습방법은 경제성이 높은 것이다. 일반적으로 앞서 언급한 지식의 표현양식 세 가지의 경제성은 상징적 〉 도상적 〉 동작적 표현의 순서대로 지식의 상징적 표현이 가장 경제성이 높은 표현방식이 된다고 볼 수 있다.

그리고 생성력(effective power)이란 학습자가 파지하고 있는 일련의 명제가 가지는 지식의 생성 가치, 즉 어떤 지식을 알고 있었을 때 그것을 바탕으로 연관된 지식을 새롭게 학습하는데 도움을 얻을 수 있는 정도를 말한다. 지식의 구조를 바탕으로 기초부터 차근차근 학습해 간다면 생성력이 큰 지식은 알기 쉬운 정도도 크다고 볼 수 있다. 일반적으로, 생성력이 높은 지식은 경제성도 높다고 볼 수 있다. 예를 들어, 반복학습의 필요 없이(경제성) 핵심적인 아이디어를 배울 수 있다면, 그 핵심적 학습내용을 바탕으로 관련된 더 깊은 원리를 배워나가는 것(생성력)이 그런 경우이다. 간단히 배울 수 있는 방법을 통해서 학습의 경제성을 높일 수는 있지만 보다 고차원적인 학습을 계속해 나가는 데에는 별 도움이 안 되는 지식이 있는데, 이는 생성력이 낮은 학습의 경우이다. 그러므로 브루너(Bruner)는 경제성이 있으면서도 생성력이 있는 학습방법을 통해 지식의 구조를 따라서 학습해 나갈 것을 강조하고 있다.

아울러 브루너는 효과적인 학습이 이루어지기 위한 조건으로 선행경향성과 학습의 계열화를 중시하였다. 선행경향성이란 학생들의 학습을 이끌어나가는 어떤 조건으로써 지식의 구조를 통해 가능성의 탐색을 자극하고, 가능성 탐색의 방향감 제시하면서, 학습의 방향을 유지해나갈 수 있는 학습을 선행경향성이 있는 학습이라고 정의하였다. 그 선행경향성의 요소로 학습자의 초기반응(시발행동)과 부모나 교사에 의한 학습자극에 해당되는 직접강화 및 교사나 선행학습자에 대한 동일시나 모방과 같은 간접강화를 들고 있다. 강화의 측면에서는 외적보상 보다는 내적강화나 학생들의 사고를 자극할 수 있는 방법 등을 중요시하였다.

그리고 브루너는 지식의 구조에 따라 학습을 계열화시키는 것이 중요하다고 보았다. 그 학습의 계열화는 학습과제의 난이도, 학문지식의 개별적 특징 및 위계성 성격, 학생의 발달적 특성, 학습자극의 적절성, 그리고 학습의 전이가능성 등에 따라 계열화하여야 한다고 주장하였다.

(3) 글레이져(Glaser)의 공학적 모형

글레이져(『*Instructional systems*』, 1962)는 체제이론의 관점에서 수업 과정을 목표 설정, 출발점 행동 진단, 교수절차, 학습 결과 평가라는 일련의 단계와 절차의 순환적이고 상호작용적인 흐름으로 파악함으로써, 공학적 이론과 모형을 교수이론에 최초로 도입하였다는 평가를 받는다. 글레이저(Glaser)의 체제모형은 거시적으로 전체 교육과정에 적용할 수도 있고, 미시적으로 한 차시의 교수학습과정에 적용할 수도 있다.

글레이저의 수업모형 단계는 크게 4가지로 구분되는데 그 특징은 다음과 같다.

① **수업 목표의 설정**(Instructional Goals: system objectives)

수업 목표는 수업을 통해서 도달해야 할 학습자들의 성취행동으로 모든 수업 과정을 안내하는 역할을 하며, 평가의 준거가 된다. 또한 수업 목표는 학습자의 요구와 특성, 교육과정 및 교과 목표와 내용의 분석을 통해서 설정되는데, 이 설정된 목표는 인지적, 정의적, 행동적 영역으로 분류된 후 관찰・측정・기술이 가능한 것으로 구체화되고 세분화되어야 한다.

② **출발점 행동의 진단**(Entering Behavior: system input)

출발점 행동이란 수업이 시작되는 시점에서 학습자들이 지니고 있는 선행학습 정도 및 학습 태세를 의미하는데, 출발점 행동의 분석을 위해 진단평가를 실시하고 여기서 발견된 학생들의 능력 및 수준차이는 보충학습과 심화학습과 같은 수준별 수업의 기초자료가 된다. 그러므로 이 단계에서는 특정한 학습과제의 학습을 위하여 필요한 학생들의 선수학습 능력을 알아본다.

③ **교수절차**(Instructional Procedures: system operator)

교수절차 과정은 의도한 목표를 달성하기 위해 학습내용을 매개로 교사와 학생들이 상호작용하는 과정으로 수업 현장에 필요한 수업 전개의 구체적 단계 및 절차를 구안한다. 일반적으로 도입(목표제시)-전개(내용제시)-정리(요약)-평가의 단계로 나누어지는데, 여기서 평가는 특히 학생들의 성공적 수업참여와 수업이해 여부를 틈틈이 점검하는 형성평가를 실시한다. 이러한 형성평가를 통해 교사에게 필요한 정보를 제공함으로써 지금까지 진행된 수업의 오류를 교정하거나 방향을 재설정한다.

④ 학습결과 평가(Performance Assessments: output monitor)

교수학습이 종료된 다음 교수 목표 달성 여부를 종합적으로 판단하기 위해 총괄평가를 실시한다. 평가의 준거는 사전에 설정된 교육 목표가 되는데, 평가 결과를 분석하여 목표, 출발점 행동의 진단, 학습지도, 평가활동에 환류시키는 피드백의 기능을 통하여 각 단계별로 수정, 조정, 보완이 이루어진다.

마지막으로 글레이저(Glaser) 교수모형의 특징은 다음과 같다.

- 수업 목표를 세분된 행동적 용어로 진술하였다.
- 출발점 행동의 개념을 도입하였다.
- 전 단계가 후속단계를 계속적으로 결정하고 수정한다.
- 각 단계가 피드백 과정에 의해 유기적으로 관련된다.
- 수업과정과 평가가 밀접한 관련이 있다.
- 개인차에 대한 고려가 있다.

이와 같은 글레이저 교수모형은 수업이론의 발전에 있어서 다음과 같은 측면에서 새로운 시도를 하였다는 평가를 받고 있다.

- 교수 개별화의 효과를 가져온다(보충, 심화학습).
- 학생의 요구, 흥미, 특성에 따라서 알맞게 수업을 전개함으로써 내적 동기유발을 크게 일으키고 성취효과도 크게 작용한다.
- 수업전개 과정에서 적절히 교정 가능하다.
- 구체적이고 적극적인 수업전개가 가능하다.
- 교사의 전문적인 역할을 크게 고취할 수가 있다.
- 열린 개방된 교육방법을 구현할 수가 있다.
- 학생의 다양한 소질, 능력에 따른 수업활동을 전개할 수가 있다.
- 학생 모두가 이상적인 수업에 성취효과를 가져올 수 있다.

(4) 크론바흐(Cronbach, 1957) 적성-처치모형

크론바흐는 수업이란 학습자가 가진 심리적인 특성들(適性, aptitude)이 교사가 가진 교육방법적인 요인들(處置, treatment)과 어떠한 상호관계 속에서 학습의 결과를 가져오는가에 관심을 가졌다. 여기서 크론바흐는 학생 개개인의 특질들로써 심리학적 요인에 해당하는 지능(intelligence), 인지양식(cognitive type), 성취동기(motivation), 학습 불안(anxiety), 흥미(interest) 등을 독립변인으로, 교육방법 요인인 교사의 내용구성, 교수방법, 수업형태 및 절차 등의 요인을 종속변인으로 설정하고 이 둘 변인들 간의 학업성취 측면에서의 상호작용 효과(interactive effect)에 관심을 가졌다.

크론바흐의 이러한 적성-처치 상관모형은 기본적으로 사회진화론(social Darwinism)에 개념적 바탕을 두고 있다. 여기서 사회진화론이란, 진화론이 유전과 환경과의 상호작용을 통해 생물유기체의 진화를 설명하듯이, 사회 속에서의 어떤 개체의 적응은 그 구성원이 갖는 특질과 그 사회의 환경적 특질의 상호작용에 의해 결정된다는 생각이다. 그러므로 사회진화론적 입장에서 학교교육을 바라보면, 결국 학생들의 어떤 특질이 학교에서의 적응 혹은 학업적 성취로 이어지는지에 관심을 갖고, 성공적 자질을 갖는 학생들의 성취 및 선발에 주로 관심을 갖게 되는 것이다. 결국, 학습이란 개인적 특질의 차이와 다양한 수업방식들 간의 상호작용에서 어떤 개인적 특질들이 학교교육의 적응에 유리한가의 문제가 되는 것이다. 따라서 이후 베리너와 코헨(Berliner & Cohen, 1973)과 같은 여러 하자들은 이러한 크론바흐의 적성-처치 모형이 교육의 본질적 역할을 충분히 설명하는데 한계가 있음을 깨닫고, 여기에 과업(task)의 변수를 첨가하여, 특성(trait)-처치(treatment)-과제(task) 상호작용 모형을 제시하였다. 요컨대, 이 모형은 학교에서의 수업이 단순히 학생들의 특성과 교사의 처치의 변수들만의 상호작용으로 결정되는 것이 아니라, 교사가 학생들의 성취를 위해 실제로 어떤 과업을 추진하면서 학생들을 이끌어가는가의 요인도 학습결과에 큰 영향을 미칠 수 있음을 강조했던 것이다.

(5) 캐롤(Carroll)의 학교학습모형

캐롤은 '학습의 정도'를 '학습에 필요한 시간'과 '실제 학습에 사용한 시간'의 함수관계(f[학습사용시간/학습필요시간])라고 규정짓고, 학습에 필요한 시간을 결정짓는 변수와 실제 학습에 사용한 시간을 결정짓는 변수가 무엇인지를 탐구하였다. 그 결과 캐롤은 '학습에 필요한 시간'은 학생들의 적성(aptitude), 수업이해력(lesson comprehension), 그리고 교사의 수업의 질(quality of lesson)이라고 규정하고, 또한 '실제 학습에 사용한 시간'은 교사가 제공하는 학습기회(learning opportunity)와 학생들의 지속력(endurance)에 의해 결정된다고 주장하였다. 즉, 학습필요시간은 학생들의 적성이나 수업이해력이 높거나, 교사의 수업의 질이 좋으면 줄어들 수 있다는 것을 알 수 있고, 마찬가지로 학습사용시간도 교사에 의해 주어지는 학습기회가 높거나, 학생들의 지속력이 높으면 학습사용시간이 줄어들 것이라는 것을 예측할 수 있다. 이러한 캐롤의 학교학습모형은 나중에 블룸의 완전학습모형의 토대가 되기도 하였다.

캐롤의 학교학습모형은 몇 가지 문제점을 안고 있다. 첫째는 학생들의 학습의 정도를 소수의 몇 가지 요인들에 의해 지나치게 의존하여 설명하고 있다는 점이고, 그 경우 위에서 언급된 다섯 가지 요인들의 내용적 타당성에 의문을 가질 수 있다는 점이다. 예를 들어, 교사의 수업의 질을 어떻게 조작적으로 정의(operational definition)하고 학생들의 적성을 어떻게 판별할 것인가의 문제 등이 그러하다. 또한 캐롤의 모형은 과제나 수업내용에 따라 학습의 정도가 달라질 수 있음을 설명하지 못하고 있고, 수업의 과정에서 수반되는 학생들 간의 상호작용에 따른 변수를 고려하지 않고 있다는 점이 문제점으로 지적되고 있다.

(6) 가네(Gagné)의 위계적 수업모형

가네의 수업모형은 학습조건, 학습유형, 수업의 위계적 순서, 학습과정의 설계, 그리고 학습의 결과 등의 핵심개념들을 기반으로 이루어져 있다.

첫째, 가네(Gagné)의 수업모형은 다음과 같은 학습 조건들을 전제로 하고 있다.

- 학습능력수준: 인간의 학습능력은 저 수준에서 고 수준으로 단계별로 나아간다.
- 학습위계: 지식은 간단용이한 것에서 복잡난해한 것으로 위계적으로 구축된다.
- 위계별 학습능력: 지식의 복잡성의 위계에 따라 상이한 수준의 학습능력이 필요하다.
- 학습방법: 상이한 학습능력에 따라 상이한 학습유형이 필요하다.

둘째, 가네는 위의 학습원리에 따라 단순한 학습에서부터 보다 복잡한 학습에 이르기까지 다음과 같은 여덟 가지 학습유형이 존재한다고 주장하였다.

- 신호(Signal) 학습
- 자극반응(Stimulus-Response) 학습
- 연쇄동작(motor chain) 학습
- 언어적 연합(verbal association) 학습
- 다중변별(multiple discrimination) 학습
- 개념(concept) 학습
- 규칙(rule) 학습
- 문제해결(problem solving) 학습

셋째, 가네는 위와 같은 학습유형에 따라 위계적 수업을 진행하기 위해 다음과 같은 수업의 위계적 순서를 제시하고 있다.

* 교수학습과제 분석 → 학습유형 결정 → 학습내용의 위계적 정리 → 상이한 학습조건에 따른 수업유형 결정 → 학습의 내적(선행학습, 동기, 자아개념, 주의집중) 및 외적(자극반응 연결제시, 반복 및 연습, 강화계획) 조건의 고려 → 학습된 능력 → 성취행동 → 학습결과 5영역(언어적 정보, 지적기능, 인지전략, 운동기능, 태도)

그러므로 위 수업절차에 따라 학습과정을 설계해야 되는데, 가네(Gagné)는 교수 행위(instructional events)는 그 자체가 학습을 불러일으키는 것이 아니라, 학생들의 내적 과정을 돕는 역할을 한다고 주장하면서, 교수행위에 다음과 같은 3단계가 있다고 강조하였다(Gagné & Briggs, 1974).

① 학습준비 단계(Preparing for learning): 주의유도, 학습목표안내, 선행지식의 회상자극

② 습득 및 수행(Acquisition and performance): 수업자극 자료의 제시, 학습안내물 제공, 분명한 수행과 피드백의 제공

③ 학습의 전이(Transfer of learning): 수행의 평가와 학습내용 유지 및 전이과정

넷째, 위와 같이 수업이 위계적으로 이루어지기 위해서는 각 학습영역에 대해서 서로 다른 내적 및 외적 조건이 필요하다고 주장하였다(Gredler, 1997).

구분	학습의 내적 조건 (internal condition)	학습의 외적 조건 (external condition)
설명	학습자 내부의 인지적 정보처리과정	교사에 의해 수행되는 수업절차
과정	a) 수용(reception) b) 기대(expectancy) c) 재생(retrieval) d) 선택적 지각(selective perception) e) 의미 약호화(semantic encoding) f) 반응(responding) g) 강화(reinforcement) h) 재생(representation) 및 강화 I) 재생 및 일반화(generalization)	주의집중획득 → 목표제시 → 사전학습 재생 → 자료제시 → 학습안내 → 수행유도 → 피드백 → 평가 → 파지 및 전이

즉, 가네는 수업은 학습자의 인지적 과정을 통한 학습과정을 도와주는 방향으로, 수업목표에 따라 서로 다르게 전개되어야 한다고 강조하였다. 가네는 위의 조

건들을 바탕으로 인간의 학습은 언어정보, 태도, 지적기능, 운동기능 및 인지전략의 차원에서 학습의 결과가 나타난다고 보았다.

다섯째, 위의 ①~③까지의 3단계는 다음의 9가지 교수행위로 세부적으로 나누어진다. 이는 가네(Gagné)가 교사가 학생들의 학습이 이루어질 수 있도록 외적인 상황을 이끌어 주는 9단계의 절차로 제시한 것이다.

① 주의 유도(Gain Attention): 학습자의 관심을 획득하는 것으로, 학습자의 인식과정에 관한 이론과 관련되어 있다.

② 학습목표 안내(Inform objectives): 학습자에게 학습을 통해 얻어가야 하는 것, 즉 목표를 제시하여, 학생들에게 학습에 대한 기대감을 불러일으킨다.

③ 선행 지식에 대한 회상의 자극(Stimulate recall of prior knowledge): 이미 학습한 것을 다시 복습을 통해 상기시켜주는 것으로, 동작기억(working memory)으로부터 내용을 회상하게끔 촉발한다.

④ 학습자극 자료의 제시(Present stimulus material): 학습이 이루어지기 전에, 예를 들면, '식물'이란 무엇인가?와 같은 질문을 던져 생각하게 한다. 즉 학습자에게 학습내용에 대해 자극을 주는 것이다.

⑤ 학습자 안내의 제공(Provide learner guidance): 학습내용의 기호화 과정과 관련된다. 예를 들어, 뜀틀훈련을 한다면 도약을 위한 자세나, 구르는 위치 등을 알려주어야 할 것이다.

⑥ 수행의 촉진(Elicit performance): 학습자로 하여금 반응하게 하는 것이다. 예컨대, '식물'에 대해 학습한다면, 교사는 학습하는 중간중간에 '식물'에 관해 세부적인 질문을 던진다.

⑦ 피드백의 제공(Provide feedback): 반응한 내용을 강화시키는 것으로, 수학 시간인 경우 학생들에게 문제를 풀어보라고 시킨 다음, 오답일 경우 계산식을 직접 수정해준다.

⑧ 수행의 평가(Assess performance): 회상내용에 대한 단서를 제공하는 것으로, 목표한 대로 학습이 제대로 이루어졌는지 수행평가를 실시한다.

⑨ 보유와 전이의 촉진(Enhance retention and transfer): 일반화의 과정을 필요로 하는데, 수업시간마다 그 전에 학습했던 내용들이 연관될 경우, 지속적으로 반복하여 학습의 흐름을 놓치지 않도록 해준다.

이상의 9단계를 바탕으로 교수계획을 설계한다면, 학생들이 원하는 학습목표에 도달하게끔 효과적으로 이끌어줄 수 있을 것이다. 다만 학습이 이루어지기 전에, 학습자가 사전에 알고 있는 지식이나, 경험, 정보 등을 미리 파악하고 있는 것이 중요하고, 이러한 사전 지식, 경험 등은 학습을 보다 쉽고, 빠르게 이해할 수 있도록 돕는다고 보았다.

(7) 오수벨(Ausubel)의 유의미학습

오수벨은 암기학습이나 기계적 학습을 비판하면서 그 대안으로 유의미학습을 강조하였다. 그는 '학습에 가장 큰 영향을 미치는 것은 이미 학습자가 알고 있는 것'이므로 그곳에서부터 학습이 시작되어야 유의미한 학습이 될 수 있다고 보았다. 그는 유의미한 학습을 설명하기 위하여 학습과제와 인지구조의 두 변인을 설정하였다. 오수벨은 인지구조가 어느 한 시점에서 학습자가 유용하게 사용할 수 있는 현재의 지식체계로서, 이 인지구조는 하나의 위계를 이루고 있는데, 가장 포괄적이고 일반적이며 추상적인 개념이 그 정점을 차지하고, 그 밑으로 내려갈수록 덜 포괄적인 하위개념으로 구성되어, 가장 밑바닥에는 사전적 지식이 위치하고 있다고 보았다. 그는 학습의 대상이 되는 학습과제도 인지구조처럼 위계를 이루고 있으므로, 유의미한 학습이 되려면 새로운 학습과제를 맹목적으로 암기할 것이 아니라 학습자의 기존 인지구조와 관련을 지어야 하며, 그래야만 파지가 오래 지속될 수 있다고 보았다.

그는 이처럼 새로운 학습과제가 기존의 인지구조에 연결되어 학습되는 것을 포섭(subsumption)이라고 불렀고, 그 포섭의 조건으로 다음의 세 가지를 들었다.

• 학습과제의 실사(實寫)성, 구속(拘束)성: 학습과제는 실제의 사물과 유사할수록, 그

리고 실제의 사물에 정확하게 들어맞을수록 학습자의 인지구조에 포섭이 되기 쉽다.

- 관련 핵심 아이디어: 새로운 학습과제를 인지구조에 포섭하기 위해선 학습과제와 유관한 핵심 아이디어(relevant anchoring idea)를 많이 보유하고 있어야 한다.
- 학습자의 동기: 유의미학습 태세가 동기로 작용하여 새로운 학습과제를 포섭하는데 도움을 줄 수 있다.

한편, 이러한 포섭의 조건들을 바탕으로 새로운 학습과제를 학습하기 위해서는 적절한 선행조직자가 필요하다. 선행조직자란 새 학습과제 자체보다 추상성・일반성・포괄성의 정도가 높은 자료를 새 학습과제 제시에 앞서 제시하는 것으로, 선행조직사는 새 과제와 직접 관련된 정착의미들을 집합시켜 포섭자로 만들고 이 포섭자는 새 과제학습을 위한 개념적 골격을 마련해 주기 때문에 학습을 촉진시킨다고 보고 있다. 이 자료는 새 학습과제를 도입하는 때에 제시되며, 조직자를 구성하는 실질적 내용은 가르치려는 과제를 설명하고, 통합하며, 다른 과제와 관련시키기 위해 적절하도록 만들어지는 것이기 때문에 인지구조의 조직능력을 증진시키는 데 필요한 인지구조의 안정성과 명료성을 증진시켜 준다. 오수벨(Ausubel)은 이러한 선행조직자의 역할을 가장 잘 해냄으로써 유의미학습을 촉진할 수 있는 것을 포괄성, 일반성, 추상성의 성격을 띤 '언어적 설명자료'라고 강조하였다.

마지막으로 오수벨은 유의미 학습이 이루어지기 위한 교육내용 제시의 주된 원리로 '점진적 분화'와 '통합적 조정'을 들고 있다. 점진적 분화는 학문내용 중 가장 일반적이고 포괄적인 의미를 먼저 제시하고 점차 세분되고 특수한 의미로 분화하도록 한다는 원리이다. 이 원리는 두 가지 가정 위에서 성립된다. 첫째는 인간은 이전에 학습한 분화된 내용에서 포괄적인 전체를 형성시키는 것보다 이전에 학습된 포괄적 전체에서 분화되는 부분을 더 쉽게 파악한다는 가정이다. 둘째는 개인이나 교과내용을 조직하는 방식은 가장 포괄적인 개념이나 의미를 정점으로 하여 점차 분화되는 명제, 개념, 사실이 계열적으로 구조화되도록 한다는 것이다.

반면, 통합적 조정의 원리는 새로운 개념이나 의미는 이미 학습된 내용과 일치되고 통합되어야 한다는 것을 의미한다. 교육내용의 계열은 계속되는 학습이 이전에 학습된 것과 관계 지워지도록 조직되어야 한다는 것이다.

(8) 딕과 케리(Dick & Carey)의 교수설계 모형

딕과 케리(1996)는 체제 접근에 입각하여 교수설계, 교수 개발, 교수 실행, 교수 평가의 과정을 제시하였다. 교수목표설정 단계에서는 요구분석을 통하여 교수목표를 설정하게 되는데, 교수목표는 개발될 교수체제를 통하여 최종적으로 학습자가 성취해야 할 것이 무엇인지를 결정하게 된다. 교수분석은 교수목표가 결정된 뒤에 그 목표에 대한 세밀한 분석을 실시하는 것으로, 최종적인 교수목표의 유형을 구분하거나 어떤 과제 등이 포함되어 있는가를 분석하는 것이다. 학습자 분석에서는 학습자의 특성, 지식의 수준, 교수할 내용에 대한 태도나 동기수준 등과 같이 학습자에 대한 광범위한 자료를 수집하게 된다. 이러한 학습자 분석을 통하여 성취목표의 진술이 구체화될 수 있으며, 효과적인 수업방법을 도출하기 위한 자료가 된다.

성취목표 진술은 최종적인 교수목표를 보다 구체적으로 명시화하는 단계인데, 성취목표를 명시화함으로써 성취수준을 평가하는 준거를 형성하게 된다. 성취목표는 관찰 가능한 행동동사를 사용하여 명시적으로 제시되어야 하는데, 성취목표의 진술이 끝나면 준거지향 평가도구를 개발하게 된다. 이때 평가도구 및 평가기준을 먼저 설정해야 학생들이 그 기준에 도달할 수 있도록 해주는 최적의 교수전략을 개발할 수 있게 된다. 평가도구가 개발되었다면 학습자들이 그 평가기준에 부합될 수 있도록 만들어주기 위해 학습자가 성취목표에 가장 잘 도달할 수 있도록 교수전략을 개발해야 한다. 마지막으로 교수 프로그램 개발의 단계에서는 수업자료, 평가지침, 학습자료, 매체개발 등과 같이 실제수업을 운영하기 위하여 필요한 것들을 제작하는 것이다. 평가에 있어서 형성평가, 일대일 평가, 소집단 평가, 전문가 평가 등이 시행되며, 최종적으로 실시되는 총괄평가를 통해 교수 프로그램의 효과성을 검토하고, 수정이 필요한 사항은 수시로 수정하게 된다.

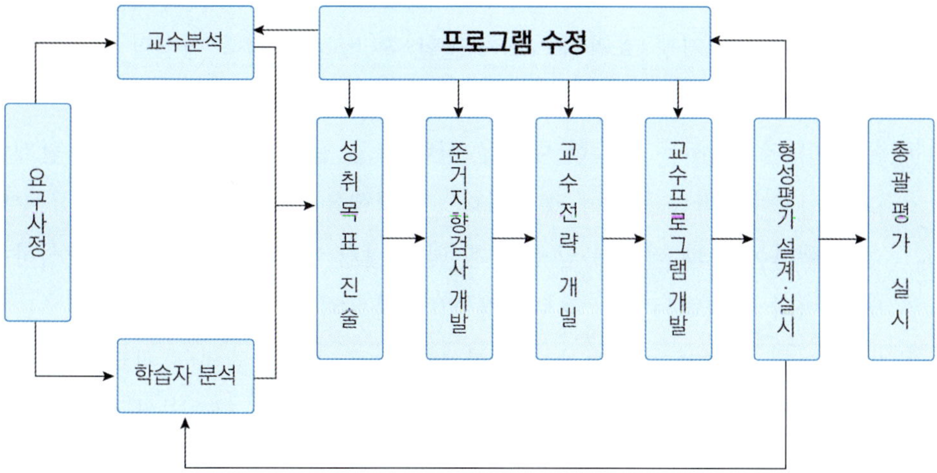

[그림 7-1] Dick & Carey 모형의 흐름도

(9) ADDIE 모형

다양한 교수설계 모형들과 절차들을 분석하면 거의 모든 모형에서 분석(Analyze), 설계(Design), 개발(Development), 실행(Implementation), 평가(Estimation)라는 공통적인 주요 요소가 드러나게 되는데 이를 가리켜 ADDIE 교수설계 핵심요소라고 부른다.

① 분석: 모든 수업의 시작은 학습자, 수업내용, 학습 환경 등을 면밀히 분석하는 것으로 시작한다. 이 분석을 일반적으로 요구 분석이라고 한다. 이 단계에서는 학습자 분석, 환경 분석, 그리고 직무 및 과제 분석을 한다.

② 설계: 설계는 앞의 분석 단계에서 밝혀진 요구를 바탕으로 선정된 목표를 달성하기 위해 어떤 내용들이 어떻게 조직되고 제시되어야 효과적 · 효율적인

결과를 얻을 것인가이다. 이 단계에서는 수행목표의 명세화, 평가도구의 설계, 프로그램의 구조화와 계열화, 교수전략 수립 및 교수매체의 선정 등을 한다.

③ 개발: 이 단계에서는 앞에서 설계한 수업을 실제로 개발한다. 따라서 설계내용을 바탕으로 가장 효과적으로 구현할 수 있는 매체를 실행할 수 있는 자료를 제작하는 단계이다.

④ 실행: 이 단계에서는 개발한 내용을 실제 수업 현장에서 적용해 보는 단계이다. 즉, 교수·학습을 실제 실행한다. 이 실행은 학습자를 상대로 직접 수업을 진행하는 것과 더불어 앞서 설계 및 개발한 내용이 교수목표를 달성하는데 얼마나 기여하는지를 검토하기 위한 자료의 수집도 한다.

⑤ 평가: 실행 단계에서 수집한 자료를 바탕으로 프로그램의 효과를 평가하는 단계이다. 이 평가는 개별 학습자보다는 프로그램이 학습자가 교수목표를 달성하는 데 얼마나 기여하고 있는지를 평가하고 있다는 점에서 이전의 형성평가(形成評價)와는 다르다.

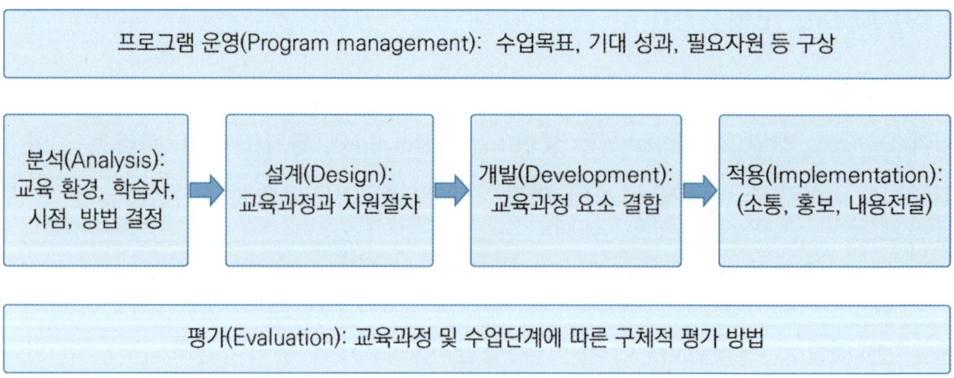

[그림 7-2] (P)ADDIE 모형의 진행도

2) 교수학습 방법의 유형

지금까지 소개한 주요 수업이론들을 정리하면 다음 표와 같다.

〈표 7-1〉 주요 수업이론의 특징들

헤르바르트 (Herbart)	브루너 (Bruner)	글레이저 (Glaser)	크론바흐 (Chronbach)	캐롤 (Carrell)	가네 (Gagne)	오수벨 (Ausubel)
• 항존주의적 교과/지식의 이해 • 형식도야 (지적훈련), 통각이론 • 교수5단계설: 준비, 제시, 비교/추상, 체계화, 적용 • 고전적 인간관/가장 전통적 학습방법	• 교육효과 극대화를 위한 시식의 구소 이해 • 선행경향성: 가능성탐색, 유지, 방향성 • 지식의 구조화: 표상양식, 경제성, 생산력 • 학습의 계열화, 강화	• 수업(교수)는 시스템이다. • 목표 시발점 행동 교수 절차 평가(피드백) • 행동주의적 · 개인차고려 교수공학의 기초모형	• 교육: 개인차 -수업 형식의 상호작용 • 적성(학생심리): 지능, 인지양식, 동기, 불안 • 처치(교수방법): 내용구성, 학습과정, 교수방법 • 적성-처치-과업	• 학교학습모형: 학교에서 효과적 학습은? • 교육의 정도 =학습사용시간/학습필요시간 • 수업변인 개인차변인	• 위계적 학습원리 • 학습위계에 따른 학습 방법 • 학습유형 8가지/학습과정/학습결과 5영역	• 유의미학습 인지조직의강 • 인지구조, 포섭, 논리적 관련성, 학습태세, 파지 • 포섭의 조건 선행조직자 학습자료의 제시방법 • 인지학습, 개념학습의 이론적 토대

아울러 위 수업이론들과는 별도로 각 다양한 수업의 장면들 속에서 어떤 구체적인 교수학습 방법이 제안되거나 시도되느냐에 따라 학자들은 여러 가지 다양한 교수학습방법론을 제시하고 있는 바, 이들 중에서 그 성격이 뚜렷이 구별되는 여섯 가지 유형을 구분하여 제시하면 〈표 7-2〉와 같다.

(1) 고전적 방법

고전적 교수방법은 항존주의 교육사조를 바탕으로 하고 있어 기본적으로 교수학습의 목적이 보편적 지식이나 불변의 진리를 전달하거나 제시하는 것이다. 교수자는 전문가, 권위자, 지식전달자의 위상을 가지고 있고, 따라서 학습자는 수동적이고 순종적인 존재로 여겨진다. 교수학습 환경도 교수자를 중심으로 이루어져서, 강의법이나 문답법이 주된 수업방법이다.

(2) 지력개발법

지력개발법은 본질주의나 구성주의 교육사조를 바탕으로 하고 있으므로 주로 정보의 조작, 처리 능력을 기름으로써 인지적 훈련을 통한 사고능력의 개발이나 다양한 탐구방법을 활용하여 학문적 기초를 다지는 것을 주된 학습의 목표로 삼고 있다. 교사의 역할은 해당 학문의 전문가나 학생들의 탐구과정의 촉진자로서 해당 전공분야의 역할모델을 하기도 하고, 학생들은 지적훈련을 통해 습득한 지식의 구조를 내면화하거나 정보처리 훈련을 통한 학습방법을 내면화하는 학문적 훈련을 쌓게 된다. 구체적 학습방법의 예로는 탐구학습법, 창의력 개발법 등이 있다.

(3) 상호작용 촉진법

상호작용 촉진법은 기본적으로 진보주의나 인본주의 교육사조를 바탕으로 하고 있고, 사회적 상호작용을 증진하는 것이 수업의 목표가 된다. 따라서 사회적 기능이나 의사소통능력을 습득하는 것이 학습의 핵심요소이고, 교사는 관계형성자나 학생들과 공동적 경험을 할 수 있는 공동학습자의 역할을 하고 학습자는 그러한 교사를 동일시하거나 모방하게 된다. 교수학습 환경은 간접경험을 바탕으로 다양한 상호작용이 최대한 일어나게 하는 개방적 환경이 필요하고, 교육방법은 토의법, 역할극을 많이 활용하게 된다.

(4) 개별화 교수법

개별화 교수법은 인본주의적 교육사조를 바탕으로 하여 자아개발이나 학습자의 흥미나 요구를 바탕으로 한 학습경험을 제공하는 것을 목표로 한다. 중심적인 학습의 요소도 인간성 개발, 공동체의식 함양 등의 정서적인 면을 강조하고, 교사의 역할은 학습의 조정자나 중재자, 그리고 학생들이 가진 문제의 진단사이다. 학생들은 주로 학습자 지향적, 개방적 수업 환경 속에서 개별화 교수법, 계약학습을 통해서 개별적인 학습목표 및 과정을 통해서 학습경험을 내면화시키게 된다.

(5) 공학적 교수법

공학적 교수법은 행동주의나 내용의 효율적 학습을 위주로 한 실용주의적 교육사조를 바탕으로 하고, 정보처리기능의 습득 및 특정 지식이나 기술을 습득하는 것을 목표로 하고 있다. 학습의 중심요소는 구체적 지식이나 기술 등과 같은 학습내용이며, 다양한 교수학습 매체를 활용하여 수업을 진행함에 있어서 교사의 역할은 활용 매체 전문가이거나 학생과 매체를 연결하는 중재자의 역할을 하게 된다. 학생들은 시청각자료, 컴퓨터 등의 첨단 공학적 기구를 활용하여 개별적인 수행에 따라 자기주도적으로 학습을 전개해 나갈 수 있다.

(6) 치유적 교수법

인본주의적 교육사조를 바탕으로 학습자의 문제를 진단하고 치유하는 것이 기본적 교육의 목표이다. 따라서 학습자 자체가 교육의 중심요소이고, 교수자는 문제진단자, 교육심리 및 상담 전문가, 그리고 학생들의 인격적 모델이 될 수 있는 이상적 자아의 역할을 할 수 있다. 학습자는 학습자 지향적 수업분위기 속에서 치유적 경험을 통한 학습한 내용의 내면화가 중요하다. 교육심리 및 교육상담 이론을 통해 개발되고 실험된 행동수정, 심리치유법, 역동적 교수법 등이 주로 활용된다. 이상의 설명을 표로 요약하면 다음과 같다.

〈표 7-2〉 교수학습법의 유형들의 비교

구분	교수학습 목적	학습의 중심요소	교수자의 역할	학습자의 역할	교수학습 환경	구체적 방법 예	관련 교육사조
고전적 교수법	지식의 전달제시	보편적 지식 불변의 진리	전문가, 권위자, 전달자	수동적 순종적	교수자 지향	강의법 문답법	항존주의
지력 개발법	정보의 조작, 처리	탐구의 방법 인지과정	전문가, 촉진자, Role model	지식의 내면화	학습자 지향	탐구법, 창의력 개발법	본질주의 구성주의
상호작용 촉진법	사회적 상호작용	사회적 기능 의사소통력	관계형성자, 공동학습자	동일시 모방	상호작용, 간접 경험	토의법, 역할극	진보주의 인본주의
개별화 교수법	자아개발, 흥미, 요구	인간성 윤리 공동체 의식	조정자, 중재자, 진단자	내면화	학습자 지향	개별화 교수법, 계약학습, 개방교실	인본주의
공학적 교수법	정보처리 및 기술습득	구체적 내용, 매체활용법	전문가, 중재자	개별적 주도적	자동화, 직간접 경험	시청각/컴퓨터 활용 교수법	행동주의 실용주의
치유적 교수법	문제의 진단, 치유	학습자 특수교육	전문가, 진단자, 이상적 자아	내면화	직접 경험, 학습자 지향	행동수정, 심리치유, 역동적 교수법	인본주의

위의 표에서 정리된 바와 같이, 다양한 교수방법들이 저마다의 독특한 교수학습 목적과 학습에 대한 이론을 바탕으로, 교사 및 학생의 역할을 규정하게 되고, 아울러 그에 따른 교수학습 환경과 교수방법들을 제시하게 된다. 이러한 다양한 교수학습의 방법론들이 교육과정에 영향을 미친 교육사조의 다양한 흐름들과 어떻게 관련되어 있는지를 검토하는 것도 교수학습 방법을 이해하는 데 도움이 될 수 있다.

CHAPTER 08

학교의 운영과 관리

1. 교육행정

교육행정이라 함은 교육의 목적을 효과적으로 달성하기 위한 인적·물적 및 제도적 지원과 조직, 관리, 운영, 평가에 관한 일체의 조직적·집단적 협동행위로서, 교육이 목표로 하는 가치창출을 대상으로 한다는 점에서 일반행정과는 구분된다. 구체적으로는 교육에 관한 행정과 교육을 위한 행정으로 이루어지며, 모든 교육행정의 목적은 교육목적을 효과적이고 효율적으로 달성하기 위한 행정적 지원체계를 마련하고 제공하는 데에 두고 있다. 즉, 교육활동이 이루어지려면 일정한 교육조직이 구성되고 교육제도가 마련되어야 하며, 교육에 대한 정책을 논의하고 교육계획을 수립한 후 교육활동이 가능해진다. 따라서 교육을 위한 조직의 구성과 같은 준비 단계에서부터 학습자와 학습활동을 하고 평가를 하는 과정에 이르기까지 행정적 지원은 필수적이다.

1) 교육행정의 의미

교육행정(educational administration)은 교육목표 달성을 위하여 인적·물적 자원을 지원·관리하고 협동적 행동을 이룩하는 작용이다. 국가나 지방공공단체, 학교가 교육활동에 관한 계획이나 정책을 수립하고 이를 달성하기 위하여 필요한 인적 · 물적 조건을 정비하고 목표 달성을 위하여 지도 감독해 나가는 일련의 활동이다. 이는 공익을 위한 법규 해석적, 정책 집행적, 정치 권력적 통치 작용의 기능을 가지고 있다.

교육행정은 교수-학습을 위한 조건을 정비하여 교육에 봉사하는 다음과 같은 수단적 · 조직적 성격을 가지고 있다.

첫째는 공공적 성격으로, 교육행정의 공공성은 국민이 교육받을 수 있는 권리와 함께 그 권리를 보장하기 위한 교육의 조건들을 법률로 정하여 뒷받침하고 있다.

둘째는 조장적 성격으로, 교육행정의 본질은 교육활동에 대한 통제나 규제보다는 좋은 교육을 실현하기 위한 지원적 봉사활동이다. 국가의 행정작용을 사회공공의 복지 증진을 주목적으로 하는 적극행정과 사회공공의 질서 유지를 주목적으로 하는 소극행정으로 나눌 수 있다. 전자에는 보육행정, 복지행정 또는 조장행정 등이 포함되고, 후자에는 경찰행정이 포함된다. 조장행정은 법을 바탕으로 한 권력행사보다도 심적, 물적인 봉사를 중점적으로 하는 행정이다.

셋째는 수단적 성격으로, 교육행정은 교육목적 달성을 위하여 필요한 인적 · 물적 제 조건을 정비 · 확립하여 교육의 효율적인 실현을 돕는 수단이다.

넷째는 전문적 성격으로, 교육행정의 업무가 복잡하고 특수하기 때문에 교육행정직에 종사하는 사람은 장기간의 교육과 경험을 바탕으로 하는 전문적 자질을 갖추어야만 한다. 교사가 교수와 학습지도 및 생활지도에 있어서 전문가라면, 교육행정가는 교육에 대한 전문적 식견과 고도의 행정처리 능력 및 지도성을 갖춘 전문가여야 한다(김경희 외, 2009).

2) 교육행정의 원리

교육행정의 원리란 교육행정이 지향해야 할 기본 이념이자 방향이고, 현실의 행정적 문제를 합리적으로 해결하는 규범이자 준거가 된다. 교육행정의 원리는 규범과 원리에 따라 또는 학자나 입장에 따라 견해 차이가 있으나, 크게 법제 면에서의 원리와 운영 면에서의 원리로 나누어진다. 본 절에서는 교육행정의 원리에 대해 오만록(2015)의 설명을 중심으로 정리해 본다.

(1) 법제 면에서의 원리

① 합법성의 원리(법치행정의 원리)

이는 교육행정의 모든 활동이 합법적으로 이루어져야 한다는 것을 말한다. 즉, 모든 교육행정이 법에 의거하고, 법이 정하는 범위 내에서 이루어지는 것을 원칙으로 한다는 것을 의미한다. 따라서 교육행정은 「헌법」을 비롯하여 교육5법(교육기본법, 유아교육법, 초·중등교육법, 고등교육법, 평생교육법), 「교육공무원법」, 「사립학교법」 등의 여러 법률과 그것을 기초로 한 각종 대통령령·교육부령 및 훈령 등에 의해서 집행되어야 한다. 이것은 필연적으로 성문주의 내지 양식주의를 수반한다.

② 기회균등의 원리

이는 민주주의의 기본원리로서 특히 교육행정 활동에 있어 가장 강력하게 요청되는 원리이다. 「헌법」 제31조에서 "모든 국민은 능력에 따라 균등하게 교육받을 권리를 가진다."고 규정하고 있으며, 「교육기본법」 제4조에 "모든 국민은 성별, 종교, 신념, 사회적 신분, 경제적 지위 또는 신체적 조건 등을 이유로 교육에 있어서 차별을 받지 아니한다."고 규정하고 있다. 이는 교육행정활동이 모든 국민에게 공평하게 적용되어야 함을 신인하고 있다고 할 수 있다.

③ 적도집권(適度執權)의 원리

이는 집권주의와 분권주의 간에 최적의 균형을 유지하여야 한다는 것이다. 대체로 집권주의는 현대사회에 있어서 행정의 능률을 올리는 데 필요한 제도적 보장이 되며, 분권주의는 권한의 위임과 참여의 기회를 보장하는 것이라고 할 수 있다. 따라서 이들 간에 있어 적도의 균형을 이룬다는 것은 현대 민주행정의 절실한 요청이다.

④ 자주성 존중의 원리

이는 교육이 그 본질을 추구하기 위하여 교육행정이 일반행정으로부터 분리·독립되고 정치와 종교로부터 중립성을 유지해야 한다는 것을 말한다. 즉, 교육행정의 독자성과 자주성이 존중되어야 한다는 것이다. 「교육기본법」 제5조에 "국가 및 지방자치단체는 교육의 자주성 및 전문성을 보장하여야 하며, 지역의 실정에 맞는 교육의 실시를 위한 시책을 수립·실시하여야 한다. 학교운영의 자율성은 존중되며, 교직원·학생·학부모 및 지역주민 등은 법령이 정하는 바에 의하여 학교운영에 참여할 수 있다."고 규정함으로써 이에 따른 교육행정 활동에 있어서 자주성이 존중되어야 함을 강조하고 있다. 이러한 자주성 존중의 원리는 교육행정에 있어서의 지방분권의 원리로 파악될 수 있다.

(2) 운영 면에서의 원리

① 타당성(validity)의 원리

이는 합목적성의 원리 또는 적합성의 원리라고도 하는데, 교육계획을 세우고 그것을 운영해 나가는 데 있어서 교육행정 활동이 타당하고 올바른 조장활동이 되어야 함을 의미하여, 목적과 방법(수단) 간에 괴리가 없어야 함을 의미한다. 교육행정은 항상 타당한 교육목적을 설정하고, 그 목적달성에 필요하고 충분한 조건을 정비·확립해야 한다.

② 민주성(democracy)의 원리

이는 교육행정의 실천에 있어서 주로 독단과 편견을 배제하고, 교육정책 수립에 있어서 광범위한 참여를 통해서 공정한 민의를 반영하며, 결정된 정책의 집행과정에 있어 권한의 위양을 통하여 전권과 전횡을 방지하여야 한다는 원리이다.

③ 효과성(effectiveness)의 원리

'효과성'과 '효율성'은 언뜻 보면 비슷한 개념인 것 같지만, 분명 다른 개념이다. 효과성은 설정된 목적(goal)이나 목표(objective)를 얼마나 많이 달성했느냐와 관련되는 개념이다. 따라서 특정의 목적이나 목표를 많이 달성할수록 '효과적'이라고 판단할 수 있다. 예를 들면, 소정의 목적이나 목표를 달성하기 위해 동원된 A방법이 B방법보다 더 많은 목표를 달성했다면 A방법이 더 효과적이라고 말할 수 있다. 교육행정 활동에서는 설정된 목적이나 목표를 가능한 한 많이 달성할 수 있는 방법과 수단이 강구되어야 한다.

④ 효율성(efficiency)의 원리

효율성은 '능률성'이라고도 표현하는데, 이는 투입(input)된 자원에 대한 산출(output: 성과)의 비율을 나타내는 개념으로, 소정의 목적이나 목표를 달성하는 데 소요되는 노력과 비용의 시간이 적을수록 효율적이라고 할 수 있다. 따라서 어떤 행정활동이 보다 효율적이기 위해서는 노력과 비용 및 시간의 투입을 최소화하면서 그 성과(산출)을 최대화하기 위하여 노력할 필요가 있다. 종합컨대, 교육행정활동에서는 단지 그 '효과성'만을 추구할 수도 없으며, 또한 '효율성'만을 추구할 수도 없다. 교육행정 활동은 어디까지나 제한된 자원(인적 · 물적 자원)의 범위 내에서 펼쳐져야 하기 때문에 '효과성'과 '효율성'을 동시에 추구하는 실천전략이 구사되어야 한다.

⑤ 적응성(adaptation)의 원리

이는 교육행정이 새로운 상황이나 사태에 대하여 신축성 있게 대처해 나감으로써 만족스러운 성과를 계속 확보해 나가는 것을 의미한다. 교육행정 활동이 사회변화에 순응하는 한편, 사회변화를 주도하기 위해서는 이러한 원리가 잘 발휘되어야 한다.

⑥ 안정성(stability)의 원리

이는 '적응성의 원리'에 대응하는 원리로서 기존에 수립된 계획이나 실천과정은 가능한 한 변화시키지 않고 안정적으로 추진해야 한다는 원리이다. 교육활동에 대하여 안정성 · 지속성을 주기 위해서는 전통을 계승하고, 그 안에 있는 좋은 부분을 강화 · 발전시키려 하는 좋은 의미의 보수주의가 어느 정도 필요하다.

⑦ 균형성(balance)의 원리

이는 교육행정에 있어서 중요한 것은 정책의 수립과 그 집행의 과정에 있어서 대상의 본래 경중을 분별하여 선후의 순위를 밝히며, 노력과 비용의 공정한 배분을 기해야 한다는 원리이다. 이는 앞에서 언급한 '효과성'과 '효율성', '적응성'과 '안정성' 간의 균형을 취함으로써 달성될 수 있다.

⑧ 전문성(speciality)의 원리

이는 교육활동의 본질을 제대로 이해하고 교육의 특수성을 충분히 고려하면서, 교육행정에 관한 이론과 기술을 습득한 전문가에 의해서 실천되어야 한다는 원리이다. 여기에서 말하는 전문성이란 다음의 두 가지 의미를 내포하는데, 첫째는 업무의 독자성 내지는 특수성이요, 둘째는 고도의 지성을 토대로 하는 지적 · 기술적 수월성이다.

3) 교육행정 이론의 발달

교육행정 분야는 사회과학의 한 분야로서, 사회과학의 변화 추세에 영향을 받으며 발달해 왔다. 20세기 이후 교육행정의 주요 개념과 이론들의 커다란 흐름을 고전적 조직이론, 인간관계론, 행동과학론, 다원론으로 살펴볼 수 있다.

(1) 고전적 조직이론

고전적 조직이론은 조직 운영과 관리의 과학과, 능률화, 효율화에 초점을 두는 입장으로서 테일러(Taylor)의 과학적 관리론, 페이욜(Fayol)의 행정관리론, 그리고 베버(Weber)의 관료제론 등으로 대표된다.

① 과학적 관리론

테일러(2004)는 과학적인 분석을 통해 직무의 효율성을 기한 과학적 관리론의 창시자이다. 그는 관리자들이 개인적인 경험과 상식에 의해서 조직을 운영하는 방식에 회의를 품고, 어떤 직무를 수행하기 위한 최선의 방식을 찾고자 모든 업무를 과학적으로 연구하였다. 그는 시간연구와 동작연구를 통해, 생산 공정의 개별 작업을 요소동작으로 분리하여 각 요소동작의 형태, 순서, 소요시간을 표준화함으로써 하루의 과업을 설정하고 그 과업을 기준으로 관리의 과학화를 도모하였다. 그 결과 테일러는 과학적 관리를 과학적인 직무분석, 적절한 인사선발 및 훈련, 관리자와 근로자 간의 상호 협력적인 업무수행, 분업원칙에 따른 업무수행과 기능적 감독 등 네 가지로 제시하였다.

② 행정관리론

과학적 관리론이 근로자 개인의 직무에 비중을 두었다면, 행정관리론은 전체조직의 행정관리에 초점을 맞추었다. 페이욜(1937)이 제시한 행정관리의 기본적 기능은 다음과 같다.

- 기획(planning): 앞으로의 전망을 연구하여 운영계획을 수립하는 것
- 조직(organizing): 사업의 인적 · 물적 자원을 조직하는 것
- 지휘(commanding): 구성원들로 하여금 과업을 수행하도록 하는 것
- 조정(coordinating): 모든 활동을 통합하고 상호 관련짓는 것
- 통제(controlling): 정해진 규칙과 명령에 따라 모든 일이 수행되고 있는지를 확인하는 것

③ 관료제론

베버(Weber, 1946)가 제시한 관료제(bureaucracy)는 시기적으로 과학적 관리론이나 행정과정론보다 훨씬 이전에 발표되었으나 산업화가 본격화된 20세기 초반에 이르러 주목을 얻게 되었다. 베버는 관료제가 대규모 조직을 능률적으로 움직일 수 있는 조직 모형이라고 하였다. 그가 제시한 관료제 조직의 기본요소는 다음과 같다.

- 권위의 위계(hierarchy of authority): 계층에 따른 권한과 책임의 구분
- 분업과 전문화(division of labor and specialization): 기능적 과업 수행
- 규칙과 규정(rules and regulations): 조직 구성원의 권리와 의무의 명시 및 업무 수행의 통제
- 공과 사의 분리(impersonal orientation): 임무수행에 있어서 조직 구성원 간의 관계
- 선발과 승진(career orientation): 경력과 실력에 기초를 둔 직위

(2) 인간관계론

과학적 관리론을 비롯한 고전적 조직이론은 1930년대 초까지 행정관리를 체계화, 능률화하는 데 크게 기여하였다. 그러나 고전적 조직이론의 효율성 숭배와 조직의 경직된 관료주의 지향은 인간을 대상시하는 한계를 노출하였기 때문에, 개인의 사기와 자발성을 포착한 인간관계론적 접근이 새로이 등장하였다. 인간관계론의 발전에 공헌한 사람은 폴렛(Follet)과 메이요(Mayo) 및 그의 동료들이다.

① 폴렛의 조직심리연구

Follet(1918)은 행정에 심리학적 관점을 도입하는 한편 조직관리의 사회적 측면을 강조하여, 권위의 수용, 수평적 조정, 조직 구성원의 통합, 역동적 행정과정을 제시하였다. 또한 관리자는 개인적 권력을 행사하기보다는 개인과 사회집단 간의 조화, 즉 협력을 지원하는 방법을 알아야 한다고 주장하였다.

② 메이요(Mayo) 등의 호손연구(The Hawthorne Experiments)

메이요(1949)는 Hawthorne plant of Western Electric에 근무하는 피고용자들을 대상으로 실험한 결과, 근로자들의 직업만족도는 단기적 인센티브에 의해서가 아니라, 회사의 의사결정에 참여할 수 있는 기회가 주어졌을 때 만족도가 올라간다는 사실을 발견하였다.

메이요(1949) 등의 연구는 조직체의 생산능률을 향상시킴에 있어서 종래의 물리적 작업조건만을 고려하던 폐단에서 인간의 심리적 조건의 중요성을 인식시켰으며, 인간은 기계시될 수 없다는 사실을 입증하였다. 그리하여 행정에 있어서의 집단성원의 참여, 사기, 감독방법 및 집단역동과 같은 인간관계 개념의 중요성을 인식하게 되었다.

이상과 같은 인간관계론은 교육행정에서 민주화, 인간화에 영향을 주었다. 이 이론은 실제 학교경영에서 교장과 교사, 교사와 교사 상호 간의 원만한 인간관계를 수립하여 자발적 협동, 자유로운 의사소통, 봉사적 자세를 갖추는 데 도움을 주었다.

(3) 행동과학론

고전적 조직이론의 합리적·경제적 접근이 사회적 관계를 소홀히 한 반면, 인간관계론의 사회적 접근은 공식적 구조의 영향, 생산성 제고 면을 소홀히 다루었다. 그러므로 고전적 조직이론과 인간관계론의 한계를 지적하고, 조직과 인간의 조화를 꾀하려 한 시도로서 행동과학적 접근이 대두되었다. 행동과학의 대표적인 학자로는 버나드(Barnard)와 사이먼(Simon)이 있다. 버나드(2003)는 조직을 사회적 협동체로 보고, 조직원 간의 자유의지, 협력, 의사소통, 합리적 권위, 민주적인 의사결정과정, 역동적 균형 등을 행정의 기본적인 요인으로 다루었다. 사이먼(1957)은 인간성을 두 유형, 즉 의사결정과정에서의 최적의 합리성만을 추구하는 경제적 인간과 만족스러운 범위 내에서 제한된 합리성을 추구하는 행정적 인간으로 구분하였다. 전자보다는 후자가 객관적이고 효율적이고 합리적인 의사결정을 하는 데 필요하다고 주장하였다.

이러한 행동과학론은 교육행정과 경영에 많은 영향을 미쳤다. 구체적으로 설명하면, 실무적인 접근을 지양하고 분석적·체계적 접근을 시도하게 하였고, 교육현장의 경험위주 행정에서 학문중심의 연구로 전환시켰으며, 교육행정문제 연구에 이론의 중요성을 인정하게 되었으며, 단일 학문의 테두리에서 인접학문 간의 협동적 접근방법으로 바뀌게 되었으며, 그 결과로 조직이론, 역할이론, 지도성 이론, 의사결정 이론, 조직행위 이론 등에 대한 활발한 연구가 대두되었다.

(4) 다원론

종래의 과학적 관리론과 인간관계론 그리고 교육행정에의 행동과학적 접근으로는 복잡 미묘한 조직의 동태를 설명하기 어렵다는 인식이 대두됨에 따라 체제접근 이론, 사회체제론 등 다원론이 등장하였다.

체제접근 이론은 그리피스(Griffiths), 버탈란피(Bertalanffy), 배린 등에 의해 제시되었다. 그리피스(1964)는 체제란 상호작용하는 요소들의 집합체라 하였고, 체제는 상호작용 관계에 있는 요소들의 복합이라고 보았다. 버탈란피(1968)와 배랜 등은 체제란 상호작용하는 요소들의 집합체로서 외부의 것을 받아들이고 또 외부로 내보내는 것들의 종류와 양과 질을 조정하는 속성을 가진 개념이라고 보았다. 이것이 교육행정에 도입되어 활용되었는데, 특히 이론모형의 구축, 계획체제 개발을 비롯하여 학교경영 실무와 관련된 경영기법으로서 활용되고, 경영의 도구로서 사용되고 있다.

사회체제론은 주로 조직 속의 인간을 이해하려는 것으로, 학교, 회사, 기업, 교회 등 그 규모와 수준이 다양하다. Getzels & Guba(1957)는 조직을 하나의 사회체제로 보고 사회체제 속에서 인간의 행동은 조직적 조건들과 개인의 심리적 특성 간의 상호작용의 결과를 나타낸다고 보았다. 그들은 인간의 사회적 행위를 제도적·규범적 차원과 개인적 차원의 상호관계의 결과로 보았다.

제도적 차원은 사회체제의 목적을 달성하기 위해 규정된 역할과 기대가 있는 제도이며, 개인적 차원은 체제 안에서 생활하는 특정한 인성과 욕구성향을 지닌 개인이다. 제도는 어떤 사회적 기능, 즉 통치기능, 교육기능, 치안기능을 수행하기 위해서 설립된 기관인 정부, 학교, 경찰서 등을 의미한다. 개인은 사회체제 안에서 다른 사람과 다른 신념, 가치, 증오, 사랑, 열망을 가지고 자기 자신의 독특한 형태로 행동을 하게 된다. 사회체제 속에서 이루어지는 개인의 행동을 이해하기 위해서는 조직적, 인성적 양 차원이 고려되어야 한다.

이 밖에도 다원론에는 신마르크스주의적 접근이 있다. 신마르크스주의적 접근에서는 사람들은 그들의 세계를 건설함에 있어 능동적인 행위자이고, 지식과 권력은 상호 관련되어 있으며, 사실(fact)은 사회적 맥락 속에 내포되어 있기 때문에 사회적 가치가 실려 있는 것으로 해석한다. 신마르크스주의적 접근 외에도 과학적인 사회분석에 관하여 비판적인 주목할 만한 대표적인 견해들로서, 포스트모더니즘, 비판이론, 페미니스트 이론 등이 있다.

4) 교육행정 조직

(1) 교육행정 조직의 형태

교육행정은 조직을 통하여 과업을 수행해 나가고 있으며, 구성원 상호 간의 협동적 노력을 조정하고 통제해 나가는 활동이다. 교육행정 조직은 계선조직과 참모조직으로, 다른 한편으로는 공식조직과 비공식조직으로 구분한다.

① 계선조직과 참모조직

계선조직(line organization)은 분명한 지휘명령계통을 가진 수직적인 조직의 형태로서, 권한의 차이에 따른 명령권과 집행권을 행사하며 조직과의 업무를 신속히 처리하는 조직을 의미한다. 행정의 장을 정점으로 하여 국장-과장-계장-계원으로 이어지는 일종의 행정관료조직이 이에 속하며, 계층제의 원리, 명령통일의 원리, 통솔범위의 원리에 의하여 운영되는 조직을 말한다.

계선조직의 장점은 다음과 같다. 권한과 책임의 한계가 분명하며 업무수행이 능률적이다. 단일기관으로 구성되어 정책결정이 신속하게 이루어진다. 업무가 단순하고 비용이 적게 든다. 강력한 통솔력을 행사할 수 있다. 반면, 계선조직의 단점은 다음과 같다. 대규모 조직에서는 계선만으로는 부족하고 업무량도 과다해진다. 조직의 장이 주관적이고 독단적인 조치를 취할 가능성이 있다. 특수 분야에서 전문가의 지식과 경험을 이용할 수 없다. 조직이 지나치게 경직될 가능성이 있다. 한두 사람의 유능한 인재를 잃으면 전체조직이 마비될 수 있다.

참모조직(staff organization)은 막료조직(幕僚組織)이라고도 하며 계선조직이 원활하게 그 기능을 수행할 수 있도록 자문, 권고, 협의, 정보수집, 인사, 연구 등의 기능을 수행하는 조직이다. 참모조직은 조직의 목표달성에 간접적인 기여만 할 뿐 직접적인 명령·집행·결정권을 행사할 수 없다. 점점 더 행정범위가 넓어짐에 따라 참모조직은 그 중요성이 증대되고 있다.

참모조직의 장점은 기관장의 통솔범위를 확대시키며, 전문적인 지식과 경험을 활용함으로써 합리적인 지시와 결정을 내릴 수 있으며, 수평적인 업무의 조정과 협조를 가능하게 하며, 조직의 신축성을 가져올 수 있다. 단점으로는 조직의 복잡성으로 조직 내의 알력과 불화가 생길 수 있으며, 경비가 증대되며, 참모는 책임을 지지 않으므로 계선과 참모 양자가 책임을 전가할 우려가 있으며, 의사소통의 경로를 혼란에 빠뜨릴 가능성이 있다.

② 공식조직과 비공식조직

공식조직(formal organization)은 조직의 설립 근거이자 조직의 공식 목표를 달성하기 위하여 인위적으로 구성된 것으로, 대개 조직의 기구표상에 명문화되어 있는 조직을 의미한다. 공식조직은 명령계통과 의사소통의 경로를 나타낸다. 반면에 비공식조직(informal organization)은 공식조직 속에서의 대인접촉이나 상호작용의 결과 감정이나 태도, 가치관 등이 유사한 사람들끼리 모여 자연발생적으로 형성한 일종의 자생적 조직을 의미한다. 공식조직 속에서 충족할 수 없는 심리적, 사회적 요구의 충족과 관련하여 비공식 조직의 중요성이 강조되고 있다.

(2) 우리나라 교육행정 조직

① 중앙의 교육행정 조직

우리나라 교육행정 조직은 크게 중앙의 교육행정 조직, 지방 수준의 교육행정 조직, 단위학교 교육행정 조직으로 구성되어 있다.

중앙의 교육행정 조직은 대통령 → 국무회의 → 교육부로 구성된다. 대통령은 행정부의 수반으로서 교육에 관한 대통령령의 발포, 주요교육공무원 임명, 교육행정기관에 대한 지휘감독, 그리고 국무회의 의장 역할 등을 한다. 국무회의는 대통령, 국무총리, 국무위원으로 구성되는 합의제 기관으로서, 국무회의를 통해서 대통령의 교육정책에 관한 지시사항이 토의되고, 교육부 장관이 제출한 사항이 국무회의를 통해서 국무총리와 대통령에게 상달된다. 교육부는 교육관계 법령과 대통령의 지시명령 및 국무회의의 결정에 따라 국가의 교육에 관한 정책을 입안하고 집행하는 최고의 교육행정기관이다. 교육부는 2017년 2월 기준 장관, 차관과 그 하부조직으로 3실 3국 11관 49과 체제로 구성되어 있다.

② 지방의 교육행정 조직

지방의 교육행정 조직이란 지방의 교육행정을 위한 전반적인 조직과 구조를 의미한다. 우리나라의 지방교육행정 조직은 교육자치를 기본으로 삼고 있다. 교육자치제는 분권주의에 입각하여 지방교육자치단체가 중앙의 통제에서 벗어나 주민의 의사와 지역실정에 부합하는 교육행정을 꾀하고, 다른 한편으로는 일반 행정으로부터 분리·독립하여 교육행정의 전문성과 자주성을 확보하려는 제도이다. 우리나라 교육자치제는 지방분권의 원리, 주민통제의 원리, 자주성 존중의 원리,

전문적 관리의 원리를 지향하고 있다.

우리나라의 지방교육행정 조직은 교육위원회, 교육감, 교육장 등으로 구성되어 있다. 교육위원회는 교육·학예에 관한 중요사항을 심의·의결하는 심의·의결기관으로서의 지위와 함께, 교육감과 보조기관, 하부 교육행정기관, 기타 교육기관에 대한 행정사무 감사와 조사를 하는 감시기관이다.

교육감은 시·도의 교육·학예에 관한 사무의 집행기관으로서 교육·학예에 관한 소관사무로 인한 소송이나 재산의 등기 등에 대하여 당해 시·도를 대표한다. 교육자치제의 실시에 따라 교육위원회 사무장에서 집행기관으로 승격되고 권한도 크게 강화되었다. 교육감은 주민직선으로 선출한다. 교육감 산하에 부교육감을 둔다.

교육장은 시·도의 교육·학예에 관한 사무를 분장하기 위한 하급 교육행정기관의 책임자이다. 각급학교의 운영·관리에 관한 지도·감독을 주임무로 하며, 교육과정의 운영, 재산의 취득·처분, 학교 수업료 및 입학금, 예산안의 편성 및 집행, 소속 공무원의 인사 관계 등에 관한 사항을 관리해 왔다.

③ 단위학교 행정조직

단위학교 행정조직은 교장·교감·보직교사·교사와 이들을 지원하는 직원으로 구성되는 계선조직과 학교운영위원회 및 각종 자문위원회로 구성되는 막료조직으로 운영된다. 학교의 장은 단위학교의 교무분장이 주관지이며 최종적인 책임자이다. 교장은 교무를 통할하고 소속직원을 지도·감독하며, 학생을 교육하는 임무가 있다. 교감은 교장을 보좌하고 교무를 관리하며 경우에 따라서는 교장의 직무를 대행하기도 한다. 교무는 학교의 교육목표 달성을 위하여 교원과 직원을 중심으로 한 조직 구성원들이 수행하는 교육활동 및 사무활동 전반을 지칭하는 것이다. 교무분장은 학교의 제 업무, 예컨대 학생관리·교과지도·학생생활지도·학교보건위생·문서관리·재무관리·시설설비관리 등에 관한 사항을 기준으로 분장할 수 있다.

다음으로 막료기구인 학교운영위원회는 학교운영의 자율성을 높이고 지역의 실정과 특성에 맞는 다양한 교육을 창의적으로 실시할 수 있도록 하기 위하여 설치되었다. 국·공·사립 초·중등학교 및 특수학교에서는 그 설치가 의무화되어 있다. 학교운영위원회의 구성 및 운영은 국·공립의 경우는 초·중등교육법 시행령이 정하는 바에 따르도록 하고 있고, 사립학교의 경우는 이 시행령이 정하는 범위 안에서 정관으로 정하도록 되어 있다.

각종 위원회는 단위학교 운영에 있어서 자문역할을 수행하는 보조기구에 해당한다. 여기에는 기획위원회, 인사위원회, 교육과정위원회, 생활지도위원회 등이 있고, 협의체로는 교과협의회, 학년협의회 등을 들 수 있는데 그 명칭과 종류는 학교마다 다르다. 일반적으로 기획위원회는 교장, 교감, 그리고 부장교사로 구성된다는 점에서 흔히 간부회의로 불리기도 한다(김경희 외, 2009).

2. 교육정책 및 제도, 장학

1) 교육정책의 이해

교육정책이란 광범위한 교육의 목표나 목적의 표현이라고 정의할 수 있다. 다시 말하면 교육정책이란 사회적·공공적 그리고 조직적인 행위로서의 교육활동에 관하여 국민의 동의를 바탕으로 하고 국가의 공권력을 배경으로 강행하는 교육운영의 기본 방침 또는 지침을 의미한다. 이것은 교육활동의 목적, 수단 및 방법 등에 관한 최적의 대안을 의도적이고 합리적으로 선택하는 것이라 할 수 있다. 이처럼 교육정책이란 공공의 교육목표를 달성하기 위하여 국가가 공권력을 배경으로 결정하는 기본적인 행정지침이다. 본 절의 내용은 남궁용권·김남근·김노연(2010)의 설명을 바탕으로 정리되었다.

(1) 교육정책의 성격

일반적으로 정책은 추구하는 목적의 특성에 따라 그 성격과 방향이 달려 있다. 그리고 정책의 구체적 성격은 정책구조가 지닌 역동성, 즉 정책구조의 내용, 관련 지향성, 통합성, 상황적 요소 등에 달려 있다. 그와 관련해서 교육정책을 포함한 모든 정책이 지녀야 할 공통적인 성격 가운데서 가장 중요한 것은 다음과 같다.

① 규범지향성: 교육정책은 가치관에 기준하며 당위성의 내용을 내포하고 있다. 그러므로 정책은 가치관적인 사고와 행동을 내포하고, 단순한 미래의 예측이 아니라 미래의 발명 또는 창조를 의도하며, 과거 속에서 소원되었으나 구현되지 못한 꿈의 발굴을 위해서 사태를 재해석하는 속성을 가진다.

② 미래지향성: 교육정책은 미래상의 구현을 목적으로 하는 현실적 기도이므로, 가치와 행동을 미래에 연관시키고, 인간이 미래를 변화시키고 관련한다는 적극적인 변동만을 그 기초로 한다.

③ 변화촉발성: 교육정책은 당위성에 입각하여 사고한 행동의 방향 표현이기 때문에 환경과 관련해서 양적 · 질적 변화를 유발시킨다.

④ 인본주의적 성격: 교육정책은 반드시 인간 삶의 질에 변화를 유발시키고, 인본주의적 의의에 관한 고려를 내포한다.

⑤ 사회적 관련성: 교육정책은 사회적 연관성 안에서 형성되고 집행된다. 그리하여 연관된 사회의 구조 · 내용 · 성격을 변화시킨다. 또한 정책효과의 연쇄적 파급성은 부분적 개선이 아닌 일반적 번영의 강조, 변화에 대한 연합적 또는 다변적 접근방법을 중시한다.

⑥ 행동지향성: 교육정책은 당위적인 가치를 현실적인 행동으로 연관 · 전환시키는 것을 내용으로 한다. 그러므로 정책은 현실성, 문제해결능력, 효과성 · 실현성 · 능률성의 창조 · 합리적 행동으로의 통합 등을 그 속성으로 한다.

이 외에 기타 합리성, 정치성, 가변성(불고정성), 비용 유발성, 불완전성, 역동성 등의 성격을 갖고 있다.

(2) 교육정책 형성의 배경

교육정책은 문제해결 결과 예측을 토대로 하여 정치적 · 입법적 결정과정을 거쳐 형성된다. 그러나 행정기능이 강화되고 있는 오늘날의 정책은 오히려 행정적 · 계층적 정책결정 과정을 거쳐 형성되고 있는 것도 현실이다. 한국 교육의 정책결정 과정에는 교육체제의 환경적 요인, 정책결정자의 특성(대통령, 국무회의, 교육부 장관, 각종 위원회), 국회와 정당, 이익집단, 매스컴, 연구기관 및 학자, 그리고 영향을 받는 국민의 요구 등 여러 변인이 배경으로 작용하고 있음을 볼 수 있다. 이와 같은 배경요인은 다음과 같다.

① 교육체제의 환경: 교육은 한 사회의 정치적 · 경제적 · 사회적 · 문화적 환경요인과 깊은 관계를 맺고 있다. 그리고 교육체제와 환경과의 작용과정을 보면 하나는 교육이 환경으로부터 영향을 받는 수동적 측면이요, 또 하나는 환경에 적극적으로 영향을 주는 능동적 측면이다. 이러한 교육의 환경적 성격은 교육정책 형성과정에 중요한 영향을 미친다.

② 정책결정자의 특성: 정책결정자의 개성 · 전문적 지식 · 가치관 · 신념 · 태도 · 과거 경험 · 통찰력 · 판단력 등은 정책결정에 영향을 주는 주요 요인이다. 정책결정자 변인에는 개인의 특성뿐만 아니라 결정자로서의 각종 위원회나 집단의 특성도 있다. 즉, 관료적 형태, 의사소통 과정, 영향력이 미치는 과정, 협조 · 공약과정 등은 결정자로서의 집단의 특성에 관련된 것이다.

③ 국회와 정당의 성격: 국회와 정당이 정책결정 과정에 주는 영향을 파악하기 위해서는 행정부와의 구조적 관계를 파악하여야 한다. 여당은 주로 정부의 정책을 합법화하거나 법률안 통과와 같이 체제를 정당화시키는 기능을 한다. 야당은 구조적으로 이런 것과는 직접 관계가 없으나 국회라는 합의체 조직을 통해 정책결정에 참여하게 된다. 이러한 구조 · 기능 때문에 적극적 정책대안을 제출하여야 함에도, 정책결정과정에 작용하는 행동은 소극적이며 수동적 경향을 띠는 경우도 있다.

④ 이익집단의 특성: 교육정책의 대상이 각계각층을 포괄하기 때문에 압력단체로서의 역할을 하는 이익집단도 적지 않다. 예컨대, 한국교원단체 총연합회, 사학재단연합회, 학부모협의회, 시민단체, 사회단체, 전문인단체, 학생단체 등 구성원들의 이익과 권익보호를 위하여 제반활동을 전개하고 있다. 우리나라에서 이익집단들의 활동의 장은 일차적으로 행정부가 되며, 특수한 경우에만 입법과정에 영향력을 행사한다.

⑤ 매스컴의 영향력: 정책결정을 위해서 제시하거나 여론화해 놓은 사안을 행정부가 정책화할 때 신문·방송은 이 정책의 발안자·지지자 또는 반대자로서의 기능을 한다. 이 외에도 신문·방송은 다른 기관의 사정을 전달해 줌으로써 정책결정 과정에서 다른 기관의 관련 정보를 이용할 수 있게 해 준다. 그러나 각종 매스컴이 무분별하게 교육문제와 관련된 보도를 하여 여론과 정책을 오도하는 경우가 적지 않다. 특히 한국의 경우 대학입시에 관련된 보도는 비교육적 풍토를 자극하는 일이 많다.

⑥ 연구기관의 학자: 교육정책 문제를 연구하는 기관이나 학자들은 정책결정자에게 교육문제 해결을 위한 정책 수립에 필요한 지식을 직접 제공하거나 장기적 시각에서 정보나 자료를 제공한다. 여기에는 단순한 정보 및 자료의 제공만이 아니라 정책대안을 제안하거나 여론화하여 정책결정자에게 합리적 정책결정을 하도록 유도하는 활동도 포함한다.

⑦ 국민과 학부모: 정책결정자는 여론화된 교육적 요구를 규명하고 적절한 결정을 내리지 않으면 안 된다. 이처럼 국민 내지 학부모는 정책결정에 영향을 주기도 하지만 또 한편 영향을 받기도 한다. 민주사회의 교육행정에서 민중통제의 원리는 교육의 민주화를 위하여 매우 중요한 원리다.

비록 교육행정이 국가권력을 배경으로 한다고 하여도 정책의 영향을 받는 국민·학부모의 동의를 바탕으로 해야 되기 때문에 학부모와 국민은 정책결정 과정에 크게 작용한다고 볼 수 있다.

현행 한국의 교육행정은 다른 행정분야에서와 같이 중앙집권적 형태를 취하고 있다. 따라서 한국의 교육정책의 형성과정도 대통령과 교육부장관을 중심으로 하여 이루어진다고 볼 수 있다. 그렇지만 앞에서 고찰한 일곱 가지의 정책 배경 변인은 교육정책의 형성자에게 다양한 방법으로 영향을 주는 것이 사실이다.

2) 교육제도

(1) 교육제도의 개념

한 나라의 교육은 교육제도를 기초로 하여 교육정책을 따르는 교육행정에 의하여 운영된다. 교육제도는 가족제도 · 정치제도 · 경제제도 · 종교제도 등과 마찬가지로 기본적인 사회제도의 일부로서 비교적 안정된 조직과 형태를 가지고 있다. 특히 법제화됨으로써 한 나라의 교육정책을 가장 구체적으로 표현한 것이다. 이와 같은 교육제도는 널리 국민교육을 가장 유효 · 적절하게 실시하기 위해서 마련된 교육행정 및 교육 실시상의 조직 기구 및 법제의 일체라고 할 수 있다.

이러한 국가의 교육제도는 공식적 · 의도적 교육활동이 거의 전면에 걸쳐서 형식화되어 있고 조직화되어 있으며, 표준화되어 있는 것이 특징이다. 또한 교육제도는 국가기관의 핵심을 이루며, 교육발전과 사회발전의 기반을 이루는 것이다. 따라서 복지사회의 건설이라는 목적을 실현하기 위해서는 교육제도가 어느 제도보다 중요한 변수로 작용한다. 이것은 국가사회의 성장 잠재력이 풍부한 인적자원에 달려 있다는 논리 때문만이 아니라 교육은 인간 존엄성의 구현임과 동시에 생산의 수단이 되기 때문이다.

아울러 교육제도는 국가의 건국과 통치정신에 바탕을 둔 교육이념의 실현을 목표로 하여 경제 · 사회 등의 여건과 그 변화의 추세에 적합하게 조직 · 운영되어야 한다. 그리고 교육 내적으로는 인간 발달과 교육내용의 선정과 조직에 관한 타당한 원칙들을 존중하는 방향에서 합리적으로 조직 · 운영되어야 한다.

(2) 교육제도의 원리

한 국가의 교육제도가 설정되는 데는 사회의 여건, 즉 경제수준, 사회구조, 국민의식, 정치특성, 문화요인 등이 복합적으로 작용하기 마련이다. 따라서 현대적인 교육제도는 수용해야 할 세 가지 기본원리가 있다. 이 원리는 현대 교육이 공교육으로 발달됨에 따라 국민교육제도의 성립을 보게 됨으로써 이의 실행을 위하여 요청된 원리다.

① 공교육의 원리: 국가는 국민 누구에게나 교육을 받을 기회를 법률에 의하여 공적으로 마련해 주어야 한다는 것이다. 즉, 차별을 받지 않고 교육을 받을 권리를 보장해 주는 원리이다. 원래 공교육은 국가 및 지방 공공단체가 관리하는 교육에 치중하였으나, 오늘날에는 학교법인이 설치·운영하는 학교도 공교육의 일환으로 본다. 이와 같은 공교육의 운영에는 자율성과 자주성이 보장되고 의무성과 무 비용성의 바탕 위에 중립성이 보장될 때 가능하다.

② 기회균등의 원리: 민주주의 기본 이념에 따라 국가는 모든 국민에게 각자의 능력에 따라 교육의 기회가 균등하게 보장되도록 노력하여야 한다. 기회균등은 민주주의 교육의 기초 이념으로 자유와 평등사상을 실현시키기 위한 교육적 장치이다.

현대 사회이념상 교육의 평등이란 허용적·보장적 평등에서만이 아니라 학교의 시설, 교사의 자질, 교육과정 간의 차이가 없는 평등은 물론 더 나아가 '결과의 평등'까지를 목표로 하기 바란다.

③ 의무교육의 원리: 국민의 교육받을 권리를 보장하기 위해 국가나 지방자치단체는 취학아동들을 수용할 학교를 설립할 의무가 있다. 학부모는 보호자로서 학생들을 취학시킬 법적 의무가 있고, 그 누구도 취학을 방해해서는 안 된다.

의무교육은 국민교육제도 형성의 가장 기본적인 성립요건으로, 취학의무의 법적 규정, 국가의 수용시설 확충 및 관리, 적극적인 무상교육의 추진, 보상교육 및 조기교육의 강화 등이 있다.

(3) 학교제도의 개념과 유형

① 학교제도의 개념

우리는 흔히 교육제도와 학교제도(school system)라는 용어를 혼용 또는 같은 의미로 사용하고 있다. 그러나 엄밀히 따지고 보면 교육제도란 이미 언급한 바와 같이 기본적인 사회제도의 일부로서 국민교육 전반에 관한 법률·조직·기구 등 포괄적인 의미로 사용한다. 그러나 학교제도는 각종 학교의 조직만을 의미하므로 범위가 훨씬 좁다. 따라서 학교제도는 교육행정제도·교육재정제도·사회교육제도 등과 함께 교육제도의 한 분야를 이룬다. 그러나 교육제도의 중핵을 이루고 있는 것은 역시 학교제도, 즉 학제임에는 틀림없다.

그러므로 학제는 교육의 중추가 되는 제도이다. 교육의 제도적 보장은 학제를 통하여 이루어진다. 그러나 학제라는 제도적 장치만으로 학교의 모든 문제가 해결되는 것은 아니다. 학제는 필요한 탄력성을 구비하여 산업사회의 인적자원의 요청에 맞추어야 할 뿐만 아니라 개인의 성장발달에 부합되어야 한다. 따라서 학제는 국가목표, 교육목표, 경제적 여건, 사회적 요청, 문화적 전통 등의 많은 문제와 상호 관련되어서 수립되어야 한다.

② 학교제도의 유형

학교제도에는 두 가지 형태가 있다.

첫째, 계급적인 차별 없이 초등·중등·고등 등의 한 계통에 의해서 연결되고 있는 학제이다. 이 형태에서 각 단계의 학교는 서로 밀접하게 연계되고, 모든 국민에게 평등하게 개방되는 것이 특징이다. 이러한 형의 학교체계를 단선형 학교제도(single ladder school system)라고 부른다. 이것은 모든 국민에게 개방된 단일계통의 학교제도라는 점에서 민주적 학교제도(democratic school system)라고도 하며, 미국에서 채택·발달되고 있는 유형이기 때문에 미국형 학제라고도 한다.

둘째, 일반 서민계급을 위한 초등교육의 학교계통과 상류계급이나 어떤 특권계급을 위한 중등교육 및 고등교육의학교 계통을 따로 하여 둘 이상의 학교체계를 동시에 유지하는 학제이다. 여기서는 각 계급을 위한 학교 사이의 연결이 이루어지지 않고, 전 국민에게 평등하게 개방되지도 않으며, 계급적인 성격을 띠었다 해서 계급적 혹은 복선형 학교제도(caste or dual school system)라고 한다. 주로 영국·독일·프랑스를 중심으로 한 유럽 여러 나라에서 전통적으로 볼 수 있는 유형이기 때문에 유럽형 학제라고도 한다.

오늘날의 민주주의 국가들은 만인에게 평등한 교육을 목표로 하여 차별 없이 교육의 기회를 줄 수 있는 단선형 학교제도를 이상으로 하고 있는 추세이다. 보통 유럽 여러 나라의 학교제도를 복선형 학교제도의 대표적인 예로 삼고, 미국·일본·필리핀·한국 등의 학교제도를 단선형 학교제도의 대표적인 예로 삼고 있으나 오늘날은 장단점을 고려하여 서로 많은 접근을 하고 있다. 다시 말하면 단선형이니 복선형이니 하여도 어디까지나 이론적인 구분에 불과하고, 이제는 각국의 학교제도가 양자의 중간적 혹은 복합적 형태가 되고 있다는 것이다. 그러므로 그 나라의 학교체계가 보다 단선형 쪽이냐 보다 복선형 쪽이냐에 따라 구별할 뿐이다.

다만 최근에 와서 대부분의 국가들이 학교제도를 복선형 학제에서 단선형 학제로 변형시키고 있는 경향이 많다. 그것은 단선형 학제가 지도계층과 민중계층 사이의 교육적 차별을 줄이고, 모든 국민이 그들의 능력에 따라 균등하게 교육받을 기회를 갖는 제도로써 현대 민주주의 이념에 접근한 학교제도라고 보기 때문이다. 따라서 단선형 학교제도 아래서는 모든 국민은 신앙, 성별, 사회적 신분, 경제적 지위 등에 의한 차별 없이 단일 체제의 학교교육을 받을 수 있다. 물론 교육 후의 어떤 차별대우도 있을 수 없다.

오늘날의 선진 국가에서 교육기관의 설립별 차별도 없는 것이 특징이다. 즉, 국립학교나 사립학교를 막론하고 국가의 공공교육기관으로서 동일한 보호와 육성을 받는다(남궁용권 외, 2010).

3) 장학

(1) 장학의 개념

장학(supervision)이란 교육법에 규정된 학사(學事)에 대한 지도 감독을 위한 제도를 말한다. 초기에는 학교에서의 교육활동과 교사의 근무실태 평정을 위한 시학(視學), 감독의 성격이 강하였으나, 최근에는 교육 현장에 있는 교사가 보다 효과적으로 학생지도를 할 수 있도록 전문적으로 조력하고 지도하는 활동으로 그 의미가 변화하였다. 이와 같이 장학의 개념과 활동이 변하게 된 이유를 교육행정이 전문화되고 민주화되었으며, 장학지도의 방법과 기술이 다양하게 개발되고, 장학의 영역이 교사 평정에 국한되지 않고 교육활동 전반으로 확대된 데에서 찾을 수 있다.

장학의 개념은 접근 방식에 따라 다양하게 정의될 수 있지만, 일반적으로 '교사의 전문적 성장, 교육운영의 합리화 및 학생의 학습 환경 개선을 위한 전문적·기술적 보조 활동'으로 정의할 수 있다. 이러한 정의에 의하면, 장학의 주요 목표는 수업을 직접 책임지고 있는 교사의 자질 향상 및 전문적 능력을 향상시킬 수 있도록 지원하는 데 있다. 또한 교육활동 전반에 대한 기획, 조사, 연구, 평가방법 등에 관한 다양한 정보와 자료를 제공하며, 서로 다른 의견을 절충하거나 협의·조정하여 조직 내의 자원이 낭비되지 않도록 교육운영의 합리화를 도모하고자 한다. 끝으로 장학지도는 전문적 지도와 조언, 자문을 제공하는 활동이다. 학교 및 교사에 대한 평가는 장학에 있어 기본적인 기능이므로 결코 소홀히 할 수는 없으나, 장학은 궁극적으로는 학생들의 학습능력 향상과 학교 및 교사의 자율성과 책무성 신장을 통해 학교교육의 질을 높이려는 전문적·기술적인 봉사기능을 의미한다.

(2) 장학의 유형

장학지도는 장학의 내용, 대상, 방법, 형태, 장학 담당자 등에 따라 다양하게 분류할 수 있으나 일반적으로 널리 이용되는 장학의 유형을 제시하면 다음과 같다.

① 일반장학: 교육장학, 학무장학이라고도 하는데 교육부나 교육청을 중심으로 이루어지는 장학활동을 말한다. 대개 교육운영 전반에 걸친 일반적 지도와 조언을 하는 장학이다.

② 수업(지원)장학: 교내장학으로서 교육방법 개선을 목적으로 한다. 학생의 교육적 성취와 직결되는 교육활동, 즉 교수-학습지도, 교육과정 개발, 생활지도, 학급경영 등을 장학의 주된 영역으로 삼는다. 수업장학은 학교장, 교감, 교사, 외부 장학담당자들의 협동을 기반으로 보다 효과적인 교수-학습지도를 위해 교사를 지도하거나 조언하는 것에 중점을 둔 장학의 형태이다. 이 장학의 형태는 학교의 여건과 요구에 부합하는 맞춤식 장학을 제공할 수 있다는 장점이 있다.

③ 임상장학: 임상장학이란 교실에서 이루어지는 교수-학습과정에 대한 관찰자료를 교사와 장학 담당자가 함께 분석하고, 그 결과에 따라서 수업의 문제점을 진단하고 새로운 교수계획과 전략을 수립하는 장학지도 방법을 말한다. 임상장학을 통해 학생들의 학습이 향상될 수 있는 방향으로 교사의 교수행동을 개선하고, 교사의 수업전략 및 활용기능을 개발하며, 계속적인 전문적 지식의 발전에 대한 긍정적 태도를 발전시킬 수 있다.

④ 자율장학: 자율장학이란 외부의 강요나 지시 없이 일정 지역 내의 학교들이 자율과 협력을 토대로 상호 정보교환이나 공동사업 및 교육활동 등을 추진하는 것이다. 해당학교들은 상호 간의 방문장학이나 연구협의 등을 통해 현장에서의 문제를 해결하고 정보를 교류하며, 지역단위의 연구발표회나 협동강연회 등을 개최하여 교사와 학교의 발전을 자극할 수 있다.

⑤ 동료장학: 같은 학교 교사들이 중심이 되어 수평적으로 이루어지는 장학으로 동 학년 혹은 동일 교과 구성원끼리 서로 수업을 관찰하고 교재내용, 지도방법 등을 협의, 토의하는 장학이다. 동료장학은 협동을 바탕으로 자신들의 교육활동의 개선과 전문적 성장을 위해 공동으로 노력하는 장학의 형태이

다. 대개 경력교사와 초임교사가 짝을 이루어 상호 간의 수업을 공개 관찰하고 의견을 교환하는 수업중심의 동료장학과 어떤 주제에 관한 토론과 협의를 통해 서로의 경험과 아이디어를 공유하는 협의중심 동료장학이 있다.

⑥ 요청장학: 학교장의 요청에 의해 실시하는 장학으로 요청 영역 또는 요청 교과 담당 장학사가 특명을 받고 현장에 나가서 지도, 조언하는 장학이다.

⑦ 컨설팅장학: 컨설팅장학이란 지도와 상담을 통해 특정 목적을 달성하기 위한 장학의 형태를 말한다. 컨설팅이랑 조언 또는 자문을 의미하는데 전문성을 갖춘 교사가 컨설턴트가 되어 수업계획에 도움을 주고 컨설팅을 필요로 하는 교사는 공개적으로 수업을 진행한다. 수업을 마치고 담임 장학사와의 사후 협의를 통해 문제를 발견하고 개선해 나간다.

(3) 장학의 원리

장학은 행정적으로 위임된 권한이나 전문적 역량을 가진 사람 혹은 집단에 의해 시행된다. 이들은 권위와 지도력을 바탕으로 장학활동을 전개하지만, 활동의 방향과 활동 내용의 우선순위를 정하는 데 있어 지켜야 할 몇 가지 기본원칙이 있다.

첫째, 장학의 궁극적 목적은 수업과 학습의 향상에 있다. 그러므로 장학을 담당하는 사람은 교사들이 장학의 목적과 취지를 이해하고 장학 담당자의 전문적인 조력을 수용하여 학생지도 활동에 반영할 수 있도록 하여야 한다.

둘째, 효율적인 장학은 개인의 독단적인 판단이나 시시보나는 협농적 노력에 의해 가능하므로 의사결정에 많은 사람들을 참여시키는 것이 중요하다.

셋째, 학교의 교육력 제고라는 장학의 목표를 달성하기 위해서는 관련된 모든 사람들의 재능과 장점을 최대한 활용할 필요가 있다. 따라서 조직학습(organization learning)과 집단적 사고에 의한 민주적인 문제해결 과정을 중시한다.

넷째, 장학은 과학적인 근거를 기준으로 한다. 따라서 교수-학습방법, 평가, 생활지도, 학생상담 등에 관한 끊임없는 연구와 정보 및 자료의 수집, 분석, 활용 능력이 요구된다.

다섯째, 장학은 교사들이 자신감을 가지고 교육활동에 적극적으로 참여할 수 있도록 계속적인 격려와 지원을 해주어야 한다. 장학은 법이나 규칙대로 시행되고 있는지를 감독하고 평가하고 지시하기보다는 교사의 사기를 진작하고 가르치는 일에 보람을 느낄 수 있도록 지원과 격려를 아끼지 않아야 한다.

(4) 장학의 방법

장학지도의 방법으로는 학교방문, 연구・시범학교, 선도학교의 지정, 연구수업, 교사와의 개별 또는 집단면담 및 회담, 연구집회의 개최 등이 있다.

① 학교방문: 교육부나 시도교육청 장학사가 직접 학교시설이나 수업을 참관하고 교육기관에 필요한 지도나 조언을 제공하기 위해 행하는 장학의 방법을 말한다.

② 연구・시범학교, 선도학교 운영: 새로운 교육정책이나 제도를 전체 학교에 적용하기에 앞서 연구・시범학교 또는 선도학교를 선정하여 재정적인 지원과 연구 과제를 제시해주고, 문제점을 발굴・개선하여 전면적 시행에 따른 교육현장의 혼란을 최소화하려는 방법이다.

③ 연구수업: 수업 담당교사의 지도기술을 향상시키려는 목적으로 공개적으로 수업을 진행하고, 수업을 참관한 후 평가를 하는 장학의 방법을 말한다. 그러나 요즈음에는 시청각기자재가 널리 보급되면서 직접 참관을 하지 않고 수업을 기록한 후 분석하고 평가하는 방법을 사용하기도 한다. 이 경우에는 참관에서 오기 쉬운 수업의 방해나, 학생에 대한 인위적인 영향을 피할 수 있으며 제현이 가능하기 때문에 연구에도 유익하다.

④ 현직교육: 현직에 있는 교사들이 학기 중 혹은 방학을 이용하여 특정 주제나 영역에 대해 받게 되는 연수 또는 연구활동을 말한다. 일반적으로 '직무연수'라고도 하는데, 현장 활용도가 높은 주제들로 프로그램이 구성되며, 다양

한 분야의 연수를 통해 현장교육의 개선과 교원의 자기능력 개발 및 전문성 신장을 도모하려는 것이다. 최근에는 보다 많은 교사들의 참여와 재택학습 효과를 높이고, 교육훈련의 효율성을 제고하려는 원격교육 형태의 직무연수가 실시되고 있다.

⑤ 연구대회: 개별 교사 혹은 교사집단이 특정 주제를 심도 있게 연구하거나 현장교육 개선을 위한 방안을 탐구하고 이를 연구대회를 통해 발표하는 방법이다. 연구대회를 통해 교사들은 수업에 활용도가 높은 지식을 공유할 뿐만 아니라, 새로운 학습자료와 아이디어를 얻을 수 있다. 또한 연구대회는 시상을 통해 교사들의 탐구의욕을 자극하고 사기를 진작시키기도 한다(김경희 외, 2009).

CHAPTER **09**

교육성과의 평가

1. 교육평가의 기초

1) 교육평가의 개념 및 범위

교육평가란 교육목적의 달성 정도를 평가하는 과정이다. 학생의 학습 달성도를 평가하고, 교사에게 학습지도 방법 평가의 근거를 제공한다. 또한, 교육과정에서 교육목적의 적절성, 교육내용 선정의 타당성, 교수·학습과정에서의 효율성까지도 포함하는 광범위한 대상영역을 지니고 있다.

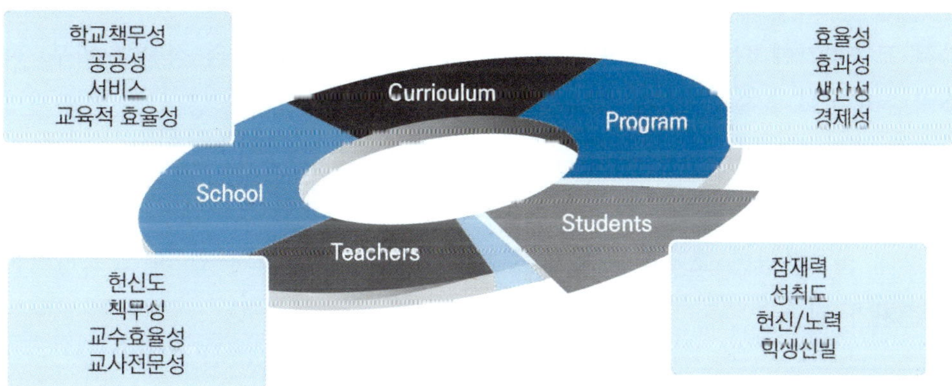

[그림 9-1] 교육평가의 영역

2) 교육평가의 기능

교육평가의 기능 7가지를 제시해 보자면 다음과 같다.

첫째, 교육목적 달성도 파악이다. 교육목표를 어느 정도 달성하였는가에 대한 정보를 수집하고자 하는 것이다. 평가 결과가 기대 수준에 미달할 경우, 그 원인을 밝혀내어 적절한 사후조치를 취할 수 있다는 데에 또한 교육평가의 목적이 있다.

둘째, 학습의 진단과 치료이다. 교육평가를 통해 학습자의 선행학습 정도와 학습활동에 필요한 신체적 · 정신적 성숙 등의 출발점 행동(starting point: 시발점 행동)을 파악할 수 있다.

셋째, 학생의 진로지도를 위한 자료수집기능이다. 교육평가는 학생의 진로지도(상급학교 진학지도, 취업지도 등)를 위한 자료를 제공함으로써 학습자의 올바른 교육적 배치(educational placement)기능을 수행하는 기능을 한다.

넷째, 학습 촉진의 기능이다. 검사를 통해 학생에게 자신의 학습 능력을 확인하고 자신의 결점을 보충하여 좋은 평가를 받고자 하는 동기가 유발된다.

다섯째, 행동증거의 평가이다. 교육평가는 학생들의 행동변화를 포착하기 위해 노력하기 때문이다.

여섯째, 교수-학습 과정의 평가 기능이다. 교육평가의 가장 궁극적인 목적은 교수 및 학습 과정을 개선하는 데 필요한 증거를 수집하고 조작하는 데 있다. 따라서 교육평가에서는 교육목적의 적절성, 교과내용, 행동영역의 적절성 여부, 학습지도 방법의 효율성, 교재 · 교구의 적합성, 학생들의 참여도 등에 관한 구체적이고 실증적인 내용이 다루어질 수 있어야 한다.

일곱째, 제반 교육활동에 관한 효과 파악이다. 모든 교육 프로그램이 실시된 후에 본래 의도하였던 교육적 가치가 창출되었는가 판단하고자 할 때 교육평가는 그 준거가 된다.

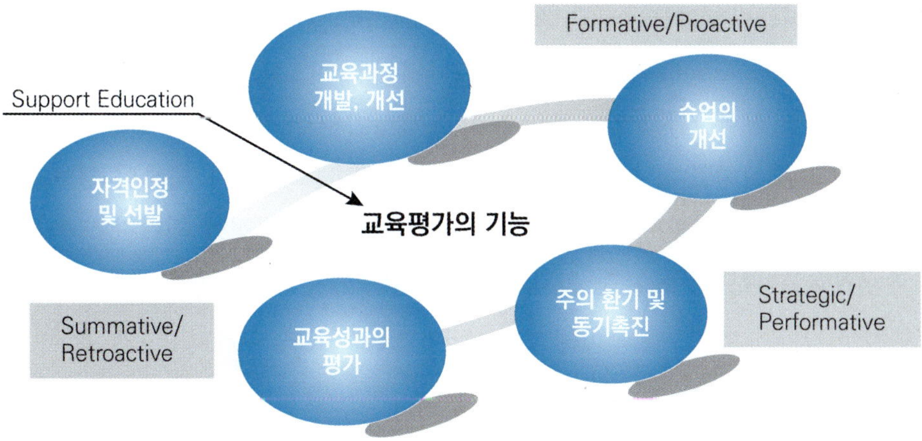

[그림 9-2] 교육평가의 기능

3) 측정, 평가의 개념 구분

교육학의 발달과정에서 측정이 평가보다 먼저 관심과 연구의 대상이 되었다.

- 측정은 객관적 수량화에 중점을 둔다. 평가는 질적 해석에 중점을 둔다.
- 측정은 신뢰도(reliability)가 더 중요하고, 평가에는 타당도(validity)가 중요하다.
- 측정은 평가를 위한 자료로서 사용되어질 수 있다.
- 측정은 단기적, 국소적 의미를 가진다. 평가는 장기적, 총체적 의미를 가진다.

측정(measurement)은 신뢰도와 객관성 유지에 관심을 갖으며, 대상에 일정한 규칙에 따라 수치를 부여하고 수량화하는 특징이 있다. 그러나 정의적·인어적 행동영역은 직접적 측정이 불가능하며, 간접적으로만 측정할 수 있다는 한계점을 갖는다.

평가(evaluation)는 양적인 기술뿐 아니라 가치의 영역도 다루기 때문에 '측정'보다 넓은 의미를 지니고 있다. 타일러(Tyler, 1949)가 처음으로 '교육평가(Educational evaluation)'라는 용어를 제시하며 평가를 본질적으로 교육과정 및 수업 프로그램에 의하여 교육목표가 실제로 어느 정도 실현되었는지를 밝히는 과정이라고 정의하였다. 미국의 교육학자 스터플빔(Stufflebeam)과 쉉크필드(Shinkfield)는 저서 『*Evaluation Theory, Models, and Applications*』에서 평가란 어떤 것의 가치, 질, 중요성, 양, 정도 등에 대한 판단과 시험행위라고 정의하였으며, 교육평가의 대상은 교육에 관계된 모든 것이 된다고 제시하였다. 이처럼 교육평가의 목적은 교육평가 대상의 정보를 수집·이용하여 교육적 의사결정에 활용, 궁극적으로 학습과정에 최대한 도움을 주어 학교학습을 극대화하는 데 있다고 할 수 있다.

4) 교육평가의 형태 분류

(1) 평가기준에 따른 분류

교육평가는 평가의 기준이 어디에 있는가에 따라 상대평가, 절대기준평가로 구분된다.

① 상대평가

상대평가(norm-referenced evaluation)란 평가해석의 규준(norm)을 집단에 두는 방법으로 학급 또는 학년의 다른 학생의 성취도와 비교하여 상대적으로 어떤 위치에 속하는가를 기준으로 평가하고자 한다. 일반적으로 정상분포곡선의 비율을 고려한다.

상대평가의 장점으로는 첫째, 개인차(individual difference)의 변별이 가능하다는 점, 둘째, 교사의 편견을 배제할 수 있다는 점, 셋째, 외적 동기(전략적 기능: 경쟁 촉구)를 이용할 수 있다는 점이다.

반면, 상대평가의 단점으로는 첫째, 상대평가는 현대적 학습이론과 부합되지 않는 평가라는 비판이 존재한다. 현대 학습이론은 외적 동기가 아니라 내적 동기 유발을 권장하고 있기 때문이다. 둘째, 상대평가는 개별학생들에게 성취·진보에 대한 기대를 가로막는 기능을 할 수 있다. 셋째, 과다한 경쟁심이 조장된다. 넷째, 평가 자체에 주안점을 두어 교수-학습 개선의 입장이나 강화의 측면은 매우 소홀하다. 다섯째, 상대평가의 기준점(norm: 평균)은 그 집단 내부에서만 통할 뿐 타 집단과의 비교는 불가능하다.

② 절대기준평가

절대기준평가(criterion-referenced evaluation: 준거지향평가, 목표지향평가)는 교육목표 또는 학습목표를 설정하고, 이 목표를 성취할 수 있는 최저 수락기준을 규정하여 이 기준에 비추어 학생 개개인의 학업성취도를 평가한다. 한 학생의 성적이 주어진 수업의 목표를 어느 정도 달성하였는가 하는 교수목표 달성도에 의하여 그 학생의 성적을 표현하는 방식이라고 할 수 있다.

절대평가의 장점으로는 첫째, 검사의 타당성(validity)을 강조한다는 점이다. 즉, 절대평가는 원래 측정하려고 계획했던 수업목표를 얼마나 충실하게 측정하고 있느냐가 강조된다. 둘째, 부적편포[9]를 기대한다는 점이다. 절대평가는 모든 학생의 교육목표를 달성을 기대하기 때문에 검사점수의 분포가 부적으로 치우친 분포곡선이 될 것을 기대한다. 셋째, 상대평가는 어느 집단에서나 학습의 결과가 성공적인 학생과 실패한 학생들로 섞여있기 마련이라는 가정을 토대로 하고 있다. 그러나 절대평가에선 인간은 노력하기에 따라서 무한히 발전될 수 있으며 학습자는 누구나 다 그에게 알맞은 교수-학습의 기회만 제공된다면 주어진 학습목표에 도달할 수 있다는 가능성이 있을 뿐만 아니라 교육을 통해 이들 가능성을 실현할 수 있다는 신념을 바탕으로 한다는 점에서 교육적이라고 할 수 있다.

절대평가의 단점으로는 첫째, 절대평가는 개인차의 변별에 용이하지 않다. 둘째, 내적 동기(motive)를 중시하기 때문에 외적 동기(incentive)를 학습에 적용할 수가 없다는 점이다. 셋째, 절대평가의 기준은 교육목표이기 때문에 타 집단과의 비교가 배제될 수 없으나, 교육목표는 지역과 교사에 따라 상이하므로 동일한 목표 달성도라 하더라도 이 평가내용을 토대로 '학습목표 달성도의 정도가 같다'고 해석할 수 없다. 넷째, 통계적 활용이 불가능하다. 다섯째, 절대기준을 설정하는 일은 매우 어렵다.

〈표 9-1〉 절대평가와 상대평가의 비교

구분	절대평가	상대평가
이론적 근거	부적 편포	정상분포
신뢰도 · 타당도	타당도	신뢰도
교육관	발달적 교육관	선발적 교육관
지향점	목표지향	규준지향
평가기준	학업성취	집단의 평균점

정리하자면, 상대평가는 지나친 경쟁을 조장하고 부정적 자아개념을 형성할 수 있다는 부작용이 있지만, 학생들의 선발이나 성취 여부의 판단을 효율적으로 할 수 있다는 장점이 있다. 상대평가와 절대평가는 교육목적과 집단의 성격에 따라 상호 보완적으로 활용할 필요가 있다.

(2) 교수-학습과정에 따른 분류

교육평가는 교수-학습과정의 단계에 따라 진단, 형성, 총합평가로 구분하여 설명할 수 있다.

① 진단평가

진단평가(diagnostic evaluation)란 교수활동이 시작되는 초기단계에서 학습자의 출발점행동(starting point) 파악, 교육목표 적절성 파악, 학습자의 특성 파악을 통해 적절한 교수방법, 전략을 성립하기 위한 자료를 파악하기 위한 평가이다. 진단평가의 기능을 네 가지 제시하자면 다음과 같다. 첫째, 배치(placement)의 기능을 한다(학교 간 배치, 학교 내 배치, 학급 내 배치 등). 둘째, 시발행동과 기능을 진단할 수 있다. 셋째, 학생의 적성, 희망, 흥미, 인지방식 등의 개인차를 파악하여 교사에게 선택적인 교수전략을 사용할 수 있게 하는 데 도움을 준다. 넷째, 수업불능의 원인을 진단하는 기능을 한다. 학습이 실패한 경우 그 원인을 규명하고자 할 때 진단활동이 그 원인을 규명할 수 있다.

② 형성평가

형성평가(formative evaluation)는 스크리번(Scriven)에 의해 제안되었다. 교수-학습이 진행되고 있는 동안 학생들의 이해 정도를 형성평가를 통해 확인함으로써 학습 곤란의 교정, 학습 행동의 강화, 교사의 학습지도 방법의 개선(Feedback effect를 통해) 등을 도모할 수 있다. 일반적으로 주어진 단원에 속하는 소단원 또는 주제에 대한 지도가 끝난 시기에 실시된다. 형성평가의 기능 다섯 가지는 다음과 같다. 첫째, 학습활동의 조정기능을 한다. 형성평가를 통해 학습 결원의 누적현상을 피할 수 있게 되어, 학습자의 성공적 학업성취를 기대할 수 있다. 둘째, 학습활동의 강화기능을 한다. 셋째, 학습 곤란의 진단과 교정기능을 한다. 넷째, 학습지도 방법의 개선을 도모할 수 있다. 형성평가의 결과 대다수의 학생이 낮은 평가를 받았다면 교사는 지도과정 중 어떤 허점이 있는가를 분석하여 재지도(보충수업)을 실시하여 완전학습을 꾀할 수 있다. 다섯째, 학습방향을 명시하는 기능을 한다.

③ 총합평가

총합평가(summative evaluation)의 목적은 크게 세 가지를 들 수 있다. 첫째, 평가를 통해 성적(평점, 서열)부여하는 역할을 한다. 둘째, 전체 교육목표를 모집단으로 하는 문항, 모집단에서 이를 잘 대표할 수 있는 문항을 선정하며, 평균 난이도는 50% 정도를 적당하게 파악한다. 셋째, 학생을 판정, 등급(grade, rank)을 정하고 자격을 검증(certification)하고 분류(classification)하는 데 그 목적이 있다.

진단평가

- 선행학습 정도 확인
- 학년 초, 학기 초에 실시
- 수업전략 위한 기초 자료
- 학습자의 특성에 대한 적절한 교수방법 결정
- 선행기능 및 능력의 진단
- 수업불능의 원인진단

형성평가

- 학습활동 조정, 강화
- 학습곤란의 진단과 교정
- 학습지도 방법 개선
- 수업 진행 과정 중 실시
- 교사가 직접 평가방법 결정
- 절대기준평가에 기초
- 피드백을 위해 즉시 활용
- 융통성, 상황 고려
- 최종 성적에 반영 O/X
- 학습진도별 적절한 시점

총합평가

- 최종성적(서열) 결정
- 학생판정/등급의 객관성
- 다음 학습에의 성공 예언
- 교수방법 개선 자료
- 집단간 학습 효과 비교
- 전체 교육목표를 고려한 포괄적, 가시적인 목표
- 체계적, 계획적 평가 필요
- 난이도 조절(35~75%)

(3) 대상영역에 따른 분류

교육평가는 대상에 따라 '교육과정', '수업 프로그램', '학생' 평가의 영역으로 분류할 수 있다.

① 교육과정

교육과정 · 학습과제 · 교수방법의 평가를 학습자 · 학습 환경 · 교육목표에 근거하여 평가하는 것이다. 교육과정을 평가한다는 것은 상당히 다양하고 광범위한 작업을 요한다.

② 수업 프로그램

수업목적과 학생의 학습결과의 차이를 비교하기 위해 실시된다. 수업 프로그램을 평가할 때는 그 집단의 평균점수, 점수의 분포 등에 관심을 갖는다. 수업 프로그램의 질을 평가하기 위해서는 수업과정에 영향을 미치는 변인들을 관찰 · 분석해야 한다. 이 변인들은 투입변인(input variable), 과정변인(process variable), 산출변인(product variable)로 나눌 수 있는데, 수업 프로그램을 평가할 때는 대체로 산출변인을 평가한다. 산출변인의 예로 학생들의 학업성취도, 태도, 행동 등을 들 수 있다. 그러나 수업 프로그램의 질은 주로 투입변인이나 과정변인에 의해 결정되는 것이므로 산출변인에 대한 평가만으로는 수업 프로그램에 대한 평가가 충분히 이루어 졌다고는 할 수 없다.

③ 학생

학생은 가장 오래 전부터 평가의 대상으로 인식되어 왔는데, 학생들에 대한 평가는 주로 설정된 수업목표에 얼마나 달성했는가를 평가하는 학업성취에 대한 평가를 중심으로, 학습태도에 대한 평가, 학교적응도에 대한 평가, 대인관계에 대한 평가, 그리고 최근에는 잠재력과 역량에 대한 평가의 분야로 점차 그 영역이 확대되고 있다.

5) 교육평가의 발전과정

(1) 시대적 흐름에 따른 구분

① 타일러 이전 시대

교육평가 분야가 개척되기 시작한 초기는 20세기 초반 과학적 합리주의의 유행을 바탕으로 수업의 효율성을 확인하기 위한 평가를 시도하고 이를 위해 과학적 검사방법을 개발하던 시기였다. 20세기를 시작했던 이 시기는 교육평가의 개념이 확립되지 않았지만, 기존의 학교교육으로부터의 큰 변화를 추구했다는 점에서 '개혁의 시대(period of innovation)'라고도 불린다.

② 타일러 시대

교육평가를 과학적 연구대상으로 삼아 하나의 학문적인 체계를 정립시킨 사람은 미국의 타일러이다. 타일러가 처음으로 교육평가라는 용어를 제시하였다. 타일러는 평가를 목적의 달성 여부를 결정하는 것이라 정의하였으며, 8년 연구를 주도하였다. 타일러는 8년 연구에서 미국 전역의 30개 중등학교에서 사용하는 교육과정과 교수전략의 효율성을 평가하였다. 8년 연구는 학업성취 수준이 준거 혹은 목표에 도달하였는지를 평가하였지만 교수의 질 그리고 학습 환경 등을 무시하였다는 지적을 받고 있다.

③ 순수의 시대

미국 교육사에서 이 시대는 경제 공황을 극복하고 제2차 세계대전의 승리로 태평성대를 경험한 시기였다. 교육평가 분야에서도 새로운 평가방법으로 검사점수 계산방법, 행동목표 분류학, 교육연구법 등이 제안되었다.

④ 발전의 시대

1957년 10월, 소련의 스푸트니크 1호 발사의 충격(Sputnik shock)은 미국사회의 교육개혁을 야기하였다. 미국 국민은 납세자로서 연방정부에 교육의 책무성에 대한 비판을 하기 시작하였고, 연방정부가 교육에 개입하여 학교교육을 평가하는 작업을 강화하였다. 이를 위하여 국가 수준의 표준화 검사가 개발되고, 학교와 학군의 교육결과를 상대적으로 비교평가하는 작업을 실시하였다. 이 시기에 이루어진 의욕적인 노력으로 인해 평가의 영역은 크게 확대되고 평가방법론도 다양해지기 시작했다.

⑤ 전문화의 시대

평가의 연구영역은 좀 더 확대되고 심도 깊게 체계화되었다. 평가 분야의 전문가 집단이 형성되었고 연구성과를 담은 정기간행물이 발간되고 있다. 그러나 평가 분야는 여타 학문에 비하면 여전히 미성숙한 분야이다.

이상 5단계의 교육평가의 시대적 변화를 정리하면 다음과 같다.

〈표 9-2〉 프로그램 평가의 시대적 발전과정

구분	시기	특성
제1단계	1900～1930	효율성과 검사의 시대
제2단계	1930～1945	Tyler의 시대
제3단계	1946～1957	순수의 시대
제4단계	1958～1972	발전의 시대
제5단계	1973～현재	전문화의 시대

(2) 평가의 성격변화에 따른 구분

평가의 성격은 다음과 같이 크게 네 세대로 변화하였다고 볼 수 있다.

1세대는 측정(measurement)의 세대로 평가의 대상은 주로 학생이었고, 학생들의 상대적인 학업성취를 확인하기 위해 주로 객관성을 기반으로 한 선다형 검사지의 개발에 매진하였다.

2세대는 서술의 시대로 평가의 대상이 학생에서 프로그램(교육과정) 내용으로 확대되었으며, 프로그램이 설정된 목표를 얼마나 잘 달성하였는가를 관찰하고 서술(description)하는 방식의 평가가 생겨났다.

3세대는 판단의 시대로서 측정과 서술에 더해서 의사결정(decision making)을 위한 판단을 내리기 위해 평가 대상(학생, 기관, 프로그램 등)에 대해 다각적으로 검토를 실시한 후 질적 판단을 내리는 평가방식이 개발되었다

4세대는 열린 평가의 시대로서 기존의 목표를 확인하거나 절대적이고 객관적 기준을 토대로 평가를 내리는 방식에서 탈피하여 탈목표적, 상대주의적 관점의 수용, 평가자의 주관적 판단을 용인하는 포스트모던적이고 해석학적인 평가의 모형들이 개발되기 시작한 것이다.

이상의 4세대의 교육평가의 성격변화를 그림으로 정리하면 다음과 같다.

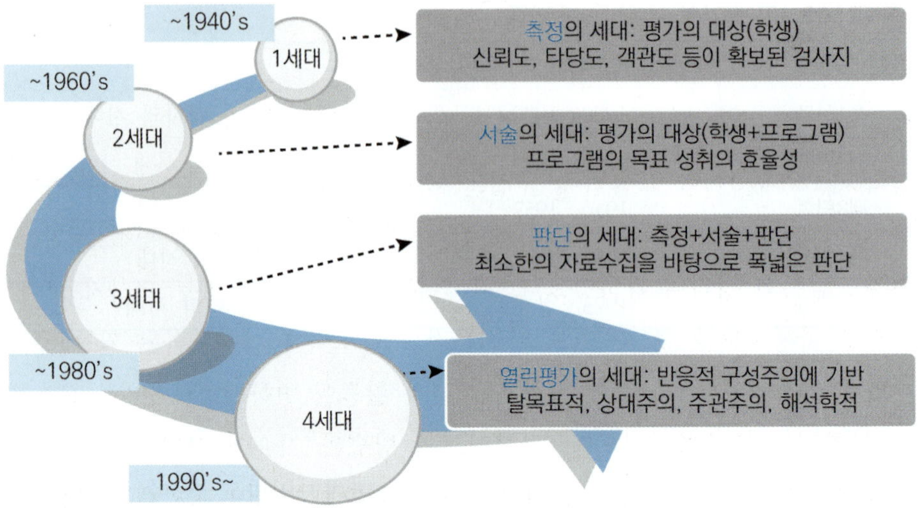

[그림 9-3] 평가의 시대적 성격변화

지난 100년간의 우리나라의 교육평가 정책의 변화양상과 주요 특징들을 정리하면 다음 표와 같다.

〈표 9-3〉 우리나라의 시기별 교육평가 정책의 변화과정

시기	주요 특징	비고
1900년대~광복: 교과목별 성적 및 상대평가 도입기	• 교과목별 '갑을병정' 체계 도입 • 10점, 혹은 100점 만점 평가체계 도입 • 서열위주 상대평가(학년 석차) 체계 도입 • 개별학생의 품행평가 도입(가, 나, 다)	• 근대식 학교의 설립 • 학적부 도입 • 개성조사부 도입
광복~1970년대 초: 선택형 문항 및 표준화 검사 도입기	• 선택형 문항 도입 • 상대평가에 의한 '수우미양가' 평가체계 • 표준화 검사(학력검사, 지능검사, 인성검사, 적성검사 등) 도입	'학적부' 명칭 →'생활기록부'
1970년대 중~후반: 과목별 절대평가	• 절대평가에 의한 '수우미양가' 평정체제 도입	

시기	주요 특징	비고
1980년대 초~ 1990년대 중: 절대평가 상대평가 혼용기	• 전과목 환산점수에 의한 석차(대입내신) • 과목별 성취도 평정 환산표 활용 • 교과목별 학년 석차 도입 • 한국교육평가학회(1983)/중앙교육평가원(1985)	국 · 영 · 수 중심 본고사 폐지 '생활기록부'→'학교 생활기록부'
1990년대 후~현재: 수행평가 도입 및 정착기	• 수행평가 확대실시 • 초등성적, 석차 폐지 → 문장진술식 평가 • 학교생활기록부의 전산화 • 석차에 의한 9등급제 도입(고등학교)	한국교육과정평가원 (1998) 평가의 자율화, 다양화, 전문화, 특성화

시기별 중요한 변화를 살펴보면, 해방 이전 일제강점기에 서열 위주의 상대평가 체제가 도입되었고, 광복 이후 미국의 근대적 평가방식의 등장에 영향 받아 표준화 검사가 도입되어 학력, 지능, 인성 검사 등을 위해 시범적으로 적용되던 시기가 있었다. 그러다 1970년대에 '절대평가' 방식이 주목을 받기 시작하여 '수 · 우 · 미 · 양 · 가' 평정체제로 도입되었던 바 있고, 1980~90년대는 대학입시 문제를 중심으로 상대평가 방식과 절대평가 방식이 평가의 취지에 따라 혼용되어 적용되었다. 마지막으로 1990년대 이후에는 정부의 평가전문기관의 설립을 바탕으로 평가에 관련된 연구와 정책수립이 체계적으로 이루어지기 시작했고, 보다 전문적인 평가 연구와 개발에 따라 성장평가의 도입 등과 같은 새로운 정책이 시도되고 있다.

(3) 평가의 종류

평가의 종류는 그 취지에 따라 다음의 그림에 정리된 것처럼 목표달성 모형, 정보처리 모형, 의사결정 모형, 자연주의 모형, 그리고 기타 모형의 다섯 가지로 구분될 수 있다.

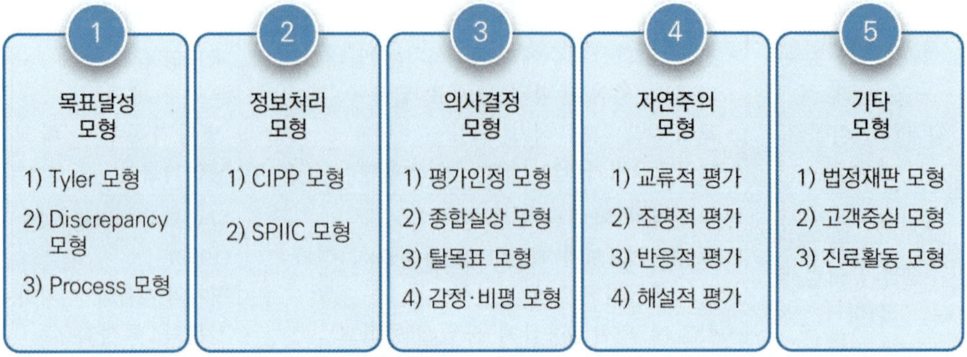

[그림 9-4] 평가취지에 따른 평가모형의 구분

① 목표달성 모형

목표달성 모형(goal attainment model)은 교육과정, 수업 또는 행정적 조치 및 경영・관리를 통해 교육목표나 교육을 위한 제도적, 행정적 목표가 달성된 정도를 확인하는 모형으로써, 미리 설정하여 놓은 목표를 평가의 기준으로 하는 평가는 모두 목표달성 모형이라고 볼 수 있다.

가. 타일러(Tyler, 1942)의 모형

원래 학생들의 학업성취도를 평가하기 위해 제안된 평가모형이었으나, 지금은 교육과정을 평가할 때도 이용되고 목표기준경영(management by objective)이 교육행정에 도입되면서 학교경영 및 학교관리 평가에도 활용되고 있다. 타일러 모형의 일반적 절차는 다음과 같다. ① 목표 선정: 일반 교육목표를 설정한다. ② 목표 명시: 일반 교육목표를 행동목표로 명세화한다. ③ 도구 제작: 평가방법과 평가도구를 선정 또는 개발한다. ④ 자료 수집: 평가도구를 사용하여 데이터를 수집한다. ⑤ 가치 판단: 수집된 데이터를 기준으로 목표의 도달 정도를 판단한다.

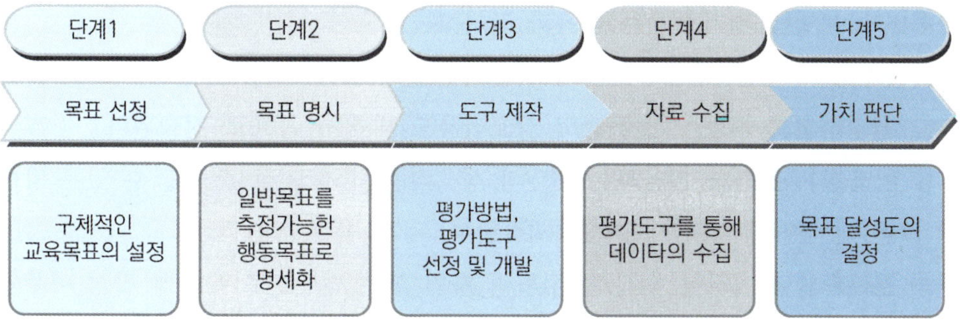

[그림 9-5] 타일러 모형의 평가 단계

나. 프로버스(Provus)의 격차(discrepancy)모형

프로버스(1969)의 격차모형은 교육 또는 경영 및 관리를 통해 달성해야 할 표준이나 준거와 실제 수행성과와의 차이, 괴리, 상위 또는 불일치점[D(discrepancy)=S(standard)−P(performance)]을 분석하는 데 주안을 두는 평가모형이다. 격차모형의 절차는 다음과 같다. ① 설계: 프로그램에 투입되는 투입(投入, input), 과정(過程, process) 산출(産出, output)변인을 각각 명시적으로 기술한다. ② 실행: 평가의 표준 및 준거를 열거하고 그 적합도를 확인한다. ③ 과정: 프로그램에서 계획한 변화가 일어났는지를 확인하기 위한 자료를 수집한다. ④ 성과: 목표의 달성 여부와 그 정도를 확인한 다음 표준 또는 준거와의 일치/불일치 여부와 그 정도를 판단한다. ⑤ 비용-효과 분석: 수행성과와 목표달성을 위해 투입된 예산, 인력, 시간, 노력 등을 비교한다.

다. 해먼드(Hammond)의 과정(process)모형

해먼드(1973)는 평가의 과정을 체계적으로 구조화시켜, 교육이 일시적인 유행이나 외부 압력에 시달리지 않고, 공정하고 정확한 평가가 이루어질 수 있도록 하는 과정으로서의 평가모형(model for evaluation as a process)을 제안하였다. 해먼드(Hammond) 모형의 구조는 세 가지 요인[행동(지적, 정의적, 심동적)×수업(조직, 내용, 방법, 시설, 비용)×기구(학생, 교사, 관리자, 교육전문가, 학부모, 지역사회)]으로 구성되었다.

해먼드 모형의 평가절차는 다음과 같다.

㉠ 변인선정: 행동, 수업, 기구 차원의 변인에서 프로그램과 직접 관계되는 것을 선정하고 동시에 그것들간의 상호작용도 밝혀서 목표로 진술된다.

㉡ 방법결정: 평가하고자 하는 변인과 상호작용을 가장 잘 측정할 수 있는 방법을 탐색하고 필요한 도구를 제작한다.

㉢ 결과분석: 데이터를 수집, 분석하여 차원 또는 변인별로 목표의 달성 여부와 그 정도를 확인한다.

㉣ 결과보고: 프로그램 운영 집행기관의 인사들이 이해하고 활용하기 쉽도록 평가결과를 정리하여 보고한다.

② 의사결정 모형

의사결정 모형은 교육평가의 결과를 교육의 개선과 발전에 활용되도록 하고, 평가 결과를 활용한다는 것은 합리적인 의사결정을 조력하기 위해 평가 결과를 사용하는 행위라고 여긴다. 이 모형의 대표적인 사례로는 CIPP 모형과 CSE 모형이 있다.

가. CIPP 모형

스터플빔(Stufflebeam, 1973)은 평가가 의사결정에 필요한 정보를 설계, 획득, 제공하는 과정이라는 정의를 바탕으로 상황평가(content evaluation), 투입평가(input evaluation), 과정평가(process evaluation), 그리고 산출평가(product evaluation)로 이어지는 과정의 CIPP 모형을 제안하였다. 이 모형은 프로그램의 개선을 위해서는 프로그램의 계획, 구조화, 실행, 그리고 결과에 따라 적합한 의사결정이 이루어져야 한다고 보고, 그에 맞는 평가가 필요함을 강조하였다.

위 의사결정 단계와 그에 적합한 평가에 따른 CIPP 모형의 절차는 다음과 같다.

① 상황평가: 맥락평가라고도 번역되고 있는 상황평가는 프로그램이나 수업평가를 실시함에 있어 전반적인 맥락 또는 환경을 분석하여 필요한 조건과 실

제 상황을 명시하고 필요조건과 실제 상황이 맞아떨어지지 않은 부분과 이유 그리고 해결방안을 확인, 진단하는 과정이다.

② 투입평가: 입력평가라고도 하며, 평가에 동원되는 사원 또는 자원체제의 활용방법을 결정할 때 필요한 정보를 수집, 제공하기 위한 평가이다. 그러므로 투입평가에서는 평가에 동원되는 인적자원의 능력, 목표달성을 위한 전략, 선정된 전략의 실행을 위한 설계를 확인하고 사정한다. 또한 동원할 수 있는 자원, 시간, 예산에 비추어 여러 대안을 탐색하고 평가 실시 과정에서 발생할 장애 또는 문제점도 검토한다(예 집단토론, 문헌연구, 설문조사, 전문가 동원 등).

③ 과정분석: 과정분석은 프로그램의 운영 방법과 절차를 수정, 보완하는 데 필요한 정보를 수집, 제공하기 위해 프로그램이 실시되고 있는 동안 프로그램의 운영 상황을 정기적으로 검색하는 평가이다(참여적 관찰, 집단토의, 설문조사 등).

④ 산출평가: 성과평가 혹은 출력평가라고도 부르는 산출평가는 프로그램이 종료된 후에 프로그램의 성과를 측정하는 평가이다.

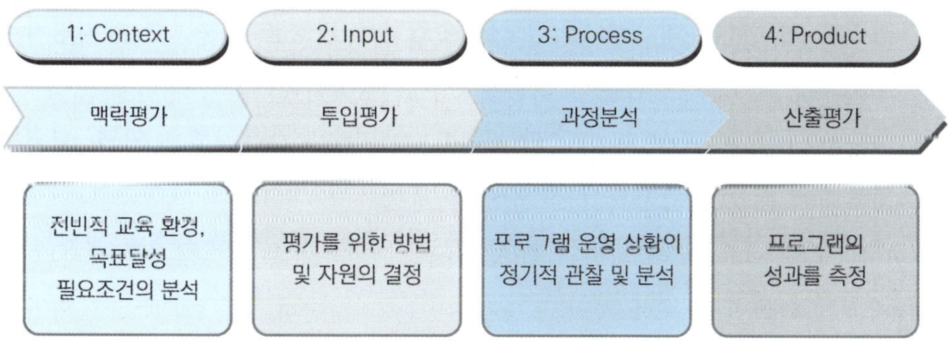

[그림 9-6] CIPP모형(Stufflebeam, 1973) 평가의 단계

나. CSE 모형

미국 UCLA대학의 평가연구소(Center for the Study of Evaluation: CSE)의 알킨(Alkin, 1969)은 기관의 운영이나 프로그램의 개선을 위해 최종 의사결정자가 선택할 수 있는 여러 대안 중에서 최선의 방안을 선택하는 데 필요한 데이터를 요약, 정리하여 제공하는 것이 평가의 주된 목적이라고 보았다. 이를 위해 평가를 의사결정을 내려야 할 사안 또는 영역을 확인해서 그와 관련된 정보를 선정, 수집, 분석하는 과정이라고 정의하고, 이를 바탕으로 한 모형이 CSE 모형이다. CSE 모형의 절차는 다음과 같다.

㉠ 체제 사정평가(systems assessment evaluation): 특정 상황에 적합하거나 또는 필요한 교육목표를 선정하기 위해 교육목표의 폭과 깊이를 결정하는 데 있어야 할 정보를 수집하는 과정이다. 즉, 추구하고자 하는 목표와 현재의 상태 간의 격차를 요구라고 했을 때 학생, 지역사회, 국가, 학계의 요구를 확인하여 교육을 통해 기대하는 요구와 체제 및 현상의 차이를 확인, 비교하는 평가이다(관찰, 조사, 면담, 토의).

㉡ 프로그램 계획평가(program planning evaluation): 체제 사정평가에서 확인, 선정한 체제의 교육적 요구를 충족시킬 수 있는 여러 방안 중에 가장 효과적인 방안을 선택하는 데 필요한 정보를 수집하는 과정을 프로그램 계획평가라고 한다.

㉢ 프로그램 실행평가(program implementation evaluation): 프로그램을 선택, 결정한 다음 실제로 프로그램을 운영했을 때 프로그램 계획평가 단계에서 기대하고 결정한 사항이 어느 정도 충족되고 있는지를 확인하는 과정을 말한다(참여적 관찰, 면담, 토의, 조사 등).

㉣ 프로그램 개선평가(program improvement evaluation): 프로그램을 개발하는 과정에서 계속 보완하는 작업이 필요하고, 기존 프로그램도 수정해야 한다. 그래서 프로그램 개선에 필요한 정보의 수집과 제공은 프로그램 평가에서 중요

한 위치를 차지한다. 개선, 보완에 필요한 정보가 주어지면 즉각적으로 개입해서 적절한 조치를 취하고 그 효과 또는 변화를 확인, 검증하는 것이 프로그램 개선평가의 일반적인 절차이다.

㉤ 프로그램 승인평가(program certification evaluation): 어떤 프로그램의 채택 여부를 결정하려고 하면 의사결정자에게는 프로그램의 질에 대한 전체적인 종합평가 결과가 필요하다. 의사결정자의 그와 같은 요구를 충족시킬 목적으로 의사결정자가 프로그램의 채택을 유보할 것인지, 부분적으로 수정하여 실시할 것인지, 또는 적극적으로 채택하고 보급할 것인지를 결정할 즈음에 있어야 할 정보를 수집, 제공하기 위한 평가가 프로그램 승인평가이다.

③ 판단중심(의사결정) 모형

판단중심 모형(judgment-oriented evaluation model)은 평가란 본질적으로 전문가에 의해 전문적인 지식과 기술을 바탕으로 하여 평가하고자 하는 대상 또는 내용의 가치를 체계적으로 판단하는 활동이라고 보는 입장이다. 그러므로 판단중심 모형은 전문가의 지식과 기술 그리고 자질과 경험을 중시하고 판단을 내리기 위해 어떤 표준을 사용할 것인가에 많은 관심을 기울인다. 판단중심 모형의 대표적인 사례는 평가인정 모형, 종합실상 모형, 감정/비평 모형, 탈목표 모형이 있다.

가. 평가인정 모형

발명가가 출원한 발명품을 특허청에서 심사, 인정하거나 공업진흥청에서 제품의 규격과 성능을 심사하여 KS마크를 부여하듯이 전문가들이 어떤 제품이나 기술, 조직체의 구성과 시설, 프로그램 등이 미리 정해 놓은 표준(standard) 혹은 요건을 충족시키고 있는가를 검토하여 인정 여부를 결정하는 것을 평가인정(accreditation)이라 하는데, 이 방법을 교육평가에 적용한 것을 평가인정(accreditation evaluation) 모형이라고 한다. 이 모형은 미국에서 의학 교육의 질을 향상시킬 목적으로 의과

대학의 교육과정, 교수구성, 교육방법, 시설 등을 종합적으로 평가하여 의과대학의 설립인가를 결정하기 위해 플렉스너(Flexner, 1910)에 의해 처음으로 시도되었다. 평가인정 모형의 절차는 다음과 같다.

㉠ 표준설정: 특정한 목적의 기관으로서 갖추어야 할 표준을 정한다.

㉡ 자체평가: 기관 자체평가를 실시하여 표준의 충족 여부와 그 정도를 확인한다.

㉢ 현장평가: 전문가들의 현장 방문평가(on-site evaluation)를 통해 자체평가 보고서를 검토하고 실상을 관찰, 확인한다.

㉣ 최종평가: 자체평가와 현장 방문평가를 종합하여 최종적으로 인정 또는 허가 여부를 확정한다.

나. 종합실상 모형

종합실상 모형(Full countenance model)은 스테이크(Stake, 1977)가 교사들이 자신의 수업 방식을 정확히 이해하고 수업 이론의 발전에 기여하려고 하면, 전체적 평가국면(full countenance of evaluation)을 정확하게 심리·검토해야 한다고 주장하면서 제안한 모형이다. 처음 그는 이 저서에서 교육평가를 공식적 평가와 비공식적 평가로 나눈 다음, 우연한 기회에 관찰한 잠재적 목표의 달성도에 대해 직관적 규준을 근거로 하여 주관적으로 판단하는 비공식적 평가는 종합실상 평가에서 당연히 제외시켜야 하고 과학적인 방법으로 객관적 판단을 내리는 공식적 평가만을 종합실상 평가의 대상으로 해야 한다고 주장한 바 있다. 하지만 최근 들어 그는 프로그램의 운영실상을 총체적으로 이해하기 위해서는 공식적 평가뿐만 아니라 비공식적 평가도 중요하다고 강조한 바 있다(Miller, King, Mark, & Caracelli, 2016).

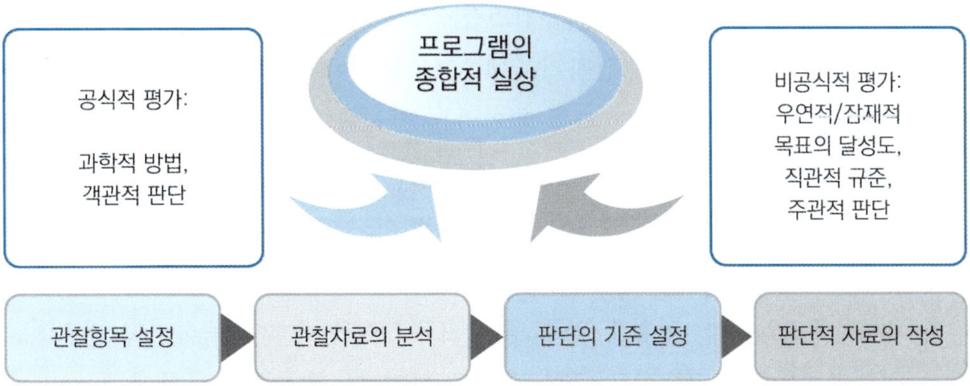

[그림 9-7] 스테이크(Stake)의 종합실상 모형의 개념도

종합실상 모형의 평가 절차는 다음과 같다.

㉠ 관찰항목 확정: 선행요건, 실행요인, 성과요인에 대해 각각 어떤 요소 또는 항목을 중점적으로 관찰·분석할 것인지를 검토, 확정한다.

㉡ 기술적 자료의 분석: 프로그램 목표에서 설정한 의도와 실제로 프로그램을 운영하여 관찰한 사항을 3(선행요건, 실행요인, 성과요인)×2(의도, 실제) 행렬표에 정리하고 연관성과 합치도를 분석한다.

㉢ 표준설정: 판단의 기준으로 사용할 절대적 표준과 상대적 표준을 설정하고 표준의 구체성, 포괄성, 적합성, 중요성, 실용성 등을 다각적으로 점검한다.

㉣ 판단적 자료의 작성: 기술적 자료를 행렬표로 작성한 것과 같이 이번에는 의도-실제를 표준-판단으로 대치하여 기술적 자료에 기록된 사항들에 대해 표준을 근거로 판단을 내린 다음 3(선행요건, 실행요인, 성과요인)×2(표준, 판단) 행렬표를 작성하고 연관도와 합치도를 점검한다.

다. 탈목표 모형

탈목표(goal-free) 모형은 스크리번(Scriven, 1972)에 의해 제안된 것으로, 기존의 목표기준 평가가 목표를 준거로 하여 의도했던 일차적 성과만을 확인하고 이차적 또는 잠재적 부수효과(side effect)를 간과함으로써 실제 성과(actual outcome)를 평가하지 못한다는 문제점을 보완하기 위해, 프로그램이 의도했던 효과뿐만 아니라 부수효과까지 포함시킨 실제효과를 평가하는 방식이다.

탈목표적 평가의 수행절차는 다음과 같다.

㉠ 프로그램 시행과 관찰: 프로그램을 운영하면서 목표를 의식하지 않고 프로그램의 운영과정과 성과를 다각적으로 광범위하게 관찰, 기록한다.

㉡ 일차적 효과의 분석: 관찰된 성과 중에 프로그램을 통해 획득하려고 의도했던 성과를 분석, 정리해서 목표를 준거로 하여 그 가치를 판단한다.

㉢ 이차적 효과의 분석: 프로그램을 운영해서 실제로 관찰한 성과 중에 목표에 진술하지 않았거나 또는 전혀 의도하지 않았으나 예상외의 부수효과를 가져온 것을 추출하여 긍정적인 것과 부정적인 것으로 분류·정리한다.

㉣ 표적집단의 요구분석: 프로그램 참가자와 이해관계 당사자들의 프로그램에 대한 요구 또는 기대를 폭넓게 조사하여 항목별로 열거한다.

㉤ 사실상의 효과분석: 표적 집단의 요구와 프로그램에 대한 만족도를 준거로 하여 이차적 효과를 판단한 다음 일차적 효과와 함께 프로그램의 실제 효과를 종합적으로 판단한다.

라. 감정·비평 모형

감정·비평 모형(model of connoisseurship and criticism)은 아이즈너(Eisner, 1975)가 주장한 것으로, 교육평가에 대한 과학적·기술적 접근이 남긴 역작용을 제거할 목적으로 예술작품을 전문가들이 감정(connoisseurship)과 비평(criticism)할 때 사용하는 절차와 기술을 교육평가에 적용한 것이다. 감정·비평 모형의 절차는 다음과 같다.

㉠ 실제 사상에 대한 감상: 직관을 토대로 평가하고자 하는 교육적 사상 또는 실제의 모습을 보고, 느끼고, 생각한대로 담담하게 음미하고 감식한다.

㉡ 기술적인 측면의 비평: 교육적 사상을 관찰·감상해서 얻은 특징과 질을 상세

하게 기술한다.

㉢ 해석적인 측면의 비평: 기술한 특징과 질에 대한 교육적 의미와 가치를 자세하게 논리적으로 풀어서 설명한다.

㉣ 평가적인 측면의 비평: 기술・해석한 교육적 의미와 가치를 질적으로 판단한다.

㉤ 결론의 도출과 제언: 교육 실제를 정확하게 이해하고 개선하는 데 필요한 결론을 도출한다.

④ 자연주의 모형

자연주의(naturalistic) 평가모형은 프로그램의 내용, 구성, 운영과정, 효과, 중요 쟁점 등에 관한 정보를 자연주의적 탐구방법을 이용하여 수집, 제공하는 평가방식을 총칭한다. 현상 또는 사물의 실상과 성질을 자연주의 철학에 바탕을 두고 탐구하는 방식, 즉 자연주의적 탐구 방식을 평가에 적용하여 인위적으로 조작하는 실험적인 장면보다 현장의 실제 상황에서 평가를 실시하고 사례 연구 형태로 데이터를 수집, 분석하여 평가 결과를 되도록 수량화시키지 않고 질적으로 나타내는 것이 특징이다. 자연주의 평가모형의 사례로는 교류적 평가, 조명적 평가, 반응적 평가, 해설적 평가가 있다.

가. 교류적 평가

리피(Rippey, 1973)가 주창한 것으로 주된 목적은 '역할과 지위에 따라 참가자를 비롯하여 여러 관계 인사들에게 프로그램은 어떻게 보이고 운영과정에서 발생한 의견차이 또는 갈등은 어떤 것인가?'라는 질문에 대한 답을 찾아 제공하는 데 있다. 즉, 이 모형에서는 교육을 하나의 과정으로 보고 프로그램의 성과보다는 프로그램 운영과정에서 야기되는 갈등과 그 원인을 있는 그대로 기술하여 의사결정자가 프로그램 개선에 활용하도록 한다.

교류적 평가의 절차는 다음과 같다.

㉠ 관찰작업: 평가자가 프로그램 운영과정 전반을 직접 포괄적으로 관찰하면서

참가자와 관계 인사들의 의견을 수집한다.

㉡ 쟁점포착: 관찰한 내용 중에 프로그램 운영상의 이견, 마찰, 불편, 갈등 등과 같은 문제점 또는 쟁점을 찾아 열거한다.

㉢ 합의도출: 전문가와 참가자 및 관계 인사들이 함께 모여 쟁점의 원인과 해결 방안을 집단 합의로 규명한다.

㉣ 결과보고: 프로그램 운영에 관한 전체적인 인상과 쟁점 및 그 원인과 해결방안을 문서화한다. 도출된 해결방안을 프로그램에 도입하였을 때는 다시 실행과정을 점검하고 그 결과를 보고한다.

㉤ 결론도출과 제언: 교육적 현상을 정확하게 이해하고 교육 실제를 개선할 수 있는 결론을 도출하여 제언한다.

나. 조명적 평가

팔렛과 해밀턴(Parlett & Hamilton, 1976)이 제안한 조명적 평가(illuminative evaluation)는 프로그램 제작의 이론적 근거와 목적, 개발과정, 운영절차, 실시 결과, 문제점 등을 총체적이고 심층적으로 탐구하려는 접근 방식의 평가로서 측정과 예언보다는 기술과 해석을, 변인의 통제와 조작보다는 교육적 맥락을 있는 그대로 초상화를 그리듯이 현상적으로 기술하는 평가방법이다. 그러므로 이 모형에서는 프로그램의 일부 특성이나 개개 변인 간의 상관관계만을 분석하지 않고 전체성을 중시하여 프로그램에 작용하는 모든 변인 간의 역동적이고 총체적인 상호 관계를 규명하려고 한다.

조명적 평가의 주요 절차는 다음과 같다.

㉠ 관찰: 평가하려는 상황의 일상적인 현실을 파악하고 전체적인 모습 또는 특징을 관찰할 목적으로 평가하려는 상황과 친숙하기 위해 참여적 활동을 하면서 직접 관찰하는 단계이다.

㉡ 탐구: 선정된 쟁점과 원인을 심층적으로 분석하고 해결방안을 탐색하여 합의점을 찾는 단계이다.

㉢ 설명: 전체적이고 포괄적인 설명과 함께 쟁점이 된 문제가 생긴 배경과 과정을 사회인류학적인 탐구 방식으로 인과관계를 규명하여 문서로 작성·보고하는 단계이다.

다. 반응적 평가

반응적 평가(responsive evaluation)는 종합실상 모형의 주창자인 스테이크(Stake, 1972)에 의해 제안된 평가방법으로 교육활동의 복잡성을 이해하고, 관련 인사의 요구에 부응하여, 그들의 다양한 주장, 관심, 쟁점을 확인하기 위한 것이다. 반응적 평가에서는 평가와 직접적으로 또는 간접적으로 관계되는 여러 인사들의 프로그램에 대한 반응을 제일 중요시하고 그들의 반응을 중심으로 평가의 내용과 절차를 수시로 수정·보완하는 융통성이 있고 생산적인 방법을 쓰기 때문에 평가자와 관련 인사들 간의 지속적인 상호작용이 필요하다.

반응적 평가의 주요 절차는 다음과 같다.

㉠ 관련자의 관심 확인: 프로그램의 목적, 내용, 절차, 결과에 대한 관련 인사들의 입장과 견해를 청취한다.

㉡ 관련자의 반응 수집: 대화, 토의 등과 같은 방법을 이용하여 평가과정에서 프로그램과 평가방법에 대한 관련 인사들의 반응을 계속 수집한다.

㉢ 관심사 확인: 관련 인사들의 반응을 분석, 종합하여 프로그램에 대한 주요 관심사와 쟁점을 확인, 결정한다.

㉣ 수정과 점검: 평가 내용과 절차에 대한 이견이 있을 때는 조정, 합의하여 평가 절차를 수정하고 보안한다.

㉤ 보고서 작성: 프로그램의 전체적인 특징과 함께 관련 인사들의 관심사를 중심으로 평가 결과를 질적으로 기술한다.

라. 해설적 평가

코플만(Koppleman, 1979)은 교육현상의 구조와 기능을 보다 명료하게 이해하기 위해서는 논리적, 실증적, 체계적으로 평가해야 한다는 과학적 접근과 교육활동은 복합적이고 역동적이기 때문에 직관적, 주관적, 총체적으로 평가해야 한다는 예술적 접근을 절충하여 교육 실제와 관심사를 생생하게 그러나 담담하게 설명하는 평가방식을 해설적 모형(explication evaluation)라고도 정의하였다.

해설적 평가의 주요 절차는 다음과 같다.

㉠ 프로그램의 목적 확인: 프로그램을 교사와 학생에게 직접 보여주거나 설명한 다음 그들이 생각하는 프로그램의 목적과 필요성을 발표하게 한다.

㉡ 프로그램의 목적 조절: 조사된 프로그램 목적에 대하여 평가자와 교사들이 토의해서 필요성이 인정되면 부분적으로 프로그램의 목적을 수정·보완한다.

㉢ 관찰·기록자의 선정: 프로그램 운영과정과 결과를 검색할 학생들을 선정하고 관찰 및 기록방법을 훈련시킨다.

㉣ 기록내용의 점검: 관찰과 기록은 교사와 선정된 학생들이 하고 평가자는 관찰·기록의 정확성과 객관성을 점검하여 기록결과를 종합, 정리, 비교한다.

㉤ 문제점의 토론과 확인: 평가과정과 평가 결과에 대한 관찰·기록자로부터 질문을 제기하고 토론하게 함으로써 그들이 갖고 있는 의견 불일치를 근거로 프로그램의 문제점을 찾는다.

㉥ 보고서의 작성과 해설: 프로그램에 대한 기록자들의 의견 불일치를 작성하고 정보 수요자에게 필요한 내용을 설명, 해설한다.

⑤ 기타 평가모형

이외에도 법정재판 모형, 고객중심 모형, 진료활동 모형과 같은 평가들도 있다.

가. 법정재판 모형

울프(Wolf, 1974)는 재판과정에서 판사, 검사, 변호사, 배심원들이 원고와 피고의 대립되는 주장을 청취한 다음 판결하듯이 재판 패러다임을 이용하여 교육정책, 교육제도, 프로그램, 수업 방법 등의 적합성이나 효율성을 평가하는 절차를 법정

재판 평가(judicial evaluation)모형이라고 개념화하였다. 법정재판 평가모형으로 교육 프로그램이나 정책 수립 또는 의사결정 과정과 결과를 평가할 때 프로그램을 옹호하는 평가자에게는 긍정적인 견해를 피력하도록 하고 동시에 반대론자에게는 프로그램의 부적합성을 비판하도록 한다. 그런 다음 중립적인 인사에게 의뢰하여 양측의 논쟁을 충분히 검토, 심판하여 내린 결론을 토대로 평가자가 최종 판결을 한다. 이 경우 프로그램에 대한 찬성론자는 변호사, 반대론자는 검사, 중립적인 입장의 인사는 배심원, 최종 평가자는 판사로 비유될 수 있다. 법정재판 평가모형은 어떤 교육정책 또는 프로그램 채택에 대하여 찬성자와 반대자가 주장하는 장점과 단점을 확실하고 충분한 증거에 입각해서 다각적으로 검토하여 의사를 결정할 것을 강조하며 무엇보다 평가에 있어 공정성과 객관성 그리고 공개성을 중시한다.

법정재판 평가모형의 주요 절차는 다음과 같다.

㉠ 쟁점탐색: 면접, 관찰, 문서분석 등을 통해서 공청회에서 다루어질 쟁점을 탐색, 열거한다.

㉡ 쟁점선정: 탐색된 쟁점 중에서 논쟁의 소지가 없는 것은 배제하고 문제의 중요성과 참여자의 요구를 기준으로 공청회에 회부할 쟁점을 선정, 구성한다.

㉢ 논쟁준비: 쟁점에 대한 상반된 관점(찬성, 반대)을 제시하는 데 필요한 증거, 증인, 사례 등을 수집・정리하여 찬성자와 반대자에게 제공하고 의사 개진과 논쟁을 준비시킨다.

㉣ 의회개최: 공청회를 열어 찬성과 반대의견을 개진시킨 다음 증인, 증거 또는 사례도 제시하고 직접심문과 반대심문을 해서 배심원들로 하여금 판결에 해당하는 평가와 제언을 하게 한다.

나. 고객중심 모형

고객중심 평가모형은 범람하는 저질의 조잡한 교육 서비스 또는 상품으로부터 교육자와 학생 또는 학부형들을 보호하기 위해 탈목표 평가모형을 제창한 스크리번(Scriven, 1974)이 제안한 것이다. 스크리번(1974)은 소비자들로 하여금 필요한 상품을 현명하게 선택, 구매할 수 있도록 공공 또는 전문 기관에서 각종 상품에 대한 평가 보고서를 만들어 소비자에게 제공하는 것이 필요하다고 보았다. 이 생각을 바탕으로 그는 교육과정이나 프로그램에 대해서 일가견을 갖고 있는 사람으로서 교육적 서비스 상품의 소비자인 학생, 학부형 또는 교사를 대신하여 교육적 서비스의 상대적 장단점을 판단하여 학생, 학부형, 또는 교사들에게 교육적 서비스 또는 상품을 현명하게 선택, 구입하는 데 도움을 줄 수 있는 정보를 수집하고 제공하려는 평가를 고객중심(client centered) 혹은 소비자지향(consumer oriented) 평가모형이라고 불렀다.

고객중심 평가모형의 주요 절차는 다음과 같다.

㉠ 대리인 선정: 학생, 학부형 또는 교사의 입장에서 프로그램의 질을 객관적으로 평가해 줄 수 있는 전문적인 지식과 경험을 지닌 믿을 만한 대리 평가자를 선정한다.

㉡ 자원인사 동원: 대리 평가자가 소비자 입장에서 교육 프로그램을 철저하게 분석, 평가하여 완벽에 가까운 소비자 리포트를 작성하는 데 필요한 인물이라면 소비자를 위시하여 각계각층에서 자료 인사들을 동원한다.

㉢ 요구사정 실시: 프로그램의 사용자인 학생, 학부형 또는 교사들의 프로그램에 대한 요구 사항과 프로그램에 대해 알고 싶어하는 것이 무엇인지를 조사, 분석한다.

㉣ 평가준거 결정: 요구사정을 할 때에 프로그램 소비자들이 프로그램에 대해 알고 싶어하는 내용을 중심으로 프로그램을 현명하게 선택, 결정하는 데 필요한 정보를 확인한다.

㉤ 평가방법 결정: 선정한 평가 항목과 준거에 비추어 검목록법, 요구사정, 기능분석, 비용분석, 실험설계 등과 같은 여러 가지 평가방법 중에 가장 적절한 방법을 결정한다.

㉥ 자료수집 정리: 대리 평가자가 수집한 프로그램에 대한 평가적 정보를 최종적

으로 검토하고 정리한다.

ⓢ 보고서 작성: 소비자 리포트나 매거진과 같이 학생, 학부형 또는 교사가 특정 프로그램을 선택할 때 참고할 수 있도록 자료를 정리하여 문서로 작성한 다음 보급한다.

다. 진료활동 모형

의사가 환자의 질환을 진단하고 치료할 때에 환자를 직접 관찰하고 필요하면 간호사, 임상 병리사, X-ray기사 등과 같은 전문요원에게 의뢰하여 여러 가지 검사를 한 다음 그 결과를 토대로 진단과 처방을 하듯이 진료활동 모형(medical model)은 관찰, 검사, 진단, 처치를 중시하고 프로그램이 의도한 성과뿐만 아니라 부작용과 같은 예상하지 못한 결과 또는 증상의 발견에도 관심을 기울인다.

진료활동 모형의 주요 절차는 다음과 같다.

ⓐ 관찰: 프로그램 개발 또는 관리자의 호소를 듣고 프로그램의 목적, 내용, 구성, 기능, 개발과정, 운영실태 등에 관한 문제점을 집중적으로 관찰한다.

ⓑ 검사: 정확한 평가를 위해 필요하다면 관련 분야의 전문가를 초청하여 의견을 청취하고 각종 검사를 실시한다.

ⓒ 진단: 직접 관찰한 내용과 검사 결과를 종합하여 당면 또는 예상되는 문제점과 그 원인을 진단한다.

ⓓ 처방: 진단 결과를 토대로 가장 적절한 처방을 내리고 처치 또는 치료를 실시한다.

ⓔ 점검: 처치과정에서 일어나는 변화를 관찰, 기록해서 예상한 대로 치료 효과가 나타나고 부작용은 없는지를 점검한다.

ⓕ 보완: 부작용이 생기면 처방을 바꾸어 치료를 달리하든지 부작용을 제거하기 위한 처방을 강구, 실행한다.

ⓢ 예후: 완전히 치료 또는 개선되었다는 것을 확인한 다음 예후와 함께 프로그램 개발 또는 운영에 필요한 유의 사항을 제시한다.

지금까지 소개한 평가모형들을 객관주의적 모형과 주관주의적 모형으로 구분하여 비교하면 다음 표와 같다.

〈표 9-4〉 객관주의 대 주관주의 평가모형의 구분

비 교	객관주의(~1970)	주관주의(1970~)	
특성	• 감시기능, 통제의 목적 • 과학적 평가 중시 • 양적자료 활용	• 평가대상/실체의 복합성, 특이성 • 인식주체/객체 불가분, 맥락적 경험 • 평가방법 및 절차가 내재화 • 이해의 주관적 참여/전문적 판단주체	
타일러 (Tyler, 1949) 목표모형	행동목표: 학생 학업 성취도, 교사 책무성	아이즈너(Eisner, 1983) 예술비평 모형	예술가의 감식, 비평/평가대상의 질과 가치 판단
해먼드 (Hammond, 1973) 체제분석 모형	행동차원, 제도(기관) 차원, 교수(수업) 차원/세 차원의 상호작용 효과	울프(Wolf, 1975) 법정 모형 오웬(Owens, 1973) 쌍방논쟁	프로그램 변호, 참고인 진술, 배심원의 판결
스터플빔 (Stufflebeam, 1971) CIPP 모형/ Alkin CSE 모형	의사결정−관리모형 (Context-Input-Process-Product: CIPP)	스테이크(Stake, 1967) 합치모형 (종합실상모형)	• 선행여건, 상호작용, 성취결과 관련 정보수집 • 의도−관찰의 합치 여부=객관적+주관적 측면
스크리번 (Scriven, 1967) 탈목표 모형	목표의 질, 가치, 비의도적, 장기적 목표 고려: 내재적 준거(평가기준)+외재적 준거(평가효과)	팔렛과 해밀턴 (Parlett & Hamilton, 1972) 구바와 링컨 (Guba & Lincoln, 1978)	Illuminative(조명식): 평가대상요소의 상호작용, 변화/자연주의 연구모형, 합리주의 모형

2. 평가문항의 개발

1) 문항제작의 기초

(1) 좋은 문항의 요건

좋은 평가문항을 제작하기 위한 기본 요건들은 무엇인가? 첫째, 문항내용과 목표가 일치하여야 하고, 둘째, 문항을 통해 묻고자 하는 지식을 정확히 포함하는 타당성을 갖추어야 한다. 셋째, 학생들이 자신이 이해하거나 숙지하고 있는 내용을 문항에 잘 응답할 수 있도록 모호하거나 불필요한 혼란요소(distractors)가 가미되지 않아야 한다. 넷째, 학생들이 평가를 통해 자신의 학습 상태를 확인할 수 있고, 향후 더욱 학습의 동기를 유발시킬 수 있는 문항이어야 한다. 마지막으로, 문항의 제작 원리와 검토 지침 등에 충실해야 한다.

(2) 문항형태의 구분

문항의 형태는 우선 채점방법을 기준으로 객관식 평가와 주관식 평가로 나누어지는데, 객관식 평가는 평가의 정답이 확정돼 있어서 평가자에 따라 달라지지 않는 문항을 의미하고, 주관식 평가는 정해진 정답(모범 답안)이 정해져 있지 않기 때문에 평가자의 주관성이 개입될 여지가 있는 문항을 말한다.

또한 문항은 수험자가 어떻게 반응하기를 기대하느냐에 따라 선택형과 서답형으로 구분되는데, 선택형은 선택지의 개수에 따라 이지선다(O, X 문항), 삼지, 사지, 오지선다(multiple choices) 등의 형태로 이루어지고, 서답형은 짧은 단어에서부터 긴 문장의 형태로 답안을 제시해야 하는 문항을 가리킨다.

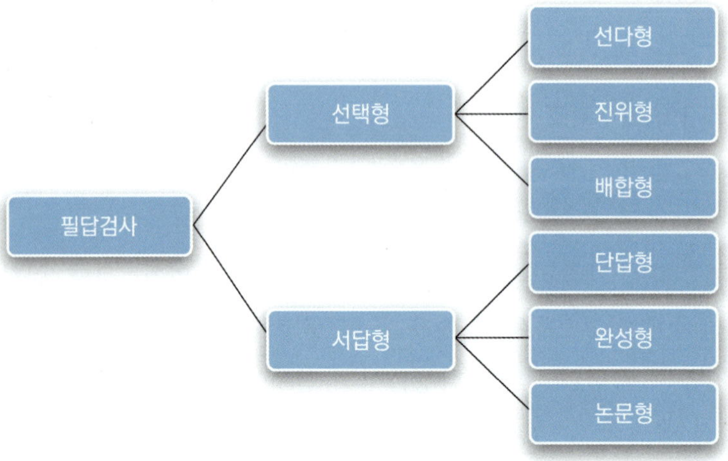

[그림 9-8] 문항형태의 구분

교육 현장에서 흔히 사용하는 선택형 문항의 장단점으로 다음과 같은 것들이 있는데, 이를 잘 참조하여 올바른 문항의 형태를 결정해야 할 것이다.

선택형 문항의 장점	선택형 문항의 단점
• 채점의 객관성이 유지됨으로써 검사의 신뢰도를 높여준다. • 비교적 많은 수의 문제를 출제할 수 있기 때문에 출제내용에 있어 포괄성을 유지할 수 있다. • 각각의 문항들에 대한 정답과 오답이 명백하고 정답과 오답에 대한 분포를 얻을 수 있기 때문에 문항분석을 통하여 문항의 양호도를 검증할 수 있을 뿐만 아니라 각종 통계적 분석이 용이하다.	• 단순한 지식의 기억력 측정에 치우칠 가능성이 크다. • 추측에 의한 정답의 가능성을 배제하기 어렵다. • 피험자가 창의적인 답을 할 수 없도록 되어 있으므로 자기 표현과 창의력을 발현할 기회가 봉쇄된다.

[그림 9-9] 선택형 문항의 장단점

서답형 문항의 장점

- 실시하기가 용이하다.
- 문항작성이 비교적 쉬워 자유스럽게 자신의 생각을 조직해서 표현할 수 있다.
- 선택형 문항에 의해서는 측정하기 어려운 자료의 해석력, 비판력, 사고력, 평가력 같은 이른바 고등정신기능을 비교적 쉽게 측정할 수 있다.

서답형 문항의 단점

- 채점에 있어 주관이 개입되어 객관성을 유지하기 어렵다.
- 교과내용의 특정 부분에만 치중되는 결과가 일어난다.
- 채점시간이 많이 소요된다.
- 후속적인 통계적 처리가 어렵다.

[그림 9-10] 서답형 문항의 장단점

(3) 문항형태 선정의 준거

평가자가 평가의 성격에 맞게 문항의 형태를 선정하는 것도 중요하다. 우선 인지적인 학습결과를 측정하느냐(필기시험) 기술이나 실천적 능력을 측정하느냐(실기 시험)에 따라 구분한 후, 각각 평가의 유형과 평가척도를 결정해야 한다.

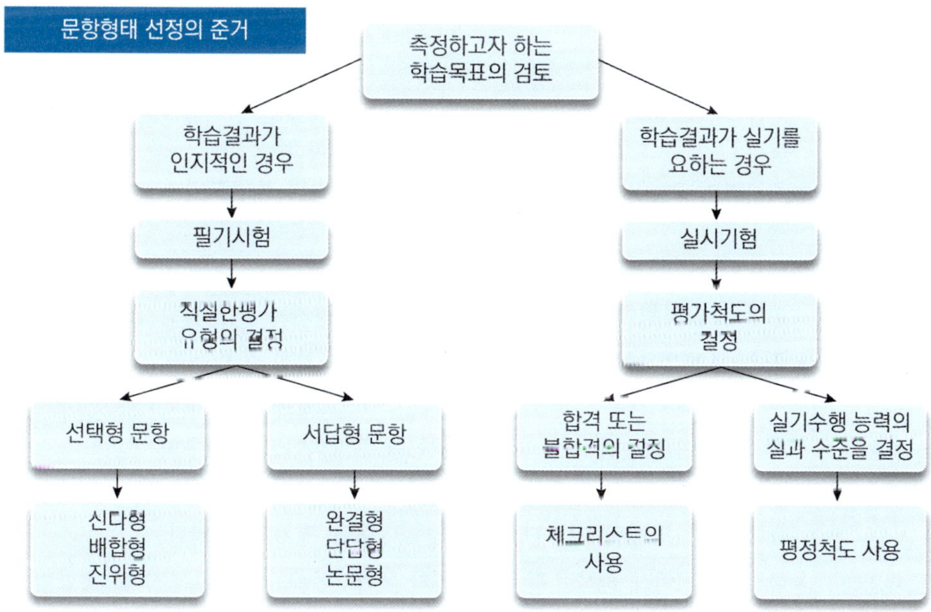

위 그림에서 나타나듯이 필기시험의 경우 선택형 문항과 서답형 문항을 선정하기 위한 상황에 대한 설명을 다음 표에서 확인할 수 있다.

선택형 문항이 요구되는 상황	서답형 문항이 요구되는 상황
• 평가받을 학생 수가 많다거나 동일한 평가문항을 다시 사용할 가능성이 있을 때 • 신뢰 있는 평가문항을 원할 때 • 평가의 공정성과 객관성 및 다른 불필요한 요인이 점수에 영향을 미칠 가능성을 가능한 한 제거하고자 할 때 • 비판적으로 답안지를 채점할 능력이 부족한 대신 객관적 평가문항을 제작하는 데 더 자신이 있다고 생각될 때 • 평가문항보다도 평가실시 후에 그 결과를 시급히 보고해야 하는 경우	• 평가대상 학생 수가 적고 같은 평가문항을 다시 사용할 필요가 없을 때 • 학생들의 문장구성력이나 표현능력을 아울러 평가해 보고자 할 때 • 학업성취도보다는 학생들의 태도나 의견에 더 관심이 있을 때 • 채점자가 답안지를 비판적으로 채점하는 데에 더 자신이 있다고 생각되는 경우 • 답안지를 채점할 시간보다는 평가문항을 작성할 시간적 여유가 없을 때

[그림 9-11] 선택형 문항과 서답형 문항 비교

〈표 9-5〉 선택형과 논술형 비교

비교 준거	선택형	논술형
학습결과의 측정	• 학습내용의 인지 여부를 측정하기 적합하다. • 조직력과 표현력을 측정하기 어렵다.	• 학습내용의 인지를 측정하기에 비효율적이다. • 조직력과 표현력의 측정에 가장 적합하다.
학습결과의 포괄적인 범위	• 많은 문항 수의 사용함으로써 광범위한 학습범위에 적용될 수 있다.	• 적은 문항을 출제할 수밖에 없으므로, 평가가능한 범위가 한정된다.
문항의 제작	• 좋은 문항을 만들기 어려우며 시간이 많이 걸린다.	• 좋은 문항을 만들기 어렵지만 선택형 문항보다는 쉽다.
채점	• 객관적이며 단순하고 신뢰도가 높다.	• 주관적이고 어려우며 신뢰도가 낮다.
채점곤란	• 읽기 능력의 평가와 추측에 의한 응답에 대한 판별이 어렵다.	• 쓰기능력의 평가와 과장된 응답에 대한 평가가 어렵다.
출제기대 효과	• 학생들의 기억력, 해석력 활용과 타인의 의견을 참조하는 것을 고무시킬 수 있다.	• 학생들로 하여금 조직력, 통합력 그리고 자기 표현력을 고무시킬 수 있다.

(4) 논술형 문항

논술형 문항에 대해 학생들이 응답한 내용을 채점하기 위한 기본원리들은 다음과 같다.

첫째, 측정하고자 하는 출제의도의 관점에서 논술형 문항의 해답을 평가한다.

둘째, 채점자 간에 일치된 준거와 모범답안을 사용하여 점수기준에 의해 제한형 해답을 채점한다.

셋째, 규정된 범위를 사용하고 등급기준에 의해 확대반응형 해답의 등급을 매긴다.

넷째, 다음 문항으로 가기 전에 한 문제에 대한 모든 학생들의 해답을 평가한다.

다섯째, 해답자의 인적 사항을 가리고 논술형 문항의 해납을 평가한다.

여섯째, 가능하면 두 명 혹은 그 이상의 사람이 각 문항에 등급을 채점한다.

위와 같은 기본 조건들을 지키면 채점자의 전문성을 살리면서도 보다 객관적인 평가가 이루어질 수 있을 것이다.

2) 문항개발의 절차

(1) 평가목표의 설정

- 평가 결과의 활용목적: 평가 목적은 교수과정뿐만 아니라 평가 결과에 대한 가치부여 또는 해석의 방법도 고려해야 한다.
- 평가목표의 확인과 분석: 교육을 통해 성취하고자 하는 구체적 목표가 무엇인지를 분석하는 작업이 선행되어야 한다. 설정된 교육목표는 행동주의 원리를 바탕으로 관찰가능하고 측정이 가능한 행동동사를 주로 사용하는 것이 관례였다. 하지만 보다 타당하고 신뢰성이 높은 문항이 제작된다면 반드시 행동동사를 통해 작성될 필요는 없다. 다만 목표와 내용의 진술이 구체성을 지녀야 한다.

(2) 이원분류표 작성

이원분류표는 교육평가에서의 평가대상을 내용과 행동의 차원에서 그 성격을 분명히 하고 종합화하는 기능을 갖는다. 이원분류표의 구성은 내용영역(각 교과의 단원이나 내용)과 행동영역(지적 영역, 정의적 영역, 운동기능적 영역)으로 이루어지는데, ① 내용의 분류는 원칙적으로 교육과정과 교과서를 바탕으로 작성하고, ② 영역란에는 교육과정이나 교과서의 단원을 기입하되, 단원 분류가 곤란한 교과목은 해당 교과별 분류방법에 따라 기입하며, ③ 세부내용란은 가능한 한 구체적으로 제시함으로써 특정 부분 또는 특정 교과서에 편중되지 않았다는 실증적 증거를 남긴다.

마지막으로 출제할 문제의 문항, 내용영역별 문항 표집계획 및 그 비중, 행동영역별 문항 표집계획 및 그 비중 등을 고려하여 전체 문항을 구성한다.

(3) 출제문항의 제작

문항제작은 어떻게(how) 평가할 것인지 결정하는 단계이다. 문항작성을 위한 각종 기법을 활용하고 창의적인 아이디어를 최대한 발휘하여 평가목표에 적절한 검사문항을 제작하여야 한다.

(4) 지시문의 작성

지시문은 ① 시험 목적, ② 시험 기간, ③ 답안지 작성방법, ④ 불확실한 문항에 대해 추측을 할 경우 어떻게 처리되는지 등을 안내한다.

(5) 문항의 편집

편집은 출제하려는 문제를 배열하는 과정인데, 다음과 같은 사항들을 고려할 필요가 있다.

① 똑같은 학습결과를 가져오는 문제는 같이 출제하는 것이 바람직하다.
② 가능하면 같은 시험문제 형태끼리 출제될 수 있게 배열한다.
③ 난이도가 낮은 문제에서 높은 문제 순서로 배열한다.

(6) 예비실시 및 수정보완

문항제작이 끝나면 개발된 문항들을 평가대상 집단에 대해 소규모 예비실시를 하고 이로부터 드러난 문제점들이 있다면 수정하고 보완한다.

(7) 개발된 문항의 검토

개발된 문항들에 대해 출제의도와 내용 그리고 문항제작의 일반적 원칙들이 제대로 지켜졌는가에 대한 검토단계이다.

(8) 최종문항의 편집과 인쇄

앞의 모든 절차를 통해 개발·완료된 문항들을 통일적·합리적 배열과 편집의 과정을 거쳐 최종 인쇄한다.

3. 문항반응이론에 의한 문항분석

1) 문항반응이론의 개념

검사 총점으로 문항을 분석하는 고전검사이론과는 달리 각 문항이 불변하는 고유의 속성을 지니고 있다고 보고, 그 속성을 나타내는 문항특성곡선에 의하여 문항을 분석하는 검사이론이다. 고전적 검사이론은 집단의 평균을 기준으로 상위

능력집단과 하위능력집단의 응답결과에 따라, 해당 문항의 성격을 판단하여 문항의 난이도, 변별도 등을 판단해왔다. 그런데 이 경우 문항 자체의 문제가 아니라 평가 집단의 특성에 따라 문항의 난이도나 변별도가 판정될 수밖에 없다는 한계점을 갖고 있었다.

이를 보완하기 위해 문항 자체가 난이도, 변별도, 추측도 등의 특성을 갖고 있다는 가정을 기반으로 그 문항에 반응하는 피검사자의 응답을 종합하여 문항의 특성을 판단하고자 한 것이 바로 문항반응이론(item response theory)이다.

2) 문항반응이론의 특성

문항반응이론은 고전검사이론의 대안으로 나온 것인데 다음과 같은 특성을 갖는다.

① 문항 특성 불변성: 문항의 특성인 문항난이도, 문항변별도, 문항추측도는 피험자 집단의 특성에 따라 변화되지 않는다.

② 피험자 능력 불변성: 피험자의 능력은 특정 검사나 문항에 따라 변하는 것이 아니며, 고유한 능력수준이 있다. 따라서 검사의 난이도에 관계없이, 피험자의 능력을 안정적으로 추정할 수 있다는 장점이 있다.

③ 문항반응이론의 특성에 따른 장점은 첫째, 각 피험자의 능력을 정확하게 측정할 수 있고, 둘째, 피험자의 능력수준을 고려하여 측정오차를 산정하기 때문에 측정오차의 크기가 피험자의 능력수준에 따라 다르며, 셋째, 피험자의 능력수준과 측정오차의 관계를 정확하게 설명해 줌으로써 동일한 특정오차를 피험자집단 전체에 적용한 고전검사이론의 한계를 극복한 점이다.

3) 문항특성곡선(Item characteristic curve)

문항특성곡선이란 각 문항에 대해 수험생들이 어떻게 반응하는가를 그 문항의 특성으로 간주하고 이를 그래프로 나타낸 것이다. 이때 사용되는 변인이 문항의 정답률과 학생들의 능력치인데, 따라서 각 문항이 학생들의 독립변인(능력, 나이 등)에 따라 어떤 정답률(종속변인)을 보이는가를 나타내는 곡선이다. 또한 문항 난이도나 변별도 같은 문항의 특징을 나타내기도 한다.

문항특성곡선을 그래프로 도식화하면 문항정답 확률(세로축)과 피험자의 능력(가로축)에 따라 굴곡된 직선이 표시될 수 있다. 이때 학생들의 능력을 수준별로 구분하면 해당 문항의 특성곡선이 각 그룹(피험자간의 능력치 차이)에 따라 어떻게 달라지는가를 표시할 수 있다.

대 상	의 미
세로축	한 문항을 맞힐 수 있는 확률
가로축	피험자의 능력 (피험자의 능력이 높을수록 문제 맞힐 확률이 높아짐)
경사 각도의 크기	피험자 간의 능력을 구분하는 변별도

예를 들어, 다음 그래프를 보자.

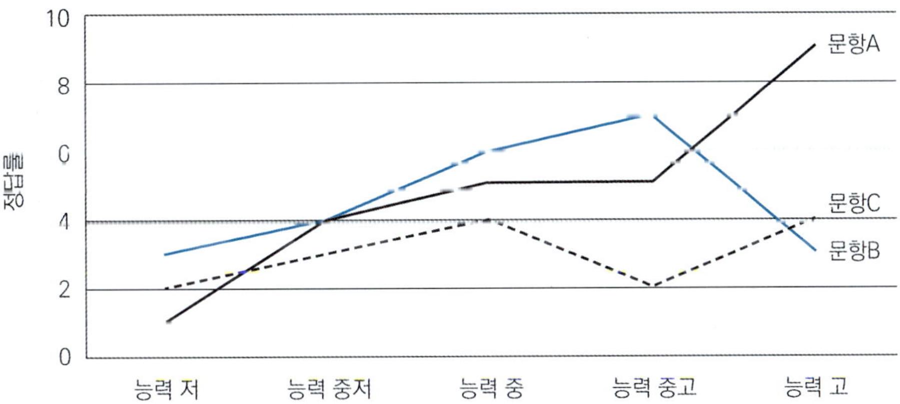

[그림 9-12] 문항특성곡선의 비교

이 그래프는 세 개의 문항(A, B, C)의 특성을 나타내는 특성곡선들을 포함하고 있다. 문항 A는 '능력 중고' 그룹과 '능력 고' 그룹 사이에서 급격한 변화를 보이는데 이는 문항 A가 능력 고 그룹과 능력 중고 그룹을 변별하는 특성을 가지고 있다는 것을 보여준다. 문항 B의 경우, 이 두 그룹 간에서 오히려 능력 고 그룹이 능력 중고 그룹에 비해 정답률이 떨어지는 것으로 나타난다. 이는 문항 A에 대해 능력 고 그룹이 적절히 반응하지 못하고 있다는 의미로, 지나치게 어렵게 생각하여 잘못된 판단을 하거나 문항 자체의 난이도나 변별도가 잘못 설정되어있다는 것을 추정할 수 있다. 문항 C의 경우는 능력 중 그룹과 능력 고 그룹에 따른 정답률에 차이가 없는 특성을 갖는데, 이 문항도 수험생의 능력수준을 구분하지 못하는 특성을 가진 문항으로 판단될 수밖에 없는 것이다.

4) 문항반응이론의 가정

문항반응이론은 다음과 같은 네 가지 가정에 기초하고 있다.

(1) 일차원성 가정

피험자의 검사점수는 그 검사가 측정하고자 하는 단 하나의 능력의 정도만을 나타내는 지표가 되어야 한다. 그러나 실제로는 피험자 내에 존재하는 다수의 잠재 특성이 복합적으로 피험자의 응답형태에 영향을 미친다. 따라서 일차원성 가정을 완전히 만족시키는 것은 불가능하며, 일반적으로 하나의 잠재능력이 그 피험자의 응답에 압도적인 영향을 미칠 때 일차원성의 가정이 충족되었다고 본다.

한 집단에서 일차원성을 지녔던 검사가 다른 집단에선 일차원성을 충족시키지 못하는 경우도 있다. 특히, 검사문항이 문화적 또는 언어적 이해를 전제로 할 경우 이런 현상이 생긴다.

(2) 지역독립성

피험자가 한 문항의 답을 맞힐 확률이 다른 문항에서 답을 맞힐 확률과 통계적으로 독립관계에 있어야 한다는 가정이다. 이것이 충족되기 위해서는 검사 내에서 문항의 위치, 순서가 피험자의 응답 행동에 영향을 주어서는 안 된다.

(3) 비속도 검사

피험자의 수행이 시간제한의 영향을 받아서는 안 된다는 것이다. 따라서 문항반응이론은 속도검사에는 적용될 수 없다. 왜냐하면 속도검사는 잠재능력과 속도라는 두 가지의 능력을 측정하게 되므로 일차원성의 가정이 충족될 수 없기 때문이다. 결국 비속도 검사 가정도 일차원성의 가정과 통하는 조건이다.

(4) 최적의 문항반응모형 선정

당면한 검사자료에 나타난 문항반응모형을 설명하기 위해서는 어느 모수들을 이용해야 하며, 이들 모수 간에는 어떤 관계가 있는가를 잘 파악한 다음, 그 자료에 가장 적합한 문항반응모형을 선정하여 문항분석을 실시해야 한다.

5) 문항반응모형

문항반응모형이란 피험자의 정답률에 영향을 주는 어떤 특성들과 피험자의 응답형태의 관계를 수학적인 모델로 표기한 것이다. 피험자의 잠재 특성과 응답형태와의 관계를 나타낸 수식을 변경하면 새로운 문항이 생겨나게 된다. 따라서 문항반응이론 내에는 다양한 모형이 있을 수 있다.

문항반응모형은 문항특성곡선의 특성을 수리적으로 표시한 것으로 문항모수 및 피험자의 특성을 추정한다. 여기서 모수는 위치모수와 척도모수로 나뉘는데, 문항특성곡선의 2가지 속성들로서 문항난이도, 문항변별도, 문항추측도와 관련되어 있다.

위치모수	문항이 능력수준의 어느 지점에서 기능하는가를 말한다.
척도모수	문항특성곡선이 문항의 위치모수 아래의 능력을 가진 피험자들과 위치모수 위의 능력을 가진 피험자들을 얼마나 잘 변별할 수 있는가를 나타낸다.

- 문항난이도: 문항이 어느 능력수준에서 가능한가를 나타내는 지수로 문항의 어려운 정도를 알려준다. 문항특성곡선이 오른쪽에 위치할수록 어렵다는 것을 의미한다.
- 문항변별도: 문항이 피험자를 능력에 따라 변별하는 정도를 나타내는 지수로서, 문항특성곡선의 기울기가 가파를수록 문항변별도가 높아진다(cf. 고전검사이론에 의한 문항변별도는 문항점수와 검사 총점과의 상관관계에 의하여 추정됨).
- 문항추측도: 능력이 전혀 없음에도 불구하고 문항의 답을 맞힐 확률을 말하며, 이 값이 클수록 좋지 않은 문항으로 평가된다.

위 두 가지 모수와 문항특성(문항난이도, 문항변별도, 문항추측도)을 어떻게 다루느냐에 따라 여러 개의 문항반응모형이 개발되었다.

(1) Rasch 모형

문항난이도만을 고려하여 문항특성곡선을 산출하는 1-모수 문항반응이론 중에서 가장 대표적인 것이다. 장점으로는 ① 각 문항의 변별도에 차이가 있을 경우에도, 분석결과가 비교적 정확하다. ② 문항특성곡선을 산출하는 수학적 모형이 다른 모형(2-모수 혹은 3-모수 모형)에 비해 간단하다. ③ 산정해야 할 모수가 난이도 하나이므로 다른 모형보다 적은 수의 피험자 집단을 이용해도 비교적 정확한 모수치를 얻을 수 있다. 반면 변별도와 추측모수를 고려하지 않아, 실제 검사 상황과 차이가 있는 것이 단점이다.

(2) 2-모수 문항반응모형

난이도와 변별도 두 가지를 고려하여 문항특성곡선을 산출한다. 장점은 문항들은 그 난이도와 변별력에 있어 차이가 있다는 점을 감안하여 만들어졌으므로 2-모수모형은 Rasch 모형보다 현실적이라는 것이다. 단점은 ① 난이도와 변별도 두 개의 모수를 산정해야 하므로 수학적으로 Rasch 모형보다 복잡하며, ② 정확한 모수치를 추정하기 위해 대규모의 피험자집단이 필요하다는 점이다.

(3) 3-모수 문항반응모형

난이도, 변별도, 추측을 고려하여 문항특성곡선을 산출한다. 문항은 난이도, 변별도, 추측모수에 따라 그 특성이 다르기 때문에 얼마나 많은 문항을 맞혔는가보다는 어떠한 특성을 가진 문항을 맞혔는가에 따라 검사점수가 결정된다. 이런 특성 때문에 컴퓨터를 이용한 개인별 검사를 실시하는데 널리 사용된다.

6) 문항반응이론의 제한점

첫째, 문항의 모수치가 불변성을 갖기 위해서는 수천 명의 피험자 집단이 필요하다.

둘째, 문항반응이론의 적용을 위해선 앞서 제시한 4가지 가정이 충족되어야 하지만 이는 충족되기 어렵다.

① 실제검사 상황에서 학생들의 검사수행이 한 가지 능력에 의해 좌우되는 경우는 드물다

② 검사가 측정하고자 하는 능력 외적 요소들을 명시하기란 어렵고, 이 외적 요소들이 얼마만큼 영향력을 미치는지 추정하기 어렵다.

③ 많은 연구들이 피험자의 문항반응모형이 다수 또는 다차원의 잠재능력에 의해 좌우된다는 사실을 밝혀내고 있다.

마지막으로 문항반응이론과 고전검사이론의 차이점을 비교하여 정리하면 다음 표와 같다.

〈표 9-6〉 고전검사이론과 문항반응이론의 비교

	고전검사이론	문항반응이론
기본가정	검사의 관찰점수가 진점수와 측정 오차의 합으로 이루어진 모형	• 일차원성 가정: 검사는 하나의 특성을 측정 • 지역독립성 가정: 한 문항에 대한 응답이 통계적으로 독립이라는 가정
출제형식	Random 형식, 임의형식 출제	피험자 능력에 대응하는 문제를 CAT형식으로 출제
진단, 평가	진점수와 오차점수의 합과 백분율에 의한 점수화	문항특성곡선에 의한 기본점수와 부분점수감안, 진점수오류유형 및 인지심리학적인 진단 처방
난이도	응답 피험자 중 정답을 맞힌 피험자의 비율 ⇒표본집단에 영향을 받음	개별문항의 문항특성곡선(ICC)을 이용하여 답을 맞힐 확률이 0.5에 대응하는 능력수준의 값 ⇒표본집단에 영향을 받지 않음
변별도	검사총점과 문항점수 간의 양수관계수로 추정 ⇒표본집단에 따라 변함	난이도에 해당하는 능력수준에서의 문항특성곡선의 기울기로 산출 ⇒표본집단에 영향을 받지 않음
추측도	정답을 모르는 피험자가 추측을 통해 답을 맞힌 비율	능력이 전혀 없는 피험자가 추측으로 답을 맞힐 확률 ⇒문항특성곡선의 최저한계
문항특성	피험자 집단의 특성에 따라 변함	피험자 집단에 영향을 받지 아니함
신뢰도	동일한 측정오차에 따른 검사에 대해 하나의 신뢰도 값	검사정보 및 각각의 문항정보 제공
Data관리	측정 data 피험자 점수 산출용으로 활용	측정 data는 피험자 능력값 산출 및 Equating 자료로 활용
단점	• 검사통계량이 피험자 표본의 특성에 따라 상이하게 추정 • 모든 피험자에 대한 동일 추정 오차 가정	검사의 일차원성(unidimensionality)과 문항의 지역독립성(local independence)이라는 가정이 만족되어야 함

	고전검사이론	문항반응이론
장점	고전검사이론의 가정은 대부분의 검사 자료에 쉽게 만족될 수 있기 때문에 광범위하게 적용될 수 있는 장점	가정이 만족될 경우 • 검사의 문항모수(난이도, 변별도)가 불변: 문항의 고유한 특성을 파악 • 피험자의 능력모수를 정확하고 불변성을 지닌 능력모수를 측정

4. 평가도구의 적합성

평가도구의 적합성은 타당도, 신뢰도, 객관도, 실용도로 판단하고 있다.

1) 타당도

타당도(validity)는 개인 또는 집단을 대상으로 평가하려고 할 때, 그 도구가 평가목표를 정확하게 잴 수 있는 성질, 즉 한 검사가 실제로 '무엇을 재고 있느냐'는 개념(What?)이다.

(1) 내용타당도

내용타당도(content validity)는 측정하려는 개념이나 사물을 논리적으로 분석, 종합하고, 다른 면에서는 실제로 측정하고 있는 검도문항들의 내용을 판단하여 이 둘이 어느 정도 서로 합치하느냐의 정도에 따라 비교적 주관적이고 논리적인 방법으로 검토하기 때문에 이론적 타당도라고도 한다. 때문에 내용타당도의 검토는 어디까지나 논리적인 비교와 판단 위에 이루어지고, 검토자의 주관이 개입될 소지가 있다. 그러므로 순전히 이 방법에 의해서만 타당도를 검증한다는 것은 주의를 요한다.

(2) 준거 관련 타당도

① 예언타당도(predict validity)

내용타당도와는 달리 실증적인 입장에서 주어진 측정결과가 장래의 어떤 효과나 행동을 얼마나 잘 예언할 수 있느냐의 정도를 실증적 자료를 토대로 통계적으로 밝히는 방법이다. 이는 두 가지의 측정결과의 합치 정도를 비교 검토하여 그 측정의 예언력을 바탕으로 타당도의 고저를 판가름하게 된다. 이때 '실제의 효과나 행동'을 준거라고 하는데 이러한 준거 점수를 얻기 위하여 몇 년씩 기다리지 않으면 안 되는 단점이 있다. 예언타당도는 상관계수가 높으면 타당도가 높다고 판단하고, 상관계수가 낮으면 타당도가 낮다고 결정짓는다.

② 공인타당도(concurrent validity)

한 측정점수와 어떤 준거 점수와의 상관관계를 통해서 타당도를 검토한다는 점에서 예언타당도와 같으나 준거 점수가 장래의 효과가 아니라 현재의 성과라는 점에서 차이가 있다. 또한 한 측정의 결과와 과거에 이미 만들어진 정평 있는 측정도구로 잰 결과를 비교해서 두 측정결과의 합치성 여부를 상관계수의 산출을 통하여 가려내는 것도 공인타당도의 한 방법이다.

(3) 구인타당도(construct validity)

시험 수행 시 그 시험이 어떤 심리적 특성을 지니고 있는가에 초점을 맞춘 것으로 구인타당도는 어떤 시험이나 측정방법에 의해서 구인이라고 하는 특성이나 속성을 명확히 정의하려고 할 때 사용한다. 구인타당도는 모든 타당도의 포괄적인 개념의 역할을 한다.

이러한 구인타당도는 집단 간의 차이의 비교, 요인분석, 측정검사의 내부구조의 연구, 검사과정의 분석 및 타검사와의 상관 등의 방법으로 검토한다.

2) 신뢰도

신뢰도(reliability)는 평가도구가 '어떻게(how?)' 재고 있느냐의 문제로, 한 평가도구가 일관성 있는 측정을 하고 있느냐 하는 믿음성(dependability), 안정성(stability), 일관성(consistency), 예측성(predictability), 정확성(accuracy)이란 말과 같은 뜻을 가진다. 신뢰도는 객관성이 중요하며, 검사하는 방법으로는 채점자 신뢰도, 재검사 신뢰도, 동형검사 신뢰도, 반분 신뢰도, Kuder-Richardson 신뢰도 등이 있다.

① 채점자 신뢰도: 두 사람 이상의 채점자들이 동일한 답안지를 가지고 채점을 한 후 여러 사람들의 채점결과가 상호 얼마나 일치하는 가를 알아보는 것을 의미한다. 산출된 상관계수를 채점자 신뢰도 계수라고 하며, 상관계수가 높을수록 채점자간의 일치도가 높아 채점의 신뢰도가 높아지게 되며, 신뢰도 계수가 낮을수록 채점자 간의 일치도, 즉 신뢰도가 저하되는 것으로 해석된다.

② 재검사 신뢰도: 한 개의 평가도구를 같은 집단에서 시간의 간격을 두고 두 번 실시해서 얻은 점수를 가지고 측정하는 방법으로 실시 간격은 보통 며칠~몇 년 정도이다. 재검사 신뢰도 계수는 측정절차 간의 오차에 의해 그리고 피검사자의 시간에 따른 반응의 변동에 의해 영향을 받기 때문에, 재검사 신뢰도 계수를 보고할 때는 실시간 간격을 표시하는 것이 중요하다.

③ 동형검사 신뢰도: 문항은 다르지만 같은 특성을 가진 두 개 유형의 시험지로 같은 집단에 검사하는 방법이다. 각각의 검사도구는 독립적으로 만들어졌으며, 높은 신뢰도계수는 두 개의 독립적 평가도구가 같은 것을 측정하고 있다는 것을 가리킨다. 그리고 낮은 신뢰도 계수는 두 평가도구의 형식에서 각각의 문항이 의심스럽다는 점을 지적한다. 여기서 신뢰도 계수의 결정은 측정절차에서의 오차, 서로 다른 표본문항의 차이, 피검사자의 시간에 따른 반응의 변동에서 오는 오차에 따른다.

④ 반분 신뢰도: 하나의 검사를 두 개의 동등한 부분으로 나누어 따로 채점하여 두 개의 반분된 검사 간의 상관관계를 내는 것이다. 보통 짝수문항과 홀수

문항으로 나누어 그 분할된 두 부분의 상관을 산출하는 방법이다. 검사도구의 신뢰도는 검사의 길이와 밀접한 관계가 있는데 즉, 검사의 길이가 길어지면 신뢰도 계수가 증가되는데, 반분에 의해 구해진 신뢰도 계수는 전체 검사의 신뢰도를 추정하기 힘들게 된다. 그래서 이의 교정을 위해서 반분신뢰도에서는 Sperman-Brown 예언공식을 사용한다($R=2r/(1+r)$).

㉮ 검사의 반분 신뢰도 계수가 .60일 때 전체 검사의 신뢰도를 구하시오.

$R=(2\times.60)/(1+.60)=(1.20/1.60)=.75$

⑤ Kuder-Richardson 신뢰도(=KR-21공식): 문항 내적 합치도는 한 검사 내에서의 독립된 문항 하나하나를 별개의 검사로 간주하여 문항 내의 일관성을 상관계수로 표시하는 방법이다. 이 공식은 ㉠ 검사문항의 수, ㉡ 검사방법(산술적 평균), ㉢ 표준편차 등 세 가지에 의해서 계산된다.

요컨대, 타당도와 신뢰도 사이에는 다음과 같은 관계가 있다. 첫째, 신뢰도란 타당도의 필요조건이긴 하지만 충분조건은 아니다. 즉, 하나의 검사가 타당하기 위해서는 신뢰성이 있어야 한다는 전제조건이 성립하지만, 반대로 어느 한 검사를 신뢰하기 위해서 반드시 타당해야 할 필요는 없다는 것이다. 둘째, 측정의 오류를 크게 나누어 체계적인 오류와 비체계적인 오류로 구분하게 된다. 체계적인 오류란 측정에 있어 일정한 방향으로 항상 나타나는 오류를 의미하며 비체계적인 오류는 무선적으로 그 크기와 방향이 일정치 않게 나타나는 오류를 말한다. 결국 신뢰도는 비체계적인 오류와 관련된 개념, 타당도는 체계적인 오류와 관련된 개념이라 할 수 있다.

3) 객관도

객관도(objectivity)는 검사자 신뢰도의 하나로 검사의 채점자가 주관적 편견을 갖지 않고 얼마나 객관적 입장에서 공정하게 채점하느냐 하는 문제와 관련된 것이다. 객관도의 동요가 심한 이유는 측정도구 자체의 불완전성과 평가자 자신의 소양부족 때문이다. 이러한 객관도를 올리기 위한 방법으로는 첫째, 평가도구의 객관화, 둘째, 평가에 대한 검사자의 소양 높이기, 셋째, 검사자의 인상, 편견, 추측, 감정, 어림짐작, 착오 등 주관적 요인을 최소화하기, 넷째, 여러 사람이 공동 평가해서 그 결과를 종합하기 등의 방법이 있다. 또한 평가자 내 객관도가 있어 한 평가자가 시간적인 간격이나 상황의 차이에 따라 같은 대상에 대해 다른 평가 결과를 나타내는 경우가 있다.

4) 실용도

실용도(practicality)는 한 검사도구가 경비와 시간 그리고 노력을 적게 들이고도 소기의 목적을 얼마나 달성할 수 있느냐의 정도를 말한다. 따라서 지시사항이 간단하고 분명하며, 검사문항의 수가 적당하여 검사실시가 용이해야 한다. 그리고 채점의 용이성과 결과 해석의 용이성, 검사비용의 적절성 등이 고려되어야 한다.

5) 절대기준평가에서의 타당도의 추정방법

절대기준평가는 학생들이 성취한 학업의 내용을 확인하는 것을 강조하므로 측정해야 할 영역의 문항 전집에서 검사문항들을 직접 표집해야 한다. 따라서 절대기준검사의 중요성을 인정하는 대부분의 사람들은 검사점수의 타당성을 증명하기 위해서는 내용타당도를 따지는 것이 필요하다고 주장한다. 크론바흐(Cronbach, 1971)가 제시한 절대기준 검사의 내용타당도는 계산하는 방법이 있다.

① 똑같은 내용영역을 구체적으로 세분화하여 수업목표를 설정한다.
② 설정된 수업목표로부터 두 명의 검사 제작자가 각각 문항을 작성한다.
③ 두 제작자가 만든 검사를 똑같은 수험집단에 실시한다.
④ 그 결과를 상관계수로 계산하면 내용타당도 지수가 나온다.

내용타당도는 전집으로부터 표집한 검사문항이 전집을 대표하는 정도를 나타내므로 표집타당도라고 할 수 있다. 절대기준평가에서 문항의 질은 전체 내용영역을 얼마나 잘 반영하였는가에 따라 결정되며, 문항 하나하나의 계산에 관심을 가졌기 때문에, 검사의 타당도는 검사점수 전체를 보고 해석하는 것보다 각 문항의 결과를 보고 해석하는 것이 정확하다.

① Novick의 타당도 추정법(조건확률을 이용): 검사 X에서 목표에 도달한 학생 수(A+B)에 대하여 검사 X와 Y에서의 목표에 도달한 학생 수(B)의 비율로 표시한다.

② Hambleton의 타당도 추정법: 평가자 간 합치도와 검사의 타당도 계산에 적용하여 검사의 신뢰도를 추정하기 위한 방법을 고안해냈다. 평가자 간 합치도를 계산하는 절차를 보면 두 사람의 내용 전문가에게 내용영역을 서술한 것과 제작된 문항을 제시하고, 각 문항이 그 영역에 적절한 것인가를 판단케 한다. 문항의 적절성은 4단계 평정법을 사용한다. 평가자 간 합치도란 전체 문항 수에서 두 평가자가 일치된 의견을 보인 문항의 비율이라고 할 수 있다. 평정자 간 합치도는 상황에 따라 다르지만 일반적으로 Vo ≥ .80이 되어야 평정자들의 의견이 비교적 일치된 것으로 받아들인다.

요컨대, 절대기준평가에는 상대평가에 비해 통계적 분석방법이 학자들마다 통일되어 있지 않기 때문에, 절대기준평가를 위해 어떤 통계적 방법을 사용하든 그 방법의 용도와 적용될 상황을 정확히 파악해야 한다.

CHAPTER **10**

다문화교육

1995년 세계화를 대비하여 국제이해교육 및 세계시민교육의 문제 등에 관심을 가지기 시작한 우리나라는, 다문화사회의 도래에 보다 적극적으로 대비하기 위하여 다문화교육 확대의 필요성을 공감하게 되었고, 그에 따라 최근 2007년 개정 국가 교육과정에 다문화교육이 본격적으로 반영되기 시작하였다(박휴용, 2013).

1. 다문화주의의 교육이념과 목표

1) 다문화교육의 이념

최근 국제화시대로 인한 사회구성의 변화 속에서 우리나라의 주된 교육이념의 하나로 다문화주의를 도입하고자 하는 많은 연구와 논의가 이루어져왔다. 학교교육은 개인과 집단, 그리고 더 나아가 국가적 혹은 국제적 수준에서 전개되는 수많은 사회적 이념들의 영향을 받을 수밖에 없고, 따라서 다양한 수준의 교육기관의 교육과정 및 의사결정 과정에서 그러한 이념들이 드러나게 된다(McNeely, 1995).

그러므로 각급 학교의 교육과정의 결정에 작용하는 이념적 가치들이 무엇인가를 살펴보는 것은, 21세기에 들어선 오늘날 우리나라 학교교육의 방향과 목적, 그리고 미래의 전망이 무엇인가를 가늠해보는 유용한 잣대가 될 수 있을 것이다. 예를 들어, 최근 우리나라가 급격히 다문화사회로 전환되어가는 상황 속에서 다문화주의는 우리나라의 핵심적인 교육과정 이념의 하나가 되었고, 이로 인해 최근 다양한 수준의 여러 교육기관에서 교육목표 및 방법론으로써 다문화주의를 접목하고 있다. 또한 페제시(Fejes, 2006)는 세계시민주의(cosmopolitanism), 다문화주의(multiculturalism), 그리고 지속가능발전론(sustainable development)이 오늘날 전 세계적으로 초국가적 통치시스템(System of Governmentality)을 구축하려는 세 가지 주된 교육이념 혹은 사회적 담론이라고 주장한 바 있다.

교육과정 이념(curriculum ideology)이라 함은, 교육의 목적 및 목표에 관한 특정 사회적 담론이 국가수준, 지역사회 수준, 개별학교 수준의 교육과정 수립과정에서 합리화되고 정당화되면서 교육의 목표로 자리매김하는 이념을 가리킨다(Apple, 1979; van Dijk, 2006). 즉, 한 사회의 특정시점에서 유행하고 있는 교육적 이념들이 그 사회 속에 존재하는 다양한 교육기관들의 교육과정 목표에 투영되기 마련이므로, 그러한 교육과정 이념들이 무엇인가를 살펴봄으로써 그 사회가 지향하는 교육목표와 방향이 무엇인지를 짐작할 수 있다는 것이다. 예를 들어, 다문화교육은 다음 〈표 10-1〉과 같이 각 교육부문에서 주요한 교육목표 중의 하나로 인식되고 있다.

〈표 10-1〉 다문화교육 관련 목표진술의 예

대상	다문화교육 관련 목표 진술
외국어교육	세계관이 확장될 뿐 아니라 타문화를 이해하며 평화공존의 지혜를 터득하게 되어 언어와 문화의 발달에 기여할 수 있게 된다.
유아다문화교육	궁극적 목적은 자유선택 능력의 개발, 공동체 의식의 기초형성, 문화적 감수성 및 다문화 이해의 기초함양, 창의력 향상 등이 될 수 있다.
대학 연계전공 "다문화사회"	간학문적 접근을 통해 다문화주의에 관련된 쟁점과 문제를 체계적으로 교육함으로써 다문화주의 사회에 대한 전문적인 소양과 지식을 갖춘 인재를 배양하는 것이다.

위와 같이 교육과정 이념으로써 언급되는 다문화주의의 성격과 교육적 의의를 비판적으로 검토해 보자.

다문화주의는 식민지배국(민족 혹은 지역)과 그 피식민지 간의 지정학적, 사회문화적 다양성과 그에 따른 세력의 역동성의 문제에서 파생된 개념이다(Gunew, 2004). 즉, 다문화주의는 배타적 국가건설의 세계사적 흐름에서 나타난 역동적인 디아스포라(diaspora), 초국가적인 경제이주민 혹은 이주노동자의 발생, 그리고 세계 곳곳의 국지적인 분쟁의 결과로 발생한 난민들의 국경이탈과 관련되어 있기 때문에, 다문화주의는 단순히 문화적 다양성의 문제로서가 아니라 전 지구적인 정치, 경제, 역사적 담론으로 이해할 필요가 있는 것이다. 지젝(Zizek)이 다문화주의를 '지구적 자본주의의 공간적 통합을 도모하고자 하는 문화적 논리(cultural logic)'라고 정의하고 다국적 자본주의를 포장하는 문화적 논리로 설명한 것처럼, 오늘날의 대부분의 다문화사회 및 국가는 근현대 세계사 속에서 식민주의 및 제국주의의 결과(서유럽국가들과 같은 식민종주국의 경우)이자 다국적 자본주의화(우리나라와 같은 후발선진국의 경우)의 동인으로 이해할 필요가 있다(Zizek, 1997: 44). 따라서 다문화주의를 올바로 이해하기 위해서는 후기식민주의적 비판의 관점을 취하지 않을 수 없는 것이다(Harvey, 2005).

이처럼 오늘날 지구상의 수많은 다문화사회들은 서로 다른 역사적, 사회문화적, 정치적 헤게모니를 갖는 문화들이 역동적으로 상호작용하면서 이루어져 왔고, 다문화주의는 이러한 주류문화와 비주류문화들의 대립구도 속에서 주로 주류문화의 담론으로 이념화되고 실천되어왔다(Green, 2004; Calavita, 2005). 예를 들어, 캐나다에서는 '인종적으로 차이나는 사람들(racialized differences)'을 가리킬 때 다문화주의란 용어를 처음으로 사용하면서, 유럽계 이민자들을 '눈에 안 띄는 소수민(invisible minorities)', 비유럽계 이민자들을 '눈에 띄는 소수민(visible minorities)'으로 구별하였다(Gunew, 2004: 16). 마찬가지로 호주에서는 이주민 문화를 가리킬 때 '다문화주의'란 용어를 사용하였기 때문에 호주 원주민들은 그러한 '다문화주의' 담론의 대상이 되는 것을 꺼려했고, 뉴질랜드 정부는 '다문화주의'가 마오리족 독립운동에 활용되는 것을 막기 위해 그 대신 이중문화주의(biculturalism)란 용어를 공식화한 바 있다(Leckie, 1995).

요컨대, 다문화주의란 용어는 주류집단의 비주류집단에 대한 '꼬리표붙이기(labeling)'나, 소수집단들 사이에서 토착집단과 외래집단을 구별하기 위한 인식표로 사용되어왔고, 지배집단은 다문화주의 이념을 통해 소수집단들을 사회적으로 통합하기 위한 수단으로써 활용해 왔고, 우리나라의 다문화주의도 소수의 다문화가정에 대한 사회통합의 목적에서 도입되어 활용되고 있다(Steinberg & Kincheloe, 1997; 곽준혁, 2007; 김창근, 2009). 따라서 다문화주의가 교육이념으로써 얼마나 타당한지를 논의하기 위해서는 다문화주의의 역사적 배경을 이해하고 다문화주의의 이념이 통치(governmentality)를 위한 담론적 기교나 사회적 포섭과 배제의 근거로 활용되고 있다는 사실을 우선적으로 주목할 필요가 있다(Foucault, 2003; Fejes, 2006).

2) 다문화교육의 목표와 가치

(1) 차이(difference)와 편견에 대한 비판적 인식

보닐라-실바(Bonilla-Silva, 2010)는 '무감각 인종주의(color-blind racism)'라는 표현을 통해 소수민들의 열악한 사회적 지위가 복잡한 시장경제의 결과나, 자연적 현상, 혹은 소수민들의 문화적 한계 때문으로 여기는 주류집단의 편견을 지적한 바 있다. 노예가 합법화되었던 시대에 노예들은 신에 의해 규정된 신분이라고 여겼던 과거와는 달리 오늘날에는 그들의 '게으른 천성 때문에 가난을 못 면한다'라는 식으로 여기고 있는 것이다. 우리는 다문화가정 출신자들을 보면서 그들의 도덕성, 가치, 근로 자세를 탓하는 것처럼 우리가 가진 문화적 차이에 대한 선입견에 대한 반성을 통해 과연 우리는 인종차별주의자인지 아닌지, 피부색이나 언어에 따라 사람들을 평가하지 않는지 되돌아볼 필요가 있다. 마찬가지로, 남미, 남서아시아, 아프리카 출신의 이주민들이 이민사회에 적응하면서 가난을 벗어나지 못하고, 계층상승을 이루지 못하는 것을 그들의 '게으름'이나 '불성실', '부정직' 등의 문제로 돌리거나, 이주민들이 거주지에서 쉽게 섞여 살지 못하는 현상을 자연스러운 성향(예 "고양이와 개가 섞이지 못하는 것처럼, 그들도 뭐 끼리끼리 살 수밖에 없어!")으로 치부하는 태도 등도 바로 편견의 산물이다.

이러한 무감각 인종주의가 지배적인 인종적 이념이 됨으로 인해 소수민들이 사회의 하층부를 이루는 것을 당연시하면서, 그러한 신인종주의적 사회적 인식이 점차 자리를 잡아가고 있다. 과거의 흑인출입금지(No niggers welcomed here)라는 규제가 만연됐었던 시대와는 다르게 소수민에 대한 사회적 인식이 변화하였지만, 오늘날에도 "이젠 달라졌어."라는 분위기 속에서도 여전히 인종주의는 뿌리 깊게 남아있는 것이다. 예를 들어, 최근까지도 국수주의적 민족주의에 의해 일본인들을 '쪽발이', 중국인들을 '짱깨', 이주노동자들을 '불법적 난민' 수준의 존재로 여겼던 것에 대한 전향적 입장에서 오늘날 "이주노동자들도 인간입니다."라는 외침 속에서도 인종주의의 뿌리가 깊숙이 숨어있는 것이다.

사회학적 이론에 따르면 인종구분에 대한 잘못된 이론이 이미 오랜 비판의 대상이 되었다시피(Bonilla-Silva, 2010; Tucker, 1994), 차이는 객관적으로, 물질적으로, 자연에 의해 부여된 특성, 즉 본질적이거나 근본적인 차이가 아니라 사회적으로 형성되어 우리 마음속에 심어진 관념이라고 이해된다(King, 2004). 예를 들어, 스테판과 스테판(Stephan & Stephan, 2004: 782)은 편견을 '특정 사회집단(들)에 대한 부정적 대도'로써, 개인이 자신의 소속집단에 의해 편견을 가지고 선호가 가려질 때 발생한다고 주장하였고, 그러한 편견은 집단들이 경쟁이나 갈등 관계의 맥락 속에서 구분되어지고, 그 차이가 더욱 분명할 때 특히 더 부정적인 가치가 부여된다고 한다. 즉, 편견의 근거로 활용되는 차이는 객관적으로 존재한다기보다는 심리적으로 만들어진다는 의미이다.

전 세계 이주민들의 상당수는 전쟁이나 기근, 혹은 폭력이나 독재와 같은 사회적, 정치적 핍박을 피해서 다른 나라를 피난처로 삼았는데, 그들 대부분은 수용국의 사회문화적 그리고 정치경제적 장벽과 수용국가 국민들이 가진 편견에 부딪혀

적응에 어려움을 겪을 수밖에 없었다(Sassen, 1999). 이러한 편견이 다문화사회에서는 소수자들에 대한 차별을 정당화하는 근거로 활용된다(Stephan & Stephan, 2004). 다문화사회 내에서 인종이나 계급, 성별, 국적, 종교 등에 따른 차별은 취업, 교육, 거주, 인권 등의 문제와 관련하여 다양한 형태로 나타난다.

다문화교육의 목표가 차이에 대한 인식의 수준에 머물게 되면 근본주의(fundamentalism)적 사고와 같은, 차이에 바탕을 둔 차별의 정당화 논리로 쉽게 전용될 수 있다. 다문화교육을 통해 문화 근본주의적 사고를 극복하기 위해서는 단순히 문화적 차이에 대해 가르치는 것이 아니라, 세계 여러 민족 문화집단들 간의 차이가 인류역사의 과거와 현재를 어떻게 규정해왔고, 오늘날 어떤 사회적 현실을 낳고 있는가를 깨닫게 해야 한다. 그러므로 다문화교육의 핵심은 단순히 "이주민들도 우리와 같이 모두 평등한 존재다.", "자유로운 세계시민으로서의 권리를 지녔다."라는 식의 미사어구를 남발하는 것이 아니라, 다문화사회의 제 문제들이 갖는 물질적 불평등의 문제나 집단 간의 힘의 역학의 문제를 그대로 드러내며 이에 대한 비판적 의식을 키우는 것이다. 실제로 다문화교육에서 흔히 다루어지는 도덕적 가치들(자유, 선택, 이성, 평등성, 존엄)은 상당부분 자본주의적 관념들과 이념적으로 연결되어 있고, 이러한 가치들이 학교 교육과정 전 분야에 걸쳐 스며들어 있다. 하지만 인류의 삶과 현실에 대한 역사적 맥락성을 무시한 채 이렇게 보편적 가치로 관념화된 덕목들을 다문화교육이라는 이름으로 가르치는 것은 진정한 다문화교육이 지향해야 하는 방향에 아무런 기여도 하지 못한다(McLaren, 2010). 요컨대, 다문화교육의 인식론적 지평은 차이에 대한 인식에서 차이에 대한 관용으로, 더 나아가서 차이(의 관념화)에 대한 비판적 인식과 저항으로 확대될 필요가 있을 것이다.

(2) 자유와 평등에 대한 비판적 인식

그린(Greene, 1988)은 자유로운 사회의 시민으로서 살아간다는 것은 '자신의 삶의 목표를 향해 나갈 수 있는 권리와 그 과정에서 적절한 선택의 기회가 주어지며, 다른 사람과 어울려 살아갈 수 있는 사회를 만들어가는 것'이라고 정의한 바 있다. 아울러 다문화사회에서 다양한 개인들이 사회화되어가는 과정은 문화적 체득(cultural encapsulation)의 과정을 포함하므로, 사회화는 개인의 생존기회를 넓히기도 하지만 불가피하게 개인의 권리 및 자유의 행사나 사회를 변화시키려는 노력을 제한할 수도 있다. 그러므로 다문화사회에서의 교육은 학생들이 속한 공동체의 문화도 가르쳐야 하지만, 그와 동시에 그 문화적 경계로부터 자유로워지는 것도 가르쳐야 한다. 이것이 자유 교육의 본질이자 비판적 교육의 근본 목적이다.

진정한 민주주의 사회에서의 교육은 학생들이 사회를 보다 평등하고 공정한 사회로 만들어갈 수 있도록 돕는 지식과 태도 기술 등을 가르치는 것이다(Banks, 1991). 하지만 앞서 논의한 바와 같이 제국주의적 역사와 맥락을 같이 하는 다문화사회에서 흔히 존재하는 인종, 계급, 언어, 종교, 국적 등에 따른 차별은 사회적 정의와 참여민주주의의 실현에 장애요인으로 작용하고 있다(Gutmann, 2004). 그러므로 올바른 시민교육, 그리고 진정한 다문화교육의 출발점은 학생들로 하여금 사회의 온갖 종류의 편견이나 차별에 대해 비판적인 인식을 갖도록 하는 것이다. 아울러 학생들이 가진 인종주의 및 각종 사회적 편견을 없애고, 사회적 차별을 철폐하기 위한 고민과 노력에 참여하게 하는 것이 필수적인 요소이다.

(3) 정체성과 소속감에 대한 비판적 인식

버거, 버거와 켈르너(Berger, Berger, & Kellner, 1973: 77)는 일찍이 현대인의 삶은 '서로 다른 세계들이 이주하면서 수많은 가능한 정체성들이 자신들의 삶을 성공적으로 실현해가는 모습'으로 이해할 수 있다고 주장한 바 있고, 같은 맥락에서 베리(Berry, 1980)는 현대인들이 복합적인 관념들과 정체성들을 소유한 채 살아가고 있다고 강조한 바 있다. 특히 다문화사회의 구성원들은 더욱 복합적인 민속언어 정체성(Ethno-linguistic identity: Clement, 1980; Giles & Johnson, 1981)과 중첩되고 혼성적인 소속감(hybridization: Bhabha, 1995) 등의 문제를 겪게 되는데, 이는 다문화사회가 다양하면서 독특한 민족적, 언어적, 계급적, 문화적, 지역적 배경 및 특성을 지닌 집단으로 구성되기 때문이다. 이러한 맥락 속에서 다문화가정의 자녀들은 주류사회 속에서 소수민으로서 살아가면서 그들이 소속감과 정체성의 혼란을 겪을 수밖에 없는데, 그러한 혼란은 단순한 문화적 상호작용에서 오는 것이 아니라 문화들 간의 세력의 역학관계의 역동성에서 비롯되는 것이다. 즉, 다문화아동의 정체성 형성은 자연스럽게 자신의 전통문화나 수용국의 주류문화의 사이에서 선택하거나 혼융되는 것이 아니라, 집단들 사이의 세력의 역학구도에 의해 결정되는 것이다. 따라서 다문화사회에서 아동들의 언어습득과 정체성 형성에 관한 많은 연구결과들은 소수민 아동들이 주류문화의 언어와 문화에 지대한 영향을 받을 수 밖에 없는 현실을 드러내고 있다(Noels & Clément, 1998; Noels, Pon, & Clement, 1996).

그러므로 다문화사회에서 다문화가정, 즉 소수민 아동들의 모국어 습득, 외국어학습, 전통문화 계승이나 주류문화에의 적응의 문제를 다룰 때는 바로 이러한 민족집단, 문화, 국가들 간의 사회적, 정치적, 경제적 역학관계에 대한 논의와 이해가 필수적인 것이다(Norton, 2000; Goldberg & Noels, 2006). 다문화사회가 궁극적으로 지향하는 바인 다양성에 대한 배려와 다양한 민족과 문화가 공존하는 사회는 적자생존이나 주류문화에의 동화와 같은 사회진화론적인 사회상이 아닌 생태주의적(ecological) 사회를 만드는 것이므로, 다문화가정의 아동들이 자신의 모국어, 정체성, 소속감을 지켜가는 것은 건강한 다문화사회를 만들어가는 데 필수적인 요소이다(Gaudet & Clement, 2005; Park, 2008).

2. 다문화교육의 모형

우리나라 다문화교육의 위치와 성격을 파악하기 위해, 다음의 〈표 10-2〉와 같이 유럽의 다문화교육 접근방식을 네 가지 모형과 일곱 가지 사례로 설명한 스윙,

스치리뷰와 오리넬(Swing, Schrievew & Orivel, 2000)의 구분을 통해 논의해 보고자 한다.

〈표 10-2〉 유럽의 다문화교육 모형구분

모형	사례	모형구분의 참조 틀	의도하는 학교교육 방향
A. 분리주의 (Separatism)	플랑드르인(Flemish)의 민족주의	양 민족집단의 언어와 전통에 있어서 문화가 중심역할	국가기관들의 분리 운영
	웨일즈인(Welsh)의 민족주의		웨일즈 문화의 재생, 웨일즈어-영어 이중어주의/미래의 정치적 독립
B. 분회된 다원주의 (Segmented pluralism)	독일의 이방인(Auslander)을 위한 프로그램	어떤 교육프로그램을 도입하든 간에 차이가 지속되리라는 가정	지배집단인 독일은 이방인을 여전히 타자로 인식함
C. 민족들 간의 문화적 다원주의 (Cultural pluralism within nations)	플랑드르지역(Flanders)의 시범적 이중문화프로젝트(C1)	각 문화적 틀에서 서로 다른 절대적 기준이 존재	두 종(자신과 주류집단)의 문화적 준거들이 소수집단의 개인들 속에 공존
	브뤼셀 내의 불어사용(Francophone) 학교에서의 간문화적 프로젝트(C2)	상호참조의 틀이 펴짐/ 다수 학생들은 비유럽적 준거틀을 소개받음/ 상대성 존중	양 집단이 서로의 문화적 참조들을 받아들임. 주류집단이 커리큘럼을 통제
D. 모호한 동화 (Ambiguous assimilationism)	프랑스의 미구분된(Undifferentiated) 교육과정	주류집단의 커리큘럼이 모든 학생들의 필요에 부합하리라는 가정	타자의 행위들에서 나타나는 차이가 좁혀지지만, 여전히 차이에 대한 인식은 존재함
	영국의 국가교육과정 (National curriculum)	모든 학생이 동일한 문화적 전제를 받아들여야 한다는 가정	소수민족 학생들을 주류문화의 세계관에 동화시키려는 노력을 지속함

위의 네 가지 모형에 대한 구분에서 나타나듯이, 유럽의 다문화교육 정책은 분리주의(A)와 다원주의(B, C), 그리고 동화주의(D)로 나누어지고, 다원주의는 다시 분화된(segmented) 다원주의(B)와 문화적 다원주의(C)로 나뉜다. 분화된 다원주의는 독

일 내 투르크족(Turks)의 예와 같이, 독일 내에 '이방인을 위한 프로그램'이 다양하게 존재하면서도 독일인과 이방인 사이의 구별이 끊임없이 존재하는 경우이다. 반면 문화적 다원주의는 다시 이중어/이중문화 시범프로젝트(C1)와 초국가적 단체의 지원을 받는 간문화적 프로젝트들(C2)로 나누어지는데, 전자는 소수민 학생이 자신들의 문화와 주류문화, 두 가지의 문화적 참조들(cultural references)을 내면화하게 된다고 가정하고 있다. 반면, 후자인 간문화적 프로젝트(C2)는 소수민 학생과 주류집단 학생이 서로의 문화를 참조해가면서 배우게끔 하는 것인데, 그럼에도 불구하고 지배문화가 교육과정에 대한 통제권을 유지하고 있는 경우이다. 하지만 사실 대부분의 유럽 국가들은 프랑스나 영국의 동화주의 교육과정(D)처럼 소수민 학생은 거의 획일적인 동화주의의 영향력 하에 놓여 있다(Swing et al., 2000: 238-239).

현재 유럽에서는 영국, 프랑스, 독일 등의 주요 국가들을 중심으로 그 동안의 동화주의 정책에 대한 재고의 필요성이 제기되고 있는 것처럼, 동화주의와 다원주의 정책의 가장 큰 차이가 다원주의적 관점은 다양성을 존중하면서 그것을 하나의 자산으로 여기고 있다는 점이다. 이처럼 우리나라에서 논의되는 다문화주의 담론과 다문화교육 정책을 바람직한 방향으로 이끌어가기 위해서는 그 이념적 정향성(orientation)에 대한 분명한 논의가 필요하다. 이를 바탕으로 궁극적으로 다문화사회의 정착을 위한 문화적 다양성의 수용과 인정, 인간의 존엄성과 인권에 대한 존중, 지구촌 공동체에 대한 책임, 생태 환경에 대한 존중 등과 같은 다문화교육의 핵심적 가치들이 왜 필요한지에 대한 비판적 논의가 수반되어야 한다(Bennett, 2007: 12). 결국 이러한 비판적 인식을 바탕으로 이민자들의 문화와 그들의 정착과정에 대한 세심한 이해 및 시민사회 차원에서의 문화적·사회적 통합의 노력이 이루어져야 할 것이며(김창근, 2009; 윤문무, 2010), 그러한 방향으로 다문화교육의 실천방안이 결정되어야 할 것이다.

정부와 공공교육기관, 기타 사회단체에서 다문화가정 자녀들을 위한 교육적 방안들을 마련하고 있지만, 아직까지 다문화가정 학생들을 포함한 다문화교실(multicultural classroom)을 위한 수업지도에 실질적으로 도움이 될 만한 수업방법론에 대한 논의는 거의 없는 실정이다. 기존의 몇몇 연구들도, 다문화교실을 위한 교수학습의 지원방안(오은순 · 홍선주 · 김민정 외, 2007; 오은순 · 김민정 · 홍선주 외, 2008) 등과 같이 행정적 지원방안이나 개괄적인 프로그램을 위한 요구분석 차원에서 논의한 것이고, 교사 입장에서의 다문화교육 프로그램 구성이나 구체적인 교수방법론에 대한 논의(홍선주 · 김민정, 2011)는 아직 많지 않다.

흔히 거론되는 다문화교육의 목적으로는, 다른 문화를 통해 자신의 문화 이해 증진, 주류문화 외의 대안적 문화습득을 통한 유연성과 경쟁력 제고, 다문화사회가 요구하는 자질 습득, 소수민족집단의 차별감소, 전 지구적 사회에서의 생존능력 고양, 세계시민성의 습득(Banks, 2008: 2-8) 등이 있는데, 이를 다문화교육 실천을 위한 원리로 풀어 쓰면, 첫째 자신의 문화와 다문화를 바라보는 시각 및 이해의 증진, 둘째, 세계 속의 다양한 문화적 · 민족적 · 언어적 대안들(alternatives)에 대한 학습, 셋째, 국내외적으로 다문화 사회에서 요구되는 지식과 기능, 태도의 습득, 그리고 넷째, 다문화가정 학생들이 겪을 수 있는 어려움과 차별의 감소를 위한 교육적 노력으로 정리해 볼 수 있다. 그렇다면 위와 같은 다문화 교육을 실천하기 위한 방법론으로써 어떤 구체적인 노력들이 있어야 할 것인가를 거시적인 다문화교육 정책의 측면과 더불어 미시적인 교수학습 방법론 측면에서의 논의의 필요성이 대두되고 있는 것이다.

따라서 본 장에서는 다문화교실을 위한 교수방법론에 관해 다음과 같은 논의를 진개하고자 한다. 따라서 첫째, 다문화교실의 성격에 대한 논의, 둘째, 생태주의적(ecological) 공간으로써의 다문화교실 환경과 그에 적합한 교육방법론으로써의 참여모형의 제시, 그리고 셋째, 이러한 참여모형을 바탕으로 한 구체적인 교수방법론을 세 가지 소개하고자 한다. 본 장에서 소개되는 세 가지 교수방법론—즉, 차별화 교수법, 문화감응 교수법, 그리고 상호작용적 피드백—은 다문화교실을 지도하는 교사가 일반가정 학생들과 다문화가정 학생들의 다양한 배경과, 관심과 수준을 모두 고려하여 보다 협동적이고 통합적인 수업을 이끌어 나가는 데 필요한 실질적인 수업방법론 혹은 그 원리로 활용해 나갈 수 있을 것이다.

3. 다문화교실의 성격

본고는 다문화교실의 성격을 다음과 같이 다양한 문화적 배경을 가진 학생들의 존재, 문화집단 간의 학습기회의 형평성 문제, 그리고 다문화교실에 대한 교사의 인식 및 태도의 측면에서 논의하고자 한다.

1) 다문화교실의 다양성에 대한 고려

국제사회가 개방화 및 세계화의 물결에 휩쓸리게 되고, 국가 간의 사회적, 문화적, 경제적, 산업적 경계가 희미해지면서 나타난 다문화사회는 학교교육의 성격도 근본적으로 변해야 함을 요구한다. 팔라스, 나트리엘로와 맥딜(Pallas, Natriello, & McDill, 1989)은 1984년경에 1/4에 불과했던 미국 내 소수민 학생의 비중이 2020년경에는 절반에 이르게 될 것인데, 문제는 그 대부분의 학생들이 사회경제적인 약자일 것이라고 예측한 바 있고, 실제로 1994년에는 규모 면에서 미국 내 상위 25개 학군(districts)에서 소수민 학생들이 차지하는 비율이 72%에 달하였다고 보고된 바 있다(National Center for Education Statistics, 1997). 이러한 다문화 학생의 증가추세는 우리나라의 경우도 비슷한 상황이고, 따라서 다문화 학생들의 학교적응과 학업성취 향상을 위해선, 그들의 가정과 지역사회의 문화적, 언어적, 인종적, 및 사회적 환경을 고려하는 교육방법론적 논의의 필요성이 점증되고 있는 것이다.

베넷(Bennett, 2009)은 모든 학생들이 자신의 배경에 상관없이 잠재적 능력을 실현할수 있도록 학생 개개인의 차이와 다양성이 고려되고 배려되는 교실 환경의 중요성을 강조한 바 있다. 하지만, 많은 학자들은 다문화 학생들의 문화적 배경에 대한 고려가 배려나 시혜적 차원이 아니라, 학교교육의 다양성, 역동성, 변혁성을 담보하기 위한 자원(resource)의 차원에서 이해되어야 한다는데 동의하고 있다(조영달 · 박윤경 · 전제철, 2009; 추병완, 2010). 다문화교실의 다양성은 학생들이 간문화적 역량을 계발하고, 편견 없는 사고 및 배려심을 가르칠 수 있으며, 이를 토대로 협력과 공존을 바탕으로 한 사회를 위한 시민정신 등을 기르는데 필수적인 요소인 것이다(Banks, 2008; 추병완, 2010). 결국 김순희(2008)가 강조한 바와 같이, 다문화교육이 지향하는 다양성을 존중하는 학교교육과 사회는 인권과 자유, 민주주의 등과 같은 보편적인 문화 원리와 부합되고, 더 나아가 궁극적인 사회통합과 발전에 필수적인 전제조건이 되는 것이다.

2) 학습기회의 형평성 문제

흑인계, 멕시코계, 원주민 인디안계와 같은 소수민 학생들이 학교교육에 잘 적응하지 못하고 있는 주요 원인 중의 하나는 그들의 학업성취 미진의 문제가 가정과 학교의 문화적 격차와 깊이 관련되어 있기 때문이다(Gay, 2002; Pewewardy & Hammer, 2003). 즉, 다음의 지적과 같이, 소수민 학생들이 학교에서 충분한 학습기회를 얻지 못하는 학습기회의 형평성(equity of opportunity to learn) 문제에 직면해왔던 것이다.

> "학교는 너무나도 빈번히 소수민 학생들의 지식이나 경험을 인정하지 않고 있다. 그 대신, 학교는 그러한 학생들의 언어나 문화를 학교학습을 준비하는 데 방해가 되는 요인이라는 식으로 낙인찍어 왔다."(Jones & Fennimore, 1990: 16)

소수민 학생들이 학습기회의 형평성을 제고하는데 있어서는 개별 교실을 담당하는 교사 하나하나의 노력이 필요하지만, 보다 근본적인 문제해결을 위해서는 학교차원의 다문화교육에 대한 포괄적인 이해가 우선되어야 할 것이다. 그러한 의미에서 뱅크스(Banks, 1993: 6)는 다문화교육을 "다양한 문화적, 인종적, 경제적 배경을 가진 학생들의 교육적 형평성을 제고하기 위한 총체적 학교개혁을 위한 노력이다."라고 정의하였던 것이다. 다문화교실의 학습기회의 형평성을 논의하기 위해서는 지금까지의 학교교육의 관행을 극복하기 위한 두 가지 전제가 필요하다.

첫째는 다문화가정 학생들의 다양한 사회문화적 배경을 이해하고 그것이 한국의 학교교육에 적응하는 데 어떤 영향을 미칠 것인지를 파악해야 한다. 예를 들어, 미국의 1990년 통계에 따르면 인도나 대만 이민자의 60%가 대졸자인 반면, 캄보디아, 라오스, 엘살바도르, 멕시코 등지의 이민자는 대졸자가 5% 미만인 것으로 보고되었다(Zhou, 1997). 이처럼 다문화가정 자녀들의 교육적 성취는 그들이 가진 사회문화적 자원의 역동성에 의해 크게 차이가 나기 때문에 그러한 배경에 대한 이해 없이 획일적 교육성과를 기대하는 것은 다문화교육의 근본취지에 부합하지 않을 것이다. 또 하나는 지금까지의 교수학습 이론, 교육방법, 스타일 등이 지극히 편협하게 전형적 혹은 모범적 학생들을 모델로 설정하여 계획되었던 관행에서 탈피하여, 서로 다른 잠재력, 관심, 성취도 수준을 가진 다문화 학생들을 고려한 다양한 성취기준의 제시가 필요하다는 사실이다. 본고는 첫 번째 관행을 '획일성의 오류', 두 번째 관행을 '표준화의 오류'라고 부르고자 한다.

이러한 전형적인 교수모형이 학교교육을 지배할 수 있었던 근본적인 원인은 획일화된 대량생산을 위주로 한 공장생산 모형을 바탕으로 경쟁을 강조하면서 다양성과 창의성, 그리고 공존과 상생의 가치는 등한시되었던 근대적 학교교육의 모습이 지금까지 남아있기 때문인 것이다. 한 마디로, 다문화교실을 성공적으로 이끌어 가기 위해서는 위의 두 가지 오류를 극복하려는 노력이 밑받침되어야 한다는 것이다.

쇼(Shaw, 1993)는 다문화사회의 학교교육의 비전은 '학습기회의 형평성'을 제고하는 데 있고, 그것은 혼합집단 구성(heterogeneous grouping), 광범위한 학습스타일을 포용할 수 있는 고도의 상호작용 교수법(highly interactive instruction) 활용, 그리고 포섭적 교육과정(inclusive curricula)의 도입, 세 가지의 방법론을 통해서 실현할 수 있다고 주장한다. 쇼의 주장을 바탕으로 다문화교실의 교수학습 방법론을 고안해 본다면, 한마디로 다문화 학생과 주류집단 학생이 한데 어우러져 구성된 교실 속에서 서로 다른 배경을 가진 학생들의 다양한 학습스타일을 포용하면서, 고도로 세분화되고 체계화된 상호작용 기제를 활용하는 방안을 고민해야 한다는 것이다.

3) 다문화교실에 대한 교사의 태도

다인종, 다문화, 다언어사회인 미국의 공립학교에서는 대부분의 교사들이 저소득층 소수민 학생들에 대한 낮은 기대수준을 가지고 있다고 보고된 바 있다(Stoddart, 1990). 하지만 그러한 소수민 학생들의 낮은 수업참여와 수업성취도는 소수민 학생들의 사회문화적 배경 자체의 영향이라기보다는 교사의 언어적 반응양식과 개별적 주의집중의 차이에 의한 것이라는 실증적인 연구도 있다(van der Leij, 1993). 그러한 맥락에서 그란트(Grant, 1990)는 교사가 다문화적 마인드와 긍정적인 기대수준을 갖는 것이 소수민 학생들이 그들에게 불리한 수업 환경을 극복하고 도전의식을 가질 수 있도록 돕는 첫걸음이라고 강조하였다. 하지만 오늘날 급격한 다문화교실의 확산 속에서, 우리 교육의 현실은 교사들이 다문화교실에 대처하는데 필요한 소양을 갖출 체계적인 교육의 기회를 아직 제공하지 못하고 있다(박윤경 외, 2008). 따라서 이러한 문제를 해결하기 위해서는 교사 교육과정에 다문화교육의 중요성에 대한 이해가 반드시 포함되어야 하는 것이다.

치솜(Chisholm, 1994)은 다문화를 지도하기 위한 교사 교육과정의 내용으로는 인문학에 대한 지식과, 다문화교육에 대한 개괄적 이해, 교사 교육과정 전반에 다문화주의 뿌리내리기, 다문화 환경에 대한 현장경험, 그리고 예비교사의 문화적 능력에 대한 평가가 포함되어야 한다고 주장한 바 있다. 이러한 교직 훈련을 바탕으로 교사들은 문화적 민감성, 언어적 다양성, 그리고 다양한 문화적 배경을 지닌 학생들을 지도하기 위한 교수전략을 갖추어야 하는 것이다(Parla, 1994). 실제로 교사들의 다문화교실 환경에 대한 긍정적이고 적극적인 태도는 다문화 학생들의 학업성취에 유의미한 영향을 미치는 것으로 밝혀진 바 있다(박윤경, 성경희, 조영달, 2008). 하지만 다문화 교육의 궁극적인 목적은 다문화 학생들의 학업성취 증진이 아니라, 다문화교실이라는 환경을 교육적 자산으로 삼아 바람직한 인성교육, 사회성교육, 올바른 세계관 교육을 위한 기회로 삼을 필요가 있는 것이다.

교사들이 다양성을 촉진하는 수업을 준비하기 위한 여러 가지 핵심요소들이 많이 제시된 바 있다(Banks & Banks, 1993; Bennett, 1995; Nieto, 1996; Tim, 1996). 이러한 다양성을 촉진하는 수업의 핵심은 결국 교사가 학생들 사이에서 문화적 매개자이자 조정자의 역할을 수행하는 것이다. 다문화교육 실천의 핵심 주체가 바로 교사라는 사실과, 학생들의 학업 성취 및 학교생활 전반에 미치는 교사의 영향력을 감안할 때, 성공적인 다문화교실의 운영을 위해선 교사의 태도변화가 우선되어야 하는 것이다. 다양성을 배려하는 학교교육의 근본적인 변화와 교사의 전향적 태도 없이는 다문화교육의 실천이 효과를 보기 어려운 것이다(Ladson-Billings, 1995).

4. 다문화 교육과정의 구성

다문화교실의 학생들을 어떻게 지도하고, 이를 위한 교육과정을 어떻게 설계할 것인가의 문제는 세 가지 차원에서 논의될 수 있다. 인적 포섭(즉, 어떻게 다문화 학생들을 주류 학생들 속으로 자연스럽게 포용할 것인가?), 내용적 포섭(즉, 어떻게 다양한 문화적 내용 및 양상들을 교육내용에 포함시킬 것인가?), 그리고 교육과정적 포섭(즉, 어떻게 하면 다문화 교육과정[시간, 내용조직, 환경, 행정적 요인 등의 제반 교육적 요소]을 기존의 교육과정의 틀 안팎에 자연스럽게 접목시킬 것인가?)이 바로 그것이다.

1) 다문화교육의 내용영역

교육과정 이론가들 사이에선 학교교육에서 다루어져야 할 교육내용이 무엇이 되어야 하는가에 대한 오랜 논쟁이 이어져 왔다(Wexler, 1989: 93). 요컨대 교육과정 내용에 관한 초기 논의의 핵심사안은 획일화된 학습기회나 학생들 간의 학업 성취의 차이의 문제 등이었고, 교육과정 내용 그 자체에 관해서는 거의 관심을 기울이지 못했다. 더구나 우리나라처럼 단일민족 문화라는 사회적 인식이 강한 사회에서는 교육내용을 바라보는 다양한 시각이 반영되지 못한 채 획일화된 내용이 학교교육에 채택되기 마련이었다. 하지만 다문화학교처럼 다양한 배경과 문화를 가진 학생들로 구성된 학교에서 다루어지는 지식이나 교육내용의 무엇이어야 하는가는 교육적 논의의 기본이 되어야 할 것이다.

단일문화사회에서 학교교육이 교육과정 내용을 통해 사회적, 문화적, 경제적 재생산 역할을 하고 있다는 비판주의자들의 주장(Bowles & Gintis, 1976; Giroux, 2001)과 유사한 맥락에서, 다문화사회에서도 학교교육은 주류집단과 비주류집단 사이의 문화적 차이를 바탕으로 사회문화적, 정치경제적 불평등 관계를 재생산하는 기능을 한다고 지적된다(Nieto, 1992). 그런데 그러한 학교의 사회적 재생산 기능에서 가장 큰 역할을 담당하고 있는 부분이 바로 교육내용과 관련된 부분이다(Bourdieu & Passeron, 1977; Whitty, 1985). 즉 학교에서 다루어지는 교육내용이 다문화교육이 궁극적으로 지향하는 사회에 적합하지 않은 잘못된 편견, 신념, 전형적 모습(stereotypes), 불평등성에 기반하고 있다는 것이다(Banks, 1995). 예를 들어, 뱅크스(Banks, 1996)는 다문화학교에서 흔히 그 교육내용을 구성할 때, 기여적 접근법(Contribution approach: 다문화 배경을 가진 위인들이나 그 축제일 등을 소개하는 식의 수업)이나 부가적 접근법(Additive approach: 기존의 교육내용에 다문화과 관련된 내용을 추가하는 식의 교육과정 내용조직)을 활용하여 기존의 교육과정 구조적 틀의 변화없이 내용보충 위주로 교육과정이 짜여져 있다고 지적한다. 따라서 진정한 다문화교육을 위해서는 기존의 교육과정의 구성의 측면에서 지식의 형성이나 변혁을 목표로 하여 내용조직의 틀을 완전히 바꿔야 한다고 주장한다.

단일문화를 기반으로 한 교육과 다문화를 기반으로 한 교육과정은 교육내용을 바라보는 관점에서 근본적으로 다를 수밖에 없다. 한마디로 단일문화교육은 자문화중심주의적 시각에서 지식, 역사, 사회, 경제, 기술, 가치관 등을 논의하고 이를 교과지식으로 체계화시킬 수 있겠지만, 다문화교육에서는 이를 바라보는 보다 상대적이고 다차원적인 시각이 필요하다. 본고는 다문화교육의 내용영역이 범위(scope), 관점(perspectives), 층위(levels)의 차원에서 훨씬 더 광범위하고 포괄적이 될 필요가 있다고 본다. 이를 도식화하여 간단히 보여주면 다음 [그림 10-1]과 같다.

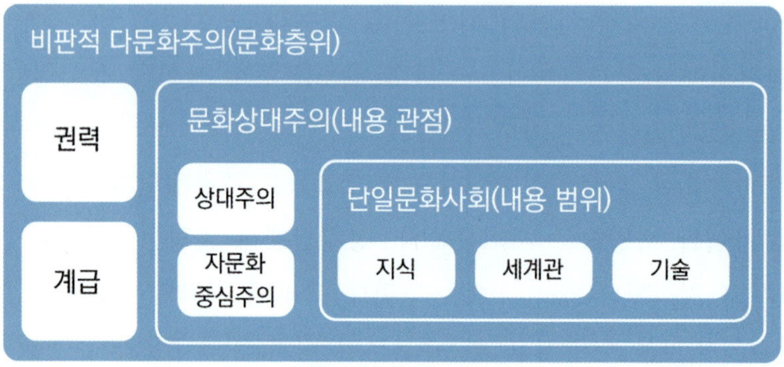

[그림 10-1] 비판적 다문화주의의 논의 수준

출처: 박휴용(2012: 63).

위 그림이 보여주듯이, 다문화교육은 단일문화교육에서 다루는 내용의 범위차원에서의 선택뿐만 아니라, 내용의 관점에서 자문화중심주의를 극복한 문화상대주의적 시각의 도입이 필요하다. 하지만 이보다 더욱 중요한 것은, 본고에서 주장하는 바와 같이, 비판적 다문화주의적 시각을 바탕으로 학교교육이 다루는 지식의 문제에 영향을 미치는 권력과 계급의 문제를 다룰 수 있어야 한다는 것이다. 즉, 권력과 계급, 그리고 그로 인한 형평성의 문제는 학교교육에서 반드시 다루어져야 할 문제이고, 특히 다문화교육에서는 더욱 절실히 그 논의가 필요하다는 것이다.

2) 다문화교육의 내용으로서 문화

지루(Giroux, 1989, 1992)는 문화의 개념이 계층, 계급, 인종, 성별, 연령에 따른 사회적 관계형성의 문제와 복잡하게 얽혀있다고 주장한 바 있다. 즉, 문화는 단순히 다양한 삶의 양식이 아니라, 서로 다른 집단들 간의 지배와 종속이라는 힘의 불균형 관계가 재생산되는 형태와 관련되어 이해되고 논의된다고 본 것이다. 그 가장 오래되고 대표적인 예가 바로 성별(gender)과 관련된 문화적 양상이다. 즉, 왜 어떤 사회에서 여성은 남성에 비해 열등한 사회적 지위 속에 머물러있어야 하고, 그러한 차별적 지위가 해당 사회의 여성들의 옷차림, 음식, 말투, 사회참여, 경제적 보상 등에서 고스란히 드러나고 있는가를 이해하기 위해서는 성차에 따른 표면적인 문화 양상만을 살펴볼 것이 아니라, 그 사회의 성차별의 과거와 현재라고 하는 이면을 들여다보아야 하는 것이다. 이처럼 지루(Giroux)는 문화를 이해한다는 것은 그 겉으로 드러난 정적인 모습에만 관심을 둘 것이 아니라, 다양한 삶의 양상들이 사회 속에서 치열하게 갈등하고 투쟁하는 내부적인 경험과 그 의미에 관심을 기울여야 한다고 강조한다.

교육내용으로서 문화를 바라보는 시각의 예로, 본질주의 교육철학자인 허쉬(Hirsch, 1987)는 문화적 문식성(cultural literacy)을 강조하면서 전통문화 및 문화적 유산과 공유적 지식정보(commonly shared information)을 학교교육의 주된 내용으로 다루어야 한다고 주장한 바 있다. 이처럼 절대불변의 인류보편적 가치나 고전의 학습을 강조했던 항존주의자나 허쉬와 같이 인류문명의 공통적이고 본질적 지식 등을 중요시했던 본질주의자들은 문화를 지극히 정적이고 객관적인 학습의 대상으로 보았던 것이다. 이러한 항존주의 혹은 본질주의가 문화교육을 바라보는 관점은 계몽, 이성, 합리성 등과 같은 용어를 바탕으로, 이성과 과학주의에 기반한 합리적인 사고, 객관주의에 맥락을 둔 문화적 상대성의 강조, 차이에 대한 이성적 판단과 존중 등을 그 담론의 저변에 깔고 있는데, 이러한 사고가 바로 이성적, 과학주의적, 그리고 근대주의적 문화관이다(Jameson, 1991).

하지만 호르크하이머와 아도르노(Horkheimer & Adorno)는 이러한 근대적 문화관은 차이를 상쇄시키고 공통성의 거대담론을 추구하였던 구조주의적 세계관, 객관화되고 기계화된 사고에 입각한 과학주의적 사고에 기반한 체계적이고 비신적인 관점이라고 지적한 바 있다(Adorno & Horkheimer, 2002; Witkin, 2003) 이러한 과학주의가 휴머니즘에 승리하면서 20세기 들어서 학교교육의 문화적 내용의 근간에 과학주의가 자리하게 되었고, 학교교육의 내용을 차지하게 된 근대성의 다양한 양식들은 과학주의뿐만 아니라, 자본주의 생산품, 교육적 담론과 실천의 도구화, 그리고 실증주의적 심리학에 기반한 교육과정 내용 등의 형태로 학교교육을 지배해왔던 것이다(Apple, 1979; Giroux, 1981; Popkewitz, 1997). 특히 오늘날과 같은 고도로 자본주의화된 사회에서 문화는 시장주의 속에 잠식되어 더 이상 '공유의 대상'으로서의 문화가 아니라 '구매와 소비의 대상'으로서의 문화로 탈바꿈하게된 것이다.

요컨대, 다문화교육에서 다루는 문화는 근대주의적 시각으로 대상화, 객관화, 물질화, 상품화된 문화에 대한 관점에서 벗어나야 한다. 문화는 단순히 학교교육에서 다루는 지식의 일부도 아니고, 축적되고, 고정되고, 범주화되어 단순히 학습의 대상으로 박제화된 것도 아니다. 만일 문화가 하나의 '텍스트'라면 학생들은 그 텍스트 자체뿐만이 아니라 그 텍스트가 자리하는 맥락(context), 즉 사회적 관계성 속에서의 위치를 배워야 한다는 것이다. 교육과정 그 자체가 문화적 질문이라고 주장한 웩슬러(Wexler, 1989)는 이를 문화를 맥락화(contextualize)하고, 실용화(pragmatize)하고, 사회화(socialize)하는 것이라고 주장하였던 것이다(Wexler, 1989, 1994). 학교교육과정에서 문화와 관련된 내용을 다룰 때, 그 규범적 성격, 즉 이념적, 정치적, 가치론적 성격에 대한 분명한 인식을 바탕으로 문화를 비판적으로 이해하고 그와 관련된 지식을 학생들이 배울 수 있도록 해야 한다. 이러한 조건하에서만 문화는 학교라고 하는 복잡하고 역동적인 사회화 기관 내에서 생생하게 살아있는 교육과정의 내용으로 전환될 수 있는 것이다. 이것이 바로 비판적 교육학에서 문화를 다루는 방식, 즉 '비판적 사고를 통한 삶의 다양성의 이해'인 것이다.

3) 다문화 교육과정의 구성요소

뱅크스(Banks, 2007a)는 다문화교육의 구성요소를 내용적 통합(content integration), 지식의 구성(knowledge construction), 편견의 감소(prejudice reduction), 평등 교수법

(a equity pedagogy), 그리고 민주적으로 권한을 부여하는 학교문화(an empowering school culture)의 다섯 가지로 구분하고 있다. 첫째, 내용적 통합(Content Integration)의 차원은 교사가 해당 과목의 주요 개념과 원리, 일반화, 이론을 설명하기 위해 다양한 문화와 집단에 관한 내용을 활용하는 것과 관련된다. 특히 뱅크스(Banks)는 사회·언어·예술 교과가 타 교과에 비해서 민족적·문화적 내용을 통합하는 데 더 용이한 교과라고 간주하고 있다. 하지만 여기서 유의할 점은 다양한 문화 집단의 이야기가 '부가적 접근'(Banks, 2007b: 253) 또는 '관광식 접근'(윤혜원, 2000: 161)의 관점을 보여서는 안 된다는 것이다. 즉 마치 여행자가 이국적인 타문화권의 풍물을 둘러보듯이 피상적으로 그리고 흥미 위주로 다양한 문화의 사례를 접하는 것을 다문화교육의 실천으로 오해해서는 안 될 것이다.

둘째, 지식의 구성(Knowledge Construction)은 우리의 일상적인 삶 속에서 작용하는 문화적 가정, 준거 체계, 관점, 편견 등이 어떻게 학교 교육과정에서 절대적 진리라고 배우는 내용에 암묵적으로 영향을 미치고 있는지를 비판적으로 이해할 것을 강조하고 있다. 예를 들어, 학생들은 과학 시간에 사회적 다윈주의나 지능이론에 어떻게 인종주의적 편견이 영향을 미쳤는지를 분석해 보고, 사회 시간에는 유럽인의 미국 대륙 발견이라는 역사적 주제를 공부하면서, 지식이라는 것이 특정 관점에 의해 형성되고 정당화된다는 점을 깨닫게 된다.

셋째, 편견의 감소(Prejudice Reduction)는 학생들이 타인종, 타민족, 타문화 집단에 대한 긍정적인 태도를 기를 수 있도록 돕는 것을 의미한다. 교사는 다양한 인종과 민족에 대한 긍정적인 이미지를 수업자료에 나타냄으로써, 그리고 적절한 조건에서 이루어지는 집단 간의 접촉 상황(contact situations)을 학생들에게 제공함으로써, 서로 다른 인종과 민족 간에 긍정적인 가치와 태도를 생성해 낼 수 있다고 보았다.

넷째, 평등 교수법(Equity Pedagogy)은 교사가 다양한 인종, 민족, 성, 계층 출신 학생들의 학업성취를 향상시킬 수 있도록 수업의 내용과 방법에 변화를 유도하는 것을 의미한다. 예를 들어 교사는 다양한 인종·민족 집단 출신의 학생들이 보유하는 문화적 지식, 언어적 특징, 대화 유형, 및 학습 유형을 고려하여 이에 부합하는 교수방식을 취함으로써 학업성취를 보다 촉진할 수 있다.

다섯째, 민주적 권한 부여의 학교문화(An Empowering School Culture)는 다양한 계급·성·인종 배경을 지닌 학생들이 학교 안에서 교육적 평등을 경험하도록 학교의 조직과 문화가 변화되어야 함을 강조한다. 단순히 교육과정의 내용을 뛰어넘어, 학교생활 각 영역(예 학교 행정, 학생 동아리 활동, 수준별 교육과정 운영)에서 관찰되는 다양한 교육 행위들이 보다 민주적이고 보다 형평성 있는 방향으로 나아갈 수 있는 학교문화를 만들어가야 한다는 것이다.

하지만 진정한 문화적 포용을 달성하는 교육과정을 실천하는 일은 무척 어려운 과제임에 틀림없다. 최근 20년간 미국 일부 주와 교육구에서 시도된 야심찬 다문화 교육과정 프로젝트들은 만족스러운 결과를 가져오지 못하고 거의 대부분 실패했다고 해도 과언이 아니다. 이러한 교육과정 프로젝트가 공통적으로 목표로 했던 바는 첫째, 기존 교육과정에서 제대로 다루어지지 못했던 비백인계-소수민족의 역사적 기여나 주요 유명 인물들을 소개하고, 둘째, 자신이 속한 소수민족의 문화적 정체성을 형성하는 학습경험의 기회를 제공하는 것이었다. 하지만, 이러한 시도는 궁극적으로 그 한계를 드러내고 말았다. 기존의 미국사 서술의 내러티브를 그대로 유지하는 범위 안에서 '다문화 교육과정'이라는 이름으로 소수민족의 역사적 사건과 인물에 관한 수업주제나 단원을 '추가적으로' 끼워 넣는 방식을 택하였고, 결과적으로 일종의 정치적인 생색내기에 그치고 말았다.

미국의 다문화 교육과정 이론가들은 다문화 교육과정의 성공을 위해서는 거시적인 교육과정 정책의 변화와 프로그램 지원이 요청되지만, 가장 핵심적인 변화는 교실수업이라는 소우주 안에서 이루어져야 한다고 역설한다. 교실담론 형태의 변화와 더불어 교사는 학생들이 교실 안으로 가지고 들어오는 다양한 문화적 배경 지식에도 관심을 가지고 이를 수업의 내용에 반영할 수 있도록 준비해야 한다고 주장한다. '문화적 적합성의 교수법'은 이러한 주장을 핵심적으로 요약하는 단어이다.

뱅크스(Banks, 1993)는 바람직한 다문화사회를 만들어가기 위해서는 현재의 다문화 교육과정에는 근본적인 변화가 필요하다고 보고, 미국의 다문화 교육과정이 변화되는 단계를 ① 주류사회 중심의 세계관과 내용으로 짜여진 교육과정, ② 다문화사회 출신의 유명 인사나 그 기념일을 소개하는 수준의 교육과정, ③ 다문화적 내용을 부차적으로 삽입하는 수준의 교육과정, ④ 기존의 교육과정 내용에 구조적인 변화를 도입하는 수준의 교육과정, 그리고 ⑤ 진정한 다문화교육의 의미로써 학생들의 의식화와 현실적 문제에 대한 적극적 사회참여를 유도하는 교육과정으로 구별하여 설명한 바 있다. 이어서 뱅크스(Banks, 1999)는 이러한 다섯 단계의 다문화교육 실천방안을 기여적 접근, 부가적 접근, 변혁적 접근, 그리고 사회참여적 접근이라는 교육과정 개혁을 위한 4가지 접근으로 정리하기도 하였다.

요컨대, 첫 번째 단계인 주류사회 중심의 교육과정은 학생들로 하여금 주류사회 및 그 문화가 더 우월하다는 잘못된 인식과 타문화 및 인종 집단에 대한 편견을 강화시키고, 타문화로부터 배울 수 있는 지식, 관점, 준거틀을 얻을 기회를 놓치게 된다. 또한 그로 인해 비주류 학생들은 자신들의 전통문화와 전혀 다른 주류문화 속에서 살아남기 위해 고군분투하고 그 과정에서 스스로를 다시금 소외시키는 결과를 낳게 된다고 지적한다. 두 번째 단계인, 영웅들과 기념일들을 소개하는 수준의 교육과정은 다문화와 관련된 인물이나 문화를 소개하고 주류문화와의 차이를 드러내 줌으로써, 학생들이 타문화의 의상, 음식, 음악, 그리고 문화적 작품들에 관심을 갖게 되지만, 여전히 타문화는 주변적인 대상으로 머물게 되고(타자화), 비주류 학생들의 실제적 삶의 관점과 경험에 대해서는 다루지 못함으로써, 다문화사회의 현실을 제대로 이해하지 못하게 되는 것이다. 세 번째, 부분적 통합 교육과정의 수준에서는 교사들이 타문화에 대한 보다 본질적인 자료와 지식을 교육과정에 도입하려고 하지만, 이는 여전히 주류문화 중심적 관점으로 해석되고 이론화된 것이기 때문에 주류사회 중심의 교육과정 내용에 비해 부차적인 수준에 머물 수밖에 없는 것이다(Banks 1993). 네 번째 단계인 교육과정의 구조적 개혁 수준에서는 새로운 자료와 관점, 다양한 목소리들이 새로운 이해와 지식의 틀을 통해 주류와 비주류의 구분 없이 보다 완성적이고 통합적인 교육과정의 형태로 조직되는 수준이다. 또한 교사는 자신의 견해와 지식을 확장하여 다양한 관점을 통해 교육내용을 탐색하고자 하며, 학생들도 사건, 지식, 개념을 다양한 렌즈를 통해서 보는 것을 배울 수 있게 된다. 마지막으로 다섯째, 진정한 다문화적, 사회참여적, 의식화 수준의 교육과정에서는 다문화사회와 관련된 모든 주제와 이슈들에 대한 다양한 학생들의 목소리, 견해, 관점들이 학습경험의 전면에 등장하게 되고, 그것은 다문화교실의 중요한 학습자원이 된다. 교과서는 단지 하나의 참고자료로서 이해되고, 그 외의 다양한 교육 매체가 탐색되면서 이를 바탕으로 한 논의를 통해서 학생들의 시각을 넓히는 자료로 활용된다.

5. 다문화교실을 위한 교수법 및 평가

본 장에서는 다문화교실을 위한 교수방법론으로 차별화 교수법, 문화감응교수법, 상호작용적 피드백 세 가지를 소개하고 이에 대해 논의하고자 한다.

1) 차별화 교수법(Differentiated instruction)

한 학급 전체를 집단적으로 가르쳤던 전통적인 집단적 교수법에 대한 대안으로 등장한 것이 바로 차별화 교수법이다. 차별화 교수법의 핵심은 내용, 과정, 그리고 결과의 측면에 있어서 학생들의 특장점, 필요, 그리고 학습스타일에 따라 융통성을 부여하여(Levy, 2008), 정보활용, 의미파악, 학습내용의 표현 등에 있어서 다양한 선택의 기회를 제공함으로써, 학생들의 필요와 흥미에 맞춘 효과적인 학습을 도모하는 것이다(Tomlinson, 2001). 차별화 교수법은 학습에의 접근, 동기유발, 학습효율성 세 가지 차원에서 학습경험을 개별 학생들에 맞게 조정하는 것이 핵심인데, 이를 위해서는 학생들의 학습준비도, 흥미, 학습 프로파일과 관련지을 수 있어야 한다(Tomlinson, 1999). 즉, 학생 각자마다 학습내용에 대한 접근방식, 선행 학습 정도, 동기요인, 학습효율성이 학생 개개인마다 서로 다른 양상을 띨 수밖에 없으므로, 그러한 개별적 특성에 부응할 수 있는 수업준비와 교사의 마음가짐이 필요하다는 것이다.

따라서 교수학습의 계획과 준비는 학생 개개인의 필요에 맞추어야 하고, 공식적 혹은 비공식적 평가방법을 통해 학생들의 개별적 수준에 따라 몇 가지 모둠으로 그룹을 나누게 되는데, 그러한 소그룹은 그 구성원이 수시로 바뀔 수 있도록 융통적인 모둠이어야 한다는 것이 중요하다. 학생들은 이처럼 융통성 있게 구성된 다양한 모둠 속에 속하여 과제를 수행하게 되므로, 각 모둠들의 규모, 성격, 주제, 경험, 그리고 성과들은 다양하게 나타나기 마련이고, 그러한 다양한 과정과 결과에 대비하는 수업계획을 수립하는 것이 교사의 책무가 되는 것이다.

위와 같은 융통성 있는 모둠을 운영함에 있어 교사는 각 모둠의 장단점을 고려하여 학급 전체의 학습의 효과를 높이는데 기여할 수 있도록 관리할 필요가 있다. 즉, 차별화 교수법을 기반으로 한 교실수업은 상황과 필요에 따라 다양한 모둠이 형성되고 해체되므로, 과거의 경직된 모둠활동과는 다르게 융통성을 최대한 발휘할 수 있는 모둠활동이 진행될 필요가 있다는 것이다. 차별화수업이 진행되는 교실에서 교사는 학생들의 수준에서 수업을 시작하여, 상이한 학습양식(learning modalities)에 참여할 수 있도록 학생들을 준비시켜야 하고, 너불어 학습내용의 복잡성에 따라 적절한 교수속도를 유지하고, 다른 학생들과의 경쟁보다는 사신과의 경쟁을 독려하는 것이 중요하다(Tomlinson, 1999). 예를 들어, 교사가 다문화교실처럼 학생들의 능력이 균등하지 않은 혼합능력(Mixed-ability) 집단을 지도할 때는 기존의 교수방식에서 벗어난 근본적인 인식의 전환이 요구되어지며(Tomlinson, 2001), 단순히 전달자가 아닌 학생들을 상대로 코치나 멘토의 역할을 함으로써 학생들이 자신의 능력에 따라 개별적으로 독자적인 학습경험을 쌓아가는 다양한 학습기회의 제공자로 탈바꿈할 필요가 있다.

이에 부응하여 학생들도 자신의 다양한 지적능력, 고차원적 사고력, 그리고 학습스타일에 따라 자신의 학습 및 활동에 책임감을 갖고 자기주도적 학습을 해나갈 수 있는 능력을 길러야 한다(Bailey & Williams-Black, 2008: 134). 이러한 수업의 방식을 혼성적 교수모형(hybrid model of instruction)이라고 부르는데, 이는 교사를 중심으로 학생들이 다양한 모둠을 이루지만, 그 모둠 내의 활동은 독립적이고 개별적인 과제수행으로 이루어지며, 교사의 역할은 과제를 부여하거나, 학생들의 활동을 기록 및 교정해 주고, 필요한 도움을 제공하는 역할을 하게 되는 수업의 모형을 가리킨다(Beder, Tomkins, Medina, Riccioni, & Deng, 2006).

차별화 교수법은 생태주의 교육원리에 입각하여 다문화교실에서의 교수방법론으로써 여러 가지 의미와 가능성을 갖는다. 첫째는 동질집단에 대한 획일적 교수법에서 교사와 학생의 관계가 교사중심의 일방적 관계로 고착될 수 있는 데에 반하여, 다문화집단을 위한 차별화 교수법은 학습의 주도권이 학생 자신에게로 이양될 수밖에 없다는 사실이다. 따라서 학생들은 자신에게 의미 있는 지식과 정보를 능동적으로 형성해 나간다는 구성주의 원리에 입각하여 학습의 주체로 나설 수 있고, 역동적인 모둠활동을 통해서 적극적으로 학습에 참여하게 된다. 둘째, 다양한 능력수준의 모둠을 바탕으로 한 수업은 모둠별로 서로 다른 학습의 양상이 전개될 수 있고, 학생들 간의 상호작용이 극대화될 수 있다는 장점을 지닌다. 학생들의 학습에 있어서 다른 학생들과의 협력의 중요성을 깨닫게 되고, 맥락에 기반한 지식의 습득(contextualized learning: situatedness)을 통해 의미를 추구하는 학습을 하게 된다. 셋째, 학생들은 지식이란 고정적인 학습의 대상이 아니라, 끊임없이 변화하면서 학습자 개개인에 서로 다른 의미를 부여하는 탐구과정의 결과라는 것을 차별화 교수법을 통해 깨닫게 될 것이다. 이것이 학교학습의 궁극적인 지향점이며, 그러한 학습을 통해서 다문화교실 속의 다양한 학생집단들이 참여와 협력을 통해 함께 사는 사회를 만들어가는 살아있는 경험을 할 수 있게 되는 것이다.

2) 문화감응교수법(Culturally Responsive Pedagogy)

문화감응교수법(Culturally responsive teaching: CRT)은 가이(Gay, 2000)가 다문화교육론과 형평성교육론에 이론적 기반을 두고, 어떻게 하면 소수민 학생들에게 적절하게 반응할 것인가를 고민하면서 제안하게 된 방법론이다(Irvine & Armento, 2001). 한마디로, 문화감응교수법은 교사들이 문화적, 인종적으로 서로 다른 배경을 지닌 학생들의 다양한 문화적 지식, 사전경험, 학습스타일을 활용해야 하고(Gay, 2000: 29), 이를 위해 가정과 학교생활의 연결을 통해, 소수민 학생들의 문화적 경험과 지식 자원(funds of knowledge)을 교실수업에 끌어들여야 한다는 것이다.

문화감응 교수이론은 사회적구성주의, 신비고츠키(neo-Vygotskian) 이론, 문화차이 패러다임에 이론적 배경을 두고 있다(추병완, 2010). 즉, 지식은 사회적으로 형성되는 것이며, 그러한 지식을 학습함에 있어서 지식의 사회적 맥락과 그 지식이 사회적 존재로서의 학습자에게 어떤 의미가 있는가를 파악하는 것을 중시하므로, 결국 문화적 양식(competence), 자질, 이해가 모든 학습의 중요한 출발점이 되어야 한다고 본다. 문화감응 이론이 강조하는 학교교육에 관한 논점은 해당 학교에 존재하는 주류문화와 비주류문화의 사이의 세력관계와 관련한 문제이다. 즉, 학교교육에의 적응이나 학업성취의 문제를 주류문화의 입장에서 담론화하는 과거의 문화결핍(cultural deprivation) 패러다임에서 탈피하여 비주류문화에 대한 이해와 존중을 바탕으로 한 문화차이(cultural difference) 패러다임으로의 전환을 요구한다. 따라서 문화차이 패러다임으로 혼성집단 학습자의 다양한 학교적응 양상과 학업성취를 바라보았을 때, 학교와 교사는 어떠한 자세와 반응을 통해 전체적인 교육의 성과를 높일 수 있을 것인가를 고민해야 할 것이다.

가이(2010)는 교사가 소수민 학생들의 학업성취를 고무시키기 위해서는 문화감응교수법의 도입을 통해서 그들과 의사소통하는 방법을 배워야 한다고 주장하고, 문화감응교수법의 가장 핵심적인 요소가 교사의 문화적 자각(cultural self-awareness)과 의식고양(consciousness-raising)이라고 지적하였다. 예를 들어, 맥킨리(McKinley,

2010)는 아프리카계 미국학생들이 그 어떤 소수민 학생들보다 학업성취에서 부진하다는 사실에 착안하여, 31명의 교사와 20명의 교사를 상대로 20개월에 걸쳐 조사, 인터뷰, 관찰을 실시한 결과 그 원인으로 ① 교사의 낮은 기대수준, 태도, 및 신뢰, ② 학업기회 및 자긍심 부족, ③ 대인관계 빈곤, ④ 부정적인 정체성 및 동기부족, ⑤ 그들의 문화적 배경과 학습스타일에 대한 부적절한 교수반응 등을 지목하였다. 전문가들은 이러한 학생들에게 도움을 주기 위해서는 교사들이 자기효능감을 인식하고 개발함으로써, 학습을 위한 사회적 맥락에 주의를 기울임으로써, 그리고 전문성개발, 회고, 협동, 교수능력의 향상을 위한 훈련 등을 통해서 보다 효과적으로 문화감응적인 교수법을 익힐 수 있다고 보고 있다(Irvine, 2003; Pang & Sablan, 1998).

비예가스와 루카스(Villegas & Lucas, 2002)는 다문화교실을 지도하는 교사들에게 요구되는 태도로써 사회문화적 의식, 학습에 대한 구성주의적 시각, 학생들에 관한 폭넓은 이해, 다문화 학생들에 대한 적극적 태도, 변화의 원동력으로서의 헌신과 기술, 문화감응교수전략 등이 필요하다고 강조한 바 있다. 추병완(2010: 114-118)은 이러한 문화감응교수법의 원리를 바탕으로 다음과 같은 방법론을 제시하고 있다. 첫째, 교실 환경 구축전략으로써 지원적, 촉진적 교실 환경 구성과 학생의 잠재력에 대한 기대, 둘째, 수업설계를 위한 전략으로써 문화적으로 매개된 수업과 학생중심적 수업, 셋째, 수업전개를 위한 전략으로써 적절한 비계설정과 협력학습의 기회부여 등을 들고 있다. 예를 들어, 소수민 학생들의 학부모들을 수업에 초대하여 이야기를 나눔으로써 소수민 학생들의 모국, 가정, 언어, 문화적 배경에 대한 이해를 넓힐 수 있고, 소수민 학생들의 삶을 보여주는 문학작품들에 대한 소개, 그들의 독특한 의사소통 방식에 대한 소개, 다양한 작업스타일의 조화를 바탕으로 한 협동작업 등을 시도할 수 있을 것이다.

마지막으로, 슈미츠(Schmitz, 1999)가 다문화교실을 지도하는 교사를 위해 마련한 문화감응 교육과정 수립의 지침을 다음 〈표 10-2〉와 같이 소개하고자 한다.

〈표 10-3〉 문화감응 교육과정 수립 지침

1. 학습목표의 정의	1) 다양한 학생 집단의 역사: 그들의 글, 생각, 참여의 형태는? 2) 정체성 형성과 변화의 사회적 역동성에 대한 이해 3) 사회 및 학교 내에서 특권의식, 편견, 차별, 전형화(stereotyping) 및 권력관계가 어떻게 구조화되어 있는가? 4) 다양한 집단 간의 의사소통 및 상호작용의 형태는 어떠한가?
2. 기존 개념에 대한 문제제기	1) 지도과목에 대한 기존의 내용구성 및 조직에 변화가 있는가? 2) 기존의 방법론을 바꿀만한 새로운 연구결과가 있는가? 3) 새로운 방법론을 도입할 경우 어떻게 수업이 변화될 것인가? 4) 새로운 변화가 전체 교육과정에 미칠 영향/효과는 무엇인가?
3. 학생 다양성의 이해	1) 어떤 다양한 관점과 경험을 가진 학생들이 모였는가? 2) 학생들의 문화적 배경에서 나온 기존지식의 평가방법은? 3) 다양한 관점들을 실제 수업에서 어떻게 통합할 것인가? 4) 나의 독특한 관점과 배경이 수업에 어떤 영향을 줄 것인가? 5) 학생들이 나를 용이하게 역할모델로 삼을 수 있는가?
4. 학습자료와 학습활동의 선정	1) 수업의 주제에 변화가 없다면, 어떤 새로운 연구결과 및 사례를 통해 해당 주제를 부각시킬 것인가? 2) 선택된 수업자료 및 주제와 관련하여 문화적 다양성을 부각시킬 수 있는 새로운 접근법은 무엇인가? 3) 선택된 새로운 자료를 어떻게 수업에 통합시켜서 그것이 단순한 부가자료 이상의 효과를 나타내게 할 것인가? 4) 어떤 교수전략이 새로운 자료를 바탕으로 한 학생들의 학습을 촉진할 것인가?
5. 효과성에 대한 평가	1) 새롭게 조직된 내용과 자료, 그리고 교수전략과 관련하여 내가 가진 장점이나 한계점은 무엇인가? 2) 학생들의 학습을 어떻게 평가할 것인가?

슈미츠(Schmitz)는 위와 같이 문화감응적 태도를 교육과정을 설계하고 실천하는 데 적용해야 한다고 강조하고 이러한 교육과정을 변혁적(transformed) 교육과정이라고 불렀다. 즉 다문화교실을 지도하는 교사는 교육과정과 수업에 대한 기존의 접근법을 과감히 탈피하여, 비판적 교육학(critical pedagogy)과 문화상대주의에 대

한 이해를 바탕으로 주제중심, 학생중심, 의미중심 접근법을 통해 다양한 배경의 학생들 모두에게 적용될 수 있는 수업을 준비해야 한다는 것이다. 아울러, 문화감응교수법은 생태주의의 측면에서 전일성(holism)과 상황성(situatedness)의 원리와 깊은 관련이 있다. 올바른 교육은 이론과 실제의 분리가 아니고, 현실에 대한 명확한 인식과 지식에 대한 비판적 사고가 필수적이므로 이는 지식의 습득과 실제세계의 통합적 접근(전일성)을 바탕으로 해야 한다. 또한 문화감응교수법의 핵심원리가 학생들의 다양한 문화적 지식, 사전경험, 학습스타일을 활용하는 것이므로(Gay, 2000), 이는 다문화교실의 상황을 백분 활용하는 것이 된다.

요컨대, 이러한 문화감응교수법은 단순히 소수민 학생들만을 위한 교수법이 아니다. 문화감응교수는 학교와 가정 간의 문화적 일치가 학생들의 학업성취에 중요하고, 불일치를 경험하는 소수민족 학생들을 돕기 위해서는 그들의 다양한 인종적 문화적 경험과 장점을 고려하여 가르치지만(Ramsey, 2009), 그러한 문화적 다양성을 자산으로 하여 주류집단 학생들의 문화적 이해를 높이는 것도 중요한 교육적 목표인 것이다(추병완, 2010).

3) 다문화교실의 평가방법

(1) 역동적 평가(Dynamic assessment)

다문화교실에서의 평가는 어떠한 원리와 방법에 기반하여 이루어져야 하는가? 이는 다문화교실의 특징인 다채로운 관심과 문화적 배경, 그리고 학생 수준의 다양성, 성취목표의 차이, 학습방법론의 차이 등을 감안한 평가의 방식이 도입되어야 할 것이다. 이러한 평가방식을 지향하는 평가 원리 중의 하나가 바로, 정적이고 표준화된(standardized) 방식의 평가가 아닌 역동적 평가이다.

역동적 평가(Dynamic assessment: DA)란 형성평가(Formative Assessment: FA)의 일종으로써, 학습자에게 지속적으로 학습과정에 대한 피드백을 제공해 주고 그들의 발달 상황에 대한 정보를 제공해 줌으로써 모든 학습자가 개별적인 학습목표를 성공적으로 달성할 수 있도록 도와주는 평가방식을 말한다(Poehner & Lantolf, 2005). 이처럼 형성평가의 한 종류로서 역동적 평가의 핵심은 검사의 시점에서 학습자들이 얼마나 목표로 삼았던 지식을 자기 것으로 받아들이고 있는가를 확인하고 필요할 경우 적절한 도움을 제공하기 위한 평가라는 것이다(Grigorenko, Sternberg, & Ehrman, 2000: 393).

포너와 란돌프(Poehner & Lantolf, 2005)는 일반적으로 형성평가가 방법론적으로 체계적이지 못하고 총합평가에 비해 영향력이 부족하다고 지적받는 부분에 대해 결코 그렇지 않다고 주장하면서, 형성평가가 그러한 체계적이고 영향력있는 평가로써 기능을 하기 위해서는 교사의 역할이 가장 중요하다고 지적한다. 그러한 맥락에서 형성평가를 효과적으로 적용하기 위해서는 전통적인 평가방법에 의존해 왔던 교사의 태도를 바꾸고 교사와 학생들 간의 상호작용의 방식을 본질적으로 개선할 필요가 있다(Black & William, 1998). 마찬가지로, 형성평가가 교사로 하여금 '교실 상황과 역동적인 맥락을 반영하여 평가를 실시하게끔' 해주는 것처럼(Jones, 2007: 29), 역동적 평가는 표준화된 검사가 아니라, 개별 교실의 독특한 상황과 평가의 맥락에 맞추어 개별적 학생들의 필요와 학습 간극(gaps)을 고려한 평가로서 평가 결과를 바탕으로 적절한 교수학습 전략을 세우게끔 도와주는 역할을 할 수 있어야 한다.

(2) 역동적 평가에서의 교사이 역할

표준화된 상대평가가 평가문항 자체의 타당도와 신뢰도의 문제에 관심을 기울인다면, 개별화되고 맥락의존적인 역동평가는 평가를 실시하는 일선 학급의 교사들의 역할에 크게 의존한다. 교사들은 다양한 교실 맥락에 맞게 다면적인 평가계획을 마련할 책임이 있고, 학습자의 특성이나 학습의 정도에 따라 이미 개발된 여러 가지 대안적인 평가방법들을 탐색하여 적용을 시도할 책임을 가지고 있다.

교사들은 학생들의 교육적 필요와 학습진도를 해석하고, 그들이 잘못 이해하고 있는 것이 무엇인지, 그들이 피상적으로 응답하는 것의 이면에 있는 그들의 진정한 학습을 방해하는 것들이 무엇인지를 파악할 필요가 있는 것이다. 이처럼 서로 다른 문화적 배경과, 이해수준, 독특한 학생들의 특성이 어우러진 다문화교실은 역동적 평가가 반드시 필요한 학습 환경임을 명심할 필요가 있다. 역동적 평가는 다문화교실처럼 다양한 학생들로 이루어진 교실 속에서 그 다양한 학생들의 학습 과정에 대한 개별적이고 형성적인 지도와 도움을 필요로 하는 학생들에 대한 적극적인 개입을 강조하고 있는 것이다(Poehner & Lantolf, 2003; Tzuriel, 2001).

또한 역동적 평가는 '무엇을 가르쳐야 하는지에 대한 분명한 목표를 상기시켜 주고, 다음 단계에 필요한 비계를 설정하게 함으로써' 교사들로 하여금 학생들의 학습과 진도에 대한 통찰을 얻게 하는데 도움을 준다(Shepard, 2000: 10). 딕슨-크라우스(Dixon-Krauss, 1996: 140)가 강조하였듯이, 역동적 평가는 협력적(collaborative), 교사참여적, 매개적, 상호작용적, 지속적, 그리고 여물어가는(ripening) 과정을 중시하는 평가방법이다. 결국 표준화 검사처럼 검사시점의 학습상태를 판단하고 가르침과 평가가 분리될 수밖에 없는 정적인(static) 평가에 비해, 역동적 평가는 학생들이 배워가는 과정에 초점을 맞추고 가르치는 것과 배우는 것 그리고 평가가 통합된 작업인 것이다.

(3) 역동적 평가와 다문화 교육

역동적 평가는 다문화 학생들과 같이 주류문화의 언어적 장벽으로 인해 학습에 지장을 겪고 있는 학생들에게 특히 중요한 평가방식이다. 우리나라의 다문화 학생들은 한국어능력이 매우 초보적인 상태이기 때문에 한국어를 매개로 한 교실수업에서 그들의 학습진도와 이해 상황을 정확히 점검하기란 쉬운 일이 아니다(Leung & Mohan 2004; Ross, 2005; Tzuriel, 2001). 다문화 학생들의 한국어 유창성을 평가하거나 한국어를 배우는 장면을 평가하기 위해서는, 학생들의 전체적인 인지수준, 학습수준, 어학능력, 관심사, 특성 등에 대한 전반적인 이해가 필요하고, 그러한 이해수준을 바딩으로 학생들의 학습상황과 잠재력을 판단해 볼 필요가 있다(Craig, 2001). 그러한 평가가 결국 다문화 학생들의 학습에 대한 적절한 이력, 즉 과거경험과 현재 수준, 미래의 잠재력을 이해할 수 있는 방법인 것이다(Poehner & Lantolf, 2003).

이처럼 커티에레즈-클레렌(Gutiérrez-Clellen, 2000)은 역동적 평가가 학생들의 학업성취에 영향을 미칠 수 있는 문화적 차이에 대한 이해를 바탕으로 평가를 실시하는데 꼭 필요하다고 강조한다. 예를 들어, 문화적 배경이 다른 다문화 학생들은 '언어로 표현하는 것에 익숙하기 보다는 주로 관찰과 몸으로 보여주는 것을 통해 배우게' 된다는 것이다(p. 216). 이처럼 다문화 학생들의 학업성취와 진도를 평가하기 위해서는 문화적 차이(cultural difference: Kramsch, 2003)를 고려하는 것이 필수적인데, 그렇지 않으면 그들은 주류문화의 언어적, 교육방법론적 기준과 실천을 중심으로 짜여져 있는 학교 환경에서 소외될 수밖에 없는 것이다(Cummins, 1989; Norton, 2000). 그런 측면에서 커티에레즈-클레렌과 페나(Gutiérrez-Clellen & Peña, 2001)는 역동적 평가가 '문화적으로 언어적으로 소수자(Culturally and Linguistically Diverse: CLD)' 학생들을 위해 전통적인 표준화 검사를 대신하여 편견과 오류를 극복할 수 있는 대안이 될 수 있다고 주장하고 있는 것이다.

참고문헌

곽병선(1987). 정보공학과 교육의 과정.

김경희 · 김경숙 · 박현숙 · 심형진 · 이나현(2009). 교육학개론. 집문당.

김재권(1993). 최근 철학의 칸트적 경향. 관념론과 실재론(한국분석철학회 편). 철학과현실사.

김재복(2000). 통합교육과정. 교육과학사.

김천기(2014). 교육의 사회학적 이해. 학지사.

김현(2015). 새 경향에 맞춰 만점에 도전하는 키위교육학(상). 미래아카데미 북이그잼.

남궁용권 · 김남근 · 김노연(2010). 알기 쉬운 교육학개론. 양서원.

박도순 · 손인수 · 송병순 · 연문희(2008). 신교육학개론. 문음사.

박휴용(2012a). 교육과정. 학지사.

박휴용(2012b). 다문화주의에 대한 비판적 이해와 비판적 다문화교육론. 교육철학연구, 34(2), 49-77.

박휴용(2013). 비판적 다문화교육론. 한국학술정보.

박휴용(2016). 다문화교육론. 동문사.

안영진(2009). 교육심리학. 정민사.

오만록(2015). 교육행정 및 교육경영. 정민사.

유광찬 · 이영준(2005). 통합교과교육. 교육과학사.

유승우 · 임형택 · 권충훈 · 이성주 · 이순덕 · 전희정(2010). 교육방법 및 교육공학. 양서원.

이규호(1982). 사람됨의 뜻. 제일출판사.

이성호(2009). 교육과정. 양서원.

이영덕(1983). 통합교육과정의 개념. 한국교육개발원 편. 통합교육과정의 이론과 실제. 한국교육개발원.

이정모(2009). 인지과학: 학문 간 융합의 원리와 그 응용. 성균관대학교 출판부. 451-453.

이형행(2011). 교육학개론. 양서원.

임창재(2009). 심리학개론: 마음을 이해하는 원리. 동문사.

정범모(1968). 교육과 교육학. 배영사.

최철용 · 이병양 · 정선혜 · 김진호 · 서범석(2009). 교육학개론. 양서원.

최호성(2008). 교육과학과 평가: 이해와 응용. 교육과학사.

Apple, M. W. (1982). *Reproduction and contradiction in education: An introduction.*

Cultural and economic reproduction in education. Boston: Routledge and Kegan Paul.

Apple, M. W. (2013). *Education and power.* Routledge.

Barnard, C. I. (2003). *Organization and management: Selected papers* (Vol. 7). Psychology Press.

Berkun, S. (2010). *The Myths of Innovation.* O'Reilly Media.

Blainey, G. (2007). *A very short history of the world.* UK: Penguin.

Brumbaugh, R. S. (1991). *Plato for the Modern Age.* University Press of America.

Carney, J. E. (2000). *Renaissance and Reformation, 1500-1620: A Biographical Dictionary.* Westport, CT: Greedwood Press.

Carr, E. H., Evans, R. J., & Evans, R. J. (1961). *What is history? Russian History, 7*(2).

Cartledge, P. (2002). *The political economy of Greek slavery.* London: Routledge.

Cicero (2001). *On the Ideal Orator.* Oxford: Oxford University Press.

Dixon, N. (1987). The Closing of the American Mind: How Higher Education Has Failed Democracy and Impoverished the Souls of Today's Students. *Teaching Philosophy, 10*(4), 348-350.

Eisner, E. W. (1979). *The educational imagination: On the design and evaluation of educational programs.* New York: Macmillan Publishing.

Eisner, E. W. (1985). *The educational imagination.* New York: Macmillan.

Fara, P. (2015). That the apple fell and Newton invented the law of gravity, thus removing God from the cosmos In R. L. Numbers & K. Kampourakis (Ed.), *Newton's Apple and Other Myths about Science*(pp. 48-56). Harvard University Press.

Fayol, H. (1937). The administrative theory in the state. *Papers on the Science of Administration.* 99-114.

Finocchiaro, M. (2010). *Defending Copernicus and Galileo: Critical reasoning in the two affairs* (Vol. 280). Springer Science & Business Media.

Follett, M. P. (1918). *The new state: Group organization the solution of popular government.* Penn State Press.

Freire, P. (1968). *Pedagogy of the oppressed.*(M. Bergman Ramos, Trans.) New York: Herder & Herder.

Getzels, J. W. & Guba, E. G. (1957). Social behavior and the administrative process. *The School Review, 65*(4), 423-441.

Giroux, H. A. (1984). *Ideology, culture, and the process of schooling*. Temple University Press.

Glatthorn, A., Boschee, F., & Whitehead, B. (2006). Chapter 1: The nature of curriculum. *Curriculum Leadership: Development and Implementation, 3-32.*

Glatthorn, A., Boschee, F., & Whitehead, B. (2006). *Curriculum Leadership: Development and Implementation*. London: Sage.

Gredler, M. E. (1997). *Learning and instruction: Theory into practice.* Chicago: Prentice Hall.

Griffiths, D. E. (1964). Administrative theory and change in organizations. *Innovation in education*, 425-36.

Gutek, G. L. (2009). *New perspectives on philosophy and education.* Pearson College Division.

Hamblyn, R. (2011). *Newtonian Apples: William Stukeley.* The Art of Science. Pan Macmillan.

Hannam, J. (2011). *The genesis of science: How the Christian Middle Ages launched the scientific revolution.* Regnery Publishing.

Hardt, O., Nader, K. & Nadel, L. (2013). Decay happens: the role of active forgetting in memory, Trends in Cognitive Sciences, 17(3), 111-120.

Hayward, F. H. (1904). *The educational ideas of Pestalozzi and Froebel.* Holland.

Herrick, J. (2005). *The History and Theory of Rhetoric: An Introduction.* Boston: Allyn and Bacon.

Kofman, S. (1998). *Socrates: Fictions of a Philosopher.* Cornell University Press.

Kreeft, P. (1989). *Heaven, the Heart's Deepest Longing.* Ignatius Press.

Lindberg, D. C., & Numbers, R. L. (Eds.). (1986). *God and nature: historical essays on the encounter between Christianity and science* (No. 81). Univ of California Press.

Munitz, M. K. 저, 박영태 역(1997). 현대분석철학. 서광사.

March, C. J. & Willis, G. (2007). *Curriculum: Alternative approaches, ongoing issues.* New York: Pearson.

Mayo, E. (1949). Hawthorne and the western electric company. *Public Administration: Concepts and Cases*, 149-158.

Morrison, R. (1995). *Ecological democracy.* South End Press.

Neil, J. (2005). *John Dewey, the Modern Father of Experiential Education.* http://www.wilderdom.com/experiential/ExperientialDewey.html

Nietzsche, F. W. (1885). *Beyond good and evil.* Prabhat Prakashan.

Peters, R. S. (1966). Ethics and Education London.

Pinar, W. & Grumet, M. R. (1976). *Toward a poor curriculum.* Kendall/Hunt Publishing.

Pinar, W. (1978). The reconceptualization of curriculum studies. *Journal of Curriculum Studies, 10*(3), 205-214.

Ralph, T. W. (1949). *Basic principles of curriculum and instruction.* Syllabus for education. Chicago.

Rousseau, J. J. (1979). *Emile or on education* (A. Bloom, Trans.). New York: Basic. (Originally published 1762).

Rousseau, J. J. (2010). *Discourse on the Origin of Inequality among Men*. Dodo Press.

Sanz, N. & Bergan, S. (Eds.). (2002). *The heritage of European universities* (Vol. 548). Council of Europe.

Schiro, M. S. (2012). *Curriculum theory: Conflicting visions and enduring concerns.* Sage publications.

Schwab, J. J. (1970). *The Practical: A Language for Curriculum.* Washington, DC: National Educational Association.

Schwab, J. J. & Harper, W. R. (1970). The practical: A language for curriculum.

Shulman, L. (1987). Knowledge and teaching: Foundations of the new reform. *Harvard educational review, 57(1),* 1-23.

Simon, H. A. (1957). *Models of Man Social and Rational: Mathematical Essays on Rational Human Behavior in a Social Setting*. New York: J. Wiley and Sons.

Stake, R, E.(1977). The countenance of educational evaluation. Curriculum and evaluation, 372-390

Taylor, F. W. (2004). *Scientific management*. Routledge.

Van den Berg, R. M. (2005). *God the Creator, God the Creation: Numenius' Interpretation of Genesis 1*: 2 (Frg. 30) Leiden University Repository.

Von Bertalanffy, L. (1968). General system theory. *New York, 41973*, 40.

Weber, M (1946). Characteristics of bureaucracy. In *From Max Weber: essays in sociology* (pp. 196-244).

Westfall, R. S. & Devons, S. (1981). *Never at rest: A biography of Isaac Newton.* Cambridge University Press.

찾아보기

저/자/약/력

박 휴 용

[학력]

1988.3.~1992.2. 연세대학교 교육학과 학사(B.A.)

1992.9.~1994.8. 연세대학교 교육학과 석사(M.A.)

2000.3.~2003.12. 한국학중앙연구원 박사과정수료(ABD)

2004.1.~2008.5. University of Wisconsin-Madison, 교육과정 전공 박사(Ph.D.)

[경력]

2011.10.~현재 전북대학교 교육학과 부교수

2009.9.~2011.9. 성신여자대학교 교육학과 조교수

2008.9.~2009.8. 부산외국어대학교 영어학부 전임강사

[연구 분야 및 대표 저서]

교육과정 이론, 교육평가, 다문화교육, 질적연구방법론 등

박휴용(2008). Raising Ambi-lingual children: Linguistic Minority Children's Heritage Language Learning and Identity Struggle. Berlin: VDM-Verlag.

박휴용(2012). 교육과정. 학지사.

박휴용(2013). 비판적 다문화교육론. 한국학술정보.

박휴용(2014). 초보연구자를 위한 질적연구방법론. 전북대 출판문화원.

박휴용(2016). 쌍생아 언어발달론. 동문사.

박휴용(2016). 다문화교육론. 동문사.

박휴용(2017). 융합교육과정의 이해. 전북대 출판문화원.

박휴용(2018). 교육평가의 이해. 정민사.

교육과정을 중심으로 설명한 **교육학개론**

1판 1쇄 인쇄 2018년 2월 25일
1판 1쇄 발행 2018년 3월 1일

저 자 박휴용
발 행 인 회장 박철용 · 대표 박세원
발 행 처 정민사
주 소 경기도 파주시 직지길 522 파주출판도시
전 화 031-955-8030
팩 스 031-955-8025
홈 페 이 지 http://www.jmpub.co.kr
이 메 일 jmpub@chol.com
출 판 등 록 1979년 1월 22일 No. 406-2004-000130호

I S B N 978-89-5809-576-7
징 가 **20,000원**

※ 저자와 협의하여 인지는 생략합니다.
※ 저작권법 제136조(권리의 침해죄)에 따라 위반자는 5년 이하의 징역 또는 5천만 원 이하의 벌금에 처하거나 이를 병과할 수 있습니다.